内燃机车动力装置检查与维护

主　编　李　嘉　郑小磊
副主编　王　宇　潘彦峻　朱永志
主　审　徐增义

西南交通大学出版社
·成　都·

图书在版编目（CIP）数据

内燃机车动力装置检查与维护 / 李嘉，郑小磊主编
. —成都：西南交通大学出版社，2018.9（2023.8 重印）
ISBN 978-7-5643-6426-7

Ⅰ. ①内… Ⅱ. ①李… ②郑… Ⅲ. ①内燃机车－动力装置－检查－高等职业教育－教材②内燃机车－动力装置－维修－高等职业教育－教材 Ⅳ. ①U262.1

中国版本图书馆 CIP 数据核字（2018）第 212298 号

内燃机车动力装置检查与维护

主　编 / 李　嘉　郑小磊

责任编辑 / 李　伟
封面设计 / 何东琳设计工作室

西南交通大学出版社出版发行
（四川省成都市金牛区二环路北一段 111 号西南交通大学创新大厦 21 楼　610031）
发行部电话：028-87600564　028-87600533
网址：http://www.xnjdcbs.com
印刷：成都蓉军广告印务有限责任公司

成品尺寸　185 mm × 260 mm
印张　19.75　　字数　479 千
版次　2018 年 9 月第 1 版　　印次　2023 年 8 月第 2 次

书号　ISBN 978-7-5643-6426-7
定价　45.00 元

课件咨询电话：028-81435775
图书如有印装质量问题　本社负责退换

前　言

本教材的编写，基于机车乘务员、机车检查保养员的国家职业标准。在对机车乘务员、机车检查保养员工作领域内容深度分析之后，合理构建了机车动力部分知识内容，并结合岗位典型工作任务，确定了学习任务。

本教材的编写思路是以项目为单位，将每个项目分解成具体的学习型或工作型任务，并使用【任务描述】、【任务目标】、【任务学习】、【任务检查】及【任务训练】等模块组织教材内容。

编者经过大量现场调研，选用我国目前广泛使用的 DF_{8B} 型内燃机车 16V280ZJ 型柴油机、HXN5 型内燃机车 GEVO16 型柴油机为主机型，阐述了柴油机各系统及辅助装置的构造、工作原理、日常运用保养知识及常见故障分析与处理方法，为学生从事内燃机车运用及检查工作提供必要的知识和技能储备。

本教材采用校企合作开发的模式，由辽宁铁道职业技术学院教师与中车戚墅堰机车有限公司工程师合作编写。其中，辽宁铁道职业技术学院李嘉、郑小磊担任主编；辽宁铁道职业技术学院王宇，中车戚墅堰机车有限公司潘彦峻、朱永志担任副主编；沈阳铁路局锦州机务段徐增义担任主审。

在本教材编写过程中，编者得到了现场工作人员的大力帮助，在此表示衷心的感谢；同时对引用的有关工厂的技术资料、参考书目的相关作者在此一并致谢。

本教材经过编写人员多次讨论、修改，但由于编者水平有限，书中难免会有疏漏和不足之处，衷心希望各位同行、读者批评指正。

编　者

2018 年 5 月

前 言

目　录

项目 1　内燃机车柴油机基本知识认知

任务 1-1　柴油机工作原理认知

【任务描述】

掌握柴油机的工作原理是后续学习的基础。学生要熟悉柴油机的基本术语、四冲程柴油机的工作原理，并能结合 16V280ZJ 型柴油机配气相位图，说明其基本工作过程。

【任务目标】

- 能掌握柴油机的常用术语；
- 能说明四冲程柴油机的工作原理；
- 能说明四冲程柴油机的活塞、气门与曲轴的动作关系；
- 能画出 16V280ZJ 型柴油机的配气相位图。

【任务学习】

一、柴油机的主要特点

柴油发动机是燃烧柴油来获取能量释放的发动机。它是由德国发明家鲁道夫·狄塞尔（Rudolf Diesel）于 1892 年发明的。柴油发动机的优点是扭矩大、经济性能好。内燃机车就是用柴油机作为动力装置。

柴油机与其他形式的热机相比有以下主要特点：

（1）扭矩大、经济性能好。

（2）功率和转速范围宽广，用途广泛。

（3）结构紧凑，适合作水、陆交通工具的动力装置。

（4）启动快捷，操纵简便。

（5）燃料、机油和冷却水的消耗量不多。

（6）使用可靠，工作寿命较长。

（7）对燃料的要求较高，排出的废气和传播的噪声对环境有一定影响。

（8）结构比较复杂。

图 1-1-1 为单缸柴油机的结构原理图。

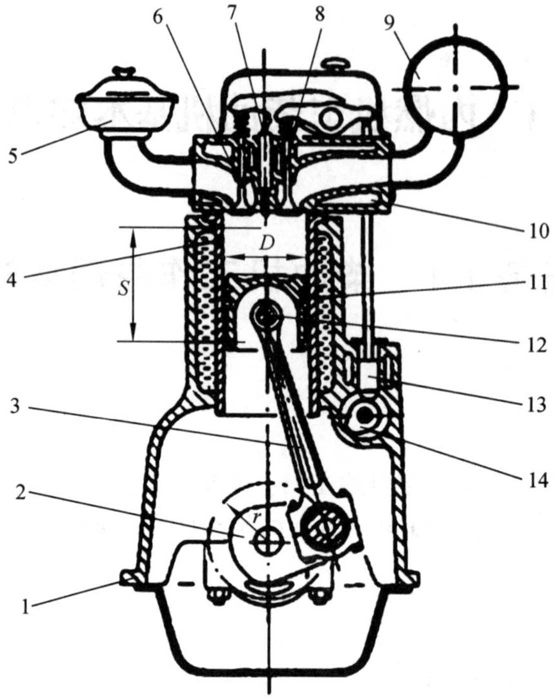

图 1-1-1　单缸柴油机

1—机体；2—曲轴；3—连杆；4—气缸套；5—进气滤清器；6—进气门；
7—喷油器；8—排气门；9—排气管；10—气缸盖；11—活塞；
12—活塞销；13—挺柱；14—凸轮轴

二、柴油机的基本术语

柴油机的基本知识

（一）气缸直径

气缸是柴油机燃油燃烧做功的工作场所，通常设有气缸套。气缸套为一薄壁圆形筒体，外部设有冷却水腔，可对气缸进行冷却。气缸的内圆孔直径称为缸径，以符号 D 表示，单位符号为 mm。

缸径也是活塞的公称直径，它决定了活塞顶的承压面积，而且在一定程度上决定了柴油机零部件的大小和质量，在其他条件相同的情况下，也决定了柴油机输出功率的大小。

（二）止　点

活塞在气缸内运动的极端位置称为止点，也称为死点。活塞在气缸内有两个极端位置：活塞距曲轴中心线最远时的位置称为上止点；活塞距曲轴中心线最近时的位置称为下止点。活塞在上、下止点时运动速度等于零，并即将改变运动方向。

（三）活塞行程

活塞行程也称为活塞冲程，它是指上止点和下止点之间的距离，用符号 S 表示，单位符号为 mm。活塞移动一个行程时曲轴相应旋转 180°，行程值为曲柄半径 r 的 2 倍，即 $S=2r$。

（四）气缸容积

活塞位于上止点时，活塞顶、气缸套及气缸盖之间所包围的空间，称为气缸最小容积或压缩室容积，以符号 $V_{\min}$ 或 V_C 表示，单位符号为 L。

活塞从一个止点运动到另一个止点时所扫过的气缸容积，称为气缸工作容积，以符号 V_1 表示。V_1 由下式求得：

$$V_1=\frac{\pi D^2}{4}S\times 10^6\ \text{（L）}$$

活塞位于下止点时，活塞顶面以上的气缸容积称为气缸总容积或气缸最大容积，以符号 V_A 或 $V_{\max}$ 表示，单位符号为 L。

则　$$V_A=V_1+V_C\ \text{（L）}$$

或　$$V_{\max}=V_1+V_{\min}\ \text{（L）}$$

V_1 代表单个活塞工作一次后的理论排气量，故又称为活塞排量。如柴油机有 i 个气缸，则全部气缸工作容积之和称为活塞总排量 V_H。

$$V_H=iV_1\ \text{（L）}$$

V_H 值越大，柴油机的做功潜力通常也越大，因此 V_1 及 i 皆为柴油机的重要结构参数。

（五）工　质

工质是在气缸内的工作介质，即参与燃烧、吸热并推动活塞膨胀做功的气体。它的物理状态和化学成分随工作进程而有所变化。

（六）压缩比

气缸总容积与压缩室容积之比，称为几何压缩比或名义压缩比，以符号 ε 表示。

$$\varepsilon=\frac{V_A}{V_C}=\frac{V_C+V_1}{V_C}=1+\frac{V_1}{V_C}$$

几何压缩比表示工质在气缸内被压缩的程度，它也是柴油机的重要结构和工作参数，对机器的运转可靠性和经济性有较大的影响。柴油机的几何压缩比一般为 12 ~ 22，机车用增压柴油机的几何压缩比为 12 ~ 14.5。

（七）工作循环

柴油机要维持正常而持续地工作，即曲轴连续地驱使从动机械运转，则在各气缸内必须顺次反复地完成进气、压缩、喷油-燃烧膨胀及排出废气等几个过程，这样才能使燃油的化学能在气缸内连续不断地转为机械功。所以，完成这一整套不同状态的工作过程，即完成了一次能量转换过程，就称完成了一个工作循环。柴油机的连续运转，就是工作循环反复连续地进行的过程。

（八）四冲程柴油机和二冲程柴油机

根据气缸内完成工作循环的工作方式不同，柴油机可分为四冲程和二冲程两种形式。如果完成一个工作循环时，活塞的运动需要往返 4 个冲程（或曲轴相应转两转），则称为四冲程柴油机；如果活塞往返只需两个冲程（或曲轴相应转 1 转）就完成一个工作循环的柴油机，就称为二冲程柴油机。

三、四冲程柴油机的工作原理

柴油机的工作循环包括进气、压缩、燃烧-膨胀及排气等几个过程，这些过程相互衔接，前后交错。

图 1-1-2 为四冲程柴油机的实际工作过程示意图，图中表示出各个过程中活塞、连杆、曲轴及气门的相对位置。

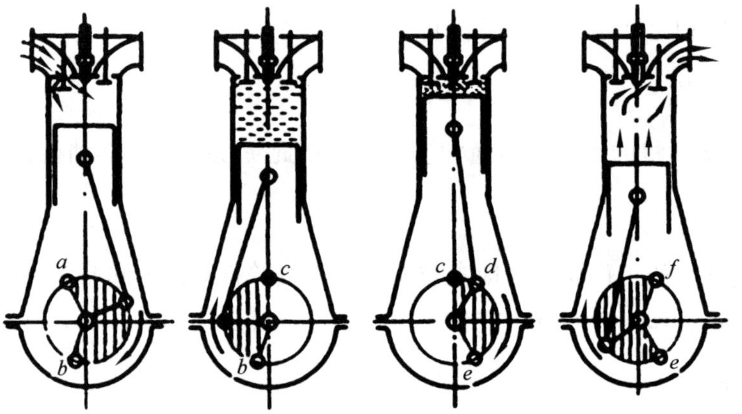

图 1-1-2　四冲程柴油机的工作过程

1. 进气过程

柴油机工作循环的第一步是要使新鲜空气充入（吸入）气缸，为气缸内燃油的燃烧提供条件。

四冲程柴油机的工作原理

当活塞由上止点附近逐渐转向下止点方向运动时，进气门也逐渐由小开到大开，由于气缸容积的不断扩大而造成缸内低压状态，外界的新鲜空气源源不断地经进气门吸入气缸内，此进气过程一直要延续到活塞过下止点之后进气门全闭而结束。

气门的启闭从开始到全开或全闭有一个时间过程。为使气缸内尽可能多地充气，使一开始充气时能减少活塞运动的阻力，在活塞开始下行时减少气流进入气缸的阻力，进气门的开启始点应提前于活塞上止点前某一角度。从进气门开启始点到活塞运动到达上止点时的曲轴转角称为进气提前角 θ_i。为利用进气流动惯性继续增加充气量，减少活塞在下止点前的运动阻力，进气门延迟到活塞下止点后某一角度时才完全关闭。从下止点到进气门全关时的曲轴转角称为进气的滞后角 θ_i'。进气过程相位及气压状态由图 1-1-2 中 a-b 线所示。

2. 压缩过程

进气过程结束时活塞已上行，此时进、排气门都处于关闭状态，气缸内工质的容积由于活塞上行而不断缩小，工质的压力和温度随之升高，这就是压缩过程（见图 1-1-2 中 b-c 线）。

3. 燃烧-膨胀过程

在压缩过程后期活塞到达上止点前，喷油器开始向气缸内喷入雾状燃油，不久油气混合物就开始着火燃烧，这时气缸内工质的气压和气温急剧上升。在活塞过上止点后不久燃油停止喷射（见图 1-1-2 中 d 点），以控制燃烧过程适时结束。由于燃烧初期气缸容积较小及活塞继续上行，使活塞在上止点稍后处达到工质气压最高值，这个气压值称为最高爆发压力（最高燃烧压力）P_z。

与燃油进行燃烧的同时，高温和高压的工质作用于活塞、气缸套及气缸盖上，由于此时进、排气门都密闭着，工质推动活塞下移，使气缸容积扩大，缸内工质的气压和气温相应下降，在这期间动力通过连杆传到曲轴，其中一部分动力由旋转着的曲轴输出，驱使从动机械工作，这就是工质的膨胀做功。这样，燃烧时燃油将其化学能转变成工质的热能，然后又通过活塞的运动转换为机械能，部分机械能通过曲轴对外输出，即柴油机对外界做功。

4. 排气过程

为了使柴油机连续运转，废气必须及时、充分地通过打开的排气门排出气缸，也为新的工质进入气缸创造条件。

为了彻底排出废气，降低排气功率消耗，排气门必须提前开启，即活塞下行到下止点前某一角度时排气门开始打开（见图 1-1-2 中 e 点），使尚有一定压力和温度的燃气迅速冲出气缸。从排气始点到活塞下止点为止的曲轴转角称为排气提前角 θ_e。此后，活塞由下止点转向上行，气缸内的燃气由于与外界存在压差而继续外流，同时也借助于活塞上行的推力被驱赶出来。排气门在活塞过上止点后某一角度时完全关闭，排气过程结束（见图 1-1-2 中 f 点）。从活塞上止点到排气终点为止的曲轴转角称为排气滞后角 θ_e'。

由此可见，四冲程柴油机的实际工作循环存在以下特点:

（1）进气过程和排气过程对应的曲轴转角都超过 180°；进气门和排气门的启闭皆有早开迟关的规律，其开启提前角和关闭滞后角的大小随机型不同而不同。在活塞上止点附近，由于进气门的早开和排气门的迟关而出现了同一气缸的进、排气门同时开启的情况，这段时间用曲轴转角 θ_m 来度量，称为进、排气重叠角或气门重叠角。

进、排气门重叠开启使部分新鲜空气吹扫燃烧室，清除死角处的残余废气，降低排气温度，同时使活塞、气门、气缸盖等受热机件冷却，对柴油机的工作有良好的影响。

（2）四冲程柴油机一个完整的工作循环内，曲轴转两圈。其中进气、压缩及排气过程是消耗能量的辅助过程，是为做功做准备的阶段。燃烧-膨胀是做功的过程。曲轴所输出的能量只是从气缸内所释放出来的总能量中的一部分，另一部分除了有热损失外，还要克服零部件的运动阻力，提供辅助过程消耗。

（3）柴油机必须借助于外力来启动，如人力手柄摇动、电动机驱动、压缩空气驱动等。柴油机曲轴运转达到发火转速时，气缸内工质的燃烧、膨胀做功就可提供曲轴自身连续运转的动力。

（4）在柴油机一个工作循环中，进气门和排气门各启闭一次，向气缸内喷油一次，所以控制进、排气门及喷油泵工作的凸轮轴的转速在四冲程柴油机上仅为曲轴转速的一半。

四、曲轴转角和配气相位图

连杆的传动使活塞的往复运动与曲轴的转动相对应，气缸中一定的活塞位置与曲柄圆上一定的曲轴圆周位置（相位）对应。通常将曲轴转一圈时等分成 360°，它的 0°和 360°皆与活塞上止点位置相对应。四冲程柴油机在一个工作循环中每一缸活塞有两个上止点：一个是压缩上止点或称发火上止点，曲轴转角通常为 0°；另一个是换气上止点，曲轴转角通常为 360°。

配气相位图用以说明气缸内工质的工作过程。在直角坐标图上，活塞的上、下止点分别位于纵坐标的上方和下方，坐标的中心代表曲轴转动中心，按曲轴的转动方向标出进气门和排气门启闭位置的图形称为配气相位图。通常该图上还标出理论上向气缸提前供应燃油的相位——供油提前角 θ。

不同结构、不同转速范围、不同增压方式和增压度的柴油机有着不相同的配气相位，合适的配气相位是由多次实机试验后优选而来的。16V280ZJ 型柴油机配气相位图如图 1-1-3 所示。几种机车用四冲程柴油机的配气相位如表 1-1-1 所示。

表 1-1-1　四冲程柴油机的配气相位

机　型	相　位						
	进　气		排　气		气门重叠角	换气总时间	供油提前角 θ
	θ_i	θ_i'	θ_e	θ_e'	$\theta_i+\theta_e'$	$360°+\theta_i'+\theta_e$	
16V280ZJ	59°	44°	69°	64°	123°	473°	22°
16V240ZJB	42°20′	42°20′	42°20′	42°20′	84°40′	444°40′	21°
12V240ZJ	60°	50°	50°	60°	120°	460°	22° ~ 24°
12V180ZJ	63°	42°	60°	43°	106°	462°	28° ± 0.5°
7FDL-16	65°	45°	55°	61°	126°	460°	26°
12LDA28	76.2°	36.2°	67.6°	37.6°	113.8°	463.8°	13°30′

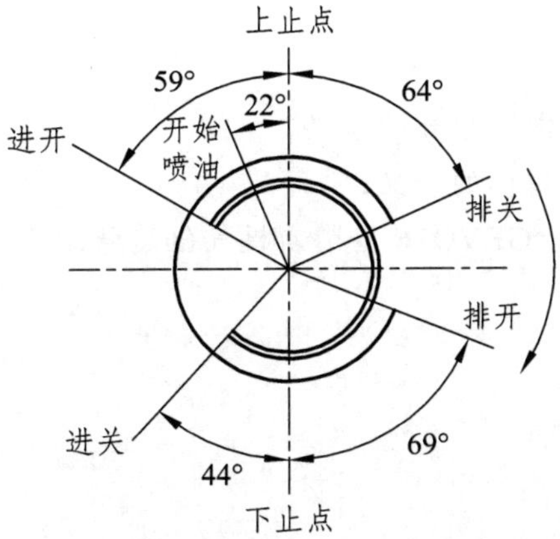

图 1-1-3　16V280ZJ 型柴油机配气相位图

【任务检查】

表 1-1-2　柴油机工作原理——任务检查单

任务编号	1-1	任务名称	柴油机工作原理认知	
序号	检查内容		是	否
1	能正确绘制 16V280ZJ 型柴油机的配气相位图，包括进气、压缩、做功、排气、供油提前共 5 个要点			
2	能结合 16V280ZJ 型柴油机的配气相位图，说明 16V280ZJ 型柴油机的工作过程。注意进气、压缩、做功、排气 4 个冲程以及供油提前共 5 个要点			

【任务训练】

1. 解释柴油机的基本术语。
2. 说明四冲程柴油机的工作原理。
3. 画出 16V280ZJ 型柴油机的配气相位图。

任务 1-2　内燃机车柴油机常识认知

【任务描述】

结合 16V280ZJ 型、GEVO16 型柴油机，完成柴油机常识的认知，并能说明柴油机经济性指标的含义。

【任务目标】

- 能说明柴油机曲轴转向、型号的含义；
- 能说明柴油机经济性指标的含义；
- 能画出 16V280ZJ 型、GEVO16 型柴油机气缸编号示意图。

【任务学习】

一、柴油机的分类

柴油机用途广泛，因此其结构形式和工作特点也各不相同，以内燃机车柴油机为例，可大致分类如下：

柴油机的分类、型号及转向

（一）按气缸布置的形式来分

（1）立式柴油机：单列直立式气缸，气缸中心线与地面垂直，如图 1-2-1（a）所示。

（2）U 形柴油机：双列直立，两列气缸平行，每列有一根曲轴，两根曲轴的功率通过齿轮系合并集中输出，如图 1-2-1（b）所示。

（3）对动活塞式柴油机：单列直立，上下两曲轴平行且同步运转，每根曲轴驱动上下各一方的活塞连杆组，上下活塞对向运动，两轴功率由同步装置合并后集中于下轴输出，如图 1-2-1（c）所示。

（4）V 形柴油机：左右两列气缸中心线相交呈 V 形，在 V 形角中心处由一根曲轴输出功率，如图 1-2-1（d）所示。

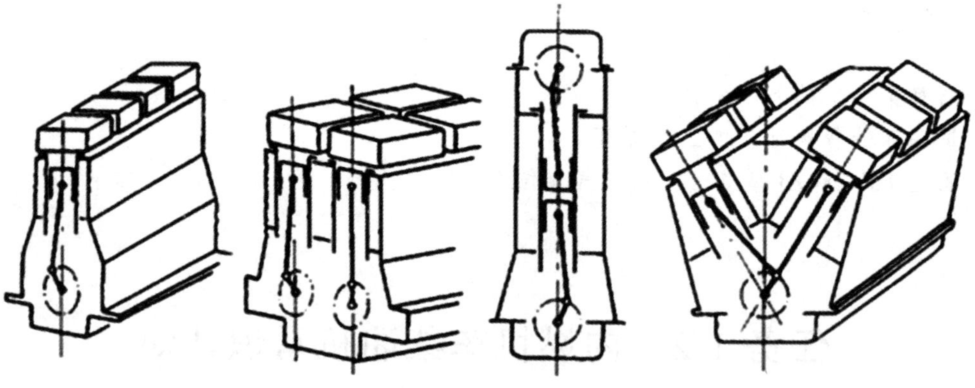

（a）立式　（b）U 形　（c）对动活塞式　（d）V 形

图 1-2-1　气缸的布置形式

此外，国外机车柴油机还有三角形、正方形、W 形及 X 形等气缸布置形式。通常 V 形柴油机为内燃机车所广泛采用，因为它的结构紧凑，长度缩短，高度降低，空间利用性好，在质量及功率强化指标方面有一定优势。

（二）按完成工作循环所需的冲程数分

（1）四冲程柴油机：每个工作循环需要完成进气、压缩、燃烧、排气 4 个冲程。

（2）二冲程柴油机：每个工作循环需要完成动力、压缩两个冲程。

（三）按曲轴转速及活塞平均速度分

（1）低转速柴油机：n<300 r/min；

（2）中转速柴油机：300 r/min<n<1 000 r/min；

（3）高转速柴油机：n>1 000 r/min。

（四）按进气状态分

1. 按空气进入气缸的状态分

（1）非增压柴油机。

新鲜空气未经压缩被直接吸入气缸，或二冲程柴油机为驱废气而设扫气泵使低压空气进入气缸，这些皆属于非增压柴油机类型。

（2）增压柴油机。

用专门设备将新鲜空气压缩后送入气缸的柴油机为增压柴油机，它又具有带空气中间冷却器及不带中间冷却器两种。压缩后的新鲜空气温度升高，在它进入气缸前的中间通道上用专门设备对压缩的空气进行冷却，这种中间空气冷却设备简称为中冷器。

2. 按压气机的驱动方式分

（1）机械增压柴油机。

通过柴油机自身曲轴的转动来驱动压气机，实现进气增压的柴油机。

（2）废气涡轮增压柴油机。

通过柴油机自身排出的尾气来驱动涡轮机-压气机，实现进气增压的柴油机。

3. 按空气被增压的程度分

（1）低增压柴油机。

进气空气压力 $P \leqslant 166.6$ kPa 的柴油机。

（2）中增压柴油机。

进气空气压力 P 为 166.6 ~ 245 kPa 的柴油机。

（3）高增压柴油机。

进气空气压力 P 为 245 ~ 343 kPa 的柴油机。

（4）超高增压柴油机。

进气空气压力 $P \geqslant 343$ kPa 的柴油机。

（五）按燃烧室的结构特征分

1. 直接喷射燃烧室式柴油机

这种燃烧室由气缸盖底平面和活塞顶部的凹坑构成，直接喷射到凹坑内的燃油，主要靠雾化后的燃油和空气均匀地接触形成可燃混合气体。

2. 分隔燃烧室式柴油机

这种燃烧室由主燃室和副燃室组成，气缸盖底平面和活塞顶部构成主燃室，副燃室位于气缸盖内，两个燃烧室之间由孔道相连接。燃油先在副燃室内燃烧，之后连同未燃烧的燃油一起进入主燃室进行充分燃烧。

二、柴油机的型号、气缸编号及曲轴转向

GB/T 725—2008 规定：柴油机的型号由阿拉伯数字、汉语拼音字母或国际通用的英文缩略字母组成。

柴油机的型号包括四部分：第一部分，由制造厂商代号或产品序列号组成；第二部分，由气缸数、气缸布置形式符号、柴油机冲程符号、气缸直径组成，气缸直径以 mm 单位数字表示，必要时可用 D/S 数表示；第三部分，由结构特征符号、用途特征符号构成；第四部分，产品区分符号，可由制造商自选符号，可根据具体情况标出或不标出。

国产柴油机型号编排规则如图 1-2-2 所示。

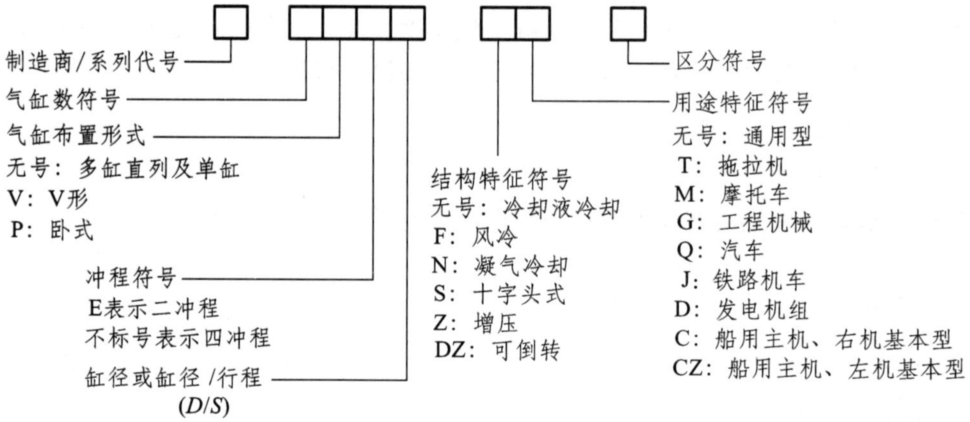

图 1-2-2　国产柴油机型号编排规则

示例如下：

16V280ZJA：16 缸、V 形、四冲程、缸径 280 mm、增压及机车用柴油机，变型代号 A。

10E207J：10 缸、二冲程、缸径 207 mm、水冷式机车用柴油机。

6250GZC：6 缸、四冲程、缸径 250 mm、高增压船用柴油机。

对于国外引进的柴油机，其产品型号编制不按本规定，可保留原产品型号或在原型号上进行扩展。经国产化的产品需按本标准的规定进行编制。

GB/T 726—94 对柴油机曲轴转向的规定：相对于功率输出端的另一端为柴油机自由端。站在柴油机功率输出端向自由端看，凡输出端曲轴顺时针旋转的称为“右转”，逆时针旋转的称为“左转”。多轴式柴油机的转向以主输出轴的转向为准。

V 形柴油机右边自由端的气缸为第 1 缸，以后顺次为 2，3，…，n；左边自由端开始为

$n+1$，$n+2$，…，$2n$。图 1-2-3 为 16V280ZJ 型柴油机的气缸编号。

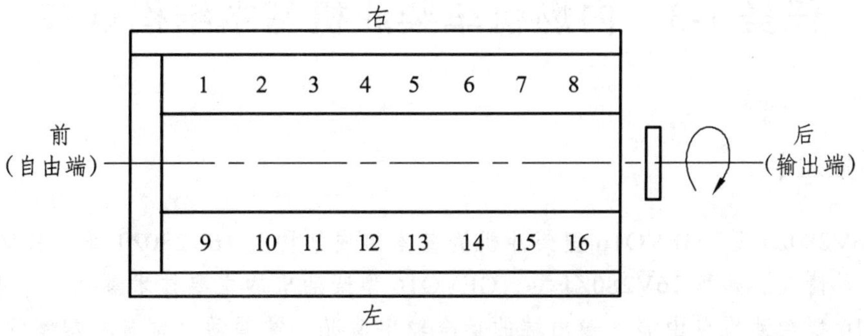

图 1-2-3　16V280ZJ 型柴油机的气缸编号

三、柴油机经济性指标

内燃机车柴油机在运用中的燃油消耗费用约占全部运用费用的一半，故燃油消耗代表了柴油机的经济性。

在柴油机工作过程中，燃油消耗存在两个指标：

（1）燃油消耗量：柴油机工作时，每小时的燃油消耗量，以符号 G_f 表示，单位符号为 kg/h。

（2）燃油消耗率：柴油机以 1 kW 的功率工作 1 h 所消耗的燃油，以符号 g_i 表示，单位符号为 g/(kW・h)。

柴油机的燃油消耗率可分为指示燃油消耗率与有效燃油消耗率。其中指示燃油消耗率是指单位指示功的耗油量，通常用单位千瓦时指示功率的耗油量克数来表示。有效燃油消耗率是指单位有效功的耗油量，通常用单位千瓦时有效功所消耗的燃料克数来表示。

【任务检查】

表 1-2-1　内燃机车柴油机常识——任务检查单

任务编号	1-2	任务名称	内燃机车柴油机常识认知	
序号	检查内容		是	否
1	能说明 16V280ZJ 型、GEVO16 型柴油机的型号含义，并能说明柴油机曲轴转向的含义			
2	能说明每小时燃油消耗量 G_f、每千瓦小时燃油消耗量 g_i 的含义			
3	能画出 16V280ZJ 型、GEVO16 型柴油机气缸编号示意图			

【任务训练】

1. 说明柴油机是如何分类的。
2. 说明 16V280ZJA 型柴油机符号的表示含义。
3. 说明柴油机气缸是如何编号的。

任务 1-3　内燃机车柴油机基本结构认知

【任务描述】

掌握 16V280ZJ 型、GEVO16 型柴油机的基本组成结构及 16V280ZJ 型、GEVO16 型柴油机的总体布置情况。熟悉 16V280ZJ 型、GEVO16 型柴油机的主要技术参数。掌握 16V280ZJ 型、GEVO16 型柴油机自由端、输出端的功率输出情况。掌握动力室与冷却室的工作联系以及冷却室的基本组成。

【任务目标】

- 能掌握 16V280ZJ 型、GEVO16 型柴油机的基本组成结构；
- 能说明 16V280ZJ 型、GEVO16 型柴油机的总体布置情况；
- 能说明 16V280ZJ 型、GEVO16 型柴油机的主要技术参数；
- 能说明 16V280ZJ 型、GEVO16 型柴油机自由端、输出端的功率输出情况；
- 能掌握动力室与冷却室的工作联系以及冷却室的组成结构。

【任务学习】

任务 1-3-1　16V280ZJ 型柴油机基本结构认知

一、16V280ZJ 型柴油机的基本组成结构

16V280ZJ 型柴油机主要由固定件、运动件、配气机构、进排气系统、燃油系统、调控系统、冷却水系统以及机油系统组成。

1. 固定件

固定件是柴油机的构成骨架，为其他部件的支撑和安装提供了基础，并为柴油机的运行提供了空间。它主要由机体、连接箱、气缸、气缸盖、油底壳及安装支承座等组成。

2. 运动件

运动件主要是指柴油机中做功、传递和输出功率的曲柄连杆机构，是完成柴油机工作循环和实现能量转换的重要部件。它主要由活塞组、连杆组和曲轴组等部件组成。

3. 配气机构

配气机构能够正时地开闭气门，达到排除废气和冲入新鲜空气的目的，为柴油机循环工作提供条件。它主要由凸轮轴、挺柱、推杆、摇臂、气门及气门弹簧等机件组成。

4. 进排气系统

进排气系统的功用是排出气缸内燃烧产生的废气，并向气缸内尽可能多地充入新鲜气体，为实现热工转换提供物质基础。进气系统由空气滤清器、增压器压气机、中冷器、稳压箱以及进气管道等组成；排气系统由废气总管、增压器涡轮机以及消音器等组成。

5. 燃油系统

燃油系统是根据柴油机的运转工况，保证在适当的时机向燃烧室内喷入一定量的雾化燃油。燃油系统由燃油箱、燃油泵、燃油粗滤器、燃油精滤器、喷油泵、喷油器、高压油管、调压阀以及进回油管路等组成。

6. 调控系统

调控系统是根据机车运行的需求，通过调速器对柴油机进行调速及控制输出功率，并能防止柴油机发生过载及飞车等意外情况。调控系统主要由调速器或调节器、控制拉杆系统、超速保护装置及紧急停车装置等机件组成。

7. 机油系统

柴油机的机油系统使相对运动零件的摩擦表面得到润滑和冷却，从而保证柴油机正常、可靠地工作。机油系统主要由启动机油泵、主机油泵、机油滤清器、增压器滤清器、安全阀、调压阀、机油热交换器以及机油管道等部分组成。

8. 冷却水系统

冷却水系统是对柴油机进行强制冷却，将各受热零件的温度控制在允许的范围内，又可保持适当的冷却水温度。冷却水系统由膨胀水箱，高、低温冷却水泵，中冷器，机车散热器以及管路等部分组成。

二、16V280ZJ 型柴油机的总体布置情况

16V280ZJ 型柴油机的外形如图 1-3-1 所示，其纵、横剖面如图 1-3-2（a）和图 1-3-2（b）所示。

16V280ZJ 型柴油机的外形尺寸为：长 4 971 mm，宽 1 725 mm，高 2 895 mm。柴油机 16 个气缸分为左、右两列，两列气缸的中间呈 V 形 50°夹角。为了尽可能减小柴油机的宽度，采取如下一些措施：将进气管路、增压器和中冷器布置在 V 形夹角内；气门推杆对气缸中心线倾斜 7°；在保证凸轮轴孔可加工的前提下，压缩凸轮轴孔与气缸孔之间的距离相等。

柴油机机体 V 形夹角的空间布置主油道、高温水总进水道和相当于进气总管的空气腔。凸轮轴、挺柱、推杆、喷油泵和喷油器布置在机体两侧，以便于对以上部件的日常检查与维修。在 V 形夹角内和气缸盖上部，布置分段连接的气缸盖的高温出水总管和每缸一节并且中间加膨胀节的排气管，方便日常检修。

齿轮传动装置集中布置在机体前端齿轮箱内，驱动左、右凸轮轴，同时带动布置在柴油机自由端的调控传动总成、C 型联合调节器、高温水泵和中冷水泵及两个主机油泵。

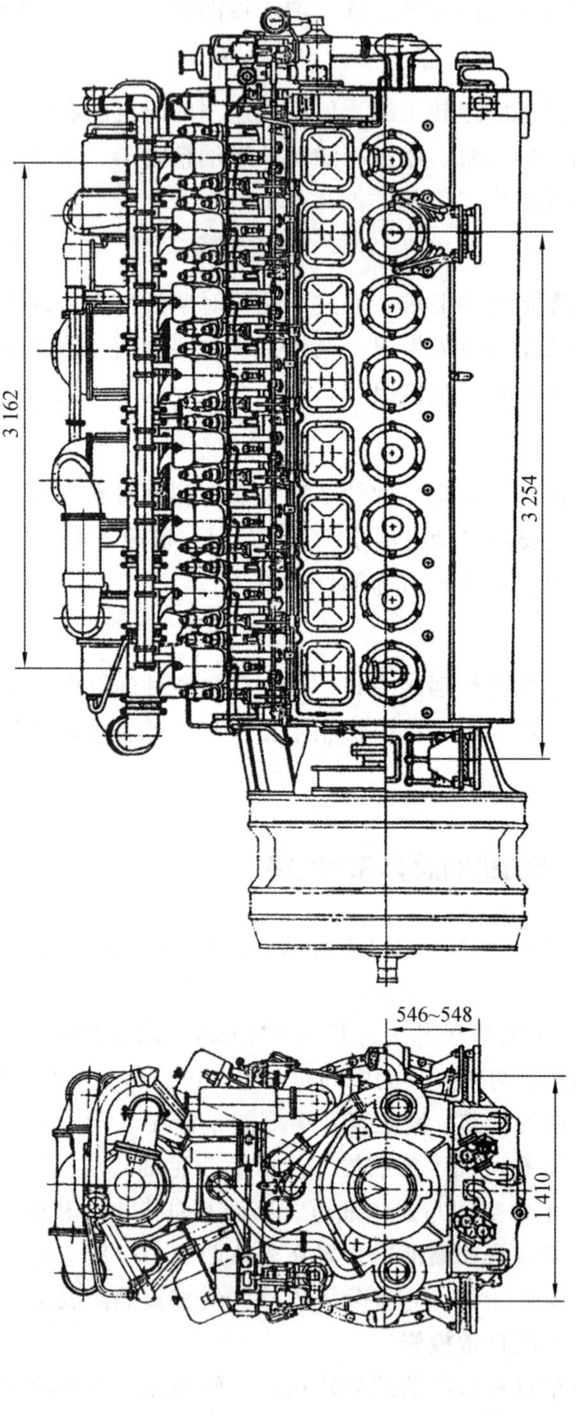

图 1-3-1　16V280ZJ 型柴油机外形图

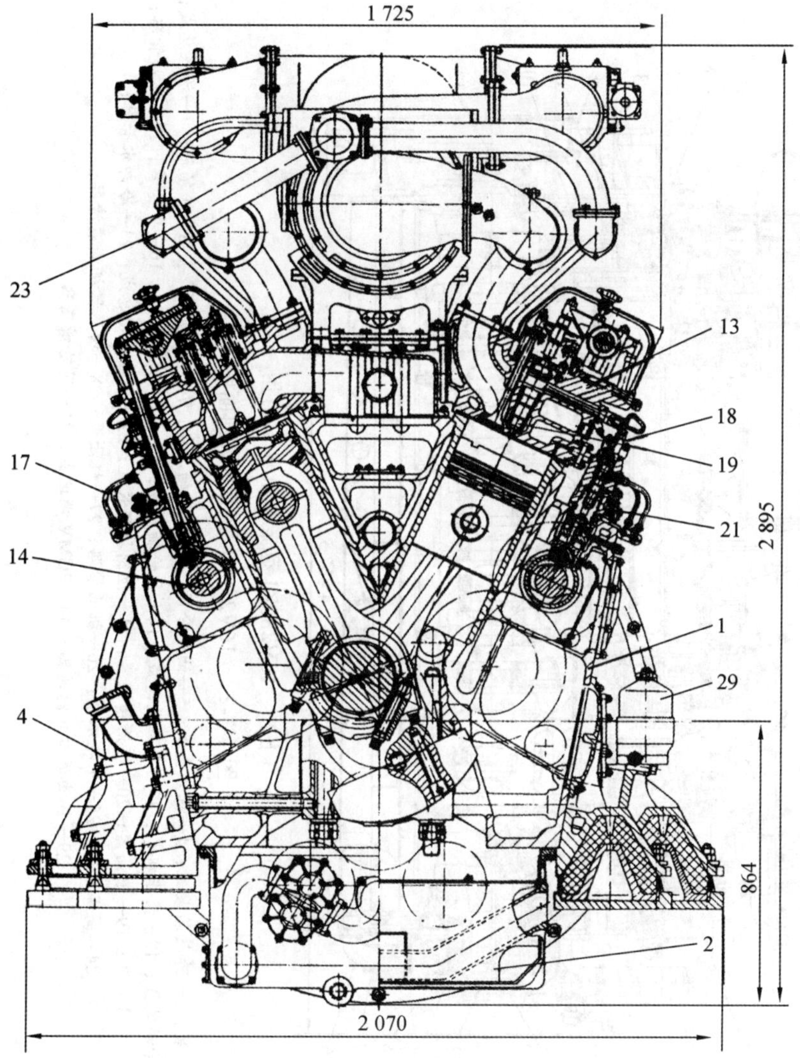

（a）16V280ZJ 型柴油机横剖面图

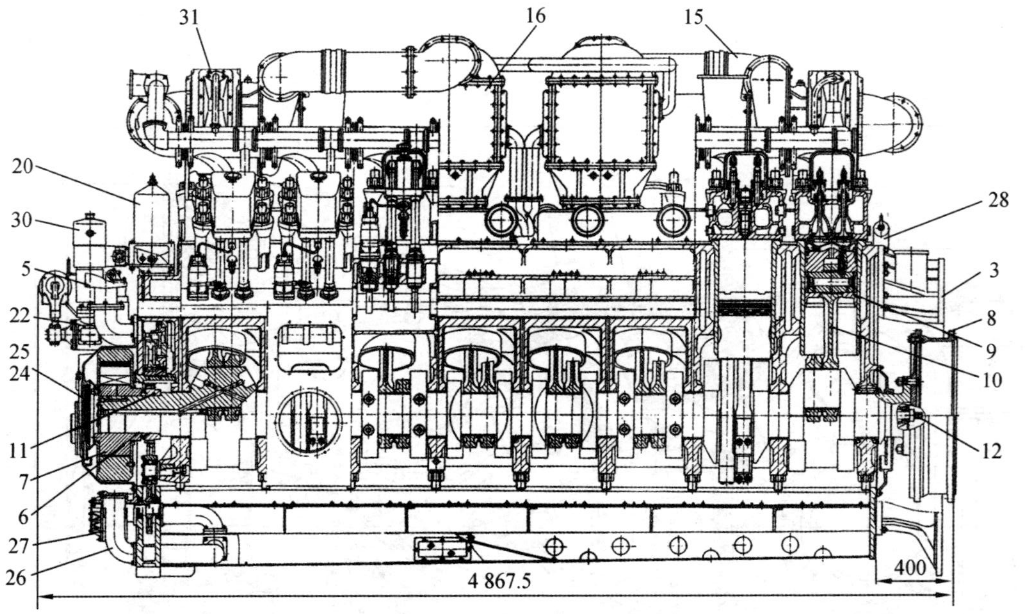

（b） 16V280ZJ 型柴油机纵剖面图

图 1-3-2 16V280ZJ 型柴油机剖面图

1—机体总成；2—油底壳组装；3—连接箱装配；4—机体支承；5—油气分离器；6—曲轴总成；7—卷簧减振器；8—联轴节；9—活塞总成；10—连杆总成；11—齿轮传动装置；12—盘车机构；13—气缸盖总成；14—凸轮轴总成；15—进、排气管路；16—中冷器；17—燃油管路；18—喷油泵；19—喷油器；20—燃油精滤器；21—控制拉杆装置；22—调控传动总成；23—冷却水管路；24—高温水泵；25—中冷水泵；26—机油管路；27—机油泵；28—增压器机油滤清器；29—机油离心式滤清器；30—PGMV 调速器；31—涡轮增压器在曲轴自由端，曲轴齿轮和卷簧减振器以锥度配合方式与曲轴连接，曲轴齿轮是齿轮传动装置的主动齿轮。在曲轴输出端，曲轴法兰与弹性联轴节用螺栓连接，联轴节再带动同步主发电机转子轴。同步主发电机的外壳则通过连接箱与柴油机机体联成一体，连接箱侧面装有盘车机构。

16V280ZJ 型柴油机采用湿式油底壳，安装在机体底面下。

柴油机上布置有多种保护装置。一种是可切断燃油供应的，它装在调控传动总成上；另一种是可切断柴油机进气的，它安装在增压器与中冷器之间的进气通道上。停机和卸载油压继电器布置在柴油机主油道进口（DF_8-0110 号之前的机车使用）或布置在增压器进油管路上（DF_8-0110 号及之后的机车和 DF_{11} 机车使用）。同时，还设有盘车机构联锁、防止曲轴箱压力过高的差示压力计和装在机体两侧曲轴观察孔盖上的防爆阀等。

柴油机通过 4 个装于机体两侧和连接箱两侧的橡胶弹性支承座安装在机车上。

三、16V280ZJ 型柴油机的主要技术参数

16V280 型柴油机的主要技术参数见表 1-3-1。

表 1-3-1　16V280 型柴油机主要技术参数

型　号		16V280ZJ	16V280ZJA
一、基本结构参数			
形式		四冲程、直接喷射燃烧室、废气涡轮增压、增压空气中间冷却的机车用柴油机	
气缸直径/mm		280	
活塞行程/mm		285	
缸数及排列		16 缸，V 形，夹角 50°	
单缸排量/L		17.55	
几何压缩比		12.5	
二、主要工作参数			
（一）转速	标定转速/（r/min）	1 000	
	最大转速/（r/min）	1 100	
	最低空载稳定转速/（r/min）	400	
	超速自动停车转速/（r/min）	1 120～1 140	
	启动着火转速（+5°C 时）/（r/min）	110	
	活塞平均速度/（m/s）	9.5	
（二）功率	标定功率/kW	3 675	3 860
	最大功率/kW	4 045	4 246
（三）扭矩	标定功率时扭矩/N·m	35 115	36 866
	启动扭矩/N·m	4 413	

续表

型号			16V280ZJ	16V280ZJA
（四）压力	标定功率时平均有效压力/kPa		1 572	1 650
	最大功率时平均有效压力/kPa		1 760	1 814
	最高爆发压力/MPa		13.24	13.72
	400 r/min 空载时压缩压力/MPa		2.65～2.95	
	曲轴箱正压力/kPa		≤0.6	
（五）燃油	牌号		GB 252—2015 优级品或一级品轻柴油	
	标定功率燃油消耗率[g/（kW·h）]		208～215	
	400 r/min 空载燃油消耗量/（kg/h）		16	
	喷油器喷射压力/MPa		25.5	
（六）冷却水	高温水系统	水质	去离子水中加缓蚀剂	
		流量/（L/min）	2 250	
		压力/MPa	0.392	
		柴油机出口处水温/°C	正常 70～80，最高 88	
	中冷水系统	水质	去离子水中加缓蚀剂	
		流量/（L/min）	1 667	
		压力/MPa	0.343	
		中冷器进水温度/°C	50	
（七）机油	牌号		柴油机用“内燃机车三代柴油机油”，调速器用“内燃机车调速器油”	
	流量/（L/min）		1 667	
	机油消耗率[g/（kW·h）]		2.04	
	柴油机主油道进口压力/MPa		≥0.48	
	柴油机出口油温/°C		正常 65～75，最高 88	
（八）空气与燃气	标定功率时增压器出口空气压力/kPa		265	282
	标定功率空气流量/（L/min）		2×3.6	2×3.88
	增压器吸气真空度/kPa		≤2.45	
	气缸盖出口排气温度/°C		≤540	
	涡轮进口燃气温度/°C		≤630	
	增压器排气背压/kPa		≤2.94	
（九）曲轴旋转方向			面对功率输出端顺时针方向旋转	
（十）配气相位及供油提前角	进气门开		上止点前 59°；进气门关：下止点后 44°	
	排气门开		下止点前 69°；排气门关：上止点后 64°	
	供油提前角		上止点前 22°	
（十一）启动方式			电机启动	
（十二）其他参数	柴油机外形尺寸/mm		长 4 971×宽 1 725×高 2 895	
	柴油机质量/kg		24 500	

四、16V280ZJ 型柴油机的自由端、输出端的功率输出情况

16V280ZJ 型柴油机的曲轴输出端，通过弹性联轴节与主发电机的转子相连。主发电机转子另一端连接传动轴，用来驱动前变速箱、励磁机、启动发电机、测速发电机。16V280ZJ 型柴油机的曲轴自由端，通过卷簧减振器与传动轴相连，用来驱动后变速箱、静液压油泵、牵引电机后通风机。

五、DF_{8B} 型内燃机车动力室与冷却室的组成结构

（一）动力室的布置

动力室内设置有柴油机发电机组、前变速箱、励磁机、启动发电机、测速发电机等，如图 1-3-3 所示。

柴油发电机组布置在动力室的中间，在主发电机的前面设置有前变速箱、励磁机、启动发电机、测速发电机等装置。

柴油发电机组的左侧设有两组燃油输送泵电机组、燃油粗滤器，右侧有燃油预热器、预热锅炉燃油泵、辅助机油泵电机组和空气制动系统中的工作风缸。在其左右两侧壁上均设有柴油机空气滤清装置、车体通风机以及便于柴油机加装机油的加油窗口，在左侧空气滤清器的前端和右侧空气滤清器的后端均设有灭火器。

前间壁上部为横跨电气-动力两室的制动电阻装置，下部左侧为励磁整流柜。

后间壁上部为膨胀水箱，下部设置仪表箱（箱内安装测量仪表装置），用来显示柴油机各油机水管路的压力、温度值。

（二）冷却室的布置

冷却室的上部为 V 形的冷却装置（机车散热器），其上装有 48 组双流道铜散热器，散热器内部布置了两套静液压马达和冷却风扇。

动力室下部中间设有后变速箱及后转向架牵引电动机通风机，左侧为机油热交换器和空气压缩机组，右侧为启动机油泵、机油滤清器和空气压缩机组（两套空气压缩机组贴紧冷却室后墙布置）。

冷却室前间壁冷却装置下部的左右两侧装有静液压系统油箱，在 V 形冷却装置的底部安装两组静液压系统油-空散热器。

冷却室后间壁右侧设有信号旗、火炬、响墩箱，左侧设有更衣箱。

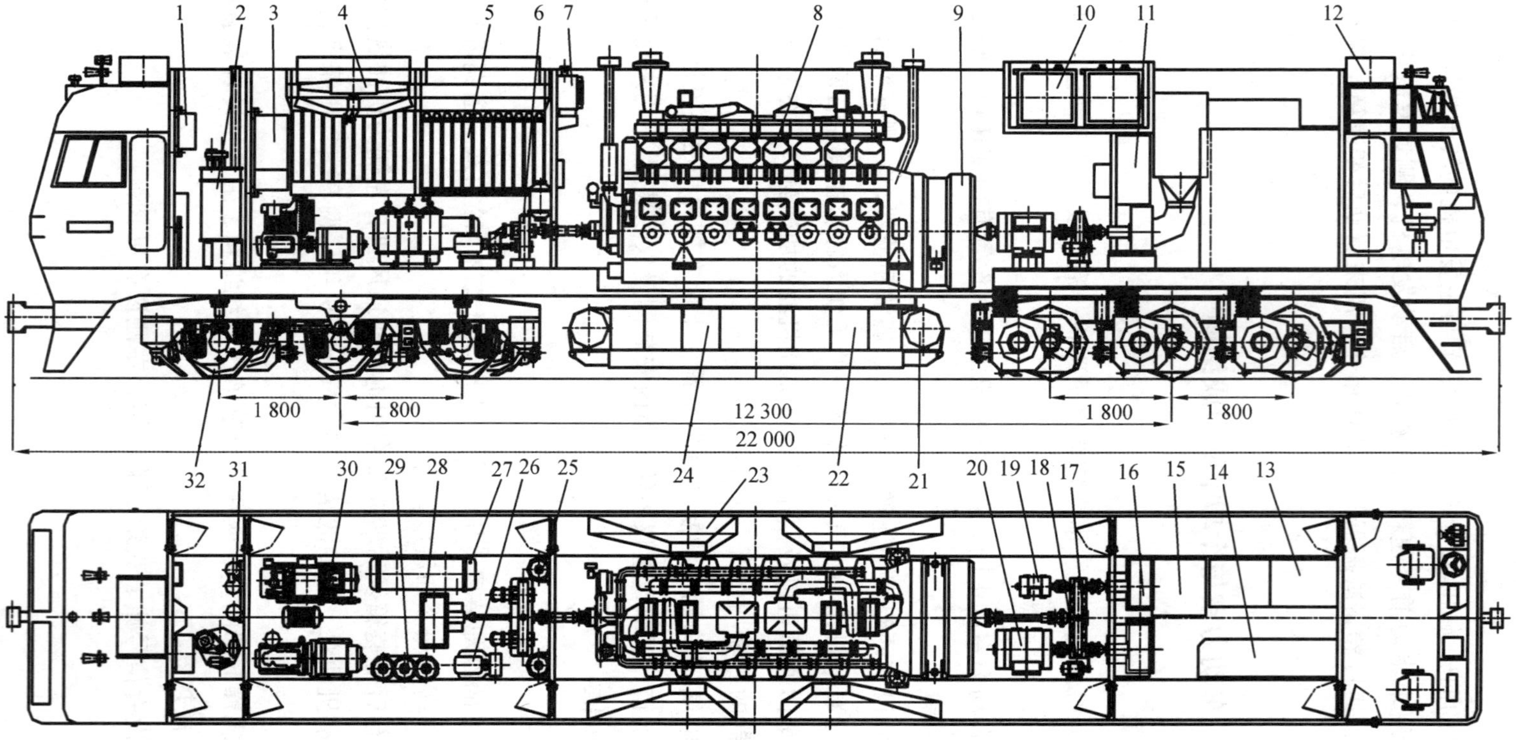

图 1-3-3　DF_{8B} 型机车总体布置图

1—预热锅炉控制箱；2—预热锅炉；3—更衣箱；4—冷却风扇；5—散热器；6—后变速箱；7—膨胀水箱；8—柴油机；9—主发电机；10—电阻制动柜；11—微机柜；12—空调机；13—高压柜；14—组合电气柜；15—主硅整流柜；16—主整流柜与主发电机通风机；17—前变速箱；18—测速发电机；19—励磁机；20—启动发电机；21—总风缸；22—蓄电池箱；23—空气滤清装置；24—燃油箱；25—静液压系统油箱；26—启动机油泵；27—机油热交换器；28—后转向架牵引电动机通风机；29—机油滤清器；30—空气压缩机组；31—空气干燥器；32—转向架

任务 1–3–2　GEVO16 型柴油机

一、GEVO16 型柴油机的基本组成结构

GEVO16 型柴油机主要由固定件、运动件、配气机构、进排气系统、燃油系统、柴油机调控系统、冷却水系统以及机油系统组成。

1. 固定件

固定件是柴油机的构成骨架，为其他部件的支撑和安装提供了基础，并为柴油机的运行提供了空间。它主要由机体、连接箱、气缸、气缸盖、油底壳及前端盖组件等组成。

2. 运动件

运动件主要是指柴油机中做功、传递和输出功率的曲柄连杆机构，是完成柴油机工作循环和实现能量转换的重要部件。它主要由活塞组、连杆组和曲轴组等部件组成。

3. 配气机构

配气机构能够正时地开闭气门，达到排除废气和冲入新鲜空气的目的，为柴油机循环工作提供条件。它主要由凸轮轴、挺柱、推杆、摇臂、气门及气门弹簧等机件组成。

4. 进排气系统

进排气系统的功用是排出气缸内燃烧产生的废气，并向气缸内尽可能多地充入新鲜气体，为实现热工转换提供物质基础。进气系统由空气滤清器、增压器压气机、中冷器、稳压箱以及进气管道等组成；排气系统由废气总管、增压器涡轮机以及消音器等组成。

5. 燃油系统

燃油系统是根据柴油机的运转工况，保证在适当的时机向燃烧室内喷入一定量的雾化燃油。燃油系统由燃油箱、燃油泵、燃油粗滤器、燃油精滤器、喷油泵、喷油器、高压油管、调压阀、燃油加热器、温度调节阀以及进回油管路等组成。

6. 柴油机控制系统

柴油机控制系统是根据机车运行的需求，通过电子控制燃油喷射系统对柴油机进行调速及控制输出功率，并能防止柴油机发生过载及飞车等意外情况。与传统的机械调速器相比，柴油机控制单元（ECU）不仅仅是改变了柴油机的喷油控制方式，更重要的是能全面监测柴油机的运行状态，实施精确的反馈调控，必要时采取保护措施。

GEVO16 型柴油机采用电子控制燃油喷射系统（EFI，简称电控喷油系统），该电子控制燃油喷油系统由燃油系统、高压燃油喷射装置、柴油机控制单元（ECU）和各类传感器四部分组成。

7. 机油系统

柴油机的机油系统使相对运动零件的摩擦表面得到润滑和冷却，从而保证柴油机正常、可靠地工作。机油系统主要由启动机油泵、主机油泵、机油滤清器、安全阀、调压阀、机油热交换器以及机油管道等部分组成。

8. 冷却水系统

冷却水系统是对柴油机进行强制冷却，将各受热零件的温度控制在允许的范围内，又可保持适当的冷却水温度。冷却水系统由膨胀水箱、冷却水泵、中冷器、机车散热器以及管路等部分组成。

二、GEVO16 型柴油机的总体布置情况

GEVO16 型柴油机的总体布置如图 1-3-4 和图 1-3-5 所示。

柴油机各缸分为左、右两列，两列气缸中间呈 V 形 45°夹角。面向输出端，由远至近，左侧为 L1 ~ L8 缸，右侧为 R1 ~ R8 缸。

气缸盖、气缸套和加强套组成的气缸组件安装在机体各气缸孔上，呈左、右两列分布，从而使柴油机上部呈 V 形结构。气缸组件的顶部是气缸罩盖，通过紧固螺栓将气缸罩盖固定在气缸盖上，取掉气缸罩盖可以看到摇臂和气门组件，并可通过摇臂上的调节螺钉调整气门冷态间隙。

在 V 形柴油机的左、右两侧，布置燃油进油总管、燃油回油总管以及溢油管，并在柴油机左、右两侧的机体平面上从上至下各装有 8 个凸轮轴检查孔盖和曲轴箱检查孔盖。打开孔盖可检查凸轮轴和曲轴的情况，曲轴箱检查孔盖还设置曲轴箱的防爆装置。

图 1-3-4　柴油机外形图

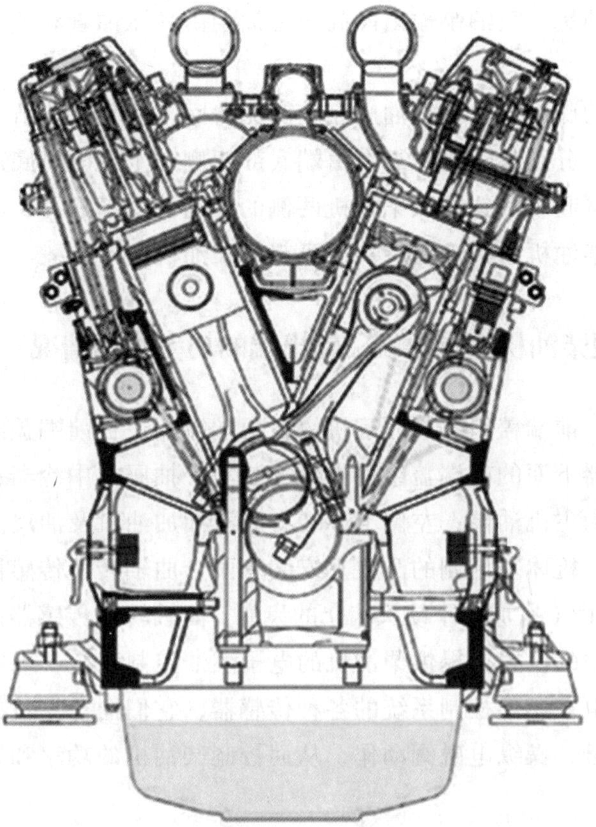

图 1-3-5　柴油机横剖面图

机体 V 形夹角内的下部铸出冷却水腔，在其上面安装一个进气和出水管组件。其下部为进气总管、上部为出水总管。经过中冷器冷却的空气，经由安装中冷器的前端盖组件内腔进入进气总管，再送入各气缸。出水总管与接有增压器出水管的过渡管连接，将柴油机的出水送入机车的散热器进水管路，进行冷却。在进气和出水管组件上方，靠外侧布置着两根排气总管，左、右各气缸的排气经各支管接入该侧的排气总管，再由过渡管与增压器的涡轮进气口连接，将高温的压力气体送入增压器，为增压器提供动力。

曲轴安装在机体的主轴承上。通过柴油机气缸内增压器压缩后的压力空气与雾化燃油混合燃烧后的燃气推动活塞进行往复运动，并通过连杆推动曲轴做旋转运动。曲轴输出端由压装于曲轴轴颈上的法兰盘通过螺栓与主发电机的转子连接，将柴油机产生的机械能传递给主发电机。曲轴输出端的轴颈上还压装有曲轴齿轮，通过惰轮带动凸轮轴齿轮，驱动凸轮轴运转。与曲轴自由端法兰连接的齿轮带动水泵齿轮和润滑油泵齿轮，驱动水泵和润滑油泵运转。曲轴自由端还安装一个调整柴油机扭转振动的减振器。

两根凸轮轴分别置于机体左、右两侧的凸轮轴轴承上。凸轮轴上的配气凸轮通过顶杆推动气门驱动机构，控制气门的开闭；凸轮轴的燃油凸轮推动喷油泵下体的滚轮，使喷油泵产生高压燃油。装在喷油泵外侧的电磁阀，接收电子燃油控制系统计算机发出的信号，控制喷油泵的供油定时和供油量。喷油泵输出的高压燃油经由高压油管和喷油器向气缸喷油，供柴油机燃烧做功。

油底壳装在机体的底面，原车型油底壳上侧无滤网，部分车改造后加装。

柴油机的 4 个支承分别装于机体靠自由端底部两侧和主发电机底部两侧。

柴油机吊运时，将起重吊钩拧入柴油机两侧的柴油机支承螺孔，与安装于机体输出端顶面的起重吊钩一起与柴油机吊具连接后，便可起吊柴油机。

三、GEVO16 型柴油机的自由端、输出端的功率输出情况

在柴油机自由端，前端盖组件紧固于机体自由端端面。在前端盖组件的上面安装左、右两台增压器；在增压器下面的前端盖组件内各安装一个抽屉式中冷器；在自由端左下侧安装一台冷却水泵，右侧为主机油泵；左侧下方装有润滑油加油口及油尺。

在柴油机输出端，机体左后侧的凸块上安装有两个曲轴转速传感器，压装于曲轴后端的法兰盘上，有一个 89 齿（另加一个缺失齿）的齿圈。曲轴转速传感器通过检测齿圈上的齿来确定曲轴在旋转过程中的位置，提供柴油机的电子燃油控制系统，确定供油时刻。

柴油机上安装有电子燃油控制系统的各种传感器，它们向计算机提供多种信息，计算机依此向电磁阀发出信号，操纵电磁阀动作，从而控制柴油机的功率和转速，并实现各种保护功能。

靠近输出端的右侧，安装有柴油机的盘车机构，使用电动盘车装置或气动盘车装置盘车。

四、GEVO16 型柴油机的主要技术参数

型号：GEVO16；

形式：四冲程、直接喷射燃烧室、废气涡轮增压、增压空气中间冷却；

缸径 × 行程：250 mm × 320 mm；

缸数及排列：16 缸、V 形、夹角 45°；

气缸总排量：251.3 L；

几何压缩比：16.8 ∶ 1；

额定转速：1 050 r/min；

怠速转速：440 r/min；

额定功率：4 660 kW；

燃油消耗率：214 ×(1± 3%) g/kW · h（排放优先模式）；

200 ×(1± 3%) g/kW · h（油耗优先模式）；

质量：24 857 kg；

外形尺寸：5 105 mm × 1 771 mm × 2 603 mm。

五、HXN5 型内燃机车柴油机间与冷却室的组成结构

（一）柴油机间

柴油机间内安装有 GEVO 16 型柴油机。柴油机输出端左侧设有盘车机构的接口。柴油机排气烟囱（消音器）安装于柴油机自由端增压器出口，与后顶盖相关联。柴油机间中部顶盖外端安装有风喇叭，如图 1-3-6 所示。

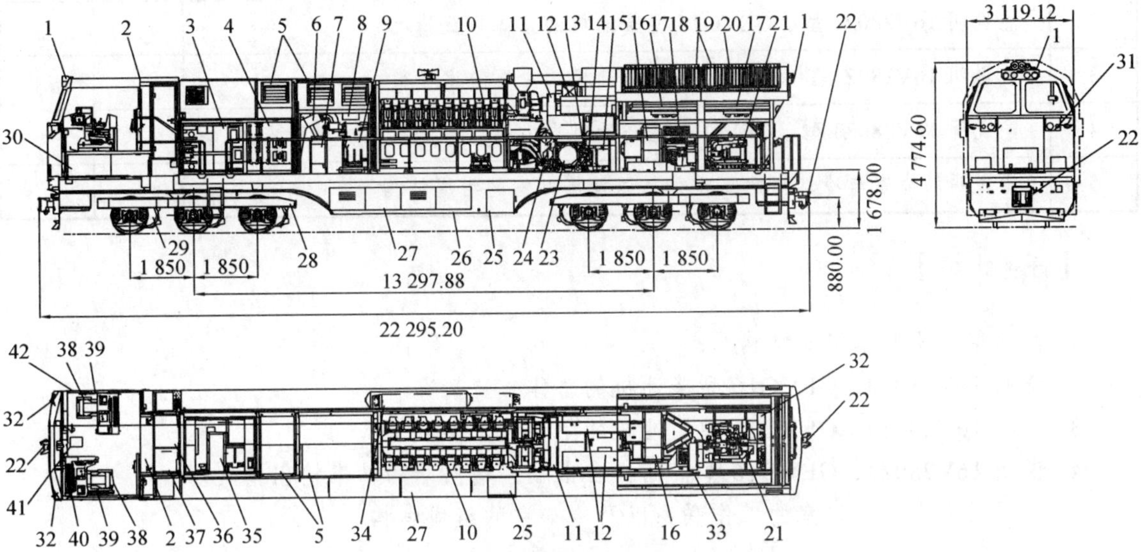

图 1-3-6　HXN5 型内燃机车总体布置图

1—头灯；2—控制设备柜；3—牵引逆变器；4—功率装置柜；5—电阻制动装置；6—主发电机通风道；7—辅助发电机；8—CTS 启机转换开关；9—主发电机；10—柴油机；11—空滤器；12—冷却水箱；13—低压燃油泵；14—启动机油泵；15—机油热交换器；16—牵引电机通风机；17—冷却风扇；18—电机通风滤清器；19—散热器百叶窗；20—散热器；21—空压机；22—车钩；23—机油滤清器；24—燃油滤清器；25—污油箱；26—燃油箱；27—蓄电池箱；28—转向架；29—牵引电机；30—空调；31—标志灯；32—砂箱；33—排尘风机；34—总风缸；35—逆变/主发电机通风机；36—卫生间；37—行车安全设备柜；38—座椅；39—取暖气；40—操纵台；41—冰箱；42—制动柜

（二）冷却室

冷却室可分为前、后两部分。

前半部分上方装有冷却水箱、空滤器（柴油机空气滤清箱组件）；下方为集成的柴油机支持系统，其中包括机油滤清器、机油热交换器、燃油加热器、燃油滤清器、启动机油泵和低压燃油泵。

后半部分上面为冷却系统冷却装置封闭作业区，冷却装置上方设有由压缩空气驱动的散热器百叶窗，百叶窗下方为散热器，散热器下部装有冷却风扇；其左右两侧安装有供散热器进风的 V 形滤网。在冷却装置封闭作业区下部空间内，前端为牵引电机通风机、通风机滤清器及排尘风机；后端为空压机及供空压机冷却用的翅片管式冷却器。

冷却室后端墙上装有 CA9 控制箱，左右两侧还装有供后转向架用砂的砂箱。

【任务检查】

表 1-3-2　内燃机车柴油机基本结构——任务检查单

任务编号	1-3	任务名称	内燃机车柴油机基本结构认知
序号	检查内容	是	否
1	能说明 16V280ZJ 型、GEVO16 型柴油机的基本组成结构		
2	能说明 16V280ZJ 型、GEVO16 型柴油机的总体布置情况		
3	能说明 16V280ZJ 型、GEVO16 型柴油机的主要技术参数		
4	能说明 16V280ZJ 型、GEVO16 型柴油机自由端、输出端的功率输出情况		
5	能说明动力室与冷却室的工作关系以及冷却室的组成结构		

【任务训练】

1. 简述柴油机基本组成结构。
2. 说明 16V280ZJ、GEVO16 型柴油机的总体布置情况。
3. 说明 16V280ZJ、GEVO16 型柴油机的主要技术参数。
4. 说明 16V280ZJ、GEVO16 型柴油机自由端、输出端的功率输出情况。
5. 说明动力室与冷却室的工作联系以及冷却室的组成结构。

项目 2 内燃机车辅助系统管路认知

任务 2-1 机车进、排气系统管路认知

【任务描述】

如果你是一名机车乘务员或机车检查人员，应该能够熟练地摸清内燃机车进、排气管路，熟悉主要零部件的位置，对进气、排气的通路熟知于心。遇到进、排气系统故障时，能够依照进气、排气的路线，查找故障位置，为排除故障打好基础。

【任务目标】

- 能说明进气、排气通路中主要零部件的名称；
- 能说明进气、排气通路中主要零部件的位置；
- 能说明进气、排气的路线。

【任务学习】

任务 2-1-1 DF_{8B}型机车进、排气系统认知

一、进、排气系统简介

机车进、排气系统：新鲜空气通过二级过滤进入前、后增压器增压，即机车柴油机室车体两侧旋风除尘器、内走廊动力室两侧空滤器；增压后的空气温度较高，进入安装在柴油机中部的中冷器进行冷却，冷却后的气体进入中冷器下部的稳压箱，由稳压箱进入各气缸燃烧，燃烧后的废气通过废气支管汇入排气总管，进而进入增压器，通过消音器排向大气。

二、进、排气系统主要部件认知

1. 空气滤清器认知

空气经过机车外侧旋风除尘器进行一级过滤，旋风除尘器位于柴油机室两侧，如图 2-1-1 所示。

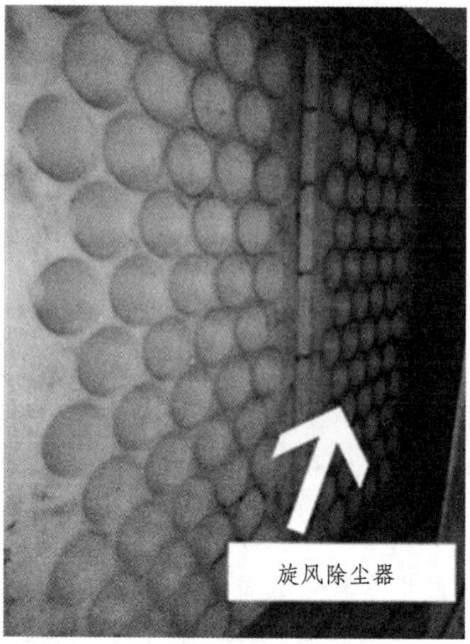

图 2-1-1 旋风除尘器

经过旋风除尘器过滤后的空气，进入纸质滤清器进行过滤，完成第二级过滤。纸质滤清器安装在柴油机室两侧靠近车顶位置，如图 2-1-2 所示。

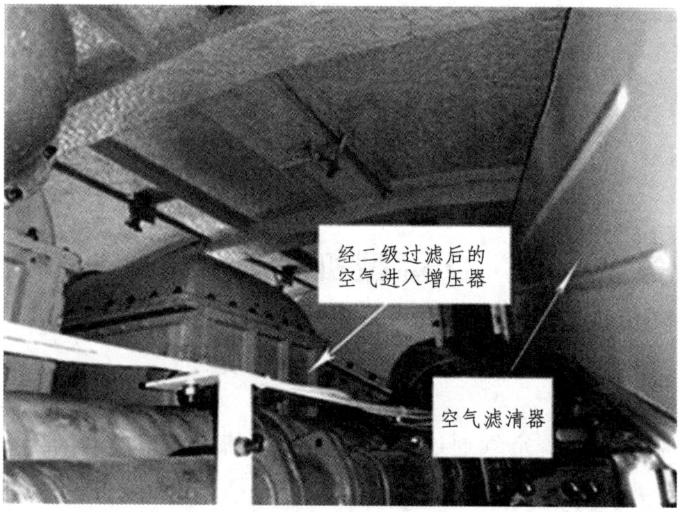

图 2-1-2 纸质滤清器

经过二级过滤后的空气进入增压器的压气机进行增压，以提高空气压力。

2. 进气管路及中冷器

经过增压器压气机压缩后的空气，进入柴油机的进气管路，向中冷器输送空气。中冷器对空气进行冷却，两台中冷器布置在机体 V 形夹角的正上方，如图 2-1-3 所示。

冷却后的压缩空气，直接送入机体内部的稳压箱（V 形夹角空气腔），向燃烧室提供稳定的压力空气。

图 2-1-3　进气管路及中冷器

3. 废气管路

燃烧后的空气，经过每缸对应的废气支管汇总到废气总管，通过废气总管输送到增压器的废气涡轮，通过消音器排入大气。每缸的废气支管与气缸盖左侧排气口相连接，柴油机两侧各有一个废气总管，安装在机体上方，如图 2-1-4 所示。

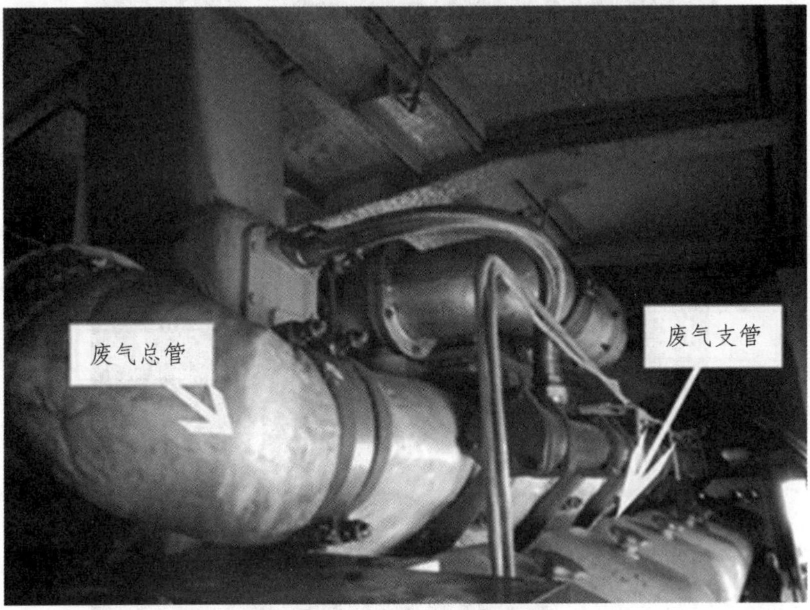

图 2-1-4　柴油机废气支管及废气总管

任务 2–1–2　HXN5 型机车进、排气系统认知

一、进、排气系统简介

机车进、排气系统：新鲜空气通过三级过滤进入左、右增压器增压，即机车空气燃烧室车体两侧 V 形滤网、旋风筒式滤清器器、袋式空气滤清器；增压后的空气温度较高，进入安装在柴油机自由端中冷器进行冷却，冷却后的气体进入机体 V 形夹角上方的稳压箱，由稳压箱进入各气缸燃烧，燃烧后的废气通过废气支管汇入排气总管，进而进入增压器，通过消音器排向大气。

二、进、排气系统主要部件认知

1. 空气滤清器认知

空气经过空气燃烧室外侧 V 形滤网进行一级过滤，如图 2-1-5 所示；过滤后的空气进入旋风筒式滤清器进行二级过滤，旋风筒式滤清器位于 V 形滤网后侧，如图 2-1-6 所示。

图 2-1-5　空气燃烧室两侧 V 形滤网

图 2-1-6　旋风筒式滤清器

经过旋风筒式滤清器过滤后的空气，进入袋式滤清器进行过滤，完成第三级过滤。打开两侧空气燃烧室门后可见袋式滤清器，如图 2-1-7 所示。

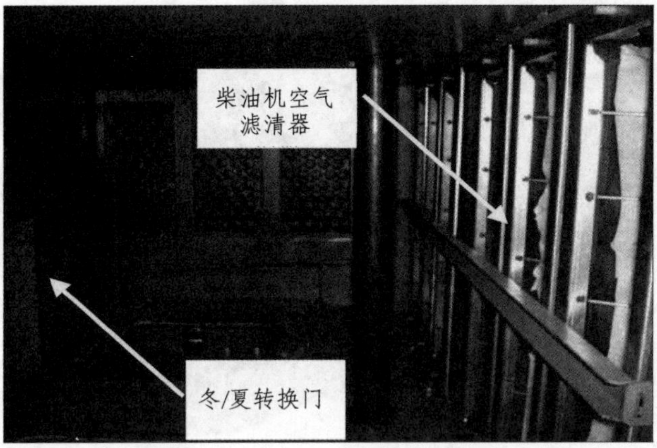

图 2-1-7　袋式滤清器

2. 中冷器

经过三级过滤后的空气经软管送入增压器压气机，压缩后的空气进入增压器下方的中冷器。中冷器对空气进行冷却，两台中冷器布置在机体自由端的左右两侧，如图 2-1-8 所示。

冷却后的压缩空气，直接送入机体稳压箱（机体上方进气总管），向燃烧室提供稳定的压力空气。

图 2-1-8　中冷器

3. 废气管路

燃烧后的空气，经过每缸对应的废气支管汇总到废气总管，通过废气总管输送到增压器的废气涡轮，通过消音器排入大气。每缸的废气支管与气缸盖右侧排气口相连接，柴油机两侧各有一个废气总管，安装在机体上方，如图 2-1-9 所示。

图 2-1-9　柴油机废气支管及废气总管

【任务检查】

表 2-1-1　进排气管路——任务检查单

任务编号	2-1	任务名称	进排气管路认知		
序号	检查内容			是	否
1	能说明 16V280ZJ 型、GEVO16 型柴油机进气、排气通路中主要零部件的名称				
2	能说明 16V280ZJ 型、GEVO16 型柴油机进气、排气通路中主要零部件的位置				
3	能说明 16V280ZJ 型、GEVO16 型柴油机进气、排气的路线				

【任务训练】

要求学生利用课余时间对机车进排气管路进行查找。

任务 2-2　机车燃油系统管路认知

【任务描述】

作为一名机车乘务员或机车检查人员，应该能够熟练地摸清内燃机车燃油管路，熟悉主要零部件的位置，对燃油的流经路线熟知于心。遇到燃油系统故障时，能够依照燃油的流经路线，查找故障位置，为排除故障打好基础。

【任务目标】

- 能说明燃油管路中主要零部件的名称；
- 能说明燃油管路中主要零部件的位置；
- 能说明燃油的流经路线。

【任务学习】

任务 2-2-1　DF_{8B}型机车燃油系统认知

一、燃油系统简介

机车上的燃油管路与柴油机的燃油系统共同组成完整的燃油系统，燃油管路用黄色油漆标识。在规定的时间内，燃油系统向气缸供给一定数量（随负荷而定）、一定质量的柴油，与缸内新鲜空气混合进行燃烧。柴油机燃油系统由进回油管路、燃油泵电机组、调压阀、燃油粗滤器、燃油精滤器及其放气管、喷油泵、喷油器和高压油管等组成，如图 2-2-1 所示。燃油系统的循环回路如图 2-2-2 所示。

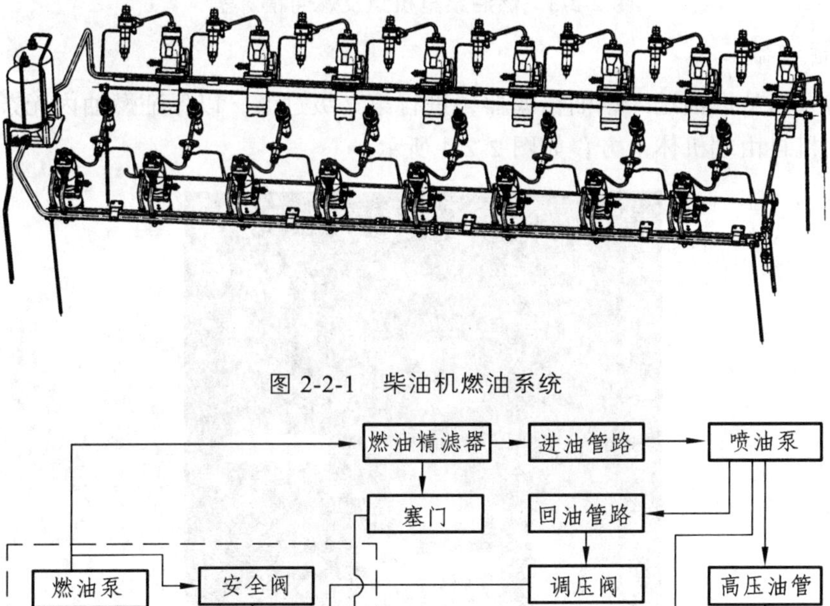

图 2-2-1　柴油机燃油系统

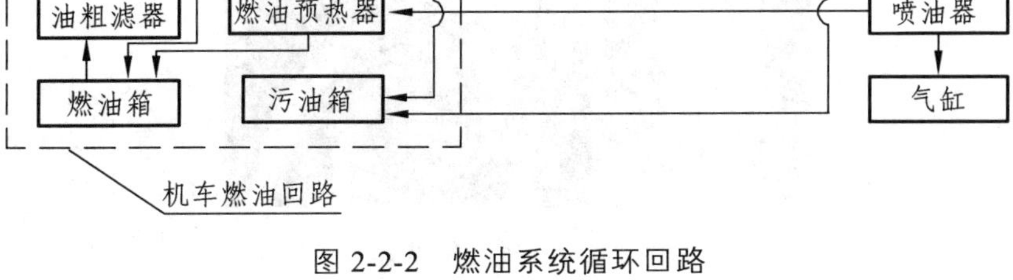

图 2-2-2　燃油系统循环回路

二、燃油系统主要部件认知

1. 燃油泵电机组及燃油粗滤器认知

燃油箱内的燃油经过吸油管后，进入燃油粗滤器进行第一级过滤，过滤后的燃油进入燃油泵（单一工作）。燃油泵及燃油粗滤器位于柴油机左侧下方位置，如图 2-2-3 所示。

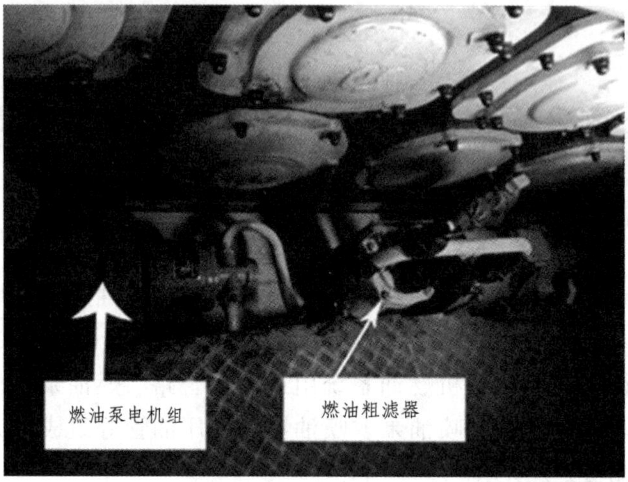

图 2-2-3　燃油泵电机组及燃油粗滤器

2. 燃油精滤器

燃油泵将泵出的燃油送入燃油精滤器，进行第二级过滤，以保证燃油内无杂质。燃油精滤器位于柴油机自由端机体上方，如图 2-2-4 所示。

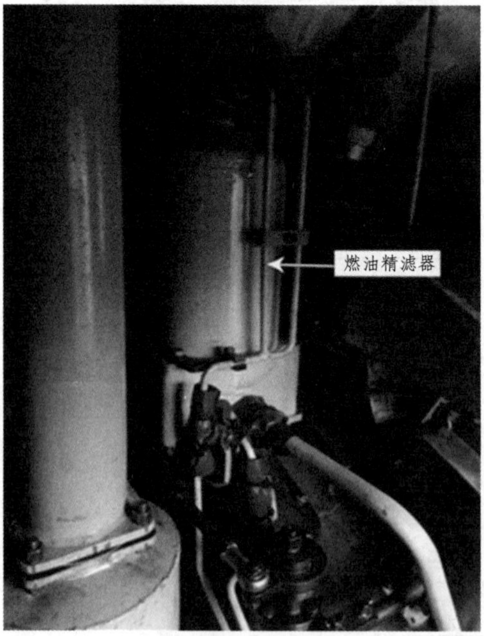

图 2-2-4　燃油精滤器

3. 进回油管路及喷油泵

燃油经过燃油精滤器的滤清之后，进入柴油机两侧的燃油进油管中，之后分别向各缸的喷油泵供油，喷油泵将送入的燃油进行压缩，将定量的高压燃油通过高压油管送入喷油器，剩余的燃油进入燃油系统的回油管。进回油管路、燃油泵及高压油管位于柴油机机体两侧，如图 2-2-5 所示。

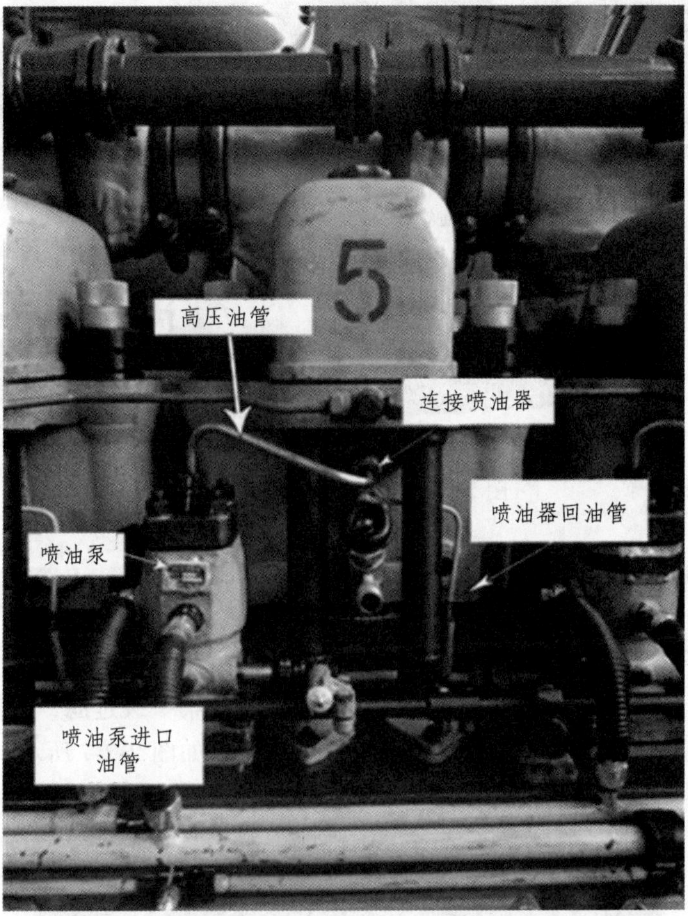

图 2-2-5　进回油管路及燃油泵

任务 2-2-2　HXN5 型机车燃油系统认知

一、燃油系统简介

GEVO16 型柴油机的燃油系统循环回路如图 2-2-6 所示。燃油被燃油泵从燃油箱中抽出，经加热、滤清，然后输送给各动力组的高压喷油泵。机车燃油系统由三个功能部分组成：吸油、低压供油和回油/泄油。

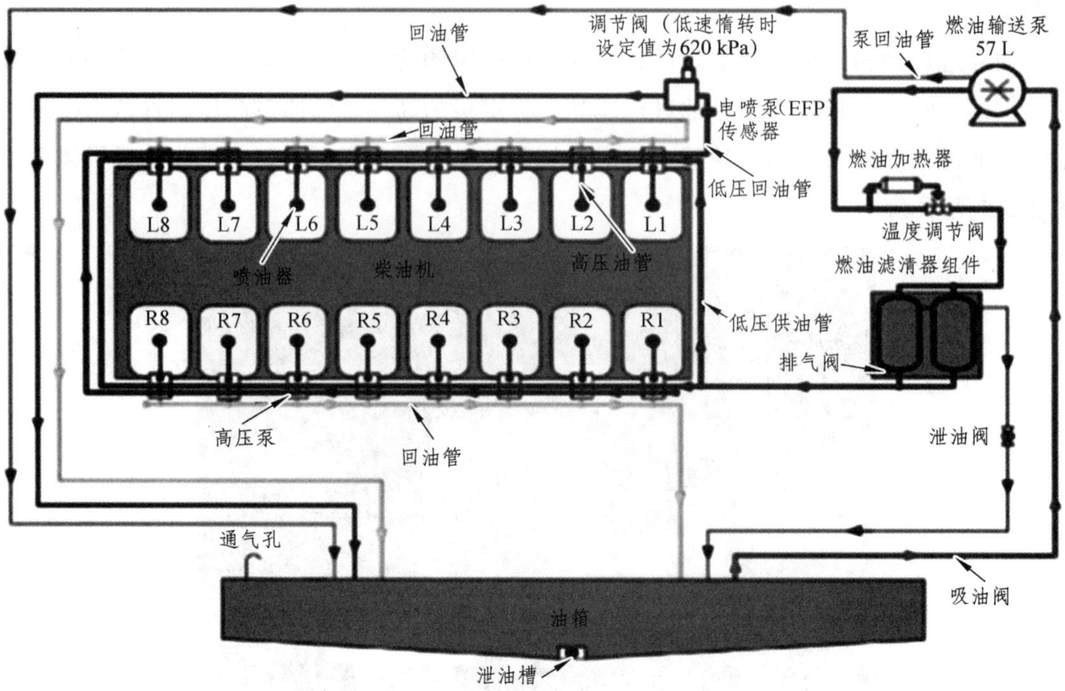

图 2-2-6　燃油系统循环通路

二、燃油系统主要部件认知

1. 燃油粗滤器及燃油泵

燃油箱内的燃油经过吸油管后，进入燃油粗滤器进行第一级过滤，过滤后的燃油进入燃油泵。燃油泵及燃油粗滤器位于柴油机右侧自由端后方，如图 2-2-7 所示。

图 2-2-7　燃油泵及燃油粗滤器

2. 燃油精滤器

燃油泵将泵出的燃油经过燃油预热器、温度调节阀送入燃油精滤器，进行第二级过滤，以保证燃油内无杂质。燃油精滤器位于柴油机润滑油滤清器前方，如图 2-2-8 所示。

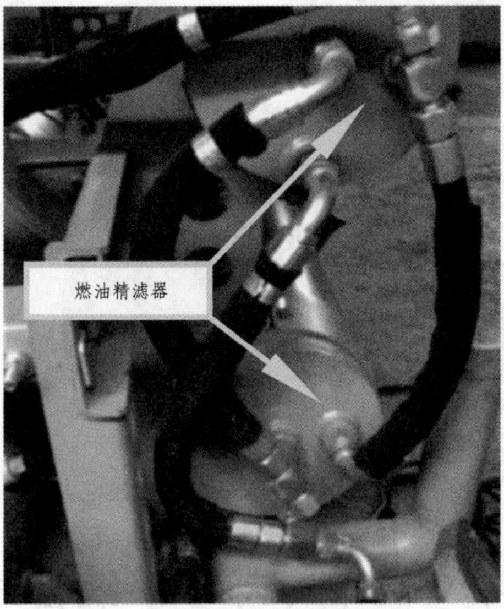

图 2-2-8　燃油精滤器

3. 进回油管路及喷油泵

燃油经过燃油精滤器的滤清之后，进入柴油机两侧的燃油进油管中，之后分别向各缸的喷油泵供油，喷油泵将送入的燃油进行压缩，将定量的高压燃油通过高压油管送入喷油器，剩余的燃油进入燃油系统的回油管。进回油管路、燃油泵及高压油管位于柴油机机体两侧，如图 2-2-9 所示。

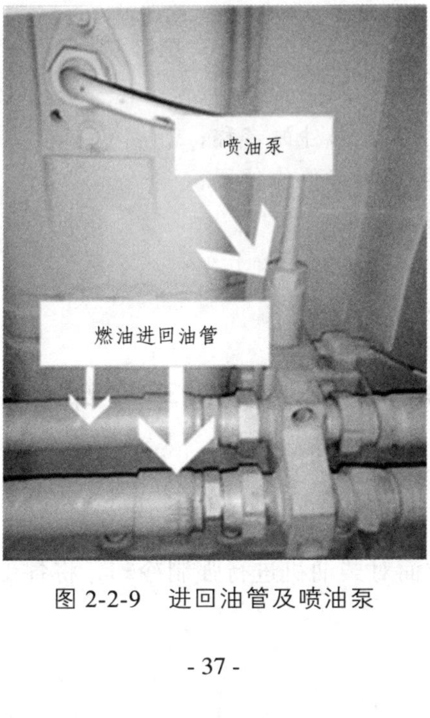

图 2-2-9　进回油管及喷油泵

【任务检查】

表 2-2-1 燃油管路——任务检查单

任务编号	2-2	任务名称	燃油管路认知		
序号	检查内容			是	否
1	能说明 16V280ZJ 型、GEVO16 型柴油机燃油管路中主要零部件的名称				
2	能说明 16V280ZJ 型、GEVO16 型柴油机燃油管路中主要零部件的位置				
3	能说明 16V280ZJ 型、GEVO16 型柴油机燃油流经路线				

【任务训练】

要求学生利用课余时间对柴油机燃油管路进行查找。

任务 2-3 机车冷却水系统管路认知

【任务描述】

作为一名机车乘务员或机车检查人员，应该能够熟练地摸清内燃机车冷却水管路，熟悉主要零部件的位置，对冷却水的流经路线熟知于心。遇到冷却水系统故障时，能够依照水的流经路线，查找故障位置，为排除故障打好基础。

【任务目标】

- 能说明冷却水管路中主要零部件的名称；
- 能说明冷却水管路中主要零部件的位置；
- 能说明冷却水的流经路线。

【任务学习】

任务 2–3–1 DF_{8B}型机车冷却水系统认知

一、冷却水系统简介

冷却水系统的功能：一方面对柴油机进行强制冷却，将各受热零件的温度控制在允许的范围内，另一方面又要保持适当的冷却水温度，以获得较好的柴油机经济性。柴油机冷却水系统主要由高温冷却水系统和低温冷却水系统组成。

高温水系统的走向：柴油机气缸盖出水支管汇总到出水总管的高温水，进入机车散热器冷却后由装在柴油机上的高温水泵吸入，通过进水总管将冷却水泵入机体 V 形夹角内的水腔，再流入机体两侧，对各个气缸套进行强制冷却。然后，通过机体顶板上的 4 个出水孔经导管流入气缸盖进行冷却。高温水由气缸盖出水孔通过支管汇集到气缸盖上方的两根出水总管，汇总后送到机车高温冷却单节进行散热冷却。在柴油机的前后端还有两条支管，分别将冷却水接到前、后增压器进行冷却。通过增压器的冷却水也分别汇入两侧的气缸盖出水总管，如图 2-3-1 所示。在增压器出水管的最高部位，安装一放气管，供柴油机上水时排气（个别机务段已将该两只放气管与膨胀水箱接通）。另外，在机体的后端板（即输出端）位于两侧气缸水腔的最低位各设有放水孔，由管子接到连接箱两侧，装上塞门，以便在冬季停用时放水用。

中冷水系统的走向：从两只中冷器出来的热水汇总后进入机车的机油热交换器，再进入散热器冷却单节，冷却后由中冷水泵吸入，通过中冷水泵出水管，泵入设置在前稳压箱内的水道中，通过一个分路接管，分别进入前、后中冷器，从两个中冷器出来的热水汇集于一根出水总管。其布置路线如图 2-3-2 所示。

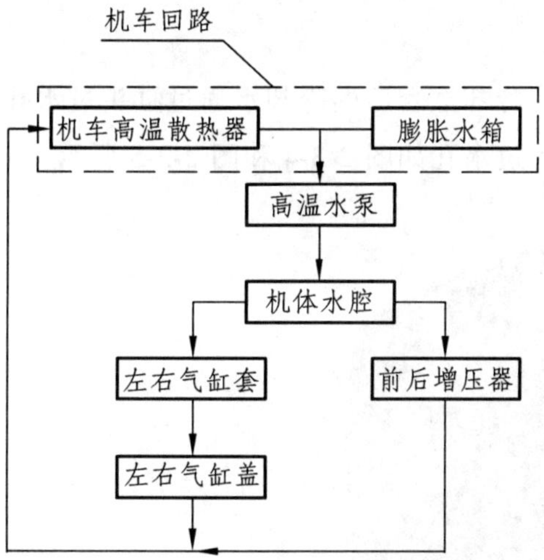

图 2-3-1　高温冷却水系统框图

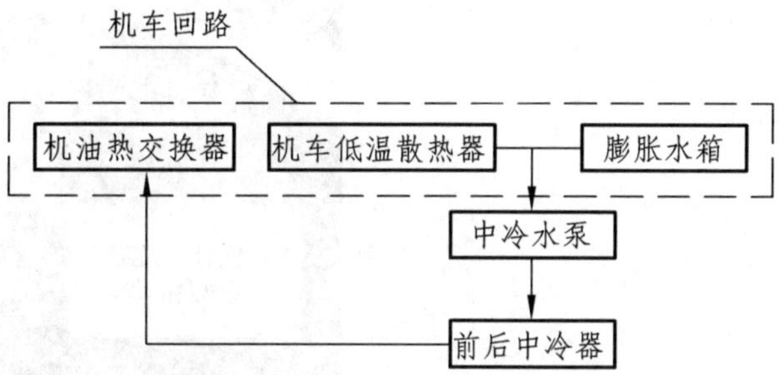

图 2-3-2　中冷冷却水系统框图

二、冷却水系统主要部件认知

1. 高温水泵及中冷水泵

高温水泵将冷却水泵入柴油机 V 形夹角的空腔，中冷水泵将冷却水泵入柴油机中冷器中。高温、中冷水泵布置在柴油机自由端，调速器下方为中冷水泵，另一侧为高温水泵，如图 2-3-3 所示。

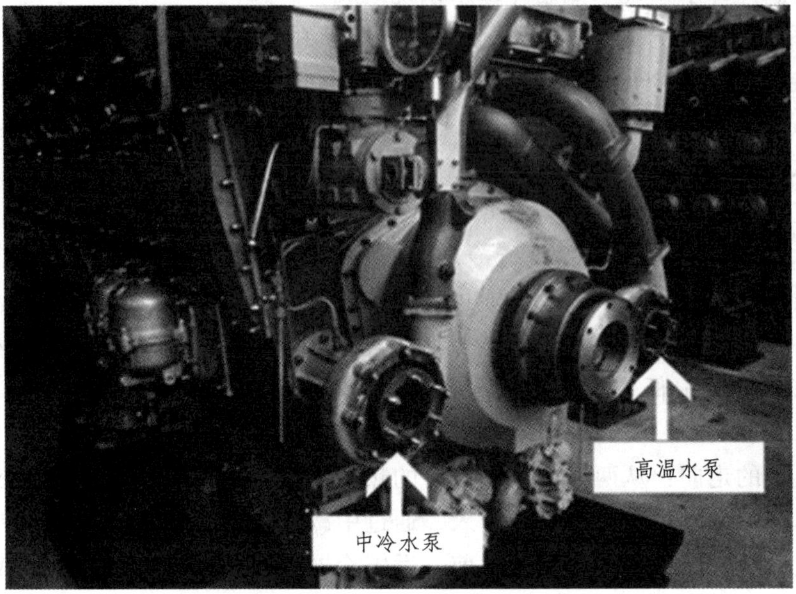

图 2-3-3　高温水泵及中冷水泵

2. 缸头过水孔及机体冷却水腔

机体上铸造出内部冷却水腔，用于冷却气缸套，冷却缸套后的冷却水通过缸头过水孔流向气缸盖进行气缸盖的冷却。机体内冷却水腔及缸头过水孔如图 2-3-4 和图 2-3-5 所示。

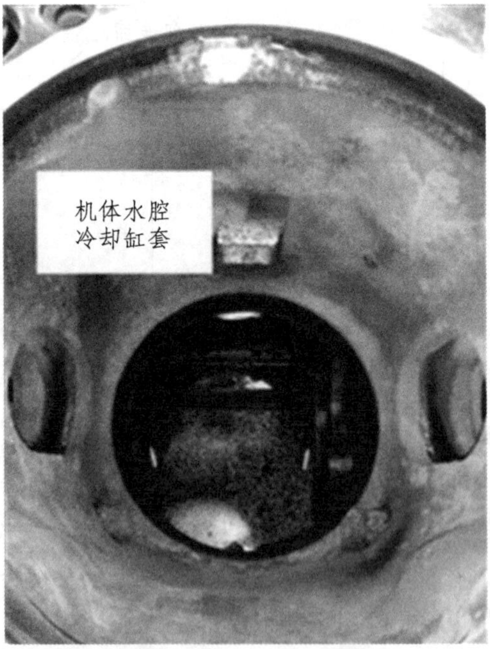

图 2-3-4　缸头过水孔及机体水腔

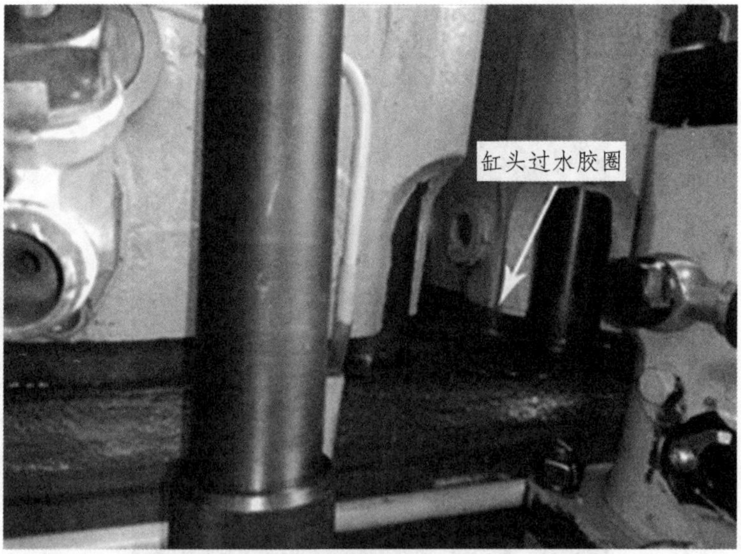

图 2-3-5　缸头过水胶圈

3. 出水支管、出水总管及增压器进出水管

冷却水冷却气缸盖后，经出水支管回流到总管，流向机车散热器。气缸盖出水支管及出水总管位于机体正上方，如图 2-3-6 所示。

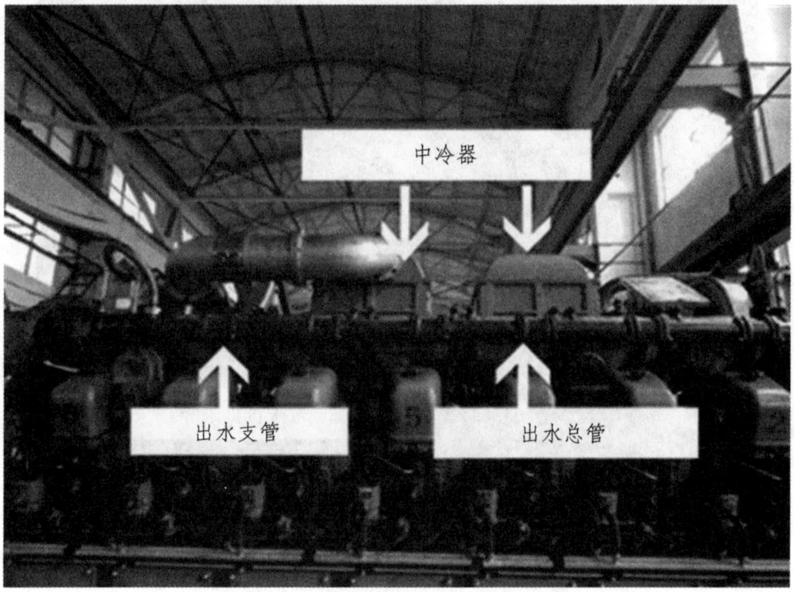

图 2-3-6　出水支管及出水总管

机体 V 形夹角腔内的冷却水经增压器下方的冷却水管进入增压器后，对增压器进行冷却，如图 2-3-7 所示。冷却后，冷却水经增压器上方的出水管与出水总管汇流，送向机车散热器，如图 2-3-8 所示。

图 2-3-7　增压器进水管

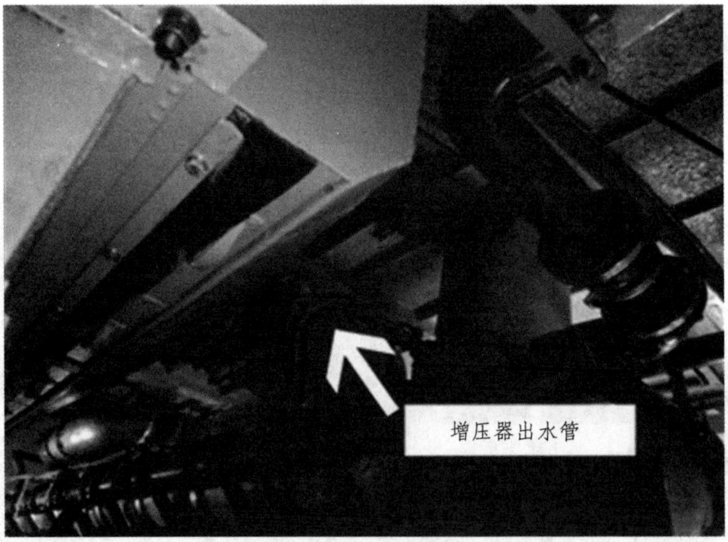

图 2-3-8　增压器出水管

4. 膨胀水箱及水表

膨胀水箱及水表安装在柴油机室的后墙上，如图 2-3-9 所示。

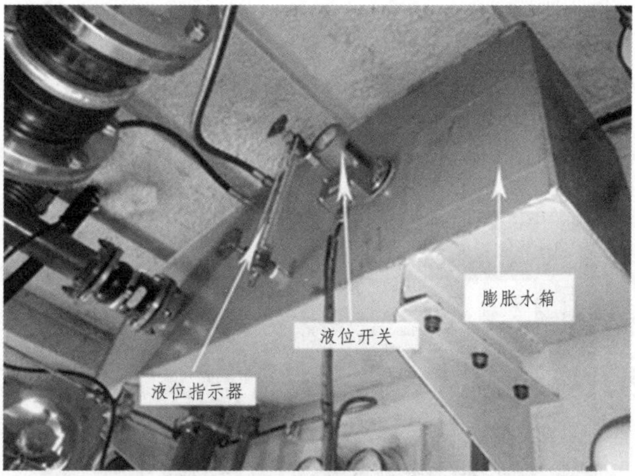

图 2-3-9　膨胀水箱及水表

任务 2-3-2　HXN5 型机车冷却水系统

一、冷却水系统简介

柴油机冷却系统，冷却水系统模式见本书项目 3。机车冷却水系统主要由散热器、膨胀水箱、润滑油冷却器、流向控制阀、燃油加热器以及相应的管路、阀门等组成。

二、柴油机冷却水系统主要部件

1. 冷却水泵

冷却水泵将冷却水泵入柴油机的 V 形夹角腔内，供柴油机各受热部件的强迫冷却。冷却水泵安装在柴油机机体的自由端，如图 2-3-10 所示。

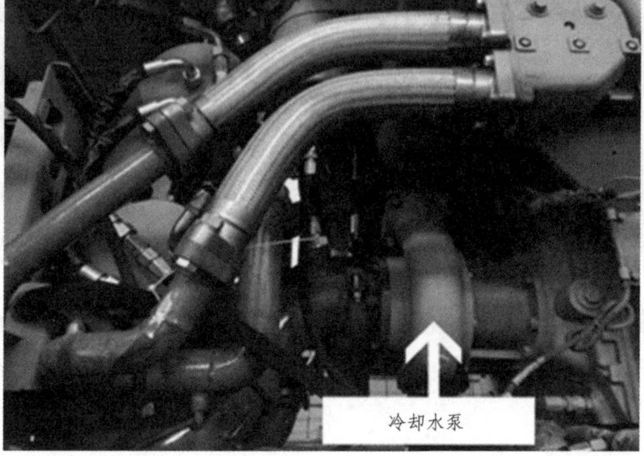

图 2-3-10　柴油机冷却水泵

2. 机油热交换器

机油热交换器利用冷却水降低柴油机润滑油的温度，机油热交换器安装在柴油机机体自由端后方，如图 2-3-11 所示。

图 2-3-11　机油热交换器

3. 膨胀水箱

GEVO16 型柴油机膨胀水箱采用封闭式，膨胀水箱安装在柴油机机体自由端机油热交换器上方位置，如图 2-3-12 所示。

4. 机车散热器

柴油机冷却水冷却各部件后，送入机车散热器进行冷却。HXN5 型机车采用两块铜散热器，安装在机车冷却室上方，如图 2-3-13 所示。

图 2-3-12　柴油机膨胀水箱

图 2-3-13　机车散热器

【任务检查】

表 2-3-1　冷却水及预热管路——任务检查单

任务编号	2-3	任务名称	冷却水及预热管路认知		
序号	检查内容			是	否
1	能说明 16V280ZJ 型、GEVO16 型柴油机冷却水管路中主要零部件的名称				
2	能说明 16V280ZJ 型、GEVO16 型柴油机冷却水管路中主要零部件的位置				
3	能说明 16V280ZJ 型、GEVO16 型柴油机冷却水的流经路线				

【任务训练】

要求学生利用课余时间对机车冷却水管路进行查找。

任务 2-4　机车机油系统管路认知

【任务描述】

作为一名机车乘务员或机车检查人员，应该能够熟练地摸清内燃机车机油管路，熟悉主要零部件的位置，对柴油机机油的流经路线熟知于心。遇到机油系统故障时，能够依照机油的流经路线，查找故障位置，为排除故障打好基础。

【任务目标】

- 能说明机油系统外部管路中主要零部件的名称；
- 能说明机油系统外部管路中主要零部件的位置；
- 能说明机油的流经路线。

【任务学习】

任务 2-4-1　DF_{8B}型机车机油系统认知

一、机油系统简介

16V280ZJ 型柴油机采用压力润滑为主，某些部件飞溅润滑的混合润滑方式。湿式油底壳的机油系统在柴油机中起润滑、导热、清洗、密封和缓冲的作用。它由油底壳、主机油泵、机油离心式滤清器、机油滤清器、增压器机油滤清器、安全阀、调压阀和机油管路等组成，详见图 2-4-1。

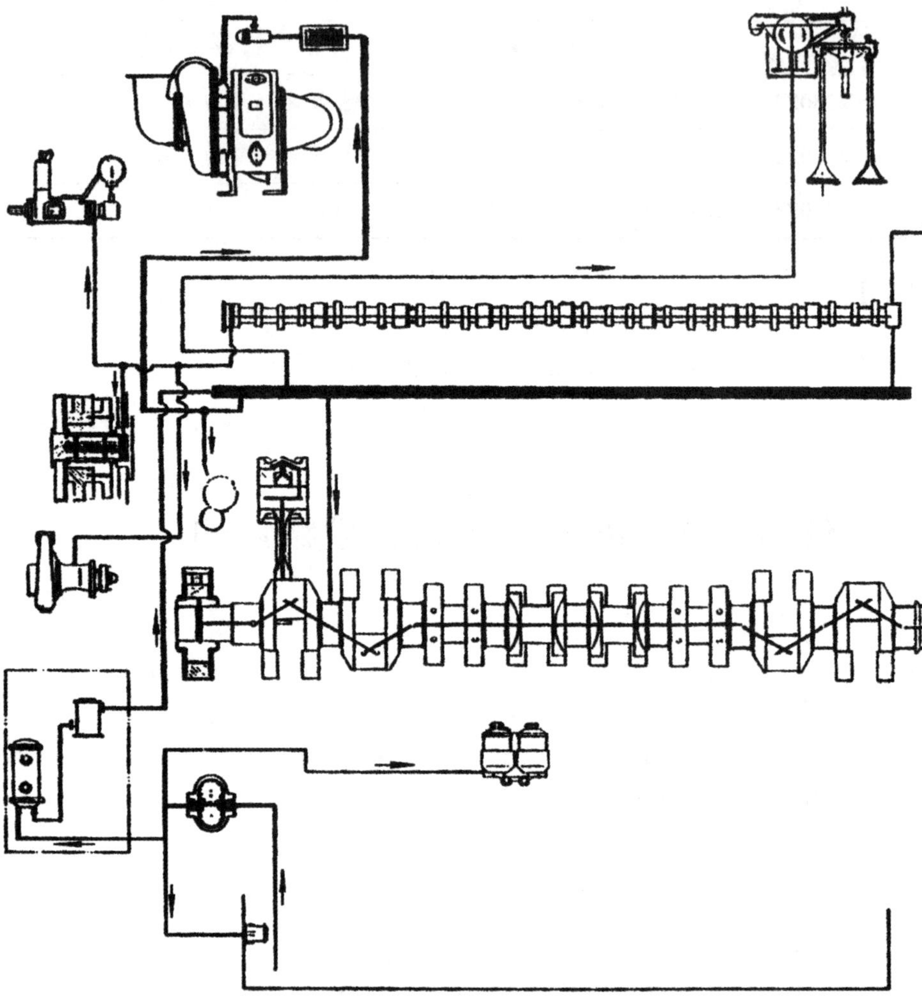

图 2-4-1　机油系统示意图

机车启动时由启动滑油泵将油底壳里的油抽出（启机完成后由两只主机油泵抽油），泵入装在机车上的机油热交换器、机油滤清器，然后通过进油管路进入柴油机主油道润滑和冷却各运动部件。其主要路径如下：机油从主油道经机体各挡立板上的钻孔进入曲轴主轴承，由曲轴油道进入卷簧减振器和连杆大端轴承，再由连杆杆身上的油孔进入连杆小端轴承，经活塞销进入活塞冷却。

主油道前端分四路机油：一路进前增压器润滑冷却轴承；两路经左、右气缸盖进入机油总管，润滑摇臂与横臂；另一路经齿轮箱润滑齿轮齿面。

从主油道后端盖板引出三路机油：一路通过连接箱进入后增压器，另两路分别经左、右气缸盖进入机油总管。

在机体后端立板上，通过铸造方式接通主油道和左右凸轮轴承孔的油路，一方面润滑凸轮轴轴承，同时接管路润滑左右喷油泵下体滚轮与滚轮轴。

从左右第一凸轮轴承孔处外接管路引机油润滑左右配气惰轮轴。

从主油道进油管上接管路至调控传动、高低温水泵润滑。

二、机油系统主要部件认知

1. 预润滑油泵

柴油机启动时，预润滑油泵可将油底壳内机油泵入机体内，供启动时润滑用。预润滑油泵安装在机车冷却室，如图 2-4-2 所示。

图 2-4-2　预润滑油泵

2. 主机油泵及油管

柴油机启动后，主机油泵替代预润滑油泵工作，实现泵油作用。主机油泵安装在柴油机机体自由端的下方，共计两台，如图 2-4-3 所示。主机油泵泵出的机油经管路向机油热交换器输送，其管路如图 2-4-4 所示。

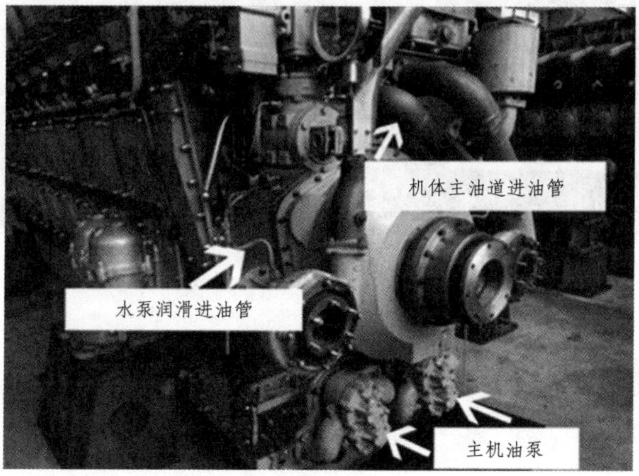

图 2-4-3　柴油机主机油泵

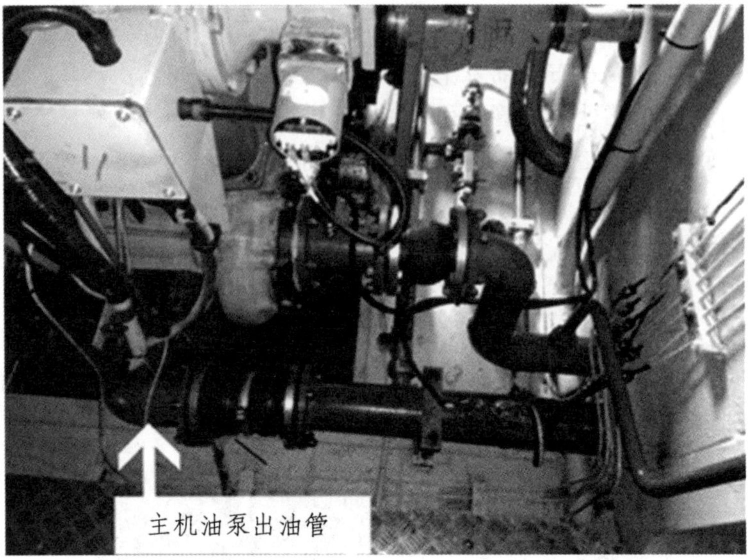

图 2-4-4　主机油泵出油管

3. 机油热交换器

机油热交换利用冷却水将柴油机的润滑油进行冷却。机油热交换器安装在机车冷却室的左侧，如图 2-4-5 所示。

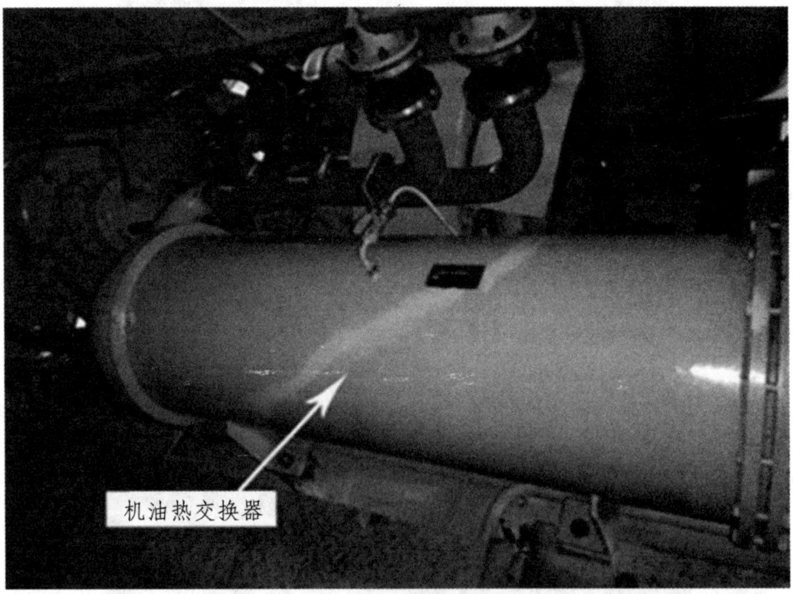

图 2-4-5　机油热交换器

4. 机油粗滤器

机油经过机油热交换器的冷却后，经管路流向机油粗滤器。机油粗滤器安装在机车冷却室的右侧，如图 2-4-6 所示。

图 2-4-6　机油粗滤器

5. 增压器机油滤清器及其他油管

增压器的转轴需要机油来冷却、润滑，并且对机油的压力、品质有一定要求，故设置了增压器机油滤清器、油压继电器等部件，其安装位置如图 2-4-7 所示。

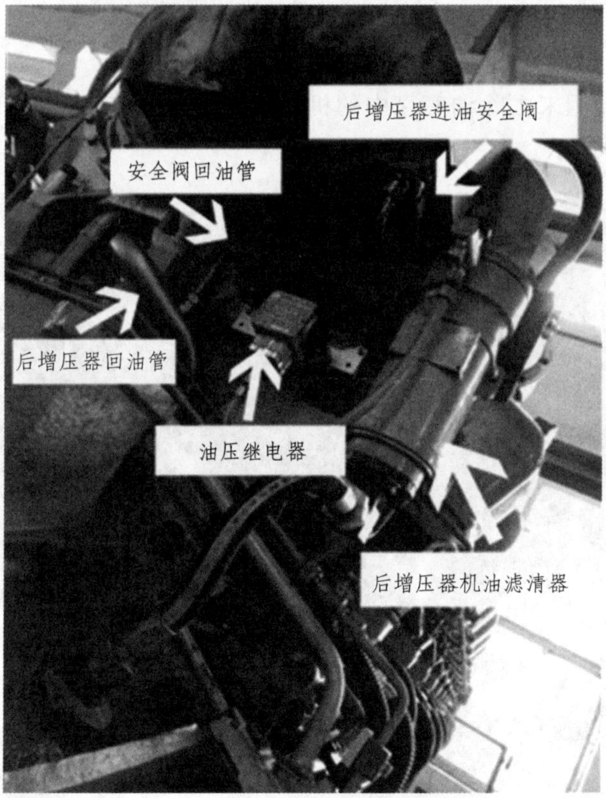

图 2-4-7　增压器机油滤清器

各缸的配气机构在运动时也需要机油来润滑，因此在外部设置了缸头进油管，其安装位置如图 2-4-8 所示。

图 2-4-8　缸头进油管

6. 离心式机油滤清器

离心式机油滤清器用来去除油底壳中的机油杂质，其安装在柴油机第一缸下方的曲轴箱观察孔上，如图 2-4-9 所示。

图 2-4-9　离心式机油滤清器

任务 2-4-2　HXN5 型机车机油系统认知

一、机油系统简介

机车润滑油系统是对各运动零部件进行强迫润滑及冷却，从而提高柴油机机械效率及零部件使用寿命的一个循环系统。其主要功能是为柴油机提供具有一定压力、温度、流量及清洁度的润滑油。

机车的润滑油系统是一种全流式系统，所有润滑油必须通过润滑油滤清器循环。一旦滤清器堵塞，不允许未经滤清的润滑油通过其他通道进入系统循环，从而可以防止未经滤清的润滑油及其所含的有害杂质损害柴油机及其零部件。

（一）启动循环油路

柴油机启动前，由机车蓄电池供电的直流电动机直接驱动预润滑油泵，预润滑油泵从柴油机油底壳吸油，压力油经过带节流孔的单向阀后进入主润滑油管路，经过润滑油滤清器滤清后，进入柴油机主润滑油道，为柴油机提供压力油，直至达到柴油机规定的启动油压，柴油机便可启动。柴油机启动循环回路如图 2-4-10 所示。

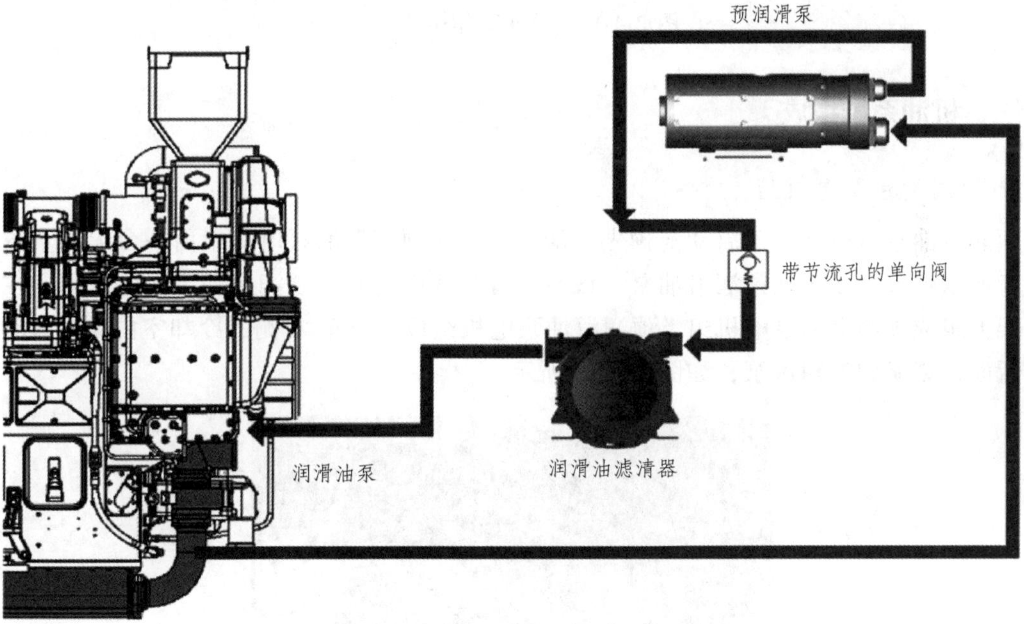

图 2-4-10　柴油机启动循环回路

（二）工作循环油路

当柴油机启动以后，由柴油机曲轴经齿轮带动润滑油泵，润滑油泵从油底壳吸油，将润滑油泵入润滑油冷却器进行冷却，然后进入润滑油滤清器进行滤清，最后进入柴油机前端盖，分配到柴油机机体内的各个油道，从而达到对柴油机各运动部件的润滑和冷却。从各运动部件出来的润滑油流回柴油机油底壳，至此润滑油完成循环过程。润滑油工作回路如图 2-4-11 所示。

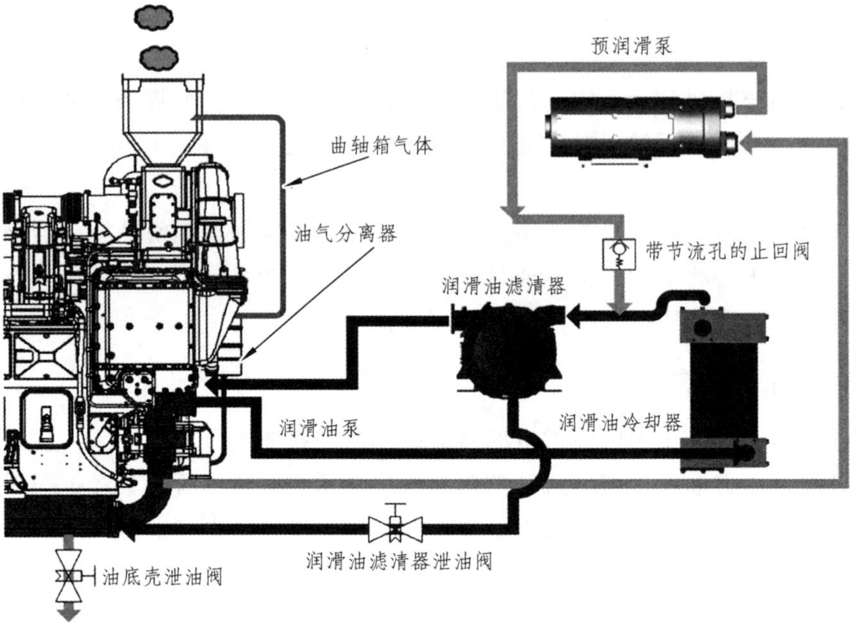

图 2-4-11　机油工作循环回路

二、机油系统组成

1. 预润滑油泵电机组

预润滑油泵电机组用于启动前预先润滑柴油机。预润滑油泵电机组由一台无刷直流电机通过齿形联轴节直接驱动预润滑油泵，该泵是容积式齿轮泵。预润滑油泵与电机固定在设备支撑架上组成预润滑油泵电机组，预润滑油泵电机组位于机车 A 侧的冷却室内，在润滑油滤清器后面，紧靠燃油输送泵，如图 2-4-12 所示。

图 2-4-12　预润滑油泵电机组

2. 主润滑油泵及管路

柴油机启动后，主润滑油泵替代预润滑油泵工作，实现泵油作用。主润滑油泵安装在柴油机机体自由端的下方，如图 2-4-13 所示。

图 2-4-13　柴油机主润滑油泵

3. 润滑油冷却器

润滑油冷却器的作用是利用水系统中的冷却水与柴油机润滑油进行热交换，使柴油机润滑油的温度保持在规定的范围内，保证柴油机的正常工作。润滑油冷却器位于机车 B 侧的冷却室内，安装在设备支撑架上，紧靠润滑油滤清器尾部，如图 2-4-14 所示。

图 2-4-14　润滑油冷却器

4. 润滑油滤清器

柴油机在工作过程中，会产生一些磨屑、炭粒等杂质，柴油机使用的润滑油会混入一些杂质，润滑油由于受热也会产生一些胶状物，这些都会加剧柴油机的磨损，甚至产生固体胶结，堵塞油路。润滑油滤清器的作用就是滤除润滑油中的有害杂质，保证柴油机的可靠运行。润滑油滤清器组件安装在设备安装架的中部，位于机车柴油机间左侧，紧靠柴油机，如图 2-4-15 所示。

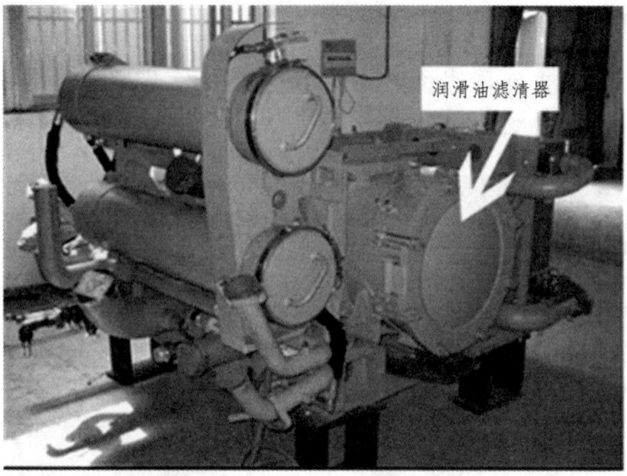

图 2-4-15　润滑油滤清器

5. 止回阀

在机车润滑油系统中设有止回阀，安装在润滑油冷却器出口、润滑油滤清器进口和预润滑油泵出口的管路之间，位于柴油机室与冷却室之间，从机车 A 侧可以接近。

【任务检查】

表 2-4-1　机油系统外部管路——任务检查单

任务编号	2-4	任务名称	机油系统外部管路认知	
序号	检查内容		是	否
1	能说明 16V280ZJ 型、GEVO16 型柴油机机油系统外部管路中主要零部件的名称			
2	能说明 16V280ZJ 型、GEVO16 型柴油机机油系统外部管路中主要零部件的位置			
3	能说明 16V280ZJ 型、GEVO16 型柴油机机油的流经路线			

【任务训练】

要求学生利用课余时间对机车机油管路进行查找。

项目 3　内燃机车柴油机结构认知

任务 3-1　固定件认知

【任务描述】

假如你是机车乘务员或者是机车检修人员，对柴油机固定件结构的认知是最基础的要求。要全面了解固定件的名称、结构、作用、装配关系、工作特点、检修主要技术要求等。

【任务目标】

- 能掌握柴油机固定件的基本结构和作用；
- 能掌握柴油机固定件与主要关联件的基本装配关系；
- 能掌握柴油机固定件的工作特点；
- 能说明柴油机固定件检修的主要技术要求。

【任务学习】

任务 3-1-1　16V280ZJ 型柴油机固定件

任务 3-1-1-1　机　体

机体总成主要由机体、气缸套、主轴承盖、主轴承、气缸盖螺柱、前油封、后油封、凸轮轴承和各种盖板等组成，如图 3-1-1 所示。

一、机体的作用与工作条件

机体总成中的主要部件是机体，它是柴油机的骨架，是其他零部件的安装基础。柴油机在工作时，机体部件承受气体燃烧时的爆发压力、活塞运动时的侧向力、曲柄连杆机构运转时的倾覆力矩和曲轴轴系的不平衡力矩等。因此，机体部件的可靠性是柴油机可靠工作的根本保证。

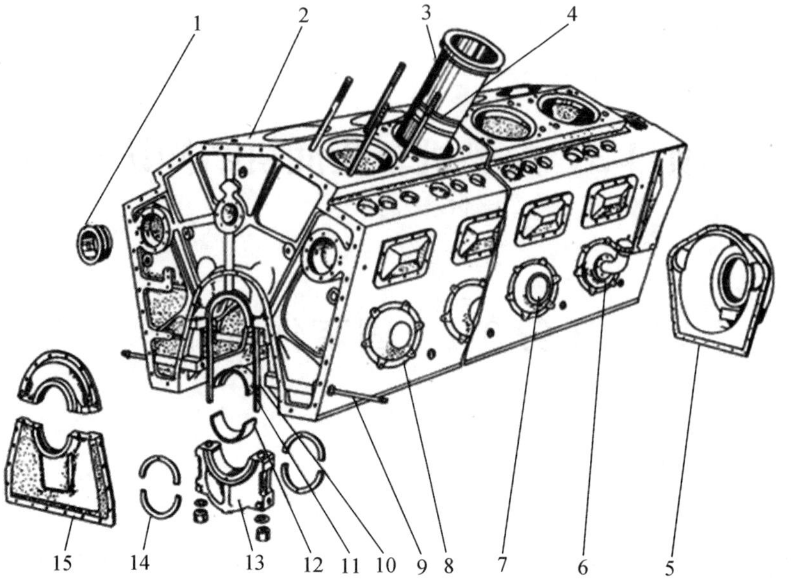

图 3-1-1 机体总成

1—轴承；2—机体；3—气缸套；4—密封圈；5—前油封罩壳；6—机油加油器；7—防爆阀；8—曲轴箱观察孔盖；9—水平螺柱；10—垂直螺柱；11—主轴瓦上瓦；12—主轴瓦下瓦；13—主轴承盖；14—止推挡圈；15—后油封

二、机体的结构及附件

16V280ZJ 型柴油机机体长 3 960 mm、宽 1 478 mm、高 1 317 mm。

机体由球墨铸铁整体铸造，左右各 8 个气缸呈 V 形 50°夹角布置，每列相邻两缸的缸心距为 455 mm，左右列对应气缸的错缸距为 86 mm。V 形夹角中部自下而上布置主油道、水腔和空气腔。每个主轴承孔均有钻孔与主油道相通，机油从此孔和主轴承孔的油槽经主轴瓦油孔进入主轴承的摩擦面，再流入柴油机的其他零部件中。近似于六边形的机体横截面有足够大的横向刚度。方形气缸水腔与顶板、侧板铸成一体，并与槽形结构的机体下底板一起，使机体具有良好的纵向刚度。

机体共有九挡主轴承，第一挡在前端，第九挡在输出端（后端），为止推轴承挡。每挡主轴承盖用两个 M48 × 3 的垂直螺柱和两个 M30 × 2 的水平螺栓紧固在机体上，组成类似隧道式结构，保证曲轴和轴瓦可靠工作。主轴瓦的下瓦背面开有定位销孔，与主轴承盖用定位销定位。上瓦内圆面开有油槽和五个进油孔。

两排凸轮轴孔分别布置在左右列气缸孔的外侧，在凸轮轴腔的顶面安装进、排气推杆和喷油泵，有利于配气机构和燃油系统的检修。凸轮轴轴承以过盈方式安装在凸轮轴座孔内，其中，止推轴承设在机体后端。机体前端是齿轮箱，前油封装在前端面上。机体后端面安装后油封和连接箱。在机体的两侧面装有四个防爆阀盖、两个加油口盖和其他密封盖板。

三、检修主要技术要求

（1）机体各部公差及限度，如表 3-1-1 所示。

（2）机体的气缸套座平面有碰伤或不平整，允许铲刮，最大允许比原始深度增加 0.5 mm。

（3）机体主轴承螺孔及气缸螺孔最大允许扩至 M52 × 3。

（4）机体主轴承座与气缸体间的加强筋，主轴承座周围与主轴承盖相接合的水平、垂直配合平面及上述两平面相交的圆角处，以及主轴承盖等，经磁力探伤，不得有裂纹。

（5）主轴承盖和气缸盖的紧固螺柱，主轴承盖的水平螺栓，须经磁力探伤，不得有裂纹。水平螺栓须镀铜，镀层厚为 0.01 ~ 0.03 mm。

（6）各种螺栓、螺柱的螺纹不得碰伤和断牙。检修时，机体的各种螺柱尽量不拆出整修。

（7）止推主轴承孔的止推面允许铲刮整修，并按曲轴轴向间隙的要求选配止推挡圈的厚度。

（8）若凸轮轴轴承轻度拉伤，允许修整。

（9）零部件与机体装配用定位销定位。当需要重新校准其位置时，在安装零部件结构强度许可下，允许按国标规定的定位销等级逐级扩大。

（10）检修时各种垫片、橡胶圈应更换。

表 3-1-1　机体各部公差及限度

名　称	原形/mm	限度/mm	
		中修	禁用
主轴承孔同轴度（全长）	$\phi 0.10$	$\phi 0.16$	—
主轴承孔同轴度（相邻）	$\phi 0.05$	$\phi 0.10$	—
主轴承孔孔径	$\phi 245_{0}^{+0.046}$	—	—
主轴承孔圆柱度	0.01	0.04	—
凸轮轴孔同轴度（全长）	$\phi 0.12$	$\phi 0.40$	—
凸轮轴孔同轴度（相邻）	$\phi 0.06$	$\phi 0.12$	—
凸轮轴孔孔径	$\phi 160_{-0.02}^{+0.02}$	—	—
凸轮轴孔圆柱度	0.008	—	—
止推挡座宽度	$98_{-0.126}^{-0.072}$	—	—
主轴承孔止推面垂直度	0.05	0.05	—
气缸套（在机体内）内径	$\phi 280_{0}^{+0.052}$	$\phi 280_{0}^{+0.30}$	$\phi 280_{0}^{+0.40}$
气缸套（在机体内）圆柱度	0.05	0.10	—

任务 3-1-1-2　主轴瓦及连杆瓦

一、主轴瓦及连杆瓦的作用

机车柴油机的主轴承广泛采用滑动轴承。为了装拆、检查及更换的方便，把轴承制成两半剖分的薄壁结构，对向安装并撑紧在轴承座孔中，这种形式称为轴瓦。主轴承孔中的轴瓦叫作主轴瓦，连杆大头孔中的轴瓦叫作连杆瓦。

二、主轴瓦及连杆瓦的工作条件

主轴瓦和连杆瓦与曲轴主轴颈和连杆颈的间隙中充满了一定压力的机油，轴瓦受到周期变化的力的作用，而且连杆瓦的角速度还随时间变化，故主轴承和连杆轴承均属非稳定轴承。在运用中，必须保证轴瓦与轴颈处于液体摩擦状态，即两者间有一层足够厚的油膜，以减少摩擦面的磨损，避免产生轴瓦合金层剥离和烧瓦等故障。通过轴心轨迹计算，可算得轴承的最小油膜厚度和柴油机工作循环中油膜厚度的变化情况，并通过优化计算了解柴油机的发火顺序、发火间隔角、曲轴平衡重的大小及方位、轴承间隙、轴承宽径比和滑油工作黏度等因素对轴心轨迹的影响，为合理选择上述参数提供依据。该计算还提供了主轴承上工作条件最严重的挡位、轴瓦和轴颈上油孔和孔槽的合理布置位置、最低许可运用转速等方面的数据。

轴瓦还处于下述工作条件：机油（尤其是老化的机油）对轴瓦有腐蚀作用；机油中的硬质微粒挤入会损伤轴瓦的合金层；轴颈和轴瓦表面粗糙度过大会加速磨损，甚至产生损伤；机体主轴承孔及曲轴主轴颈的同轴度误差过大，会大大增加轴瓦的局部压力，造成偏磨甚至产生碾瓦等。

为保证轴瓦的可靠工作，在轴瓦的设计上要选择合适的轴瓦材料和合理的结构（见图 3-1-2）。

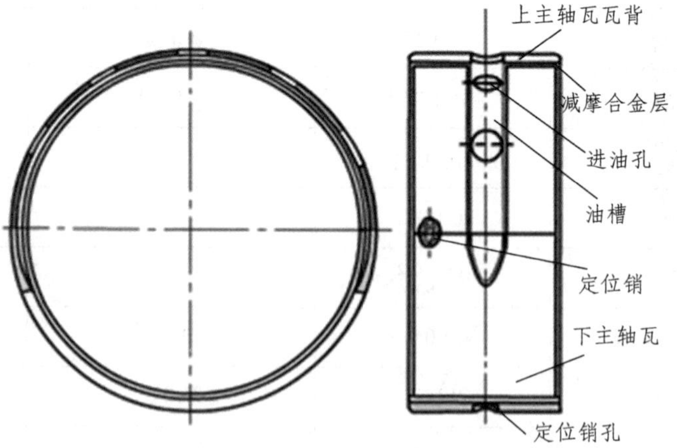

图 3-1-2　主轴瓦

三、主轴瓦及连杆瓦的结构及装配要求

（一）主轴瓦

主轴瓦为双金属板结构的薄壁轴瓦，厚 7.34 ~ 7.38 mm，宽 98 mm，理论外径ϕ245 mm。下瓦背面开有定位销孔，与主轴承盖用定位销定位。上瓦内圆面开有油槽，并钻有 5 个进油孔。下瓦为受力瓦，不开油槽。上、下瓦的对口面以下一段范围有一定的减薄量，以消除轴瓦在座孔内由压紧力所产生的内胀量。上、下瓦的对口处均开有垃圾槽，便于机油沿轴向分布。为减少穴蚀和油流的冲蚀作用。在下瓦对口处的中部开有缓冲油槽，其截面在圆周上呈缓慢连续变化。

为了使主轴瓦在工作中有良好的导热和承载能力，保证轴瓦内孔呈正圆形，这就要求瓦背与座孔表面良好地贴合。为此，在安装主轴瓦前，每块瓦必须留有一定的压装紧余量。紧余量的测定应在专用量具中进行，将主轴瓦置于ϕ245.00 mm 半圆孔标准量具内，施加 44 130 N 的力，余面高度为 0.18 ~ 0.22 mm（单边加载）或 0.17 ~ 0.21 mm（双边加载）。如紧余量过小，将使轴瓦与轴承座孔的接触面积减小，贴紧程度不足，造成导热不良及承载能力降低；由于轴瓦体温上升而导致油膜厚度下降；轴瓦过热，可能造成轴瓦烧损；由于轴瓦的松动，可能切断定位销，同时瓦背受冲击而发黑或黏连。如紧余量过大，易使座孔变形，瓦口产生严重的内缩变形，出现较大的椭圆度和锥度，造成轴颈拉伤、轴瓦偏磨和局部过热，同时紧固螺栓将承受不必要的高应力。

测量轴瓦的弹胀量，即是测量轴瓦在自由状态和安装状态时两轴瓦口距离之差值。

柴油机在工作时，为了使主轴瓦与主轴颈之间形成油膜和防止瓦口向内凸起而造成轴颈擦伤，所以在离瓦口附近铣有弧形凹面。从瓦口以下，瓦的厚度逐渐减薄，在瓦口下 15 mm 处检查其壁厚 B，B 与轴瓦中部壁厚 A 的差值称为削薄量。

（二）连杆瓦

连杆瓦为双金属板薄壁轴瓦，厚 4.875 ~ 4.9 mm，宽 84 mm，理论外径ϕ220 mm。上、下瓦均由定位唇分别与连杆体和盖定位。下瓦内圆面开有油槽，并钻有 9 个进油孔。上瓦为受力瓦，不开油槽。如同主轴瓦，上、下瓦的对口面以下一段范围内有一定的减薄量；上、下瓦的对口处均开有垃圾槽和防止穴蚀及冲蚀作用的缓冲油槽。

连杆瓦紧余量的测量方法：将连杆瓦置于ϕ220.00 mm 的半圆孔检查量具内时，一端固定，另一端施加 27 459 N 的力，其余面高度应为 0.14 ~ 0.18 mm。连杆瓦弹胀量和削薄量测量方法与主轴瓦类似。

四、检修主要技术要求

（一）主轴瓦

（1）用汽油清洗主轴瓦。

（2）外观检查。

① 内圆面不允许有剥离、龟裂、脱壳、烧损、严重腐蚀和拉伤。

② 瓦背应光洁，接触良好，不应有严重发黑或局部严重发黑。

（3）自由状态应有胀量，安装在轴承座孔时，不应自由脱落。

（4）测量轴瓦中部前后两个测点的厚度，并将厚度值写在非工作区。

（5）轴瓦瓦口面须平行，全长平行度为 0.04 mm。

（6）主轴瓦置于ϕ245.00 mm 半圆孔标准量具内，施加 44 130 N 的力，余面高度为 0.18 ~ 0.22 mm（单边加载）或 0.17 ~ 0.21 mm（双边加载）。旧瓦允许比新瓦的下限值少 0.02 mm。

（7）在使用旧瓦时，须与原轴颈、原机体配对使用。

（8）须使用相应等级轴颈的等级轴瓦。

（二）连杆瓦

（1）连杆瓦须有胀量，不许有剥离、龟裂、严重腐蚀和拉伤。

（2）检查连杆瓦的余面高度：连杆瓦置于ϕ220.00 mm 的半圆孔标准检查量具内，双边加载测量，每边同时施加 27 459 N 的压力，余面高度为 0.26 ~ 0.30 mm。

（3）轴瓦的合口面须平行，在瓦口全长内平行度为 0.04 mm。

（4）连杆瓦厚度为 4.895 ~ 4.920 mm。

任务 3-1-1-3　气　缸

一、气缸的作用与工作条件

气缸套（见图 3-1-3）与气缸盖、活塞一起构成柴油机的燃烧室。燃烧室是燃料燃烧的场所。

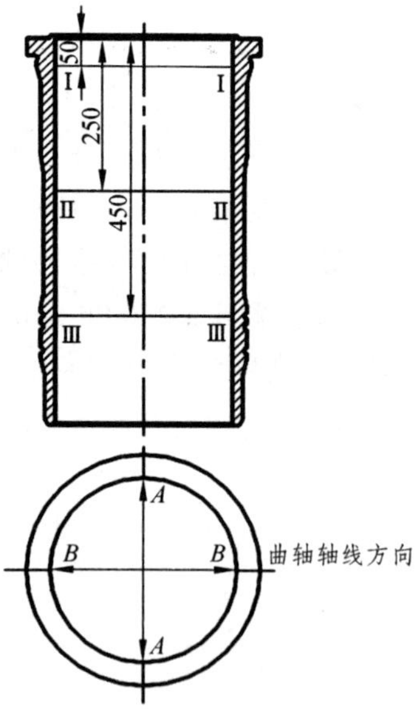

图 3-1-3　气缸套

气缸套在工作时，内壁受到高温、高压的燃气冲刷，工作条件十分恶劣，尤其是活塞在上止点第一道活塞环的位置，由于润滑条件极差，磨损更加严重。气缸套在爆发压力、活塞侧压力的周期性作用下，再加上气体温度的变化、内外壁的温差等原因，气缸套受到的机械应力和热应力都很高。同时，气缸套外壁受到因冷却水的电化作用和空穴作用而引起的腐蚀，从而使气缸套成为柴油机的主要易损件，因此其使用寿命是决定柴油机修程的主要零部件之一。

二、气缸的结构

机体总成中的另一重要部件是气缸套。柴油机采用合金硼铸铁铸造的湿式气缸套，软氮化处理进一步提高了孔壁的耐磨性。缸套上部法兰的下平面加工成 0°35′的斜面，与机体座面接触密封冷却水。缸套下部装三道橡胶密封圈封水，其中上面两道为黑色的三元乙丙橡胶圈，下面一道是红色的氟硅橡胶水封圈。

气缸套顶部凸缘的下平面贴靠机体的气缸孔顶平面，作为轴向定位；缸套外圆柱面的上、下定位带分别与机体气缸孔的上、下孔相配，作为径向定位。气缸套凸缘与气缸盖之间装有镀铜的钢质垫圈，用以密封燃烧室气体。气缸套凸缘、钢质垫圈、气缸盖和机体四者间的贴合面处于同一个环带上，使凸缘只受挤压而无附加弯矩，从而避免缸套凸缘根部产生裂纹。

气缸套内壁珩磨出具有一定规格的网纹，使摩擦面的润滑有良好的效果。

因为柴油机工作中存在很大振动并且气缸套外壁冷却水具有穴蚀作用，为了减少气缸振动和提高其抗穴蚀能力，需采取如下措施：

（1）气缸套有较大的壁厚，上厚下薄，且从下部的 19 mm 增加到上部的 23 mm；

（2）计算确定气缸套与机体气缸孔间的最小配合间隙；

（3）在机体的结构设计时，尽量缩短气缸套上、下定位面的跨距；

（4）气缸套外壁镀乳白铬等。

三、检修主要技术参数

（1）用碱水冲洗气缸套内外壁面，然后用刮刀轻轻去掉缸套上部的积炭、污物及外表面的水垢等。

（2）用干净纱布擦干缸套内壁，仔细观察内壁有无拉伤、点蚀、凹坑等缺陷，不允许有严重拉伤。采用整体盐浴软氮化处理，提高表面硬度，并配镀铬活塞环。

（3）仔细检查缸套法兰底面应光洁，没有拉伤、掉块或凸起的异物，外壁穴蚀深度小于 6 mm。

（4）对于内孔有轻微拉毛或不均磨损的气缸套，允许对缸套进行珩磨，但珩磨后的孔径尺寸不允许超差（指中修限度），珩磨网纹须符合图纸要求。

（5）用量缸表（量程 $\phi 250 \sim \phi 450$ mm）或内径千分尺（量程 $\phi 275 \sim \phi 300$ mm）精确测量气缸套内孔下列尺寸，见图 3-1-4。

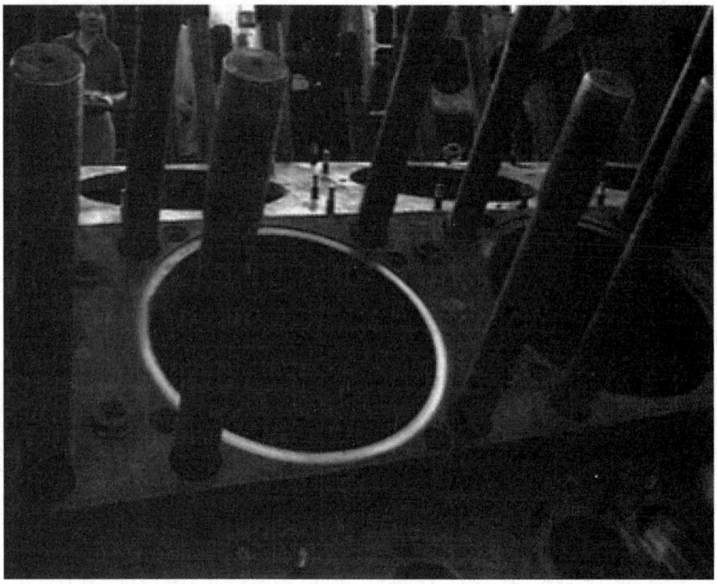

图 3-1-4 机体气缸套安装座面

① 距离缸套顶面 50 mm 处。

② 距离缸套顶面 250 mm 处。

③ 距离缸套顶面 450 mm 处。

每个部位测量垂直于曲轴方向和平行于曲轴方向的两组数据（气缸套顶面应有垂直于曲轴方向的刻线标记）。对于 *A*—*A* 尺寸的方向（即垂直于曲轴轴线的方向）附近，应多测量几点，以确定该气缸套是否可以继续使用。

（6）对于在第一道活塞环部位（距缸套顶面 48 ~ 53 mm 处）有台阶的缸套，或其垂直方向与水平方向尺寸相差较大的气缸套，可以经过修磨修复，但修复后的尺寸不得大于中修允许的范围，如图 3-1-5 所示。

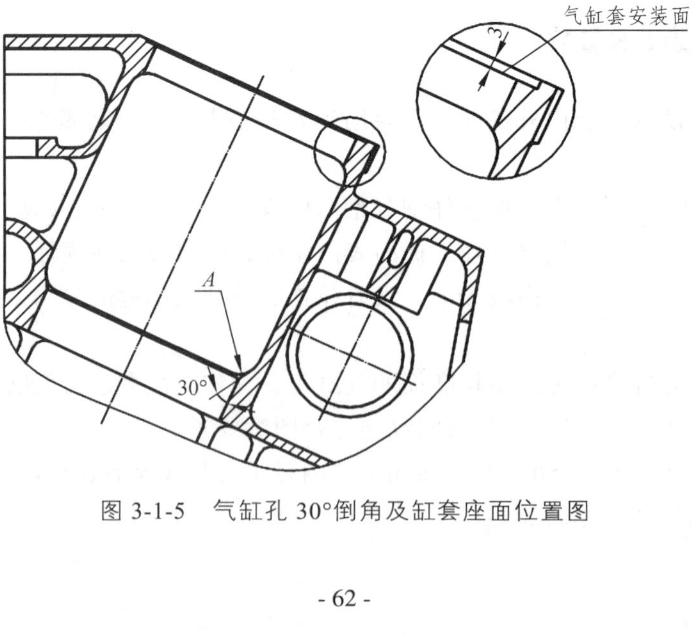

图 3-1-5 气缸孔 30°倒角及缸套座面位置图

（7）对检查合格或修复合格的气缸套进行水压试验，全长范围内压力为 1.5 MPa，5 min 内不得渗漏。距缸套顶部 160 mm 范围内进行水压 18 MPa 的试验。

（8）对于内径超过段修规程，或缺陷可以修复的缸套，原则上应更换新制缸套。如要继续使用，可以通过珩磨磨去有关缺陷至修复工艺（如镀铬）所需要的尺寸，然后进行镀铬修复。此时需要配用铸铁活塞环或喷钼活塞环。

（9）更新全部气缸套水封圈。

任务 3-1-1-4　气缸盖

一、气缸盖的作用及工作条件

气缸盖是柴油机的一个重要部件，用四个螺柱紧固在机体上，它的底面盖住气缸，起着密封气缸的作用，并与活塞顶面和气缸套形成燃烧室。气缸盖内部装有喷油器和四个气门，并布置有串联式的进、排气道以及水腔，顶面装有气门驱动机构，侧面装有示功阀，如图 3-1-6 所示。

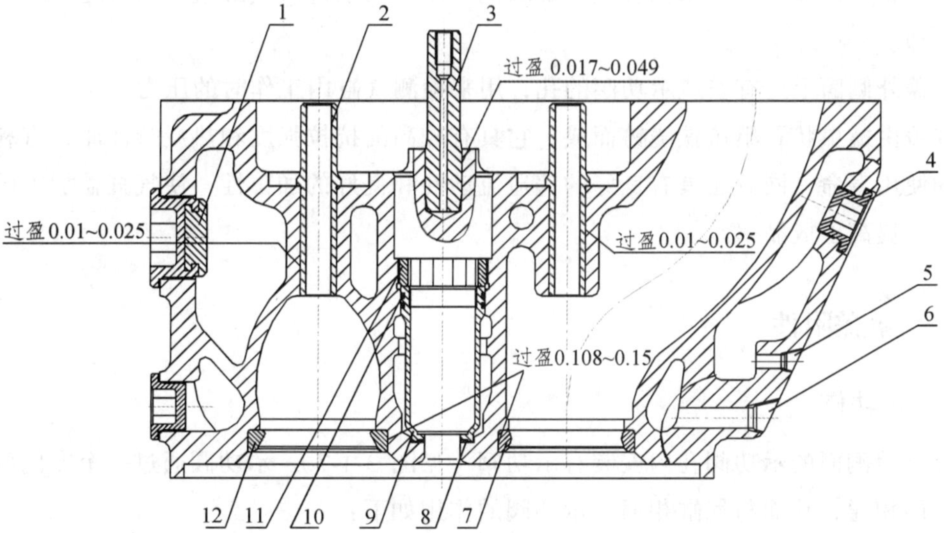

图 3-1-6　气缸盖

1—锌堵组成；2—气门导管；3—横臂导杆；4，5，6—螺堵；7—排气门座；8—垫片；9—喷油器套管；10—O 形橡胶密封圈；11—锁紧螺母；12—进气门座

在柴油机工作时，气缸盖承受较大的周期性交变的机械应力和热应力。气缸盖接触燃气的底面（又称火力面），直接承受周期性变化的燃气压力和温度，火力面上的薄弱部位经常出现疲劳裂纹。由于气缸盖各处的冷却情况不同，局部地区存在着较大的热应力和热变形。气缸盖上还作用有较大的螺栓预紧力、气门关闭时的高频冲击力、气门座与气门间的磨损，导致缸盖孔座向内凹陷。

二、气缸盖的结构

为了使气缸盖具有较高的强度和刚度，气缸盖采用双层箱形结构。位于柴油机内侧的侧壁上布置有进气口和排气口，面对柴油机侧面看，右侧为进气口，左侧为排气口。气缸盖内部分别设有进、排气道，气缸盖中间布置一个喷油器安装孔。

在喷油器安装孔周围有 4 个气门导管孔。同名气门导管孔之间，各有一个气门横臂导杆安装孔。气缸盖上部顶板上，靠柴油机内侧有两个孔：其中一个孔是气缸盖冷却水腔的出水孔；另一个孔则用螺堵堵死。水孔法兰与出水支管用 3 个螺栓紧固。水孔处于气缸盖冷却水腔的最高位置，可减少流动阻力，利于冷却水循环。

从气缸盖顶面到底面在其外边缘部位有 4 个直径为ϕ52 mm 的贯通孔，用来安装气缸盖螺栓。采用 4 个螺柱紧固方式可使气缸盖结构紧凑，且使加工量减少，同时又减少了螺柱的数量。

在喷油器安装孔底部周围，有 4 个气门座孔，用于嵌入气门座。为使气缸盖与气缸套安装时相配合定位，在气缸盖底面设有圆形凹肩。在气缸盖底面外缘四周，有 4 个进水孔，通过水封圈导管与机体水腔出水孔相连，使从机体流出的水进入气缸盖冷却水腔，从而使气缸盖得到冷却。

气缸盖外侧面上还有安装示功阀的孔，用来检测气缸内工作时的压力。

气缸盖由蠕虫状石墨铸铁浇铸而成，它具有较高的抗拉强度和热疲劳性能，有利于提高气缸盖的使用寿命，同时还具有良好的铸造流动性和良好的加工性，使气缸盖加工质量容易得到保证，提高了成品率。

三、气缸盖附件

（一）示功阀

在气缸盖侧面的示功阀孔内安装有示功阀（见图 3-1-7）。示功阀通过一个专门的通道与气缸盖底面相通，从而与气缸相通。示功阀的作用如下：

（1）在示功阀上接上一个压力表，可以检测缸内压缩压力或爆发压力的数值。如再接上一个传感器，再配上示功阀测试仪，可以测得缸内燃烧过程的示功图，以了解缸内燃烧的情况。

（2）柴油机长时间未用，在启机前，应先打开示功阀进行甩车，以排除气缸内积存的油和水，防止事故的发生，同时可根据排出物的情况来分析判断是否存在隐患，以保证柴油机正常工作。

示功阀由示功阀本体和支承座组成，支承座紧固在气缸盖外侧的座面上。

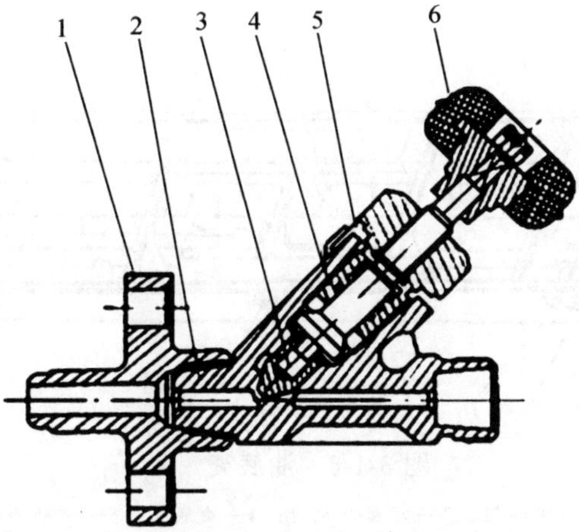

图 3-1-7　示功阀

1—支承座；2—阀体；3—心轴组装；4—接头；5—调节垫片；6—手轮

（二）气缸盖罩

在气缸盖的上部装有气缸盖罩（又称摇臂轴座），通过手轮拧在气缸盖罩上的长螺栓来紧固。它由铸铝浇铸而成，十分轻巧。为了加强其强度和刚度，在其内部侧壁设有加强筋。在它的底面一周，铣有凹槽，用来装入橡胶密封带，以防止气缸盖上部滑油的泄漏。另外，它还起到保持气门驱动机构的工作安全性和防尘作用。

任务 3-1-1-5　机座、油底壳、连接箱及机体支承

一、机　座

16V280ZJ 和 16V280ZJA 型柴油机的机体坐落在机座上，通过机座和机体支承将柴油机安装到车架上。

机座为一刚性或半刚性的构件，用以支承机体，承受及传递柴油机的垂直载荷、弯曲力矩及由输出扭矩产生的倾覆力矩等载荷。柴油机要求机座质量轻、刚度大，并设有强固的支承座，所以机座常做成薄壳承载式焊接箱体。机座通常还兼作油底壳。

二、油底壳

（一）结　构

16V280ZJ 型柴油机采用湿式油底壳，用螺栓紧固于机体底面，如图 3-1-8 所示。

油底壳用于接受柴油机各润滑部位的回油并储存机油。其滤网以下的总容积为 1 200 L。油底壳由铸钢的自由端板、输出端板和由钢板压制成形的壳体及油道、横隔板、侧板等组焊而成。为防止杂质混入机油和消除泡沫，上层铺设滤网。左侧设有辅助油泵和启动油泵吸油管。油底壳中间两侧各设有油标尺，用于检查机油油位。

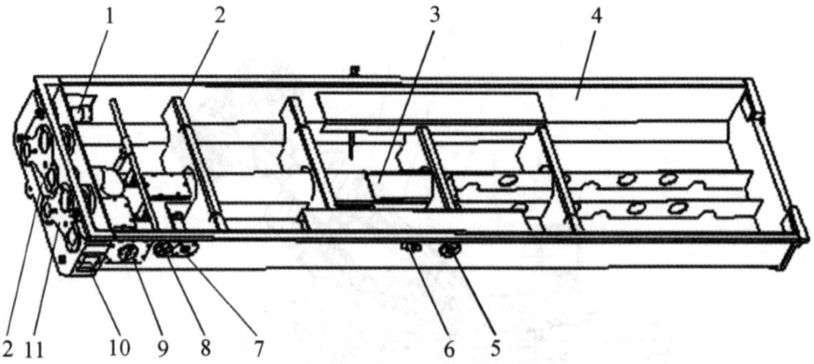

图 3-1-8　油底壳

1—安全阀；2—中间滤网架；3—吸油口滤网；4—油底壳；5—辅助油泵吸油管垫；6—油尺；7—启动油泵吸油管垫；8—进离心式过滤器垫；9—回油孔垫片；10—出油总管垫片；11—机油泵垫片；12—放油螺堵

自由端板上设有机油泵安装孔。机油泵将机油注入铸在自由端板下部的储油腔内，通过柴油机右侧的出油口输出。自由端板内侧设有一个孔，用于安装安全阀，可打开油底壳侧面的盖板调整其压力，使机油泵最大出口压力为（0.8 ± 0.05）MPa。自由端板最低部位设有放油口，供清洗油底壳时放油使用。油底壳上装有机油压力安全阀。

（二）检　修

① 拆下所有滤网、油尺，检查滤网应平整完好，并清洗干净。

② 用 DIF-3 清洗液清洗油底壳及前端的油腔，然后用压缩空气吹干净。

③ 外观检查油底壳各部不得有裂纹。允许进行焊修，焊修后须进行盛油试验，20 min 不得泄漏。

④ 自由端板上的机油泵安装孔和安装平面不得有碰伤等痕迹。前油封安装面应光洁平整。油底壳后油封安装平面应光洁平整。

⑤ 由于油底壳上的机油泵传动齿轮孔与机体一起加工，所以油底壳必须与原机体配对使用。

⑥ 检查与机体连接的平面应光洁平整，与机体组装时前端面应平齐，后端面不平齐度允差为 0.10 mm。

⑦ 检查安全阀是否有泄漏，弹簧应完好，动作值应为（0.8 ± 0.05）MPa。

（三）组　装

① 用干净不起毛的布擦净油底壳、油道和自由端板内的油腔。

② 安装吸油口的滤网和油底壳上部的滤网。

③ 安装机油安全阀。

④ 安装机油泵传动齿轮。

三、连接箱

（一）结　构

连接箱连接柴油机和同步主发电机，成为柴油机-发电机组。它承受同步主发电机的质量和反扭矩，需要有足够的强度和刚度。连接箱是个箱形结构，采用铸钢整体铸造。它的一端与机体相连，另一端以凸缘定位方式与同步主发电机连接。该定位止口的轴线对机体主轴承孔轴线的同轴度要求为 0.18 mm，以保证同步主发电机转子与曲轴的同轴度，如图 3-1-9 所示。

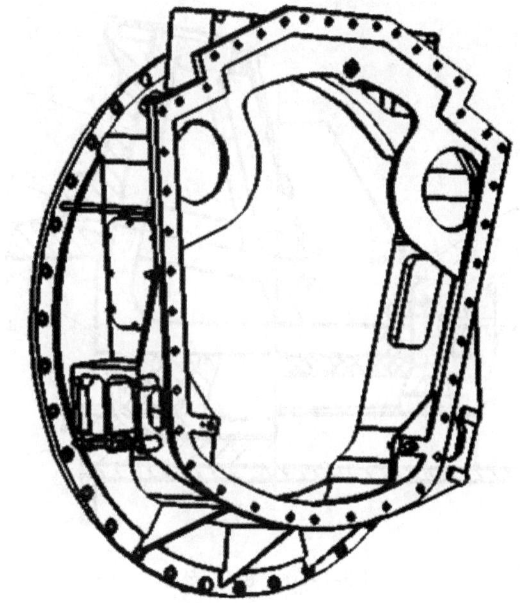

图 3-1-9　连接箱

连接箱上面的两个方孔，用于连接同步主发电机的排风道，连接箱两侧下部设有支承安装座；两侧中部开有观察孔，可在左侧观察孔处操作柴油机的盘车机构。

原型柴油机与 A 型柴油机的连接箱结构相似。两种连接箱与机体及同步主发电机的连接尺寸完全相同。由于原型柴油机采用盖斯林格弹性联轴节，A 型柴油机采用大圆薄板联轴节，而这两种联轴节的厚度是不同的，这就使得两种型号的柴油机与同步主发电机之间的轴向距离也不相同，因此两种连接箱的厚度就有差异，其中原型机的连接箱厚度为 455 mm，A 型机的连接箱厚度为 350 mm。

（二）检　修

① 连接箱在检修中须清洗干净，无油垢，各部不许有裂纹，如有裂纹，允许清除修复。焊修后或更换连接箱时，应按第一节预装连接箱部分进行操作和检查。连接箱两安装面的平

面度在全长内不许大于 0.12 mm。

② 连接箱须与机体配对使用，与机体及同步主发电机的结合面有碰伤、毛刺等缺陷时，须整修平面凸起部分。

四、机体支承

机体支承结构见图 3-1-10。柴油机-发电机组通过 4 个支承及橡胶减振器安装于机车上，用于承受柴油机-发电机组的质量和减少柴油机振动对车架的影响。每个支承承受的垂直载荷，16 缸机为 76 685 N。在该载荷下，4 个支承的橡胶减振器挠度差值不得大于 1 mm。

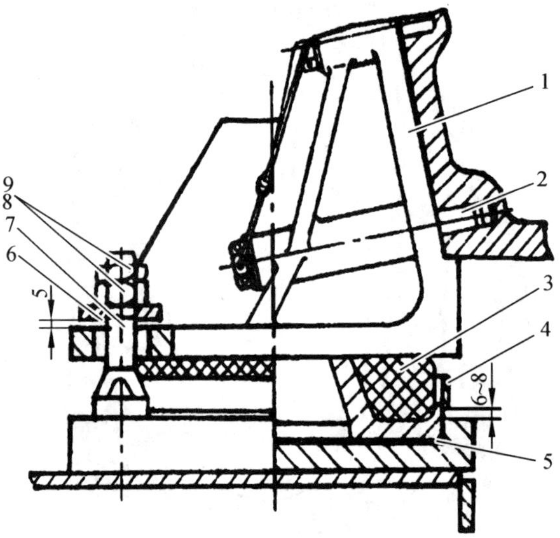

图 3-1-10 机体支承

1—支承；2—螺钉；3—减振器；4—挡圈；5—垫片；6—垫圈；7—螺柱；8，9—调整螺母。

机体支承主要由支承、螺钉、橡胶减振器等组成。支承通过螺钉与机体、连接箱连接。

柴油机装上连接箱并装好同步主发电机后，用两个前端支承和两个后端支承，分别安装于机体第二曲轴箱观察孔位和连接箱侧面，以支承柴油机-发电机组。支承与机体、连接箱的支承面不应有间隙。

为确保柴油机-发电机组的安装高度和水平要求，用调整垫片的数量和厚度来补偿橡胶减振器压缩量的变化。为保证机体支承的隔振效果，应使两个锁紧螺母下的垫圈与支承的间隙为 5 mm，该值可通过调整螺母实现。

减振器（见图 3-1-11）由特种橡胶制成。在负载为 8 000 kg 时，其静挠度 Δh 为 8 ~ 11 mm。减振器应分组装车，每组四个，其静挠度差值应不大于 1 mm。减振器的工作温度应为 − 40 ~ 80°C。

在检修时，应将支承清洗干净，检查并消除裂纹。支承螺钉不允许有断扣、裂纹、毛刺及碰伤，并须重新镀铜。减振器须全部更新。

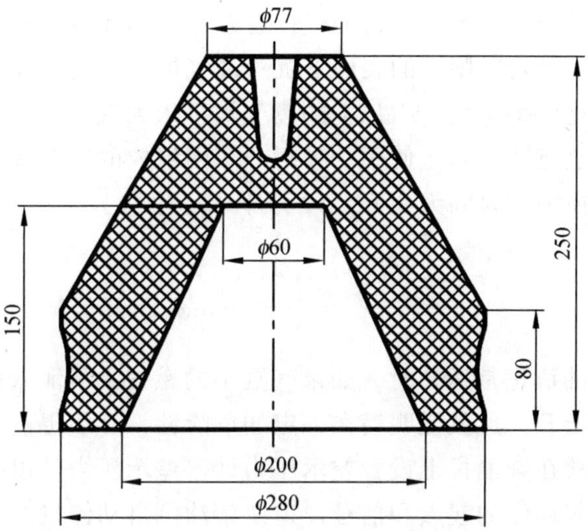

图 3-1-11　减振器

任务 3-1-1-6　曲轴箱防爆装置

一、油气分离器

油气分离器（见图 3-1-12）装在机体自由端左侧的呼吸管上。该油气分离器借鉴德国石化、纺织行业先进高效油气净化技术，采用鱼鳞网、油分子吸附网、分离网使柴油机曲轴箱排出的油气得到彻底净化，净化效率能达到 95%以上，初始流阻不大于 8 mmHg（1 mmHg = 133.28 Pa）。

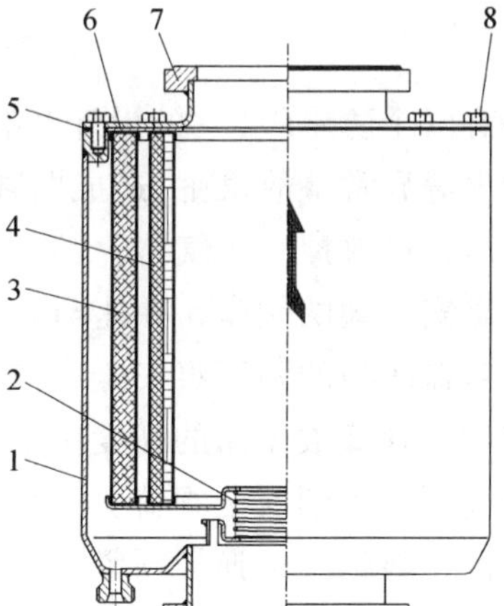

图 3-1-12　油气分离器

1—壳体；2—弹簧；3—外芯；4—内芯；5—O 形圈；6—压板；7—出气法兰；8—螺栓

柴油机曲轴箱排出的油气沿着一定切入角进入鱼鳞网式外芯 3 时，油气产生离心旋转，由于离心力的作用，一部分油粒被甩下；油气接着经过内芯 4 外层的吸附网时，残余油粒被吸附在吸附网的表面，并沿着吸附网的表面下沉；油气再经过内芯 4 内层的分离网时，油、气被彻底分离，如此净化效率达到 95%以上的废气被排入大气。

鱼鳞网式外芯可反复清洗，永久使用。吸附分离网组成的内芯属于低成本一次性滤芯，在正常使用情况下，更换内芯时间为 8 万～10 万千米（小修）。

二、差示压力计

在 16V280ZJ 型柴油机正常运转时，如果气缸中的燃气大量泄入曲轴箱，会导致曲轴箱压力超过一定范围继续上升，这就说明潜在一定的危险性，必须提前自动采取措施，以防曲轴箱爆炸事故的发生，故在柴油机上设置差示压力计。差示压力计以一定的曲轴箱内气压与外界气压的差值作为控制动作的起点和信号，迫使柴油机自动停机。

差示压力计用有机玻璃制成的压力计体，体内具有 U 形通道，通道内注入带颜色的导电液，通道一端通过管子与在自由端和第 9 缸之间气缸顶面上的一个清砂孔接头相连接，与曲轴箱相通，另一端插入两根金属针并有通大气的接头与大气相通，金属针端位于玻璃管内一定高度位置，其上端与机车有关控制电路连接。差示压力计中央刻度可表明液面的高度读数。

U 形通道两侧液柱高度差，反映出大气压力与曲轴箱内气压差。当曲轴箱内窜入燃气时，差示压力计一侧通道的液面降低，另一侧液面上升。当曲轴箱内气体压力大于 0.6 kPa 时，液面与金属针接触，导电液接通电路，差示压力计作用，通过电路中的中间继电器，切断联合调节器的电磁联锁 DLS 电源，使 C 型联合调节器通过控制拉杆，将喷油泵齿条拉至停油位，迫使柴油机迅速停机。

三、防爆安全阀

曲轴箱两侧观察孔盖上各装有两个防爆阀，它的设计开启压力为 11.67 kPa。当活塞损坏，大量燃气窜出或曲轴箱内油气着火等异常事故发生，造成曲轴箱内压力骤增并达到此压力时，防爆阀便会在压力作用下迅速开启，排放掉高压气体，避免发生严重的机械人身事故。

在铸铝的检查孔盖上铸出防爆安全阀的阀座，在座与阀之间有橡胶圈密封，阀杆拧紧在安全阀盖中，装在阀杆弹簧座与箱盖座间的弹簧将安全阀撑紧在阀座上。弹簧座与阀杆尾部以螺纹相配，由开口销使两者定位。弹簧被压缩的高度决定了预紧力的大小，即控制了安全阀开启的气压值。如果曲轴箱内气压作用到安全阀盖上的总力超过弹簧预紧力时，则安全阀盖顶开，使曲轴箱内压力迅速降低，降到小于弹簧预紧力时，安全阀盖自动关闭。

任务 3-1-2　GEVO16 型柴油机固定件

固定件是柴油机安装和支撑各零部件的基础，为柴油机的燃烧提供做功场所。GEVO16

型柴油机的固定件主要由机体总成、柴油机支撑、主轴瓦和连杆瓦等组成。

一、机体总成

机体总成主要由机体、主轴承盖、气缸套、加强套、前端盖组件、各类轴承以及螺柱、各种盖板等机体附件构成。

（一）机体及附件

机体附件的基本结构如图 3-1-13 和图 3-1-14 所示。

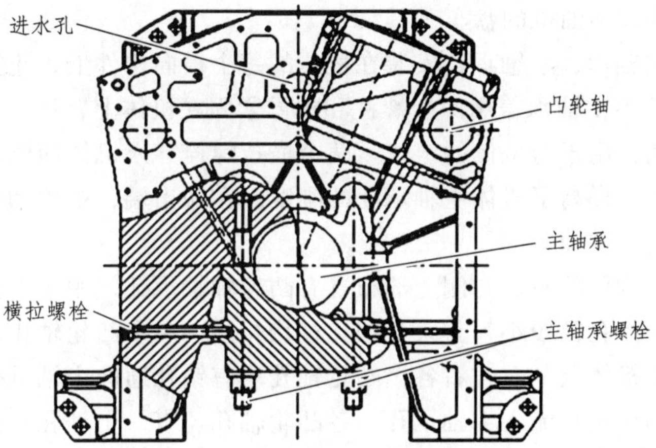

图 3-1-13　机体和主轴承盖横剖面图

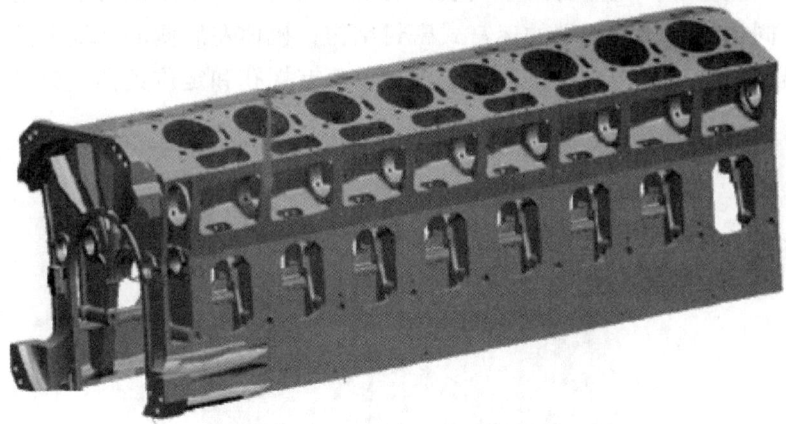

图 3-1-14　机　体

柴油机机体由球墨铸铁加工制成，是一个半隧道式的曲轴箱。机体横截面大体呈六边形，底面与曲轴中心线有较大的距离，并且有通长加厚的底板，这就使机体有较大的横向和纵向刚度；其余五个面加工出各零部件的安装孔，用于零部件的安装。

机体顶部有两个安装气缸组件的加工斜面，其中，有安装气缸组件夹角呈 45°的气缸孔，斜面还有紧固气缸组件的螺栓孔、将冷却水引入气缸组件的出水孔、将润滑油引入气缸组件的出油孔、燃油孔和推杆孔等。

机体夹角中，有纵向贯通的冷却水腔，冷却水由此经机体顶部斜面的出水孔流入气缸水套，用于冷却气缸套。

机体两侧有凸轮轴检查孔和曲轴箱检查孔，它们的端面安装有对应的盖板。其中，凸轮轴盖板由钢板冲压成型。而曲轴箱检查孔盖是一个组件，其盖板依靠弹簧压紧在机体的检查孔平面，实现盖与机体间的密封。当曲轴箱内的气体压力超过一定数值后，克服弹簧力，顶开盖板以释放压力，随后弹簧力又迫使盖板极其迅速地关闭检查孔，以阻止空气窜入曲轴箱，预防曲轴箱由于空气窜入而产生爆燃的危险。靠输出端的两侧各有一个齿轮箱检查孔盖，其中，右侧盖还用于安装柴油机的盘车工具。

机体设有 9 挡主轴承，主轴承盖安装在机体的每个横向构件上，止推轴承设在输出端。如图 3-1-13 所示，每个主轴承盖用两个螺柱和螺母紧固在机体上，每个主轴承盖与机体的结合面上有两个定位销，用于与机体的定位。两个横拉螺栓穿入机体两侧，拧入主轴承盖，进一步紧固主轴承盖并且提高了机体主轴承孔的刚度。在输出端，机体和止推轴承盖的主轴承孔两侧，各安装一组止推轴承。

机体的每个横向构件的左、右侧上部布置有凸轮轴轴承孔，用于支撑凸轮轴。9 挡凸轮轴孔中，仅自由端一挡孔径较小，其余各挡孔径均相同。一个凸轮轴止推轴承置于输出端，并用一个螺栓紧固于机体上。左、右各挡凸轮轴孔均有钻孔通向主轴承孔，中空凸轮轴里的润滑油经凸轮轴孔和该钻孔流入主轴承孔。各凸轮轴孔还有一个钻孔通向机体的顶部斜面，由此，润滑油进入加强套再流入气缸盖，进而润滑气门摇臂机构。

在输出端，从里至外，机体有三个安装面。最里面安装一个后油封盖，它与曲轴上的甩油盘和法兰盘共同构成曲轴输出端的迷宫式密封结构；机体左后侧的凸块上安装有两个曲轴转速传感器；最外面是三个主发电机的安装面，该面有螺孔和定位销孔，分别用于发电机的紧固和定位。

（二）气缸套

气缸套由灰铸铁制成，其结构如图 3-1-15 所示。

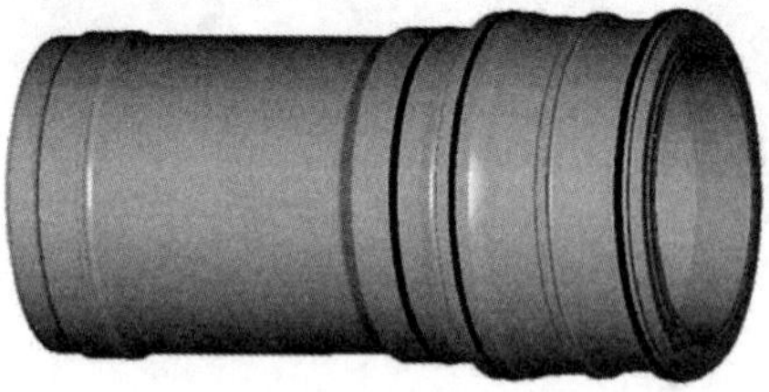

图 3-1-15　气缸套

气缸套内壁面呈平台网纹形式，用于储存润滑油，以减少气缸套和活塞的磨损。气缸套内孔上部安装有一个减磨环，减磨环可减少气缸中积炭的形成和在活塞行程中刮去活塞上的积炭。

气缸套外圆的 4 个定位面，从上至下分别与加强套的上、下定位孔和机体的上、下气缸孔相配。气缸套的中部凸缘的平面，支撑于加强套下定位孔的上端面。气缸套外圆的 3 个定位面各有一个橡胶密封圈，上部密封圈可避免气缸上部水腔的冷却水漏泄到柴油机外面，中部的两个橡胶密封圈分别用于防止气缸下部水腔的冷却水漏入机体的曲轴箱，以及曲轴箱的润滑油窜入上述水腔。气缸套凸缘顶面与气缸盖之间装有钢质垫片，用于密封燃烧室气体。气缸套底面设有安装活塞保持架的螺孔，动力组吊装时该保持架托住活塞，使活塞可保持在气缸中不致脱落。

（三）加强套

加强套由灰铸铁制成，其结构如图 3-1-16 所示。

图 3-1-16　加强套

加强套设有上、下两个气缸套定位孔，下定位孔的上平面是气缸套的支撑面。气缸套上部与加强套之间形成气缸的冷却水腔。加强套和气缸套之间形成的水腔分为上、下两部，来自机体冷却水腔的冷却水经加强套底部进入下部水腔后，流经气缸套中部外圆面上的一道坝状环筋和加强套内圆组成的限制带后，被强制沿圆周均匀地流向上部水腔。之后，通过气缸套上部出水孔进入气缸盖内。

加强套外侧的内腔，设有气门挺杆、高压油泵的安装孔和放置气门推杆的空腔。加强套内部还有许多油孔。机体上与凸轮轴孔钻通的润滑油，从加强套底部流入，一路经油孔进入各挺杆孔，润滑挺杆的外圆和滚轮；另一路从加强套顶部油孔进入气缸盖，润滑气门机构。从气缸盖油孔过来的喷油器回油，进入加强套顶部油孔后，经内部油孔由高压油泵安装孔外侧流入设在柴油机侧面的燃油回油管。

加强套与气缸盖及机体之间均设有密封垫，作为它们之间油、水的密封。气缸、加强套垫片上设有油、水孔，各孔处有密封橡胶，以防止油水的泄漏。

（四）前端盖组件

前端盖组件位于柴油机自由端，主要由前端盖箱体和前端罩盖组成。

前端盖箱体是一个整体箱形球墨铸铁铸造件，其结构如图 3-1-17 所示。前端盖箱体用螺栓和定位销固定在机体上，与机体之间用垫片密封，并且于水孔处用橡胶圈密封。其底面与油底壳顶面以垫片密封并用螺栓紧固。

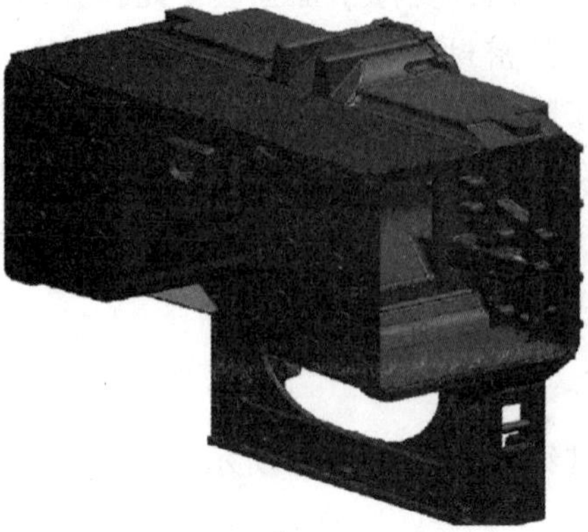

图 3-1-17　前端盖组件

前端盖箱体的外部安装有增压器、油气分离器、加油口和油尺等部件，内腔还装有中冷器。前端盖箱体集中设置了进柴油机的冷却水、润滑油和冷却空气的接口。其外端面设有润滑油和冷却水进口，通过它的内部水道和油道把润滑油和冷却水送入机体；由中冷器出来的冷却空气，经前端盖箱体的气腔进入设在柴油机 V 形夹角上方的柴油机进气总管；中冷器安装箱下部设有警示孔，用于检查中冷器是否泄漏，以防止由于中冷器泄漏造成的故障。前端盖箱体还设有曲轴箱通气口，它将曲轴箱的油气送入油气分离器，油气经油气分离器分离后，润滑油经油管流回油底壳，气体则进入柴油机的排烟管，由于排烟管里废气的引射作用，可使曲轴箱形成负压。

前端罩盖为铸铁件，安装于前端盖箱体的外端面。其端面安装有水泵和润滑油泵，内部设有润滑油喷嘴，它把润滑油喷洒到减振器上，使减振器得到冷却。上述润滑油所形成的油雾，用于水泵和润滑油泵的齿轮及其主动齿轮的润滑。

二、柴油机支承

柴油机支承如图 3-1-18 所示。

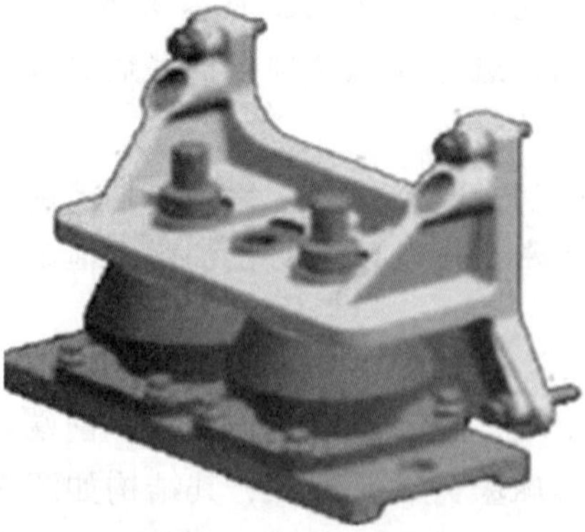

图 3-1-18　柴油机支承

柴油机-发电机组通过两个位于第 2 曲轴箱观察孔位的柴油机支承和两个主发电机支承安装于车架上，用于承受柴油机-发电机组的质量和减少柴油机振动对车体的影响。柴油机支承的外形如图 3-1-18 所示，它主要由支承、螺栓、橡胶堆和安装板等组成。支承通过螺栓与柴油机机体连接，又置于橡胶堆和安装板上，安装板用螺栓与车架紧固。由橡胶堆对柴油机运转时产生的振动进行衰减及吸收，以防止柴油机运转时产生振动对机车安全运行造成影响。

当柴油机需要单独支承时，4 个柴油机支承分别安装于第 2、6 曲轴箱观察孔的机体两侧，以保证柴油机的平衡。

三、主轴瓦和连杆瓦

主轴瓦的结构如图 3-1-19 所示。主轴瓦为钢背和铝锌合金构成的双金属板薄壁轴瓦，上瓦内圆开有油槽，并设进油孔。下瓦在对口处的中部开有缓冲油槽，可减少由于上、下瓦之间油槽截面的急速变化而引起穴蚀和油流的冲蚀作用。上、下瓦均有定位唇，分别与机体和主轴承盖定位。

连杆瓦的结构如图 3-1-20 所示。连杆瓦为钢背和铝锌合金构成的双金属板薄壁轴瓦，下瓦内圆开有油槽，并设进油孔。上瓦在对口处的中部开有缓冲油槽并有进油孔，可减少由于上、下瓦之间油槽截面的急速变化而引起穴蚀和油流的冲蚀作用。上、下瓦均有定位唇，分别与连杆体和连杆盖定位。

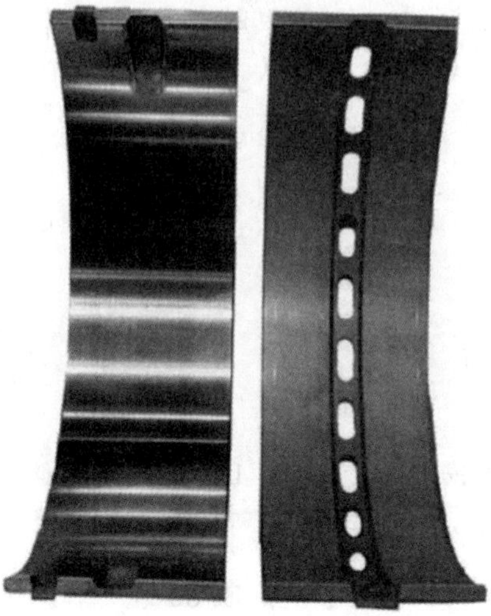

图 3-1-19　主轴瓦

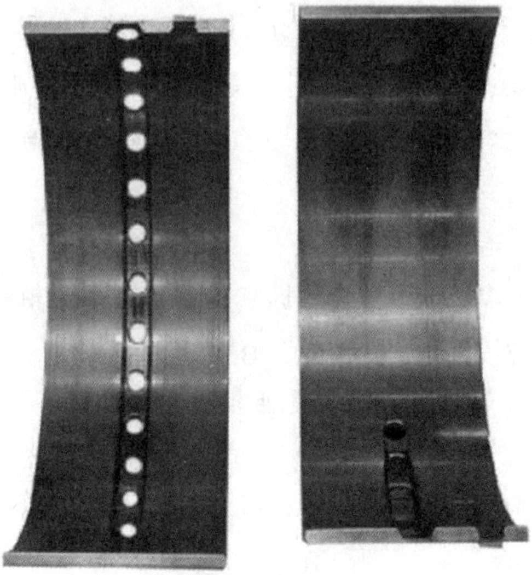

图 3-1-20　连杆瓦

当安装或更换主轴瓦和连杆瓦时，需要保证上、下瓦面的清洁，用无毛毛巾清理接触面，并在接触面均匀涂抹本机型所用新品润滑油，以保证组装之后良好工作。

【任务检查】

表 3-1-2 固定件——任务检查单

任务编号	3-1	任务名称	固定件认知		
序号	检查内容			是	否
1	说明机体的结构、作用、工作特点、检修主要技术要求				
2	说明主轴瓦、连杆瓦的结构、作用、工作特点、装配要求、检修主要技术要求				
3	说明气缸的结构、作用、工作条件、检修主要技术要求				
4	说明气缸盖的结构、作用、工作条件、检修主要技术要求				
5	说明机座、油底壳、连接箱、机体支承的结构、作用				
6	说明曲轴箱防爆装置的基本结构和工作机理				

【任务训练】

一、填空题

1. 当曲轴箱内气体压力大于 0.6 kPa 时，(　　　)作用，联合调节器通过控制拉杆装置，将喷油泵齿条拉至停油位，迫使柴油机停机。

2. 气缸套与气缸盖、(　　　)一起构成柴油机的燃烧室。

3．16V280ZJ 型柴油机 V 形夹角分上、中、下三层，上层为(　　　)的一部分，中间为(　　　)，下层为(　　　)。

4. 柴油机的主轴承用来支承曲轴，并使曲轴得到(　　　)和(　　　)定位。

5. 主轴承均采用(　　　)，其中前 8 挡为(　　　)主轴承，第 9 挡为(　　　)主轴承。

二、选择题

1. 16V280ZJ 型柴油机有(　　)个主轴承。

A. 7　　B. 8　　C. 9　　D. 10

2. 以下(　　)不是曲轴箱防爆装置。

A. 呼吸器　　B. 差式压力机　　C. 防爆安全阀　　D. 卸载油压继电器

3. 16V280ZJ 型柴油机机体 V 形夹角为(　　)。

A. 45　　B. 50°　　C. 55°　　D. 60°

4. 16V280 型柴油机采用湿式油底壳，其滤网下的总容积为(　　)。

A. 1 100 L　　B. 1 200 L　　C. 1 300 L　　D. 1 400 L

5. 柴油机油底壳内安装滤网，下列哪项不是滤网的作用。(　　)

A. 消除泡沫　　B. 防止杂质进入机油　C. 增强油底壳的强度

三、判断题

1. 柴油机的连接箱一端与机体相连，另一端以凸缘方式与同步主发电机连接。(　　)

2. 气缸套内壁研磨出具有一定规格的网纹，湿摩擦面的润滑具有良好效果。(　　)

3. 柴油机机体上横拉螺栓仅对主轴承盖起到横向限制的作用。(　　)

4. 16V280ZJ 型柴油机的连杆瓦上瓦为受力瓦，开有油槽。(　　)

5. 柴油机曲轴与主轴瓦之间的润滑属于滑动润滑。(　　)

四、简答题

1. 简述 16V280ZJ 型柴油机机体的作用和工作特点。

2. 简述 16V280ZJ 柴油机机体的结构。

3. 16V280ZJ 型柴油机机体检修主要技术要求有哪些?

4. 16V280ZJ 型柴油机主轴瓦和连杆瓦的作用和工作特点是什么?

5. 16V280ZJ 型柴油机主轴瓦的装配要求有哪些?

6. 16V280ZJ 型柴油机主轴瓦连杆瓦的检修主要技术要求有哪些?

7. 简述 16V280ZJ 型柴油机气缸的作用和结构。

8. 说明 16V280ZJ 型柴油机气缸盖的作用和结构。

9. 说明 16V280ZJ 型柴油机气缸、气缸盖检修主要技术要求。

10. 说明机座、油底壳、连接箱、机体支承的结构和作用。

11. 说明 16V280ZJ 型柴油机曲轴箱防爆装置的基本结构和工作机理。

12. 简述 GEVO16 型柴油机机体结构的特点。

13. 试叙述 GEVO16 型柴油机前端盖组件中中冷器安装箱的特点。

14. 试叙述 GEVO16 型柴油机冷却水对气缸套冷却的过程。

15. 简述 GEVO16 型柴油机支承的安装位置及作用。

16. GEVO16 型柴油机主轴瓦和连杆瓦的上、下瓦分别有什么特点?

17. GEVO16 型柴油机连杆瓦安装时，应注意什么?

任务 3-2　运动件认知

【任务描述】

假如你是机车乘务员或者是机车检修人员，对柴油机结构的认知是最基础的要求。要全面了解运动件的名称、结构、作用、装配关系、工作特点、检修主要技术要求等。

【任务目标】

- 能掌握柴油机运动件的基本结构和作用；
- 能掌握柴油机运动件与主要关联件的基本装配关系；
- 能掌握柴油机运动件的工作特点；
- 能说明柴油机运动件检修的主要技术要求。

【任务学习】

任务 3-2-1　16V280ZJ 型柴油机运动件

任务 3-2-1-1　活塞组

活塞组由活塞、活塞销和活塞环等组成，如图 3-2-1 所示。

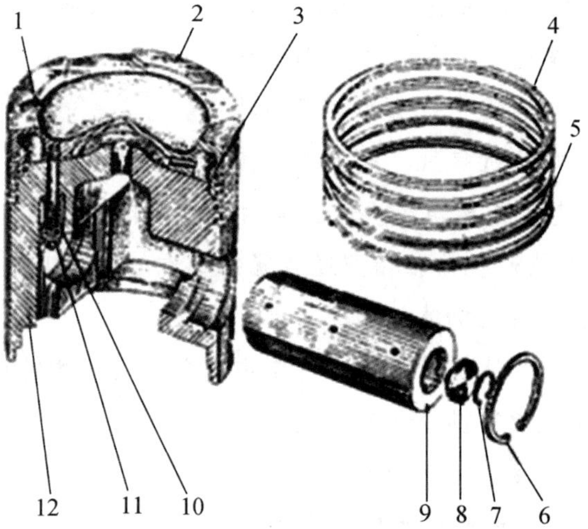

图 3-2-1　活塞组

1—螺柱；2—活塞头；3—O 形密封圈；4—气环；5-油环；6，7—挡圈；8—油堵；9—活塞销；10—弹性套；11—螺母；12—活塞体

一、活塞组的作用和工作特点

（一）作　用

（1）活塞组与柴油机其他部件一起构成了内部燃烧做功的、可变容积的工作场所，活塞顶面的凹穴造型及容积对燃烧的经济性有较大影响。

（2）活塞组密封气缸的下部，使燃烧室与曲轴箱隔开。

（3）活塞组承受燃气压力，并传递给曲轴，使往复运动转换成旋转运动，将气缸内的热能转变成机械能。

（二）工作特点

活塞组在柴油机中所处的位置和承担的任务决定了它有如下工作特点：

1. 在严重的热负荷下工作

活塞顶面接触高温气体，有很多热量通过活塞顶传入体内，其中一部分经活塞环及裙部散逸给气缸，另一部分通过活塞体内油道传给冷却油，其余的热量使活塞体温升高。当受热升温到一定程度时，活塞材质的机械强度明显下降，同时由于活塞各部存在较大的温度梯度，所以又形成温差应力（热应力）。温差应力过大，会在活塞顶部形成热裂纹。

第一道活塞环槽的温度状态是表征活塞热负荷的另一重要部位，如果此环槽的温度较高，则槽内机油就易结胶，使环失去活动性，导致燃气下窜，冲刷缸壁上的油膜。这些除使柴油机功率下降，出现拉缸故障外，还会使曲轴箱升温升压，甚至产生爆炸。

活塞的温度通常以顶面中央和燃烧室边缘外表面为最高，铝合金活塞可达 300 ~ 500 °C，铸铁活塞可达 400 ~ 450 °C，第一道活塞环槽表面可达 180 °C 以上，顶与背最大温差可达 100 ~ 130°C。

2. 承受较大的机械负荷

随着缸径的加大和高增压技术的应用，气缸内最高爆发压力已达很高，运动零件的尺寸和质量相应增加，使得活塞承受巨大的气体力和往复惯性力的合力。

气体力和往复惯性力的合力为周期性瞬变作用力，具有冲击和交变性质，使活塞组的一些薄弱部位可能出现疲劳裂纹。活塞环对环槽的高频交变冲击，可能使活塞环与环岸折断。

3. 剧烈的摩擦与磨损

机车柴油机活塞组沿气缸镜面高速滑动，平均速度为 9 ~ 11.5 m/s，最大瞬时速度达 14 ~ 18.5 m/s，使柴油机消耗很多摩擦功率。

特别是第一、二道气环接触高温、高压燃气，缸壁上的油膜受燃气和燃油的冲刷而局部破裂，气缸壁面具有进气带入的尘埃及机油中的机械杂质等磨粒，因此在上止点附近的壁面高温少油，加上活塞环转换运动方向等情况，使气缸壁面、活塞环及环槽的磨损加速。在摩擦发热及缺油的情况下，活塞环和气缸壁面很容易产生表面熔黏磨损（即拉缸）现象。

二、活塞的结构

早期曾用过上穿式的钢顶铝裙活塞，即活塞头和活塞体由 8 个从活塞头拧入活塞体的螺栓连接。由于这种连接的可靠性较差，后来改用下穿式活塞。以下只介绍下穿式活塞。

如图 3-2-1 所示，钢顶铝裙组合活塞的锻钢活塞头 2 和铝活塞体 12 由 4 个螺柱 1 连接。螺柱的一头栽入活塞头 3，另一头穿过活塞体和弹性套 10 并用螺母 11 拧紧，使活塞头与活塞体紧固连接。螺母通过弹簧卡销防松。

（一）活塞头

活塞顶为浅ω形状，作为直接喷射的燃烧室，其形状是由计算和试验确定的，以便与喷油器的多孔喷嘴所喷射的油束相配合，使气缸内的空气与燃油充分接触和燃烧。为了避免活塞在排气冲程上止点附近与开启着的进、排气门相碰，在活塞顶对应于气门位置铣出 4 个避阀坑。

活塞顶内腔的外周是一个环形冷却油腔，用压力油去冷却活塞顶和活塞环槽区。活塞顶内腔中央与活塞体顶面形成一个较大冷却油腔和冷却表面，用进入此油腔的冷却油去冷却活塞顶中部。上述两个冷却油腔的出油孔流通截面均比进油孔大，由此，机油在冷却腔形成了具有较好冷却效果的振荡冷却。环形冷却油腔与中部油腔之间形成一个环形凸台，凸台的下平面与活塞体贴靠，在此凸台平面上设有螺孔，用以安装螺柱。

活塞头下部是一个圆柱体，为活塞环槽区，有 3 道环槽，安装 3 道气环。活塞头上部为火力岸，是一个圆锥体。

活塞头采用合金钢材料，允许的最高工作温度为 500°C，能够满足活塞顶的工作条件。由于钢与作为气缸套材料的铸铁的热膨胀系数较接近，可以使活塞头与气缸套的间隙设计得比较小，以减少传入活塞的热量。较小的间隙还可以减小活塞运动时产生的冲击和振动。另外，钢的耐磨性能也比铝好，故能减少环槽的磨损，提高使用寿命。钢具有比铝材高得多的机械强度，因此可使活塞头各部分的壁厚做得比较薄，以便减少钢顶活塞头的质量，使得钢顶铝裙活塞的质量接近于铝活塞的质量。活塞顶较薄的壁厚，有利于提高油的冷却效果，降低迎热壁面的温度。第一道气环的环槽，其冷却面壁厚也仅为 7.5 mm，传热条件很好，可以有效地降低第一道活塞环和环槽的工作温度，从而减小活塞环及环槽的磨损，避免活塞环弹性松弛和黏结等故障的产生。

（二）活塞体

活塞体由裙部、环槽部和顶部组成。

裙部外形是一个中凸椭圆体。若裙部横截面为一个圆形，在侧压力和热膨胀的共同作用下，会使该截面成为椭圆形，其长轴在活塞销座轴线方向。为使裙部截面在工作时成为圆形，以利于与气缸套内孔的配合，把椭圆的短轴设计在活塞销座轴线方向，使该方向的活塞直径比长轴方向小。裙部设计成母线为中部凸起的鼓形，可以在裙部与气缸套之间形成一个活塞上下运动时的双向楔形油膜，改善两者间的润滑条件和减少活塞换向运动时对气缸套的撞击。裙部外圆面喷涂二硫化钼，用以改善初期磨合性能和提高耐磨性。

裙部设有活塞销座，活塞销座孔直径为 ϕ110 mm。活塞销座内侧间的跨距为上部小（为 80 mm）、下部大（为 116 mm）。上部支撑活塞顶的跨距较小，可减小活塞销座与顶部连接处的应力；下部跨距较大，便于加大连杆小头轴承承压面的宽度，且与连杆小头两侧成间隙配合，作为连杆在柴油机上的纵向定位。另外，在柴油机的一个工作循环中，活塞销座孔上部承受的比压较之下部大得多，故上述上宽下窄的活塞销座，有利于减小活塞销座的比压。活塞销座孔内侧在孔的两边设有沿活塞轴向由三段孔径组成的阶梯孔，便于安装螺柱、弹性套和螺母。在活塞销座孔的外侧开有 3.2 mm 宽的环形槽，槽里安装挡圈，用于限制活塞销的轴向窜动。

裙部的上方是一个圆柱体，开有两道环槽，用于安装油环。在环槽下平面开有 16 个回油孔，用作油环刮油的回路。

活塞体顶部与活塞头下部构成活塞的冷却油腔。在活塞体头部的外圆周面上开有一道环形槽，槽内安装 O 形橡胶密封圈，用于密封油腔的冷却油。活塞体顶平面与活塞头下部环形平面，虽然由于螺柱的紧固而密贴配合，但燃气压力会引起二者间的相对滑动，导致支承面的微振磨损。另外，在热负荷作用下，环形接触面内侧会翘曲脱开而产生楔形缝隙。为使支承面在工作中保持良好的贴合，将活塞体顶部平面做成从里往外向下倾斜的碟形面。由变形计算确定了活塞环岸顶平面与活塞头外圆支承面间的间隙，以保证活塞头的顶部和油腔内壁在热负荷和燃气压力作用下不产生过大的应力。

活塞体的毛坯为锻铝棒料，内腔用挤压成形，免去了机加工量。硅铝合金的热膨胀系数小，耐磨性好。锻铝的强度和韧性高，金相组织细密，避免了铸造缺陷，以适应活塞体的受力条件。

三、活塞销

活塞销外圆直径较大，为ϕ110 mm，以便将支承活塞销的活塞销座孔和连杆小头衬套孔的比压控制在许可的范围。活塞销ϕ40 mm 的中空油道可减少质量和活塞组的往复惯性力。在活塞销相应于连杆小头孔和两个活塞销座孔的部位上，各开有 3 个周向均布的横向油孔。活塞销中空油道两端用铝制油堵密封机油，油堵与内孔采用过盈配合。活塞销中空油道两端设有 2.2 mm 宽的环形槽，槽内安装挡圈，用以防止油堵松动。

活塞销采用合金钢制造，其外圈和内孔经渗碳淬火，可以获得高的疲劳强度和足够的刚度和耐磨性，能够承受作用在活塞销上的交变弯曲载荷和剪切力，减低由上述负荷引起的内孔变形。活塞销外圆经精磨以减少磨损。横向油孔孔口的抛光、油道孔的磨削，都可以提高疲劳强度。

四、活塞环

（一）气　环

3 道气环安装在活塞头上。第一、二道气环为合金铸铁单体铸造的矩形截面环，直切口。环的环高、径向厚度和自由开口尺寸，由气环的切向弹力和强度计算来确定。活塞环外圆面喷涂钼合金，以提高气环的耐磨性。钼合金层具有熔着磨损延迟发生和储油性好等良好特性。另外，再在活塞环外表面镀锡，可以改善初期磨合性能并可防锈。第三道气环为锥面环，在环的外圆面上加工出一个 1°30′斜角，锐角朝向活塞的下部，以提高接触压力，有利于磨合和气密性，还起到刮油作用。环的外圆面没有钼合金层。第三道气环与第一、二道气环的区别仅为上述两项。

（二）油　环

两道油环安装在活塞体上。油环为弹簧胀圈油环，在环体内圆凹槽内，装设螺旋弹簧胀圈，以钢丝制成的闩销插入螺旋弹簧接口的内径里。油环依靠弹簧加强弹力，即使油环外圆面磨损时，其弹力也不会下降太多。而且，这种形式的油环压力比较均匀，因此具有刮油能力强和工作耐久的特点。

油环环体采用合金铸铁单体铸造，截面成双刮油舌结构。两刮油舌之间在圆周上布置 12 个高 2 mm 的泄油槽。活塞下行时，刮油舌从气缸内壁刮下的机油，由泄油槽经活塞体环槽下平面的 16 个回油孔流入油底壳。油环高度、最大径向厚度和自由开口尺寸由环体的强度、切向弹力和贴合性计算确定。影响刮油能力的两个重要因素是单位压力和贴合性。单位压力主要取决于弹簧力，而贴合性则主要取决于环体的刚性。设计时，在满足结构和强度要求下，尽可能减小环体的刚性，以提高油环的贴合性。环体表面镀锡以提高初期磨合性并可防锈。

五、活塞油路

机油从连杆小头衬套的油槽经活塞销中部的 3 个油孔进入中空油道，由活塞销两端各 3 个油孔流入活塞销座孔起润滑作用。销座孔里对应于活塞销两端油孔位置开有油槽，活塞体顶面两个油孔与此槽钻通，机油从活塞销油孔经此槽和活塞顶油孔进入活塞顶的环形冷却油腔，再经 6 个油孔进入活塞顶中央冷却油腔，并由油腔下部中央的出油孔流回油底壳。

六、检修主要技术要求

（1）同一台柴油机上，16 个活塞组质量差不大于 0.25 kg。

（2）活塞组主要公差及限度如表 3-2-1 所示。

（3）活塞环槽不允许有凸肩或严重的喇叭形

（4）活塞外圆面、活塞体顶平面和活塞销座孔等处的非密集性轻微拉伤，可经打磨后继续使用。

（5）活塞裙部喷涂二硫化钼，涂层厚度为 0.02 ~ 0.04 mm。

（6）活塞头与活塞体、螺柱和活塞销经探伤不得有裂纹。

（7）活塞头底面与活塞体第一环岸上顶面的间隙为 0.032 ~ 0.08 mm。

（8）气环的自由开口尺寸为（35 ± 2）mm。在工作间隙为 $1.3^{+0.2}_{0}$ mm 时，切向弹力为 74 ~ 82 N。

（9）油环在工作间隙为 $1^{+0.2}_{0}$ mm 时，切向弹力为 167 ~ 196 N。

（10）油环环体的自由开口尺寸为（36 ± 2）mm。在工作间隙为 $1^{+0.2}_{0}$ mm 时，切向弹力为 13 ~ 18 N。

表 3-2-1　活塞组主要公差及限度

名称		原形/mm	限度/mm	
			中修	禁用
活塞头环槽区直径		$\phi 279.3^{0}_{-0.052}$	—	—
裙部直径（距底面 82～130 mm，销座孔的垂直方向）		$\phi 279.64^{+0.05}_{-0.05}$	—	—
活塞销座孔直径		$\phi 110^{+0.022}_{0}$	—	—
活塞销座孔圆柱度		0.006	0.03	0.04
活塞第一道环槽高度		$6^{+0.135}_{+0.105}$	—	—
活塞第二、三道环槽高度		$6^{+0.115}_{+0.085}$	—	—
油环环槽高度		$9^{+0.115}_{+0.085}$	—	—
第一道环槽与气环侧向间隙		0.105～0.145	0.25	0.30
第二、三道环槽与气环侧向间隙		0.085～0.125	0.20	0.30
油环与环槽侧向间隙		0.085～0.125	0.20	0.25
活塞环自由开口间隙	镀铬环	34±2	35±2	—
	喷钼环	35±2	35±2	—
	锥面环	35±2	35±2	—
	油环	36±2	35±2	—
在 $\phi 280^{+0.032}_{0}$ mm 环规中活塞环闭口间隙	气环	$1.3^{+0.20}_{0}$	$1.3^{+0.20}_{0}$	—
	油环	$1.0^{+0.20}_{0}$	$1.0^{+0.20}_{0}$	—
活塞在气缸套内径向间隙	头部	0.70～0.804	1.05	1.15
	中部最大外圆处	0.310～0.462	0.70	0.88
活塞销直径		$\phi 110^{+0.006}_{-0.009}$	—	—
活塞销圆柱度		0.004	0.015	0.02
活塞销铝堵配合过盈量		0.052～0.100	0.052～0.100	—

任务 3-2-1-2　连杆组

连杆组由连杆体、连杆盖、连杆衬套、连杆螺栓等组成，如图 3-2-2 所示。

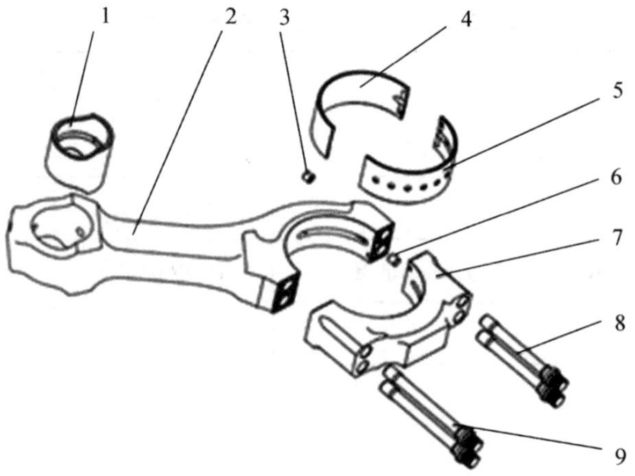

图 3-2-2 连杆总成

1—连杆衬套；2—连杆体销；3—螺堵；4—连杆上瓦；5—连杆下瓦；6—油孔销套；
7—连杆盖；8—连杆螺栓（二）；9—连杆螺栓（一）

一、连杆组的作用与工作条件

连杆将活塞和曲轴连接起来，将作用在活塞上的燃烧气体压力传给曲轴，输出扭矩。连杆受到气体压力和活塞、连杆往复惯性力的共同作用。在柴油机工作循环内，连杆大部分时间受到压缩，由于柴油机的爆发压力高达 13.7 MPa，故连杆受到很大的压缩载荷。由于排气上止点附近作用在连杆上的惯性力大于气体压力，故此时使连杆受到拉伸。由于活塞、连杆都较重，产生的惯性力也大，故连杆受到较大的拉伸负荷。连杆小头与活塞一起做往复运动，连杆大头与曲轴一起做旋转运动，因此连杆自身做摆动。连杆在摆动平面受到摆动的惯性力矩的作用，使连杆杆身受到附加弯矩。连杆上的压缩和拉伸负荷会使连杆大、小头孔产生变形，将影响轴承的正常润滑，增加连杆螺栓等连接件的附加载荷。由于上述各种力都是交变载荷，在连杆上产生交变应力，会使连杆螺栓和连杆的主要受力部位产生疲劳破坏。连杆的损坏会打坏曲轴、机体等零部件，甚至导致人身安全事故的发生，可见后果是非常严重的，所以对连杆的强度要特别重视。

连杆组设计时，采用了经验设计、试验和有限元计算方法来确定连杆各部分的结构和尺寸，选用合适的材料，使连杆有足够的强度和刚度并有尽量小的质量。

二、连杆的结构

连杆可分成连杆大头、杆身和连杆小头三部分。

（一）连杆大头

连杆大头包括连杆体的大头部分、连杆盖、连杆瓦和连杆螺栓等。16V280ZJ 型柴油机采用过的三种连杆，其区别均在连杆大头上。早期的连杆体大头部分与盖的结合面（即连杆大头剖分接合面）上，采用 60°齿形夹角、6 mm 齿距。后来采用的两种连杆都是 90°齿形夹角、8 mm 齿距，但油孔位置不同，一种是油孔设在连杆体大头短臂上，另一种是油孔设在长臂上。

连杆大头剖分面为斜切口，剖分面与连杆中心线的夹角为 40°，以便于从气缸中抽出活塞连杆组。切口（剖分接合面）采用齿形定位，并依靠齿面承受往复惯性力在切口方向的分力，避免连杆螺栓承受剪切负荷。齿形夹角和齿距的选取及切口上齿形总啮合面积、连杆大头的刚度，都直接影响切口上各部分齿形的齿根应力及其幅值的大小。两种改型连杆都是着眼于提高齿形强度，降低齿根应力，力图消除齿形裂纹，以提高连杆的可靠性和使用寿命。

在剖分面上设有一个定位套，定位套的内孔作为连杆体与盖间的机油通道。

连杆体在剖分面上有 4 个 M27 × 2 螺孔，孔底钻ϕ7 mm 的通孔，用于测量连杆螺栓伸长量时插入测量棒。连杆大头孔直径ϕ220 mm。

在连杆体与盖上均开有一个唇形定位槽，大头孔的连杆盖上开有环形油槽，而连杆体上安装连杆上瓦的部位，因负荷较高则不开槽，以减小比压。

连杆大头与杆身采用较大的过渡圆弧，尽量缩短连杆螺钉之间的跨距。连杆大头有足够的厚度和宽度，以保证连杆大头有足够的刚度。在燃气压力、惯性力和装配力的作用下，连杆大头刚度不足，会产生大头孔变形，将影响连杆瓦和连杆螺钉的可靠性。

连杆体与盖由 4 个连杆螺栓紧固。螺栓采用合金钢制造。油孔设在连杆体短臂上时，4 根连杆螺栓长度均相同；油孔设在长臂上的连杆方案，连杆螺栓的长度不同，在长臂上的螺栓短，在短臂上的螺栓长。连杆螺栓镀铜，以防松和防锈。连杆螺栓承受由活塞连杆组的往复惯性力和离心惯性力所形成的交变负荷，杆身较为细长，可以降低螺栓在运用中的应力幅，以提高其疲劳强度。

连杆盖下部截面成“工”字形，以保证足够的刚度和强度并有较小的质量。在连杆盖内圆面，开有环形油槽，并由斜油孔与在剖分面上钻出的油孔连通。对于连杆体大头油孔分别设在短臂和长臂上的两种连杆，其连杆盖除了油槽和油孔的尺寸有所区别外，其余部分的尺寸和结构大体相同。

（二）连杆杆身

连杆杆身为“工”字形截面，其长轴处于连杆摆动平面，使杆身截面具有较大的高度，加上适当宽度，使连杆在摆动平面方向有较大的刚度，以减小连杆的弯曲，避免由此产生活塞与气缸套及连杆瓦与曲轴连杆颈的偏磨。这种截面的杆身有利于承受由压缩力和拉伸力所引起的纵弯曲和由连杆力矩所引起的附加弯曲。另外，这种杆身有较小的质量，因此可减小连杆的惯性力。在杆身“工”字形的一边设有通长油孔，与连杆小头和连杆大头油孔相通。

（三）连杆小头

由于燃气压力和往复惯性力的作用，活塞销对连杆小头孔的不同部位有大小不同的比压，孔的下部比上部的比压大，因此将连杆小头孔宽度做成上部窄而下部宽的结构。连杆小头孔的宽度上窄下宽正符合连杆小头孔内压力合理分布的要求。

连杆小头孔衬套的材料采用铸造锡青铜，可满足连杆小头轴承承载能力的要求。衬套与连杆小头孔过盈配合，并在端面上设骑缝销，以防衬套松转。

连杆小头在连杆摆动平面内有较大的宽度，与杆身的过渡圆角半径也较大，以保证连杆小头的强度和刚度。在连杆小头部分，连杆小头与杆身过渡处的应力及其变化幅度最大，采用较大的过渡圆角半径，对提高连杆小头的强度尤为重要。

三、连杆材料

连杆体与盖采用合金钢整体模锻，并经调质热处理，使连杆有较高的综合机械性能。机加工时，沿斜切口剖分面将连杆体与盖切开。为减少应力集中和提高连杆的疲劳强度，连杆外形面全部经机械加工并抛光。齿形为成形磨削，以提高齿形的配合精度，使切口上各齿面的受力分布较为均匀，保证连杆大头孔的圆度和改善齿形的应力。

四、连杆油路

机油从曲轴连杆颈的横向油孔流进连杆大头孔的轴承，一部分布入轴承油隙；另一部分进入连杆下瓦内孔上的油槽，经 9 个穿过瓦壁的油孔流入连杆盖内孔的环形槽及与该槽相通的油孔，再经设在连杆体与盖的剖分面上的定位套内孔进入连杆体大头的油孔。对于油孔在短臂的连杆，机油由此直接进入杆身油孔；而对于油孔在长臂的连杆，机油由此流进连杆体大头孔的油槽，再由长臂内一对相交油孔进入杆身油孔。机油从杆身油孔进入连杆小头孔，由连杆小头孔衬套上一个穿透壁厚的油槽流入连杆衬套内孔的环形油槽。一部分机油从油槽布入连杆小头轴承油隙，另一部分机油由该油槽进入活塞销中部 3 个径向油孔，再经由活塞销中空油道流向活塞。

五、检修主要技术要求及损伤的分析和处理

（1）同一台柴油机的连杆组质量允差为 400 g，大头质量允差为 250 g，小头质量允差为 150 g。去重位置在连杆小头上部平面和连杆盖下部平面。去重面的极限尺寸，连杆小头为上平面至小头孔中心距离 90 mm，连杆盖下平面至大头孔中心距离 172 mm。

（2）连杆瓦与连杆大头孔的接触面积应大于 70%。

（3）连杆大、小头孔中心距为（580 ± 0.087）mm，连杆大小头孔轴线平行度为 0.04 mm。

（4）连杆体和盖的齿形接触面积的最低限度应不小于 70%。

（5）连杆主要公差及限度见表 3-2-2。

（6）连杆盖的螺栓支承面拉伤，应修理平整。该平面对连杆螺栓孔轴线的垂直度应小于 0.07 mm，并按规定伸长量拧紧螺栓和重打拧紧刻线标记。

（7）连杆体、盖和螺栓经探伤不得有裂纹。对于上述裂纹产生的原因做如下分析：连杆大头齿形裂纹均出现于短臂上断续齿的齿根上，一是由于短臂刚度大，故工作时所受的力也就较大；二是短臂上的牙齿被螺栓孔和油孔分割成几段，使齿的受力加大，齿根部成了高应

力区；三是齿形的微动磨损使齿根产生应力集中等。由上述原因，使裂纹首先出现于该处的齿根上。另外，由于制造上的原因，使齿形贴合面过小，造成受力不均匀，也容易产生齿形裂纹。裂纹的发展会使上述部位的金属从连杆体上脱落，并导致连杆螺栓断裂的严重后果。因此，经探伤发现齿形裂纹的连杆必须更换。

表 3-2-2 连杆主要尺寸及限度

名 称		原 形	限 度	
			中修	禁用
大头孔直径/mm		$\phi220^{+0.029}_{0}$	—	—
大头孔圆柱度/mm		0.007	0.04	0.06
小头衬套孔直径/mm		$\phi110^{+0.115}_{+0.120}$	$\phi110^{+0.230}_{+0.120}$	—
小头衬套孔圆柱度/mm		0.006	0.04	0.06
小头衬套与连杆小头孔配合过盈量/mm		0.06～0.130	0.06～0.13	—
大头孔轴线对小头孔轴线的平行度/mm	不带衬套	0.04	—	—
	带衬套	0.04	0.05	
小头衬套与活塞销径向间隙/mm		0.114～0.164	0.25	0.30
连杆瓦余面高度/mm		0.26～0.30	0.22～0.30	—
连杆瓦厚度/mm		4.895～4.920	4.880～4.920	—
同台柴油机	活塞组质量差/kg	≤250	≤250	—
	连杆组质量差/kg	≤400	≤400	—
	活塞连杆组质量差/kg	≤400	≤400	—

连杆螺栓断裂的，可按不同断口形式来分析。

断口有缩颈的，是由于抱缸，或是由于制造、拆装损伤所引起的连杆盖上的螺栓头支承平面与连杆体上的螺栓孔轴线不垂直，导致螺栓负荷增大，超过材质拉伸断裂强度而断裂所造成的。因螺栓为合金钢韧性材质，故断口呈缩颈状。断口平整的是由于螺栓预紧力不够，或是由于上述齿形裂纹导致齿形部位的金属剥离使螺栓承受较大的剪切力，引起剪切疲劳断裂所造成的，故断口平整。为避免上述所举平面与螺栓孔轴线不垂直情况的产生，一方面应保证制造的精度，另一方面在修整由拆装所引起的螺栓支承面的损伤时，一定要按照要求，保证该平面与螺栓孔轴线的垂直度。

任务 3-2-1-3 曲轴组

一、曲轴组的作用和工作特点

曲轴组是柴油机的主要部件之一，活塞的往复运动经连杆转换为曲轴的旋转运动，输出柴油机的全部功率并驱动柴油机辅助系统。

曲轴的受力复杂，强度、刚度、耐磨性以及加工精度和轴颈的表面粗糙度要求都很高。曲轴的价格昂贵，其成品费约占柴油机总费用的20%。为使曲轴可靠工作，需要进行精心的设计和计算，并在制作和检修中严格控制质量，以保证曲轴成品符合设计图纸和有关技术条件的要求，还要在运用中及早发现和处理可能危及曲轴的故障，以避免其受到损坏。

曲轴承受活塞和连杆所传递的气体压力、活塞和连杆的往复惯性力及回转惯性力。由于16V280ZJ型柴油机的缸径大、气体爆发压力高，这些力在曲轴上产生很大的弯矩和扭矩。而且，这些力和力矩的大小是周期性变化的，因而所产生的弯矩和扭矩是一种交变负荷。交变的弯矩使曲轴产生轴向振动，交变的扭矩使曲轴产生扭转振动。交变负荷及其在曲轴上所产生的振动，在曲轴上形成很高的交变弯曲应力和扭转应力。

曲轴上设有润滑油道和油孔，以润滑曲轴主轴承和连杆轴承，并作为润滑油通往柴油机其他部位的通道。油道和油孔的存在，不同程度地削弱了曲轴的强度和增加了曲轴的应力集中。

曲轴主轴颈轴线及机体主轴孔轴线的同轴度误差、轴颈和轴承孔的偏磨以及机体主轴承孔座的刚度不足等因素，均会增加曲轴的弯曲应力。

曲柄臂与主轴颈和连杆颈连接处的过渡圆角以及轴颈上的油孔周围是应力集中区域，是曲轴的高应力区。曲轴上由交变应力所引起的疲劳裂纹，就往往首先在这些区域出现。

综上所述，曲轴承受高的而且复杂的负荷，但其尺寸又受到柴油机总体尺寸及质量的限制。为此，需要精心设计确定曲轴各部分的尺寸和结构，选用合适的材料，采取提高曲轴疲劳强度的必要措施和经济合理的形位公差，以满足对曲轴的强度要求。

曲轴的主轴颈和连杆颈表面处于高压比和变转速的摩擦副之中，需要采取提高轴颈表面耐磨性的措施，以便提高曲轴的使用寿命。

二、曲轴组的构成

曲轴组由曲轴、平衡块、平衡块螺钉、定位销和油封等组成，如图 3-2-3 所示。曲轴组总重 2 520 kg，曲轴全长 4 314 mm。

曲轴由 8 个曲柄、自由端轴段和输出端轴段组成，采用全支承形式。曲轴以 9 个主轴颈支承于机体的主轴承内。每个连杆颈与 V 形机体里左右两个气缸的活塞连杆组连接。曲轴自由端的轴颈上装有曲轴齿轮和卷簧减振器。曲轴经曲轴齿轮驱动齿轮传动装置的各个齿轮，从而带动配气机构、喷油泵、调控传动装置、C 型联合调节器、水泵和机油泵等部件工作。曲轴输出端的法兰与联轴节连接，输出柴油机的功率。

16 个由碳钢制成的平衡块安装于曲轴的 16 个曲柄臂上，与曲柄臂用两根平衡块螺钉紧固，并由穿过平衡块和平衡块螺钉头部的弹性销防松，用两个定位销定位。中部的一个定位销 4 除作定位外，还用于承受柴油机变速时平衡块的切向惯性力；另一个定位销 5 为弹性销，作定位用。

头部圆柱内六角平衡块螺钉由合金钢制造，表面镀铜，起防松和防锈作用。

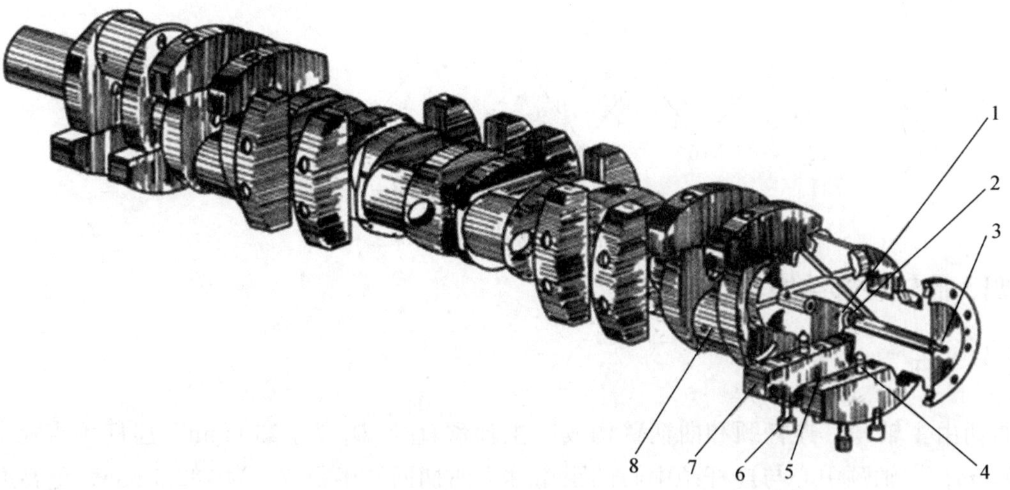

图 3-2-3　曲轴组

1—螺母；2—主轴颈油封；3—拉紧螺栓；4—定位销；5—弹性圆柱销；
6—平衡块螺钉；7—平衡块；8—曲轴

具有锥面的钢质油封用来密封曲轴各挡主轴颈内孔的两端，并用一根穿过油封的螺栓将油封与曲轴紧固。螺栓头部及螺母与油封的贴合面间用铜垫圈密封。螺栓与螺母用开口销防松。但是，曲轴输出端轴头上的油封相对于两种联轴节有不同的结构：当采用大圆薄板联轴节时，此处油封与其他油封的结构一样，油封起密封作用；当采用弹性联轴节时，该钢质油封的锥面上开有 3 条油沟，机油从主轴颈内孔经此 3 条油沟进入弹性联轴节。

三、曲柄排列和发火顺序

曲轴的 8 个曲柄在轴向成镜面对称，从曲轴自由端观看，曲柄排列图如图 3-2-4 所示。在平衡块质量相同的情况下，与其他曲柄排列方式相比，这种曲柄排列使柴油机具有最小的内力矩和轴承负荷。

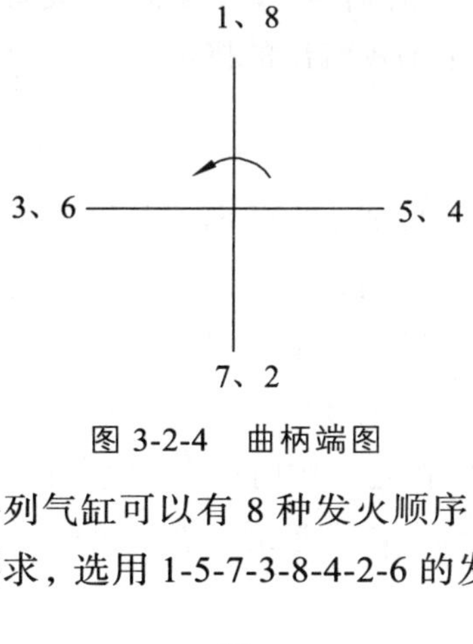

图 3-2-4　曲柄端图

一种曲柄排列方式，对于一列气缸可以有 8 种发火顺序。兼顾轴承负荷、增压系统的配套和柴油机轴系扭转振动等的要求，选用 1-5-7-3-8-4-2-6 的发火顺序。综合考虑对轴承负荷、轴承油膜厚度和扭转振动的影响，V 形两列气缸采用交错发火方式，故柴油机的发火顺序如图 3-2-5 所示。

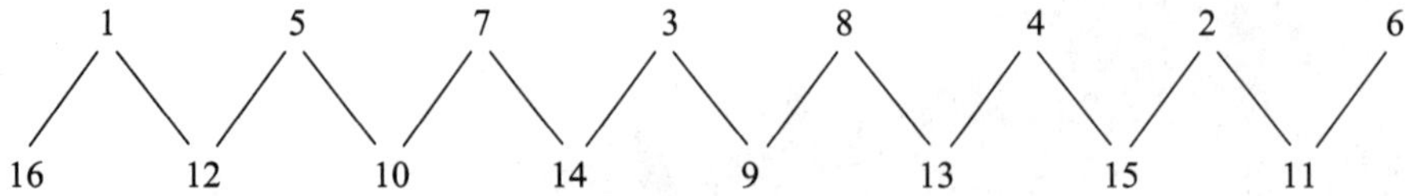

图 3-2-5　柴油机的发火顺序

四、曲轴各部结构

（一）曲　柄

曲柄由主轴颈、连杆颈和曲柄臂构成。主轴颈直径 D_1 为 ϕ230 mm，连杆颈直径 D_2 为 ϕ210 mm，主轴颈中心与连杆颈中心的距离称为曲柄回转半径 R，为 142.5 mm，重叠度 S 为 77.5 mm。柴油机曲轴以较大的轴颈和重叠度及合适的轴颈长度，获得必要的弯曲刚度、扭转刚度、足够的强度和承压面积以及良好的润滑。连杆颈与曲柄臂的连接处采用外圆角，便于加工并获得较小的粗糙度，以增加曲轴的疲劳强度。内圆角沉入主轴颈并凹入曲柄臂，可以在主轴颈限定长度下增加轴颈的配合长度，减小主轴承压比，以增加主轴瓦的承载能力。曲柄臂为椭圆形，能充分利用材料，也有利于曲轴的挤压加工。曲柄臂的厚度，除靠输出端的一个曲柄臂外，其余曲柄臂都是一样的。曲柄臂在连杆颈一端有一个削角并开有一个减重孔，以减小质量和离心惯性力；曲柄臂在主轴颈一端是一个平行于曲轴轴线的平面，用于安装平衡块，该平面设有两个定位销孔和两个安装平衡块螺钉的螺孔。

（二）曲轴两端轴段

曲轴自由端轴段设有一段锥面，用于安装曲轴齿轮和卷簧减振器。曲轴输出端轴段上有一整体法兰。法兰外圆上相对于第一缸上止点位置刻有一条纵向刻线，安装联轴节时，使联轴节刻度盘上的通长刻线与此刻线相对。法兰外端有定位凸肩，用于与联轴节的配合。输出法兰由 10 个合金钢螺栓与联轴节连接。曲轴的止推面设在靠输出端的主轴颈两侧。在止推轴颈与输出法兰之间有一段 ϕ230 mm 的轴颈，该轴颈中部设有一个小凸缘，这段轴颈与机体后油封相配合，用于密封从输出端主轴颈流出的机油。

（三）曲轴润滑油道

主轴颈设有中心内孔。孔的两端加工出锥面，与钢质油封的锥面配合，以实现密封。主轴颈上设有两个对开的油孔与内孔相通，该对开直油孔与包含主轴颈轴线和连杆颈轴线的曲柄平面垂直，孔口处于轴承低负荷区。机油从机体主油道经主轴瓦上瓦油槽进入主轴承间隙和主轴颈的对开油孔，并由此进入主轴颈内孔。

每一曲柄有两个斜油孔，它们在连杆颈内相交。每个孔的一端开在曲柄臂的减重孔底部，并用螺堵密封。孔的另一端与主轴颈内孔连通。在连杆颈内，两个斜油孔分别与连杆颈上的两个对开油孔相通。机油从主轴颈油道经曲柄臂上的斜油孔和连杆颈上的对开油孔，进入连杆轴承间隙，并经连杆下瓦的油槽及孔进入连杆油路，去润滑和冷却活塞。连杆颈上的对开直油孔垂直于曲柄平面，处于连杆颈弯曲的中性层，因此不削弱连杆颈的弯曲强度。而且，油孔的孔口处于轴承低负荷区域，避免油孔对轴承负荷的不利影响。

在自由端轴颈锥面上有一个油孔与主轴颈油道相通，把机油引入卷簧减振器。

五、曲轴材料与热处理

曲轴采用合金钢材料，有高的综合机械性能。曲轴钢材经锻打成棒料，将棒料加工出作为主轴颈和连杆颈的毛坯轴段及相当于曲柄臂体积的轴段。经超声波探伤剔除不合格品后，进行全纤维挤压。全纤维挤压的曲轴具有比一般锻造曲轴高的疲劳强度。曲轴毛坯经粗加工后进行调质处理，以获得所要求的机械性能。轴颈精磨后进行气体氮化处理。合金钢具有良好的氮化性能，故经氮化的曲轴，其轴颈的氮化层厚且表面硬度高。运用表明，经过一个大修期的曲轴，其主轴颈和连杆颈的磨损量很小，不必磨修仍可继续使用。氮化曲轴，不仅轴颈耐磨，而且经氮化的轴颈圆角表面形成压应力，大大提高了曲轴的疲劳强度。

六、检修的主要技术要求及损伤的分析与处理

（1）曲轴各部位尺寸公差及限度如表 3-2-3 所示。

表 3-2-3　曲轴各部位尺寸公差及限度

名　称		原形/mm	限度/mm	
			中修	禁用
主轴颈直径		$\phi230_{-0.029}^{0}$	$\phi230_{-0.08}^{0}$	—
主轴颈圆柱度		0.007	0.04	0.06
连杆颈直径		$\phi210_{-0.029}^{0}$	$\phi210_{-0.08}^{0}$	—
连杆颈圆柱度		0.007	0.04	0.06
各轴颈相对公共轴线径向跳动	全长	0.08	0.18	—
	相邻	0.03	0.05	—
曲轴主轴径轴承径向间隙		选配间隙 0.24～0.32	0.35	0.35
曲轴连杆径轴承径向间隙		选配间隙 0.20～0.28	0.31	0.31
曲轴轴向间隙		0.22～0.38	0.45	0.50

（2）曲轴经探伤不得有裂纹。轴颈及其过渡圆角表面、止推面不许有烧伤和拉伤。轻微

拉伤可打磨消除。

对于曲轴的损伤做如下分析：

轴颈的拉伤主要是由残存于油道的型砂、铁屑或其他杂质被机油带入轴承间隙，破坏了摩擦面的油膜所引起的。

轴颈的裂纹通常产生于圆角处，而且是在连杆颈圆角上处于连杆颈圆角与主轴颈圆角之间距离最近的部位，该处是曲轴的最高应力区域。该裂纹大都属疲劳裂纹，其产生的原因有：个别主轴瓦的过度磨损或烧瓦形成相邻轴瓦过大的阶梯度；曲轴主轴颈同轴度偏差过大；各主轴瓦的轴承间隙大小差别太大等。上述因素使曲轴的受力极大恶化，造成其薄弱部位裂纹的产生。有时裂纹是由水锤引起的，而且往往会造成断轴。此时，由于曲轴受到急剧增加的过大负荷的作用，因此材料来不及变形便形成了脆性断裂，断口都在上述的薄弱部位。

自由端轴段锥面的拉伤是由于曲轴齿轮和卷簧减振器装配或拆卸时操作不当所致。若拉伤的沟痕深而宽，并且在轴向通长超出了与曲轴齿轮或卷簧减振器主动圈的配合位置，会由于压装时工作油从该拉伤沟痕中泄漏，无法达到所需的压装油压，从而造成压装失败。在这种情况下，须磨修该段曲轴锥面并单配上述两个部件。若非上述拉伤状态，可将拉伤处打磨光整即可。

输出端对应于机体后油封处的轴颈拉伤是由于后油封的配合间隙不符合规定造成的。若拉痕深而宽，影响密封，须经磨修并单配后油封。除上述情况外的拉痕，须打磨光整方可使用。

（3）主轴颈跳动的测量方法按如下规定：将 1、5、9 主轴颈置于 V 形支承上，前后两个支承固定，中间支承浮动，水平方向测量主轴颈的跳动。

（4）曲轴组须进行动平衡，允许的不平衡量为 2 400 g · cm。

（5）平衡块螺钉，须经探伤，不得有裂纹，表面镀铜，镀层厚 0.005 ~ 0.008 mm。

任务 3-2-1-4　卷簧减振器与联轴节

一、卷簧减振器

（一）减振器的作用

柴油机轴系扭转振动会在曲轴和传动轴上产生扭振附加应力。若该应力过大，将使曲轴和传动轴断裂。柴油机传动齿轮处过大的扭振振幅，会产生齿轮敲击、齿面剥离和断齿等现象。还会使由齿轮传动的联合调节器游动、凸轮轴的配气和供油定时产生偏差，造成柴油机转速不稳定和工作恶化。在柴油机-发电机组中，电机转子的扭振振幅超过一定的电角度值时，会使电机工作不稳定。由此可见，柴油机轴系的扭转振动对柴油机的正常运用有着重要的影响。对于缸径较大、强化程度高的 16V280ZJ 型柴油机，在柴油机曲轴扭转振幅最大的自由端安装扭转减振器是很必要的。

卷簧减振器属于阻尼弹性减振器，通过调整减振器的转动惯量和刚度来改变轴系的自振频率，以求减弱简谐力矩对轴系的作用，与减振器的阻尼一道起着降低扭振振幅和应力的作用。与其他形式的减振器相比，在同样的刚度下，卷簧减振器外径可较小，结构比较紧凑。

（二）卷簧减振器的结构

卷簧减振器装在曲轴自由端的曲轴齿轮外侧，主要由主动圈、被动圈、簧片组、限制块、盖板和甩油盘等组成，如图 3-2-6 所示。

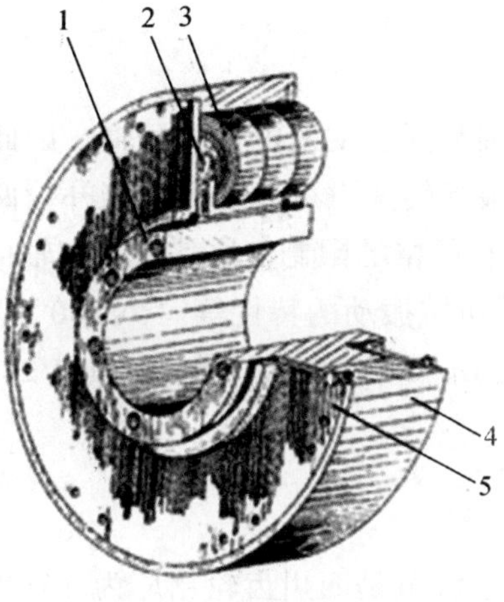

图 3-2-6　卷簧减振器

1—主动圈；2—限制块；3—弹簧组；4—被动圈；5—盖板组

16V280ZJ 型柴油机的减振器和 16V280ZJA 型柴油机的减振器结构相似，只是减振器的大小、簧片组的数量、簧片的直径和厚度不同。

如图 3-2-6 所示，主动圈 1 中部外圈柱以动配合装入被动圈 4 内孔，沿主动圈和被动圈配合的圆周上均布 8 个孔，并在各孔的主动圈上加工出安装限制块的直槽。每个孔装一个限制块 2，并沿轴向叠放 3 个簧片组 3。主动圈与被动圈配合圆柱的两端齐平，并用盖板 5 密封。主动圈中部配合圆柱两旁的圆柱面作为盖板内孔的支承。盖板的内孔镶有铜套，铜套内孔与主动圈侧面的轴颈作动配合。盖板的外圆以被动圈上的止口定位，并用 16 个螺钉将其紧固在被动圈的侧面。在主动圈与曲轴相配的安装孔的一端头加工出一段直孔，作为在机车上安装橡胶弹性联轴节主动件之用。在该侧还加工出一个小凸肩，作为甩油盘内孔的定位。在此侧的端面上有 8 个螺孔，用螺栓分别连接甩油盘和机车上的橡胶弹性联轴节。主动圈内孔以 1∶50 的锥度与曲轴自由端安装轴颈过盈配合，内孔中部设有环形槽，其轴向位置与曲轴上的油孔相对应。机油由此经主动圈上的钻孔去润滑各簧片组，再流入主动圈和被动圈两侧与盖板的间隙中，最后由盖板内孔与主动圈两侧轴颈之间的间隙流出减振器。机油充满簧片组各簧片之间的间隙及主动圈和被动圈两侧的间隙，产生阻尼。

（三）检修主要技术要求

（1）簧片须经探伤，不得有裂纹。

（2）盖板铜套内孔 $\phi275^{+0.052}_{0}$，主动圈轴颈 $\phi275^{-0.11}_{-0.191}$。

（3）主动圈与被动圈成组配套，不得单个更换。

（4）每一簧片组的内簧片开口处写有簧片组的弹力，每个簧片均写有制造年份和组号，同一编号的簧片组成一个簧片组，不可混装。

（5）减振器组装时，对簧片组的弹力要求：同一台减振器的所有簧片组弹力允差 196 N，相对的两孔内各个簧片组弹力允差 98 N。

二、联轴节

联轴节用于连接柴油机曲轴和同步主发电机转子轴，因此它必须满足如下要求：能传递柴油机的最大输出扭矩并能在最高转速下可靠工作；能补偿两轴的不同轴度；用于机车柴油机-发电机组的联轴节，其尺寸有严格的限制，故其直径和轴向尺寸应在规定范围之内；对于弹性联轴节，还应具有减小轴系扭转振动的特性等。16V280 型柴油机采用两种形式的联轴节，其中 16V280ZJ 型柴油机装用盖斯林格弹性联轴节，而 16V280ZJA 型柴油机装用大圆薄板联轴节。

（一）盖斯林格弹性联轴节

BC72/10/85 盖斯林格弹性联轴节是四川齿轮箱厂为 16V280ZJ 型柴油机配制的，能传递该机的最大输出扭矩并满足柴油机-发电机组扭振性能的要求。

1. 联轴节的结构

联轴节主要由花键轴、簧片组、中间块、中间圈、紧固圈、侧板、法兰板、轴承、盖板、密封圈座、螺栓和 O 形橡胶圈等组成，如图 3-2-7 所示。

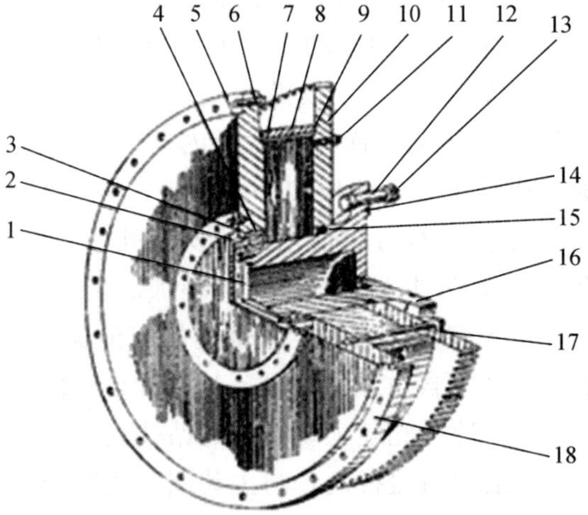

图 3-2-7　BC72/10/85 盖斯林格弹性联轴节

1—密封圈座；2—盖板；3，9，14，15—O 形橡胶圈；4—滚动轴承；5—簧片组；6—螺栓；7—紧固圈；8—中间圈；10—侧板；11—放气螺堵；12—螺栓；13—螺母；16—花键轴；17—中间块；18—法兰

花键轴 16 为联轴节传动的主动部分，其余零件组成圆盘为被动部分。花键轴法兰与曲轴法兰用 10 个螺栓 12 和螺母 13 紧固。圆盘的法兰 18 与同步主发电机转子轴端面用 24 个螺栓

6 紧固。上述连接面均设有凸缘定位，花键轴与圆盘之间由花键槽和簧片传动。

柴油机工作时，机油从曲轴油封的油槽经花键轴法兰端油孔进入花键轴内孔，再经花键轴上的 6 个钻孔流向各组簧片 5 的间隙。当曲轴中机油压力下降或停机时，联轴节的部分机油会流向曲轴的中空油道。

花键轴法兰端面的环形槽装有 O 形橡胶圈 14，用于与曲轴法兰端面间的密封，以防止机油由此泄漏。花键轴法兰外圆面上刻有表示曲轴转角的刻线和角度值。其轴上的环形槽装有 O 形橡胶圈 15，与圆盘的侧板 10 内孔相配，防止圆盘内的机油沿轴面各处泄漏。它的尾端装有密封圈座 1，用于封闭花键轴内孔并作轴承 4 的轴向止挡。

圆盘芯部装 12 个簧片组 5 和 12 个中间块 17，外圆用中间圈 8 和紧固圈 7 箍紧，芯部两侧装侧板 10 和法兰板 18，用 12 个螺栓将上述两板与圆盘芯部紧固。侧板和法兰板与紧固圈端面用 O 形橡胶圈 9 密封，以防止机油从芯部侧面泄漏。圆盘的法兰板内孔经滚动轴承 4 支承在花键轴的尾部，以承受联轴节和同步主发电机转子的部分质量。法兰内孔端面装有盖板 2，并以 O 形橡胶圈 3 密封，防止机油从圆盘后端泄漏。侧板外圆加工出齿轮，作为柴油机盘车之用。侧板端面上还设有联轴节充油时的放气堵 11。

2. 检修主要技术要求

（1）许用传动扭矩为 48.4 kN · m。

（2）使用一个中修期后的联轴节，应拆出花键轴，更换图 3-2-7 中所示的三种 O 形橡胶圈。

（3）与曲轴及牵引发电机连接的紧固螺栓须经探伤，不得有裂纹。螺栓的材料和机械性能有明确要求，故不得随意代换。与曲轴连接处，螺母拧紧力矩为 1 569 N · m；与牵引发电机轴连接处，螺栓拧紧力矩为 314 N · m。

（4）主簧片的磨损量不得大于 1.9 mm，花键槽侧面磨损量不得大于 0.5 mm。

（5）组装时，碟形垫圈的上下两面及与其贴合的螺栓端面应涂以厌氧性密封胶。

（6）组装后进行油压试验，油压 0.78 MPa，历时 30 min 不允许泄漏。之后应拧开侧板上的放气堵，排除联轴节内的试验用油。

（二）大圆薄板联轴节

在 DF_8 型机车用柴油机上大量装用盖斯林格联轴节的同时，还设计装用了一种“大圆薄板”联轴节。这种大圆薄板联轴节属于刚性联轴节，具有结构简单、质量小、制造成本低、维修方便的特点。它能传递 16V280ZJ 型柴油机的最大输出功率。与弹性联轴节相比，它不能改善柴油机的扭振性能，故须设计与之相匹配的卷簧减振器，使轴系扭振性能参数仍在许可范围之内。另外，它对两个连接轴的同轴度要求比弹性联轴节要高。

大圆薄板联轴节的应用，除了其结构和强度满足运用条件外，还应考虑它对轴系扭振性能的影响，可通过扭振计算和设计新的卷簧减振器来解决。装用该联轴节和新设计的卷簧减振器的柴油机-发电机组经台架扭振测量，轴系的扭振性能在 16V280ZJ 型柴油机各种运用工况下都能符合要求。这种装用大圆薄板联轴节的柴油机-发电机组经过在 DF_8 机车上的运用试验表明，柴油机工作稳定，没有出现由此产生零件损坏等不良后果，联轴节本身经探伤无裂纹。在上述运用经验的基础上，大圆薄板联轴节便开始用于运用功率更高的 16V280ZJA 型柴油机，分别装于 DF_9 和 DF_{11} 机车上。

大圆薄板联轴节由大圆薄板、过渡盘和螺栓等组成，如图 3-2-8 所示。

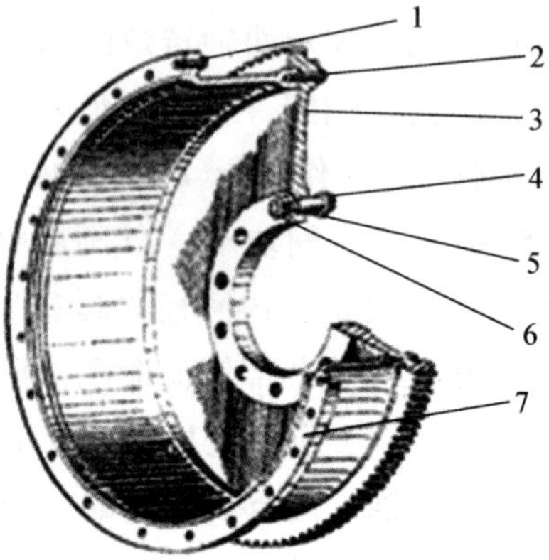

图 3-2-8　大圆薄板联轴节

1，2—螺栓；3—大圆薄板；4—曲轴连接螺栓；5—垫圈；6—螺母；7—过渡盘

大圆薄板 3 的法兰平面与曲轴输出法兰以 10 个螺栓和螺母 4 ~ 6 紧固，拧紧力矩为 1 569 N · m。大圆薄板的外圆平面与过渡盘 7 的一端以 24 个螺栓 2 紧固，过渡盘的另一端法兰与同步主发电机转子轴端面以 24 个螺栓 1 紧固。这 48 个螺栓是同一个品种，而且螺栓的拧紧力矩均为 314 N · m。上述各个连接面均设有凸缘定位。大圆薄板的外圆面上打印有表示曲轴转角的刻线和角度值，并在其外缘加工出轮齿，作为柴油机盘车之用。大圆薄板由合金钢制造，具有较高的韧性，整个圆板都做得比较薄，而且其厚度从内圆向外圆逐渐减少，故轴向弹性较好。

大圆薄板、过渡盘和螺栓均须探伤，不得有裂纹。联轴节上的螺栓、螺母和垫圈在材料和机械性能方面均有明确的要求，不得随意代换。

任务 3-2-1-5　齿轮传动装置与盘车机构

一、齿轮传动装置

（一）齿轮传动装置的布置和功用

齿轮传动装置的齿轮布置见图 3-2-9，均为直齿轮，模数 7。曲轴的旋转通过装在曲轴上的曲轴齿轮经左、右侧的配气大、小惰轮分别传动两个凸轮轴齿轮，经配气大惰轮传动水泵齿轮，经机油泵惰轮带动机油泵传动齿轮。两个水泵齿轮分别装在高温水泵和中冷水泵上。齿轮传动装置的各部分结构见图 3-2-10 ~ 3-2-17。

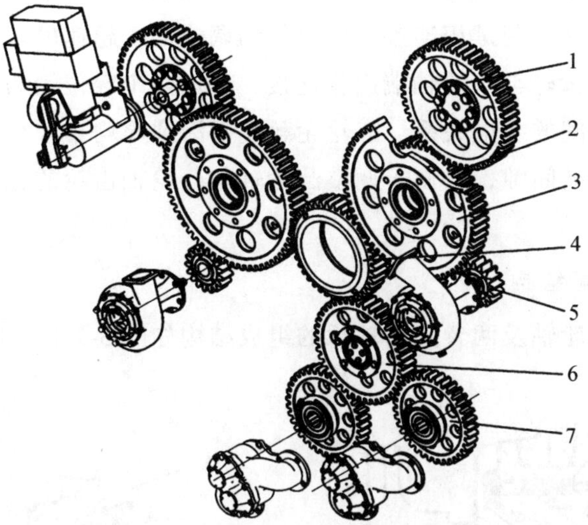

图 3-2-9　传动装置齿轮布置

1—凸轮轴齿轮；2—配气小惰轮；3—配气大惰轮；4—曲轴齿轮；5—水泵齿轮；6—机油泵惰轮；7—机油泵传动齿轮

（二）齿轮传动装置的各部结构

全部齿轮采用直齿，以避免由此产生的轴向力，便于简化轴承结构。所有齿轮均有同样的模数、齿形角和齿轮精度等级，均采用合金钢制造，齿面经氮化处理。

1. 曲轴齿轮

曲轴齿轮的结构如图 3-2-10 所示。

曲轴齿轮的内孔以 1∶50 锥度与曲轴自由端轴段上的安装颈过盈配合。轮毂上设斜油孔和 M16×1.5 的螺孔，内孔的环形槽与斜孔相接。装、拆齿轮时，高压油经斜油孔和环形槽进入齿轮内孔与曲轴之间的间隙扩张内孔，使齿轮压入或退出曲轴时不损伤配合面。内孔的内侧铣出一段轴向直槽，其与曲轴上的定位销相配，用于确定曲轴齿轮与凸轮轴齿轮的装配关系。

2. 凸轮轴齿轮的装配结构

凸轮轴齿轮与花键套的组成结构如图 3-2-11 所示。

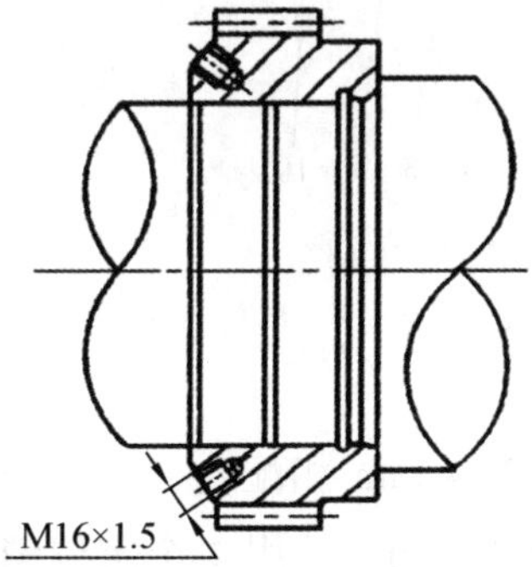

图 3-2-10　曲轴齿轮

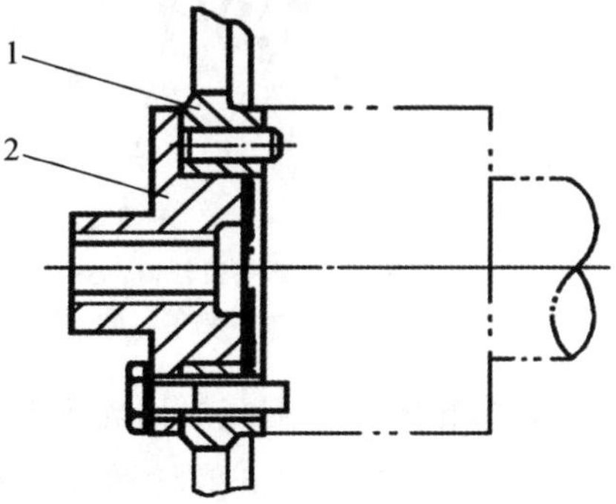

图 3-2-11　凸轮轴齿轮与花键套的组成

1—凸轮轴齿轮；2—花键套

凸轮轴齿轮的内孔分别与凸轮轴端面的凸肩和内孔设有花键槽的花键套相配合。此花键槽与调控传动总成的传动轴花键相连接，用以传动调速器、超速停车装置和柴油机转速表。用 8 个螺栓将花键套和齿轮与凸轮轴端面相连接，并以两个定位销与凸轮轴定位，用于确定凸轮轴齿轮与曲轴齿轮间的装配关系。齿轮轮毂端面沿圆周均布 8 个腰子形孔，它使紧固螺栓与孔之间有较多的回转间隙，以便于调整凸轮轴与凸轮轴齿轮的相对位置，满足凸轮相位的要求。

3. 配气惰轮的装配结构

配气惰轮与配气惰轮轴及两者间的轴承的组成结构如图 3-2-12 ~ 3-2-14 所示。

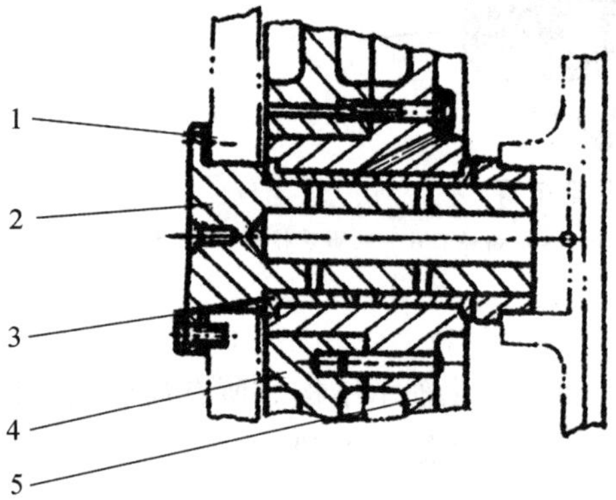

图 3-2-12　配气惰轮装配

1—调整垫片；2—配气惰轮轴；3—轴承；4—配气大惰轮；5—配气小惰轮

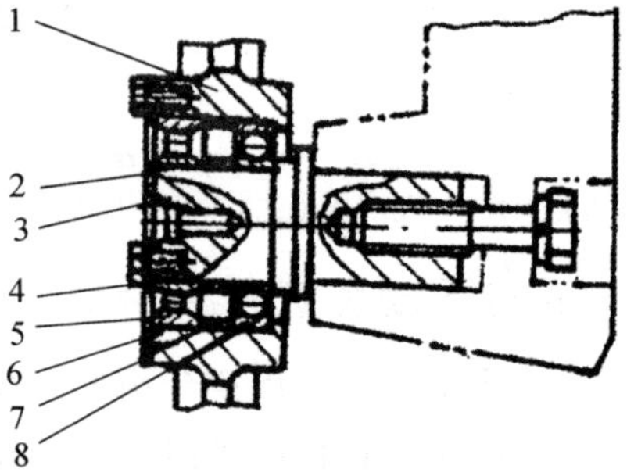

图 3-2-13　机油泵惰轮装配

1—机油泵惰轮；2—内隔圈；3—机油泵惰轮轴；4—内压板；5，8—滚动轴承；6—外压板；7—外隔圈

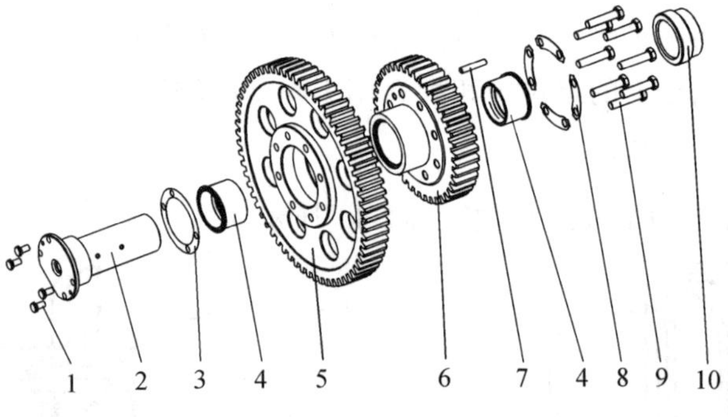

图 3-2-14　配气惰轮装配（三维图）

1—螺栓；2—配气惰轮轴；3—调整垫片；4—轴承；5—配气大惰轮；6—配气小惰轮；7—定位销；8—防松垫片；9—螺栓；10—装于机体上的衬套

配气大惰轮内孔与配气小惰轮轮毂外圆以过盈 0.02 ~ 0.04 mm 相配合，两者的轮毂端面相贴合，以 8 个 M16 × 1.5 螺栓紧固，其扭紧力矩为 176.5 N · m，并用 1 个定位销定位。配气大惰轮的轮毂上设有一个斜孔，其孔口为 M16 × 1.5 螺孔。配气大惰轮内孔的环形槽与斜孔相接。装拆时，用油管接头拧入 M16 × 1.5 螺孔，高压油经斜孔和环形槽进入配合面间隙

使内孔扩张，以便于大、小惰轮间的装拆。带有凸肩的铜套从配气小惰轮的两端压入其内孔，两者间的过盈量为 0.04 ~ 0.07 mm，以铜套的凸肩作为齿轮的轴向定位。

配气惰轮轴的两端分别以机体端板孔和机体齿轮箱内侧的衬套孔为支承。该衬套以过盈压入机体轴承孔内。轴的中部与齿轮铜套内孔滑动配合，其径向间隙为 0.08 ~ 0.12 mm，用 4 个螺栓把轴外端凸肩固定于机体端面，并用装于端面的调整垫来调整配气惰轮轴与配气惰轮轴承的轴向间隙，其值为 0.2 ~ 0.4 mm。

机油从机体齿轮箱内侧轴承孔经惰轮轴尾端进入轴的内孔，再由两个径向油孔分别进入两个铜套内孔的环形槽。铜套内孔有两个轴向油槽与环形槽相通，将机油分布于整个配合面起润滑作用。机油一方面润滑铜套止推面并经端面上的两条油槽流出，另一方面从铜套内侧流入两铜套间的空间，经配气小惰轮上的斜孔流出齿轮，同时带走轴承工作时产生的热量。

4. 机油泵惰轮的装配结构

机油泵惰轮与机油泵惰轮轴及二者间的滚动轴承、内外圆隔圈以及内外压板等的组成结构如图 3-2-15 所示。

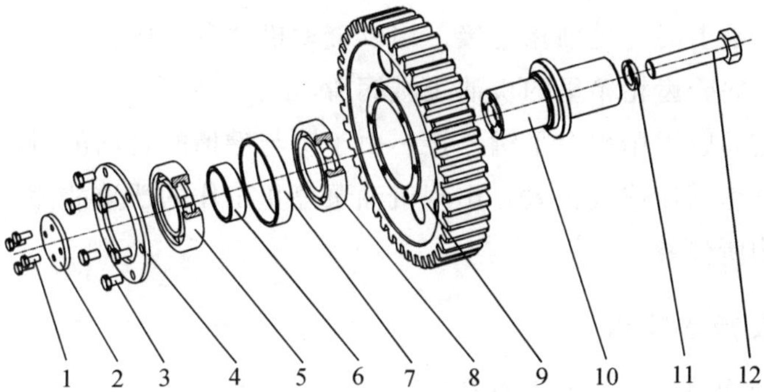

图 3-2-15　机油泵惰轮装配（三维图）

1—螺栓；2—内压板；3—螺栓；4—外压板；5—滚动轴承；6—内隔圈；7—外隔圈；8—滚动轴承；9—机油泵惰轮；10—机油泵惰轮轴；11—弹簧垫圈；12—螺栓

机油泵惰轮内孔通过两个滚动轴承支承在机油泵惰轮轴上，靠外侧的为圆柱滚子轴承，靠内侧的为球轴承。滚动轴承外围的轴向止推以齿轮孔内侧的止口、两个轴承之间的外隔圈和用螺栓与齿轮外端面紧固的外压板与轴承外圈的端面贴靠来实现。滚动轴承内圈的轴向止推以轴的中部凸肩、两个轴承之间的内圆隔圈和用螺栓与轴端面紧固的内压板与轴承内圈的端面贴靠来实现。

油泵惰轮轴的后部支承于机体第一轴承盖下部的孔内，轴的中部凸肩贴靠该孔的端面，依靠与轴尾部螺孔连接的螺栓将轴与轴承盖紧固连接。

滚动轴承依靠机体齿轮箱内的机油飞溅润滑。

5. 机油泵传动齿轮的装配结构

机油泵传动齿轮与空心轴、轴套和滚动轴承等的组成结构如图 3-2-16 和图 3-2-17 所示。

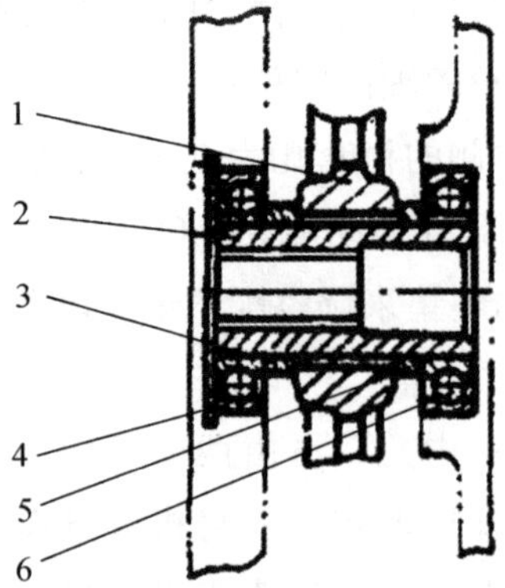

图 3-2-16　机油泵传动齿轮的装配结构图

1—机油泵传动齿轮；2—空心轴；3—镶套；4—挡圈；5—隔套；6—滚动轴承

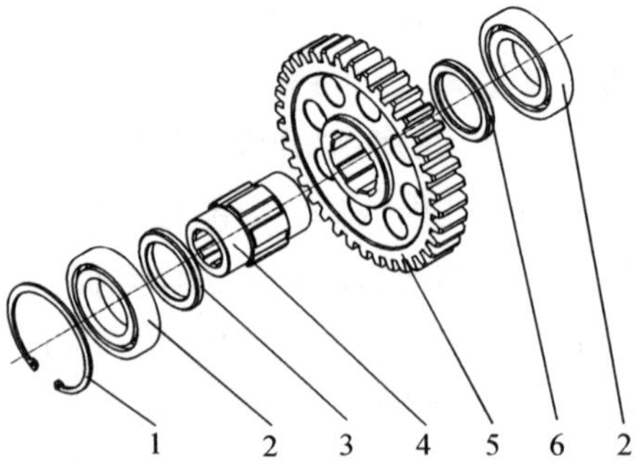

图 3-2-17　机油泵传动齿轮装配（三维图）

1—挡圈；2—滚动轴承；3—镶套；4—空心轴；5—机油泵传动齿轮；6—隔套

机油泵传动齿轮的内孔与轴以花键连接，轴的两端由滚动轴承支承。两个滚动轴承分别置于油底壳齿轮箱的两个轴承孔里。由轴中部的齿轮两侧压入的轴套、油底壳内侧轴承孔底部和油底壳外侧孔内的挡圈等三件与滚动轴承的端面贴靠，起轴承的轴向定位作用。轴内孔的一段花键槽与机油泵上的花键轴相连接，用以带动机油泵工作。

滚动轴承依靠油底壳齿轮箱里的机油飞溅润滑。

齿轮内孔与轴之间曾采用单个平键连接，由于键与键槽配合面的过快磨损，使二者间的间隙过大，导致键被切断使连接失效，出现机油泵停止工作的严重故障。故此种结构后来被上述花键连接的结构所代替。

（三）检修主要技术要求

（1）各齿轮和轴均须探伤，不得有裂纹。

（2）主要公差及限度见表 3-2-4。

表 3-2-4　齿轮传动装置主要公差及限度

名　称	原形/mm	限度/mm	
		中修	禁用
曲轴齿轮与机油泵惰轮啮合间隙	0.08～0.30	0.60	0.70
其他传动齿啮合间隙	0.15～0.40	0.70	0.80
配气惰轮轴与轴承径向间隙	0.090～0.133	0.20	—
配气惰轮轴与轴承轴向间隙	0.20～0.40	0.20～0.40	—
配气大惰轮与配气小惰轮选配过盈	0.02～0.04	0.02～0.04	—
配气小惰轮与轴承选配过盈	0.04～0.07	0.04～0.07	—
衬套与机体过盈	0.016～0.073	0.016～0.073	

（3）铜套内孔和轴颈表面的轻微拉伤应打磨消除。

（4）不允许有超过齿面 10%的磨蚀和 5%的剥离。

（5）滚动轴承内外安装面的轻度拉伤和锈蚀允许修整。滚道、滚珠（滚柱）不得有明显的拉伤、凹坑、过热变色，保持架不得折损和严重磨损。

二、盘车机构

1. 作　用

盘车机构属于手动盘车形式，用于柴油机组装、调整时带动联轴节上的齿轮，使曲轴缓慢转动。柴油机运转时，则必须脱开其传动位置。盘车机构的结构见图 3-2-18。

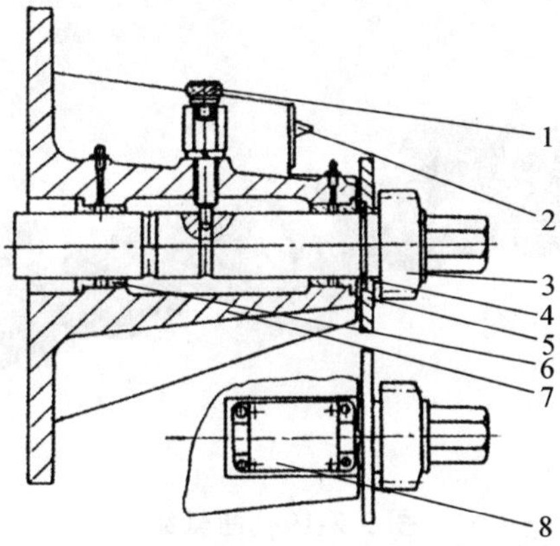

图 3-2-18　盘车机构

1—限位机构；2—指针；3—齿轮轴；4—挡圈；5—挡板；6—衬套；7—轴承座；8—行程开关

2. 使　用

当柴油机需盘车时，应先将限位机构顶部的手把提起，将轴往外拉出 10 mm 左右后，再往外拉时，限位机构的销子就落入轴的一个槽中（远离齿轮端的槽），此槽可避免盘车时齿轮轴的窜动，此时齿轮处于与大圆薄板联轴节上的大齿圈啮合，即可盘车。

完成盘车后，将轴推至图视位，此时，限位机构的销子落入轴上的另一个槽中（靠近齿轮端的槽），须转动轴，直至销子落入槽中销孔位，轴再不能转动为止。在此位，行程开关的触头压着挡板，并有 2 ~ 3 mm 的压缩量，此时行程开关使控制电路接通，让启动电机得电，可启动柴油机。当挡板与行程开关脱开时，控制电路断开，使启动电机失电而无法启动柴油机，避免在盘车位启动柴油机的事故。

3. 维　修

① 盘车机构各零件不许有裂纹。抽出齿轮轴，用煤油刷洗轴承座内孔和齿轮轴。轴承和轴上的拉伤，可手工打磨消除。装配后齿轮轴应转动灵活。

② 用油枪往两个轴承处的油杯压注 3 号钙基润滑脂。

③ 更换行程开关。组装时行程开关的触头应压着挡板，并有 2 ~ 3 mm 的压缩量。

任务 3-2-2　GEVO16 型柴油机运动件

运动件主要是指柴油机中做功、传递和输出功率的曲柄连杆机构。GEVO16 型柴油机的运动件主要包括曲轴组、减振器、齿轮传动装置、连杆组和活塞组等部件。

一、曲轴组

曲轴组主要由曲轴、锥套、甩油盘和法兰盘等组成，其结构如图 3-2-19、图 3-2-20 所示。

图 3-2-19　曲轴组

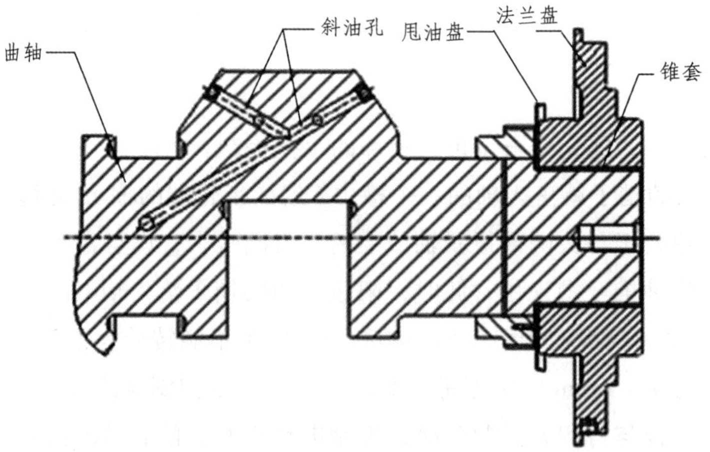

图 3-2-20　曲轴组输出端结构及曲柄内斜油孔

曲轴的材料为合金钢，以整体锻造而成，经热处理后改善其机械性能。轴颈表面经过氮化处理以提高硬度、耐磨性以及抗疲劳强度。曲轴由 8 个曲柄、自由端轴段和输出端轴段组成。曲轴以 9 个主轴颈支承于机体的主轴承内，其中输出端设止推轴承。

曲轴自由端的法兰安装一个减振器和一个泵驱动齿轮，由该齿轮驱动柴油机水泵和润滑油泵。

曲轴输出端法兰盘通过锥套压配于曲轴输出端的轴颈上，它与主发电机转子法兰之间用螺栓紧固连接。甩油盘与法兰盘及后油封盖共同构成曲轴输出端的迷宫式密封结构。曲轴的输出端，在轴颈上安装曲轴齿轮，经由惰轮带动凸轮轴齿轮。

主轴颈和连杆颈均为实心结构，为使润滑油通过主轴颈到连杆颈去润滑连杆轴承，并进而通过连杆流向活塞内冷却，在主轴颈和连杆轴颈上，垂直于曲轴中心线方向均钻有贯通的油孔，并有斜油孔把主轴颈油道与连杆轴颈油道相连。曲轴上的斜油孔从曲柄臂的斜面上钻入，在钻口处拧上油堵。在曲轴的自由端，由一个钻孔与曲轴上的斜油孔连通，此钻孔对着装在曲轴自由端法兰上的减振器油槽，润滑油由此进入减振器内腔。

二、减振器

曲轴自由端所安装的减振器如图 3-2-21 所示。

GEVO16 型柴油机采用板簧减振器，它属于阻尼弹性减振器。减振器主要由内圈、外圈、中部的限制块和板簧、两侧板以及连接侧板的螺栓等组成，其结构如图 3-2-21 所示。内圈由螺栓紧固于曲轴自由端的法兰上，由曲轴来的润滑油经内圈的油孔流入减振器内腔，用以板簧间的润滑和增加阻尼的作用。侧板与内、外圈之间用橡胶圈密封，侧板上还设有放气孔。

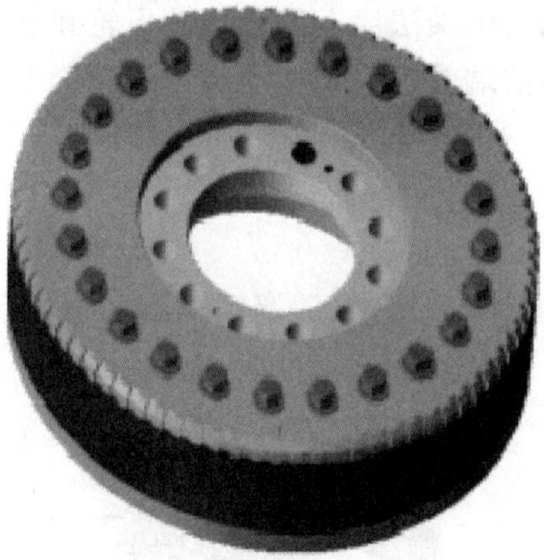

图 3-2-21　减振器

三、齿轮传动装置

凸轮轴传动装置主要由安装于输出端的曲轴齿轮左右、大、小惰轮，惰轮轴和左右凸轮轴传动齿轮等组成，曲轴齿轮经惰轮传动凸轮轴齿轮，其结构如图 3-2-22 所示。由齿轮之间的传动比，实现凸轮轴转速为一半曲轴转速的关系；通过齿轮的正确安装，获得准确的配气定时。

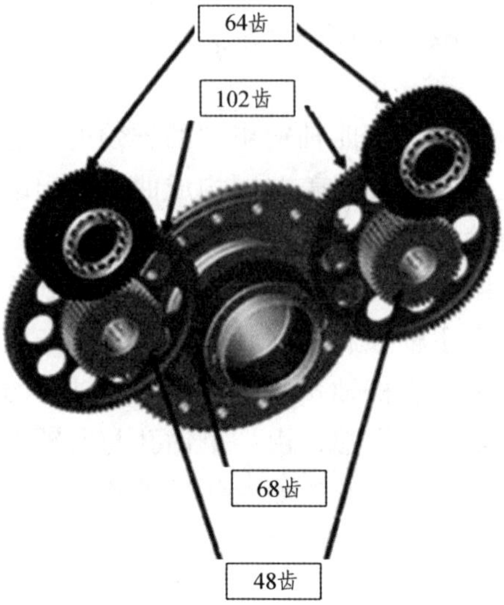

图 3-2-22　凸轮轴传动装置

曲轴齿轮压装于曲轴输出端的轴颈上。凸轮轴传动齿轮由螺栓紧固于凸轮轴输出端的轴颈端面。大惰轮压装于小惰轮的轴颈上，小惰轮内孔压装有衬套，由衬套的内孔支承于惰轮轴的轴颈上并形成滑动配合。惰轮轴的两端用锥套和法兰分别固定机体输出端的前、后惰轮轴承孔内。由凸轮轴孔来的润滑油顺序经机体的惰轮轴承孔内的油孔、惰轮轴一侧的油槽和径向油孔、惰轮轴轴向油孔和中部的径向油孔去润滑小惰轮衬套孔。凸轮轴传动装置的齿轮依靠飞溅润滑。

泵传动装置由安装于曲轴自由端法兰上的泵传动齿轮和水泵、润滑油泵的齿轮组成。泵传动装置位于柴油机自由端的前端盖内。泵传动装置的齿轮为飞溅润滑。

四、活塞组

活塞组主要由活塞头、活塞体、活塞裙、活塞销和活塞环等组成，活塞组的结构如图 3-2-23 所示。

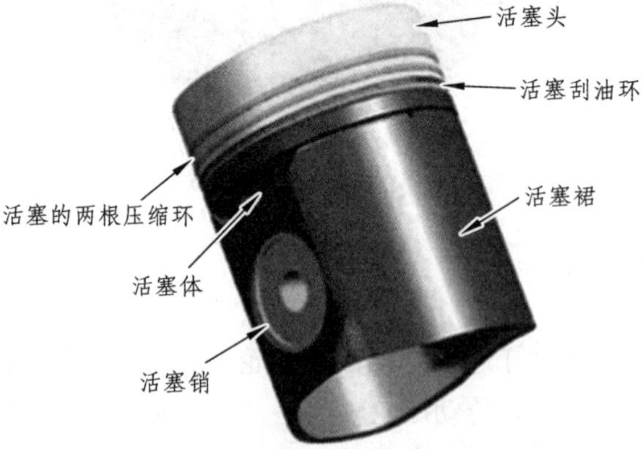

图 3-2-23　活塞组

活塞头和活塞体之间以螺栓紧固，活塞销置于活塞体和活塞裙的活塞销孔里，属浮动式活塞销，在活塞裙的活塞销孔两侧装有挡圈，用于限制活塞销的轴向窜动。三道活塞环分别装于活塞头的环槽里，其中，上面两道为气环，下面一道为油环。

（一）活塞头

活塞顶为浅 ω 形状，与喷油器的多孔喷嘴所喷射的油束相配合，使气缸内的空气与燃油充分接触和燃烧。

活塞头内腔的外周是一个环形冷却油腔，油腔的外周还设有许多油孔通向活塞顶内壁，压力油经上述油腔和油孔去冷却活塞环槽和活塞顶。油腔紧靠活塞环槽，可以有效地降低活塞环和环槽的工作温度，从而减小活塞环及环槽的磨损，避免活塞环弹性松弛和黏结等故障的产生。冷却油腔内设置的向上斜油孔，可有效冷却活塞头的顶部和上部圆柱面，避免顶部过热而出现裂纹和由于圆柱面受热膨胀而产生抱缸故障。活塞头内腔中央与活塞体顶面形成一个较大冷却油腔和冷却表面，用进入此油腔的油去冷却活塞顶中部。

环形油腔与中部油腔之间有一个环形凸台，它上面设有螺纹孔和定位销孔，通过螺栓和垫圈把活塞体与活塞头连接起来，活塞体与活塞头之间用定位销定位。

活塞头有两道环槽，用于安装气环，一道环槽用于安装油环。安装活塞环时，应注意三道活塞环的开口排放位置。三道活塞环的开口间隔 120°，如果三道活塞环的位置在同一垂线上或距离较近时，容易造成柴油机曲轴箱超压以及润滑油进入气缸。

（二）活塞体

活塞体由球墨铸铁制成，主要用于支撑活塞头和活塞销。球墨铸铁活塞体相对铝活塞体，其活塞销孔可承受更高的压比，因而对于高强化的柴油机，球墨铸铁活塞体具有较大的优势。

活塞体上部与活塞头下部共同组成中间和外周两个冷却油腔。由连杆来的润滑油经活塞销孔里的油孔进入外周油腔，用于冷却活塞环槽和活塞顶，另外，通过活塞体上的横向油孔流入中间油腔，去冷却活塞顶中部。在外周油腔，活塞体和活塞头之间用橡胶圈密封。

五、连杆组

连杆组主要由连杆体、连杆盖、连杆螺栓、连杆小头衬套等组成，其结构如图 3-2-24 所示。

连杆体和盖采用合金钢整体模锻，并经调质处理，具有较高的综合机械性能。由合金钢制成的高强度连杆螺栓，使连杆体与盖可靠连接。连杆小头衬套由钢背和铜铅锡合金制成。连杆组可分成连杆大头、连杆杆身和连杆小头三部分。连杆体的大头部与连杆盖、连杆瓦及连杆螺栓组成连杆大头部分，连杆体小头部与连杆小头衬组成连杆小头部分。连杆大头剖分面为斜切口，剖分面与连杆中心线夹角为 50°，斜切口采用齿形定位。连杆杆身为工字形截面。连杆小头内部有衬套以及油孔，衬套通过冷装方式装入连杆小头内部。

图 3-2-24 连杆组

【任务检查】

表 3-2-5 运动件——任务检查单

任务编号	3-2	任务名称	运动件认知	
序号	检查内容		是	否
1	说明活塞组件的装配关系			
2	说明活塞、活塞环、活塞销的结构、作用、工作特点、检修主要技术要求			
3	说明曲轴组件的装配关系			
4	说明曲轴、减振器、联轴节的结构、作用、工作特点、检修主要技术要求			
5	说明连杆组件的装配关系及结构、作用、工作特点、检修主要技术要求			
6	说明曲轴组、连杆组、活塞组的机油油路			
7	说明齿轮传动装置的布置和功用			
8	说明盘车机构的布置、功用及使用方法			

【任务训练】

一、填空题

1. 16V280ZJ 型柴油机的曲轴组由曲轴、自由端轴段和输出端轴段组成，采用（　　）形式。

2. 机车中修时，要求连杆盖及连杆螺钉的支撑面不许拉伤，连杆盖与连杆螺钉的结合面用（　　）mm 塞尺不许塞入。

3. 齿轮传动装置用于驱动凸轮轴、高温水泵、中冷水泵、机油泵、(　　)、超速停车装置和柴油机转速表等部件。

4. 活塞组采用机油强制冷却，有(　　　)、(　　　)和(　　　)三种方式。

5. (　　　　　　)是大功率强化柴油机普遍采用的形式。

二、选择题

1. 16V280ZJ 型柴油机连杆是(　　)。

A. 并列式　　B. 叉片式　　C. 主副式　　D. 组合式

2. 柴油机曲轴通过(　　)与主发电机主轴相连接。

A. 弹性联轴节　　B. 硅油弹簧减振器　　C. 连接箱　　D. 弹性支承

3. 柴油机机体通过(　　)与牵引发电机定子相连接。

A. 弹性联轴节　　B. 硅油弹簧减振器　　C.连接箱　　D. 弹性支承

4. 16V280ZJ 型柴油机活塞组有(　　)道活塞环。

A. 3　　B. 4　　C. 5　　D. 6

5. 柴油机的齿轮传动装置用来驱动一些部件，下列哪个部件不是该装置驱动的？(　　)

A. 中冷水泵　　B. 燃油泵　　C. 主机油泵　　D. 调速器

三、判断题

1. 曲轴自由端的法兰与联轴节连接，输出柴油机的功率。(　　)

2. 为了避免活塞与开启的进、排气门在工作时相碰，在活塞顶部的对应气门的位置铣出 4 个避阀坑。(　　)

3. 柴油机曲轴与连杆瓦间应密封良好，不应有机油流出。(　　)

4. 当柴油机的齿轮传动装置出现故障时，可通过盘车机构盘车来消除。(　　)

5. 16V280ZJ 型柴油机的活塞环中，仅有一道活塞环用来刮油。(　　)

四、简答题

1. 说明 16V280ZJ 型柴油机活塞组件的构成。

2. 说明 16V280ZJ 型柴油机活塞、活塞环、活塞销的结构、作用、工作特点、检修主要技术要求。

3. 16V280ZJ 型柴油机采用钢顶铝裙活塞有什么好处？

4. 说明 16V280ZJ 型柴油机曲轴组的作用和组成。

5. 试述 16V280ZJ 型柴油机曲轴的曲柄排列及发火顺序。

6. 试述卷簧减振器是怎样消减轴系扭振振幅的。

7. 联轴节的作用是什么？柴油发电机组对联轴节有何要求？

8. 简述 16V280ZJ 型柴油机连杆组件的作用和组成。

9. 说明 16V280ZJ 型柴油机曲轴组、连杆组和活塞组的机油油路。

10. 说明 16V280ZJ 型柴油机齿轮传动装置的布置和功用。

11. 说明16V280ZJ型柴油机盘车机构的布置、功用及使用方法。
12. 阐述GEVO16型柴油机曲轴组的结构组成。
13. 简述GEVO16型柴油机主轴颈和连杆颈的润滑油冷却过程。
14. 试分析GEVO16型柴油机减振器的主要作用。
15. 叙述GEVO16型柴油机活塞组的构造。
16. 叙述GEVO16型柴油机活塞头的冷却特点。
17. 叙述GEVO16型柴油机齿轮传动装置中齿轮驱动的过程。

任务3-3　配气机构认知

【任务描述】

配气机构是柴油机的重要组成部分之一。作为机车乘务员或者是机车检修人员，对柴油机配气机构的结构、动作认知是非常重要的。要全面了解配气机构的组成结构、装配关系、动作关系、工作特点、检修主要技术要求等。

【任务目标】

- 能掌握16V280ZJ型、GEVO16型柴油机配气机构的任务和工作要求；
- 能掌握16V280ZJ型、GEVO16型柴油机配气机构的基本组成；
- 能说明16V280ZJ型、GEVO16型柴油机配气机构的装配关系；
- 能说明16V280ZJ型、GEVO16型柴油机配气机构的动作关系；
- 能说明16V280ZJ型、GEVO16型柴油机配气机构的检修主要技术要求。

【任务学习】

任务3-3-1　16V280ZJ型柴油机配气机构

任务3-3-1-1　概　述

一、配气机构的任务和工作要求

配气机构是柴油机换气过程的控制机构，按规定的配气相位定时地开启和关闭进、排气门，并在规定的时间内，把新鲜空气吸入气缸和把燃烧后的废气排出气缸。其结构如图 3-3-1 所示。配气机构主要由气门机构和气门驱动机构两大部分组成。

由于进气和排气所占的时间极为短促，因此配气机构的零部件是在急剧变速的运动下工作的，其中有些零件还受着高温影响，所以它们受有较大的惯性力和热应力，加之润滑条件较差，使零件的磨损增加，甚至破坏配气正时。柴油机对配气机构的要求是：进、排气门的启闭严格按照配气正时和发火顺序，保证换气过程准时进行；气门开度大小和气门启闭过程符合换气过程的要求；气门关闭有良好的密封性；机件的惯性冲击小，振动和噪声小；结构简单，工作可靠，便于调整和维修。

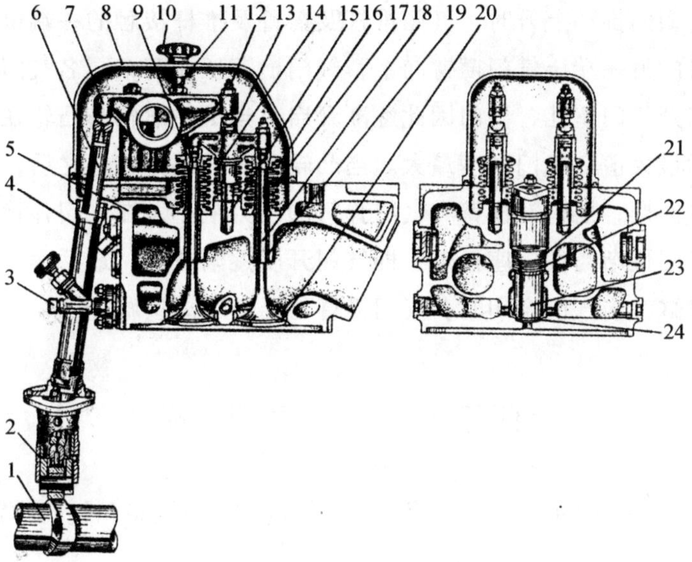

图 3-3-1　配气机构

1—凸轮轴；2—推杆装配；3—示功阀；4—挺杆套管；5—气缸盖；6—挺杆装配；7—摇臂；8—气缸盖罩；9—锁夹；10—手轮；11—摇臂轴座长螺栓；12—摇臂调整螺钉；13—气门横臂；14—横臂弹簧；15—横臂导杆；16—气门外弹簧；17—气门内弹簧；18—气门；19—气门导管；20—气门座；21—锁紧螺母；22—O 形橡胶圈；23—喷油器套管；24—铜垫

二、配气机构的布置

气缸盖在气缸的上部。气缸盖顶面装有气门组件、摇臂轴座、摇臂轴、摇臂、横臂弹簧、气门横臂和横臂导杆等。在柴油机两侧布置有下置式的凸轮轴及由其驱动的挺柱组件和推杆组件，以便对维修保养提供较好的接近性。

凸轮轴的每个配气凸轮上方都对应有一个滚轮式配气挺柱，用来推动推杆经摇臂和气门横臂开启气门。另外，由供油凸轮推动喷油泵下体的滚轮，从而使喷油泵供油。

气门横臂是摇臂与气门之间的传动件。每个气缸盖上的进、排气门都各由一个气门横臂来驱动，以保证两个同名气门动作的一致性。摇臂的摆动带动气门横臂做上下运动。

为了增加气缸盖的气流通道截面，采用了四气门结构，使其具有较大的气流通过能力、较大的充气系数和良好的换气性能。

四气门结构的气门布置有同名气门排成两列和同名气门排成一列两种。16V280ZJ 型柴油机的 V 形夹角空间较大，可以将进、排气管路布置在夹角中间，根据总体布置要求，气缸盖采用同名气门排成两列的串联式气道。

三、配气机构的动作过程

曲轴旋转，通过曲轴正时齿轮和齿轮传动装置带动凸轮轴转动。挺柱滚轮贴紧于凸轮型面，当挺柱由凸轮型面推动上升时，气门推杆及摇臂及推杆接触的一端也被顶上移，摇臂绕摇臂轴摆动，摇臂的另一端压气门横臂向下，气门横臂压在两个同名气门上，使气门弹簧压缩，气门下降而离开气门座孔，气门因此逐渐开启。当挺柱滚轮与凸轮在型面顶端接触时，气门弹簧压缩量达最大值，气门开度最大。当凸轮型面的顶端转过之后，气门挺柱和气门推杆逐渐下移，摇臂回摆，摇臂对横臂和气门弹簧的压力减小，在气门弹簧复原力的作用下，气门随之上升，气门逐渐与气门座接近，即气门开度逐渐减小，最后达到气门全闭，气门与气门座贴紧密闭气缸。当气门全闭时，气门横臂与摇臂脱离接触。

任务 3-3-1-2　气门机构

气门机构由气门、气门座、气门导管、气门弹簧、气门锁夹和气门弹簧上、下座等组成。

一、气　门

气门的作用是控制进、排气道的开启和关闭，是保证柴油机工作性能、可靠性和耐久性的重要零件之一。气门的形状和尺寸要保证气体流动的阻力最小，关闭时能在任何情况下保证燃烧室的气密性。

气门的工作条件十分恶劣。在工作时，直接与高温燃气相接触的气门阀盘底面，经常受到高温燃气的周期性高速冲刷，加上气门的传热条件又很差，因此它承受着很高的热负荷，使气门阀盘的机械强度降低。另外，它还承受冲击性的机械负荷及燃气腐蚀。为了确保气门工作的可靠性，对气门材料、工艺和结构形状都提出了特殊的要求。

气门可分为气门杆和气门阀盘两部分。气门杆上部有锁夹槽，用于安装气门锁夹，如图 3-3-2 所示。锁夹与气门弹簧上座一起用来固定气门内、外弹簧。气门杆下部与气门阀盘用圆弧连成一体，以增强气门杆与气门阀盘的连接，减少应力集中，增加气门阀盘的强度和刚度。

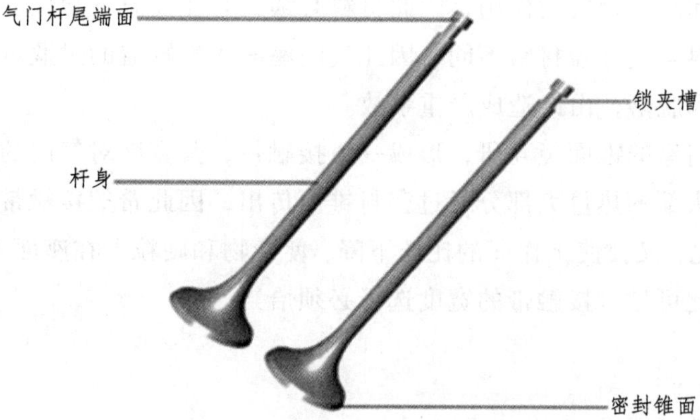

图 3-3-2　气　门

气门阀盘的形状决定了它的工作稳定性，设计时应注意减小进、排气的流通阻力。16V280ZJ 型柴油机采用了平顶结构的气门。该结构形状较简单，受热面积较小，因此有利于制造，同时还具有工作可靠和质量较轻的特点。

为了使气门可靠地与气门座紧密贴合，进、排气门座面处均做有锥角。进气门采用 30° 锥角，使进气门有较大的流通“时间-断面”值，以利于增加充气量和提高功率，并减小磨损。由于排气门的流通“时间-断面”值容易得到保证，但热负荷较大，为了增强气门阀盘的刚度，减少阀盘的变形，以防止漏气，排气门采用 45°的锥角。

由于柴油机运转时，气门阀盘与气门阀座承受的惯性力和气门弹簧力相当大，并有频繁的冲击性，而且在高温下，一般金属材料的机械性能会明显下降，容易引起气门阀盘的变形，造成阀盘与阀座不能密贴，同时在高温下会使金属的耐腐蚀和耐磨性下降，因此气门采用了具有良好高温机械强度、耐腐蚀性和耐磨性的气门钢制造。为了提高气门阀盘座面的高温耐磨性能和抗腐蚀能力，在阀面上堆焊一层钴铬钨合金，堆焊层在高温下仍保持有较高的硬度。为防止气门断裂引起的严重事故，气门的加工要求相当高，且加工后还须经荧光探伤，防止微细裂纹存在。

气门杆进行辉光离子氮化处理，以增加表面硬度，提高气门杆的耐磨性和疲劳强度。气门杆顶面堆焊一层高铬铸铁，以增强其耐磨性。

二、气门座

安装在气缸盖上的嵌入式气门座为环形结构，它以冷冻的方式装入气缸盖的气门座孔内。采用嵌入式的气门座是为了增加气缸盖的使用寿命。当气门座面磨损超过限度时，只需要更换气门座即可。

气门座用合金钢制造，并经热处理，其硬度稍低于气门阀盘锥面硬度，以便保护气门。气门座经受着高温和高压燃气的作用，因此材料必须具有在高温下塑性变形小而硬度高的性能。由于气门座材料与气缸盖材料不同，因此气门座嵌入气缸盖的过盈量选择很重要，否则会引起气门座松动和脱落，由此造成严重事故。

气门阀盘与气门座的锥面经互研，形成一道接触带，其宽度对气门的散热和密封性有很大影响。由于气门头部的热量大部分通过密封锥面传出，因此希望接触带能宽一些，以利于散热。但接触带过宽，又会使工作面的比压下降，使杂物和硬粒卡在座面上而不能很好研碎，从而妨碍密封。由此可见，接触带的宽度选择必须恰当。

三、气门导管

气门杆在气门导管中上下滑动，气门导管起着导向作用，同时还传导从气门阀盘带到气门杆的热量，如图 3-3-3 所示。由于气门导管下部受增压空气和燃气作用，其润滑条件较差，因此对气门导管的材料有着严格的要求，必须在较差的工作条件下具有良好的耐磨性。

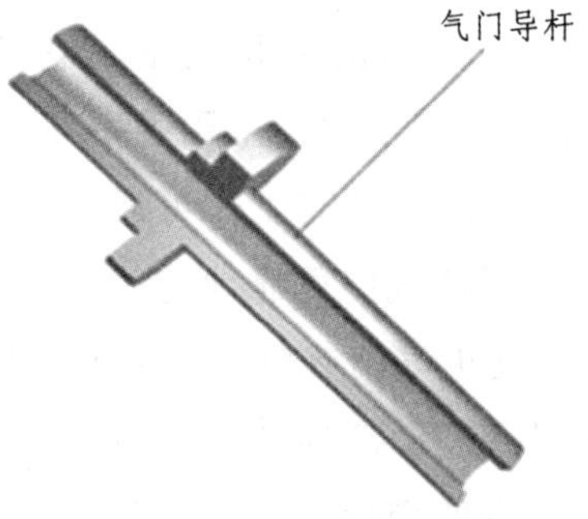

图 3-3-3　气门导管

气门导管采用特种铸铁制成，以过盈压入气缸盖的导管孔内。气门杆与气门导管间的配合间隙是保证气门可靠工作的重要条件，过小的间隙会使气门卡滞，过大的间隙又会使气门杆的热量散发受到影响，同时还会使气门杆在导管内摆动过大，导致严重偏磨而发生漏气、漏油和积炭，因此选择一个合适的间隙十分重要的。

四、气门弹簧

气门弹簧应有足够的弹力，它一方面要保证气门阀盘与气门座的密封，同时要保证在气门工作时不因运动产生的惯性力使各零件在接触处有分离现象，从而保证正常的配气规律和配气机构工作的可靠性。

气门弹簧包括内、外弹簧，用弹簧钢丝制造，表面经喷丸处理，如图 3-3-4 所示。这种双弹簧结构工作可靠，尺寸较小，弹簧特性也较平缓。内、外弹簧的旋向采取相反的绕法，即使一个弹簧断裂，气门也不会落入气缸内，从而避免造成事故。由于内、外弹簧有着各自的自振频率，工作时它们之间会发生互相干扰，从而减少了因弹簧共振而发生的断裂。内、外弹簧下端支承在弹簧座上，上端顶在气门杆上部的弹簧座的下面。

弹簧制作时，需经磁力探伤，不许有裂纹和发纹存在。

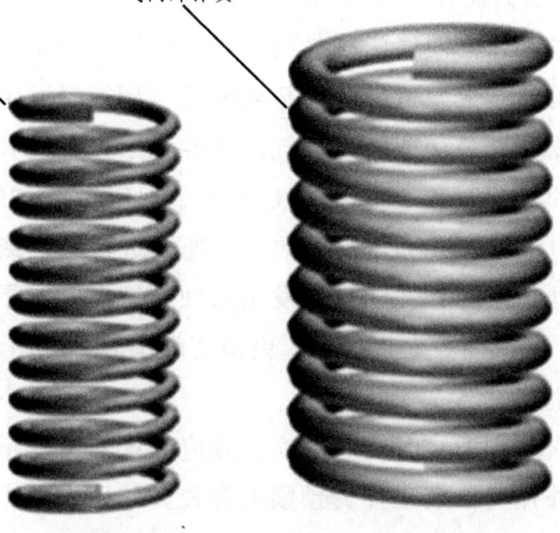

图 3-3-4　气门弹簧

五、检修主要技术要求及损伤的分析与处理

（1）气门、气门座和气缸盖，在交变冲击负荷作用下，会引起反复变形。由于它们的变形情况都不一样，致使气门在落座时与气门座之间会产生相对滑动，从而发生磨损，使用日久，就会形成气门下陷。当气门下陷值超过极限时，应予以更换，极限值见表 3-3-1。

表 3-3-1　配气机构主要尺寸与限度

名　称	原形/mm	限度/mm	
		中修	禁用
气门杆身直径	$\phi 18_{-0.122}^{-0.095}$	—	—
气门杆身直线度	0.01	0.05	—
气门阀面对阀杆轴线的跳动	0.025	0.05	—
进气门与导管孔径向间隙	0.095 ~ 0.14	0.25	0.30
排气门杆与导管孔径向间隙	0.095 ~ 0.14	上部 0.20	上部 0.24
		下部 0.30	下部 0.35
进气门底面对气缸盖底面下陷量	0.5 ~ 1.0	3.5	4.0
排气门底面对气缸盖底面下陷量	2.8 ~ 3.3	4.5	—
气门导管与气缸盖过盈	0.01 ~ 0.025	0.01 ~ 0.025	—
横臂导杆与气缸盖过盈	0.017 ~ 0.049	0.017 ~ 0.049	—
气门座与气缸盖过盈	0.108 ~ 0.15	0.108 ~ 0.15	—
摇臂轴轴颈	$\phi 55_{-0.079}^{-0.06}$	—	—
摇臂轴与摇臂衬套径向间隙	0.030 ~ 0.089	0.20	0.25
摇臂衬套外径与摇臂过盈	0.023 ~ 0.072	0.023 ~ 0.072	—
横臂与横臂导杆径向间隙	0.120 ~ 0.183	0.25	—

（2）若气门材料的高温强度不够和气缸盖底板变形过大，会使气门阀盘受力不均。或者，因加工和组装质量较差，会使气门阀盘与气门杆连接处产生附加应力。这些原因都会使气门杆与阀盘的过渡圆角处产生疲劳裂纹，甚至断裂。当气门发生裂纹时，应予以更换。

（3）由于气体压力、热交变应力、气缸螺栓预紧力不均和加工残余应力的存在等方面的影响，会导致气门和气门座变形，以致气门与气门座密贴不好，发生气门漏气。此时，可对气门阀面进行修磨，以导管孔为基准，对气门座面进行磨削或铰削来修复。

（4）气门座松动、座面磨耗严重和发生点蚀凹坑时，应予以更换。气门与气门座气密性不好，或其接触带不连续时，允许研修。更换气门座时，可用专用工具拉出或机械加工去除，但不允许用气焊切割。

（5）气门导管松动和裂纹时，应更换，并应保证其过盈量。

（6）气门内、外弹簧长期在弹簧预紧力和较大的压力下工作，会发生塑性变形、折断或裂纹，发现上述情况时，应予以更换。

任务 3-3-1-3　气门驱动机构

气门驱动机构由凸轮轴、挺柱组件、推杆组件、摇臂、摇臂轴、摇臂轴座、气门横臂、横臂导杆、横臂弹簧等组成。

左右两根凸轮轴布置在柴油机两侧，分别驱动左右两排气缸的进、排气门和单体式喷油泵。

摇臂安装在摇臂轴上，摇臂轴安装在摇臂轴座上。为了便于调整气门横臂与气门的间隙，在气门横臂和摇臂的一端都设有调整螺钉。

气门横臂安装在同名气门的横臂导杆上，借助于导杆的导向作用，使气门横臂做上下运动，从而控制气门的启、闭。

挺柱和推杆套管安装在摇臂和推杆之间。挺柱滚轮安装在挺柱的叉口中，推杆安装在机体两侧。

气门横臂、摇臂、摇臂轴、摇臂轴座以及球头和调整螺钉等的内部都设有油路，以便引入润滑油润滑各摩擦表面。气门机构和部分气门传动机构的零件均安装在气缸盖上。

一、凸轮轴

（一）凸轮轴结构及材料

每根凸轮轴分为四个单节，即每两缸一节，如图 3-3-5 所示。各单节间用法兰和螺钉连接。两根凸轮轴分别安装在机体左右两侧的九挡滑动轴承中。止推轴承置于机体输出端。由于轴承孔内径大于凸轮轴各部分的外径，所以，凸轮轴可以从柴油机输出端插入或抽出机体凸轮轴孔。凸轮轴上的凸轮采用整体式结构，以保证在受冲击力时凸轮能安全可靠地工作。

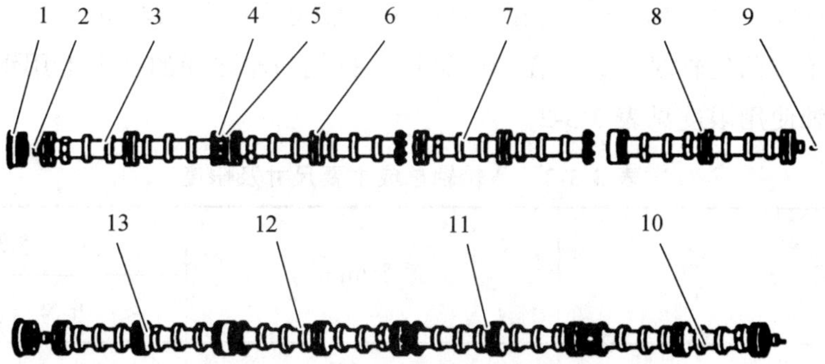

图 3-3-5　凸轮轴

1—止推轴颈；2—螺堵；3—右凸轮轴第四节；4—螺栓；5—垫片；6—右凸轮轴第三节；7—右凸轮轴第二节；8—右凸轮轴第一节；9—销；10—左凸轮轴第一节；11—左凸轮轴第二节；12—左凸轮轴第三节；13—左凸轮轴第四节

凸轮轴的中空部分作为油道，润滑油可通过径向油孔润滑各挡轴承。鉴于机体布置要求，两根凸轮轴都是由最后一挡轴颈处的油孔注入润滑油。凸轮轴的端部都拧有螺堵，用来密封。各节轴段的连接处均设有装配时用的凸肩和法兰，装配时需精确调整各节轴段的相对位置，以保证各个凸轮的正确相位，最后用一个定位销定位，并用 8 个螺钉紧固。

凸轮轴不但要有足够的强度和刚度来保证工作的可靠性，而且还得有合适的硬度和较好的耐磨性，因此采用 20Cr 合金钢作为凸轮轴的材料，经渗碳和淬硬处理，实际运用情况良好。

（二）检修主要技术要求及损伤的分析与处理

（1）各凸轮顶点对定位销 ϕ 12H7 中心线的角度误差为 ± 15′。

（2）每个凸轮的起点和终点角度偏差为 ± 20′。

（3）凸轮升程用直径 ϕ 60 的滚轮测头按升程表数据对照检查，其误差为 ± 0.05 mm。

（4）凸轮轴必须进行探伤检查，不许有裂纹。

（5）每根凸轮轴装入机体凸轮轴轴承孔内后，其轴向间隙为 0.12 ~ 0.15 mm。不符合时，可用调整垫片来调整。

（6）凸轮表面发生严重拉伤、点蚀或偏磨，一般是由于润滑油不清洁、凸轮表面淬火硬度偏低、加工质量不高或组装时滚轮与凸轮接触不良引起。这时，凸轮允许成型修磨，但配气凸轮基圆半径不得小于 R51.5 mm，供油凸轮基圆半径不得小于 R47.5 mm。

（7）轴颈允许等级修磨，同时，凸轮轴连接法兰也应进行相应修磨，且修磨的等级应一样，以适应采用等级轴承的要求。

修磨的等级分为原形和 1 级两种。原形的凸轮轴轴颈直径为 $\phi140_{-0.15}^{-0.12}$ mm；原形的法兰直径为 $\phi140_{-0.51}^{-0.26}$ mm；1 级的凸轮轴轴颈直径为 $\phi139.5_{-0.15}^{-0.12}$ mm；1 级的法兰直径为 $\phi139.5_{-0.51}^{-0.26}$ mm。

（8）凸轮轴与齿轮之间的定位销孔允许扩大，最大孔径为 ϕ 12 mm。

（9）各单节凸轮轴之间的定位销孔允许扩大，最大孔径为ϕ14 mm。

（10）更换单节凸轮轴时，必须在凸轮轴进、排气凸轮之间的杆身上用钢印打上标记。

（11）凸轮轴使用限度见表 3-3-2。

表 3-3-2　凸轮轴总成主要尺寸及限度

名　称		原形/mm	限度/mm	
			中修	禁用
凸轮轴轴颈		$\phi 140_{-0.15}^{-0.12}$	—	—
凸轮轴颈圆柱度		0.012	0.03	0.04
凸轮轴颈与轴承径向间隙		0.16 ~ 0.26	0.35	—
凸轮轴轴向间隙		0.12 ~ 0.25	0.35	0.50
凸轮轴轴颈跳动量	全长	0.07	0.09	—
	相邻	0.06	—	—
推杆体与推杆径向间隙		0.03 ~ 0.09	0.12	0.20
滚轮衬套与滚轮轴径向间隙		0.04 ~ 0.082	0.120	0.150
滚轮与滚轮衬套径向间隙		0.025 ~ 0.075	0.100	0.120
推杆头与推杆安装孔过盈量		0.002 ~ 0.056	0.002 ~ 0.056	—
挺杆头与挺杆安装孔过盈量		0.014 ~ 0.056	0.014 ~ 0.056	—

二、挺柱、推杆、摇臂与横臂

（一）挺柱组件

挺柱组件是凸轮的从动件，它把凸轮的推动力传递给推杆和摇臂，使气门按一定的规律运动。

挺柱组件由挺柱盖、挺柱体、挺柱、挺柱头、滚轮轴、滚轮、销钉和衬套等组成，如图 3-3-6 所示。

挺柱用合金钢制造，经氮化处理。

挺柱内压装有挺柱头，它是一个球状头，与挺杆压球座以球面相接触。挺柱下面为叉形结构，在叉口内装有滚轮。滚轮用合金钢制造，并经淬火处理。

在挺柱和挺柱头内部均钻有润滑用的油孔，以润滑滚轮与凸轮接触的表面。

在滚轮和滚轮轴之间装有铜衬套。

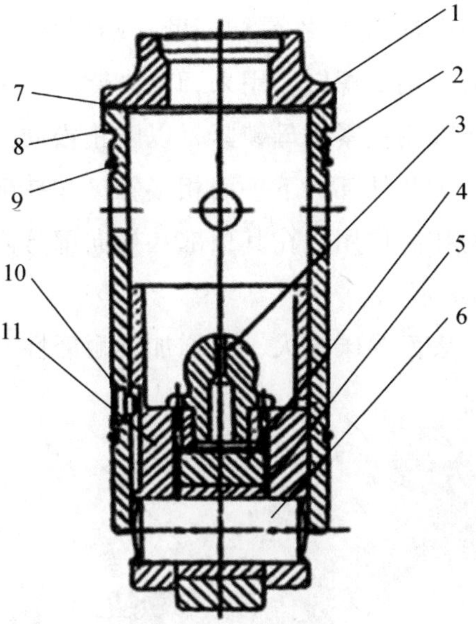

图 3-3-6　挺柱组件

1—挺柱盖；2—挺柱体；3—挺柱头；4—滚轮；5—滚轮衬套；6—滚轮轴；7—密封垫；8—支承法兰；9—密封圈；10—销钉；11—挺柱

（二）推杆组件

推杆组件由推杆和推杆头组成。

推杆用无缝钢管制成，杆的两端均装有推杆头。推杆安装在摇臂与挺柱组件之间，分别与摇臂调整螺钉上的压球和挺柱头相作用。

推杆外部设有推杆套，套的上方与气缸盖之间用橡胶密封圈密封，套的下方与挺柱盖之间用橡胶密封圈密封，并用压紧挺柱组件螺母压紧，使推杆套固定在气缸盖与挺柱盖之间，如图 3-3-7 所示。

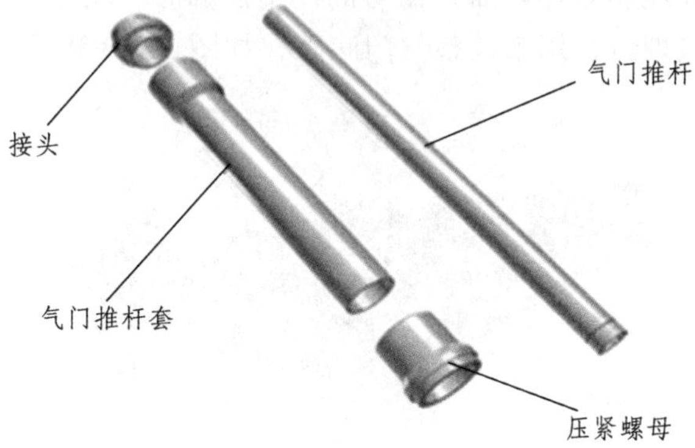

图 3-3-7　推杆组件

（三）气门横臂及横臂导杆

驱动气门的气门横臂由合金钢制造。在气门横臂一端压装一个用合金钢制造的横臂压头，压在气门杆上部。在另一端装有调节螺钉，用来调整横臂的水平位置。其端面压在另一根同名气门杆顶上。调整螺钉的上部用锁紧螺母锁紧，以防止松动。在气门横臂中间压装有横臂压块，与摇臂调整螺钉的球形关节外部的下平面相接触，并在横臂导向部分钻有油孔，以便排油和避免上下运动时形成的唧筒作用。在其顶部和导向部分两端，分别钻有油孔，以润滑气门杆和横臂导杆，如图 3-3-8 所示。

横臂导杆用合金钢制成，表面渗碳淬火，以增加其耐磨性。

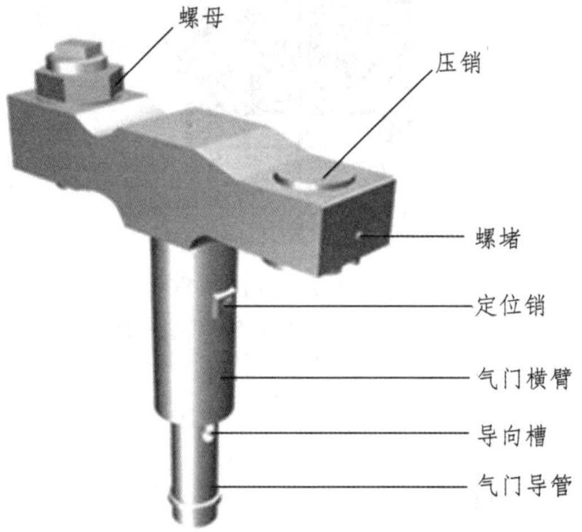

图 3-3-8　横　臂

（四）摇臂、摇臂轴及摇臂轴座

1. 摇　臂

摇臂处于推杆与气门横臂之间，它是推杆与气门之间的传动件元件之一。进、排气摇臂结构尺寸完全相同，摇臂内侧臂长为 134.14 mm，外侧臂长为 95 mm，其杠杆比 i 为 1.412。摇臂采用合金钢制造，并经热处理。摇臂在与推杆相接触的一端，装有以过盈配合的压球；另一端装有带球头的调整螺钉，用来调整气门间隙，如图 3-3-9 和图 3-3-10 所示。

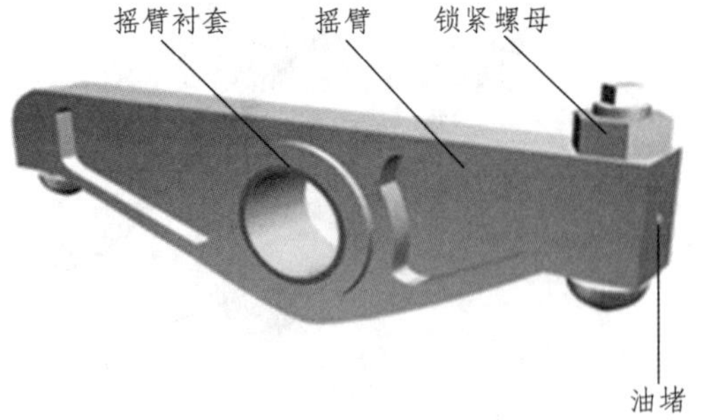

图 3-3-9　摇　臂

图 3-3-10　气门横臂与气门摇臂

2. 摇臂轴

摇臂轴采用合金钢制造，经调质和氮化处理，安装在摇臂轴座上。

3. 摇臂轴座

摇臂轴座用球铁制成，用两个短双头螺柱和一个长双头螺柱紧固在气缸盖上。长双头螺柱还将气缸盖罩紧固在气缸盖上。

（五）检修主要技术要求及损伤的分析与处理

（1）挺柱头由于接触不良或润滑油清洁度较差引起轻微压痕时，允许修磨。发现有严重压痕和麻点时，应予以更换。

（2）挺柱头与挺柱为 0.002 ~ 0.056 mm 的过盈配合，如配合不当，发生松动时，应按要求重新选配。

（3）挺柱滚轮硬度偏低或润滑油有杂物，引起滚轮表面轻微拉伤时，允许修磨。严重时，应予以更换。

（4）滚轮衬套与滚轮轴及滚轮与滚轮衬套配合不当时，会发生滚轮转动卡滞，应予以更换。

（5）推杆弯曲，允许冷校直。

（6）推杆头与推杆为 0.014 ~ 0.056 mm 的过盈配合。如配合松动、球窝有拉伤或凹坑时，应重新选配推杆头，但应以上述要求的过盈量压入。

（7）横臂导杆裂断、松缓或滑动面严重拉伤时，应配换导杆，但需保证新导杆的配合过盈量。

（8）摇臂、气门横臂、横臂弹簧、挺柱、挺柱销钉、滚轮和滚轮轴等零件都需经探伤，不许有裂纹。

任务 3-3-2　GEVO16 型柴油机配气机构

配气机构是柴油机换气过程的控制机构，按规定的配气相位定时地开启和关闭进、排气门，并在规定的时间内，把新鲜空气吸入气缸和把燃烧后的废气排出气缸。

GEVO16 型柴油机的配气机构由气门驱动机构、气门组件、气缸盖以及附件等组成，其结构如图 3-3-11 所示。

图 3-3-11　GEVO16 型柴油机配气机构

气缸盖布置在左右两侧的气缸上部，每一个气缸盖的上平面装有气门组件、摇臂轴座、摇臂轴、摇臂、气门横臂和横臂导杆等。在柴油机的两侧布置下置式的凸轮轴以及由其驱动的挺杆组件和推杆组件。在凸轮轴的每个配气凸轮上方都对应一个滚轮式配气挺杆，用来推动推杆，并经摇臂和气门横臂的传递驱动气门的开启。另外，凸轮轴上的供油凸轮推动喷油泵下体的滚轮，从而使喷油泵供油。

一、气门驱动机构

气门驱动机构主要由凸轮轴、凸轮从动机构（挺杆组件）、推杆组件、摇臂、摇臂轴、摇臂轴座、气门横臂、横臂导杆等组成，如图 3-3-12 所示。

左右两根凸轮轴布置在柴油机的两侧，分别驱动左右两排气缸的进气门、排气门和单体式电控喷油泵。进、排气门摇臂安装在摇臂轴的两端，摇臂轴安装在摇臂轴座上，并固定在气缸盖上。气门横臂安装在同名气门的横臂导杆上，借助于导杆的导向作用，使气门横臂做上下运动，从而控制气门的启闭。

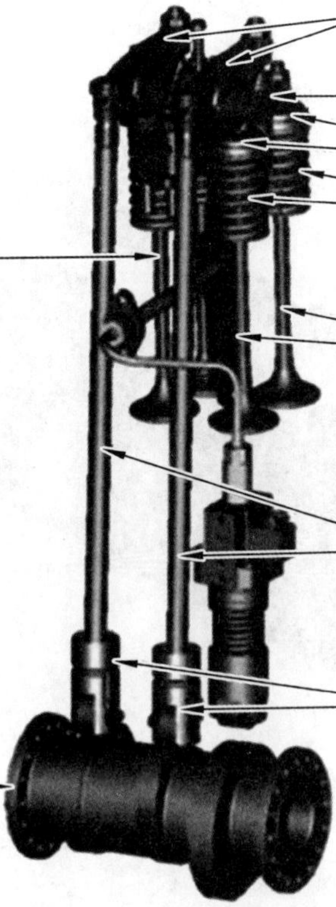

图 3-3-12　气门驱动机构组成

GEVO16 型柴油机的气缸盖采用四气门结构，保证了良好的充气能力、较大的充气系数和良好的换气能力。四气门的布置选用了同名气门串联布置的方案。

二、凸轮轴

柴油机左右两根凸轮轴分别安装在柴油机机体左右两侧的九挡滑动轴承中。每根凸轮轴分为 8 个单节，即每缸一节，见图 3-3-13。每两节凸轮轴之间安装一凸轮轴颈，其中左右两侧的输出端（左右第 9 位）为止推凸轮轴颈，以控制凸轮轴的轴向推力；左右两侧自由端（左右第 1 位）为末端凸轮轴颈；其余左右的 2 ~ 8 位为凸轮轴支承轴颈。各节凸轮轴和轴颈之间采用螺栓连接并采用空心定位套定位。

凸轮轴上的进气、排气和供油 3 个凸轮采用整体式结构，以保证在受冲击力时凸轮能安全可靠地工作。GEVO16 型柴油机凸轮轴采用了其传统的一缸一节结构，凸轮轴能够从柴油机机体侧面的凸轮轴观察孔安装和拆卸，其可维护性和可接近性非常好；GEVO16 型柴油机凸轮轴的另一个突出优点是采用了凸轮轴段和凸轮轴颈组装式组合结构。

左右两根凸轮轴的中空部分分别形成柴油机的左右主油道，润滑油既通过径向油孔润滑各挡凸轮轴承，同时又通过凸轮轴承上的贯穿钻孔使润滑油从凸轮轴中流向机体的各挡主轴瓦。

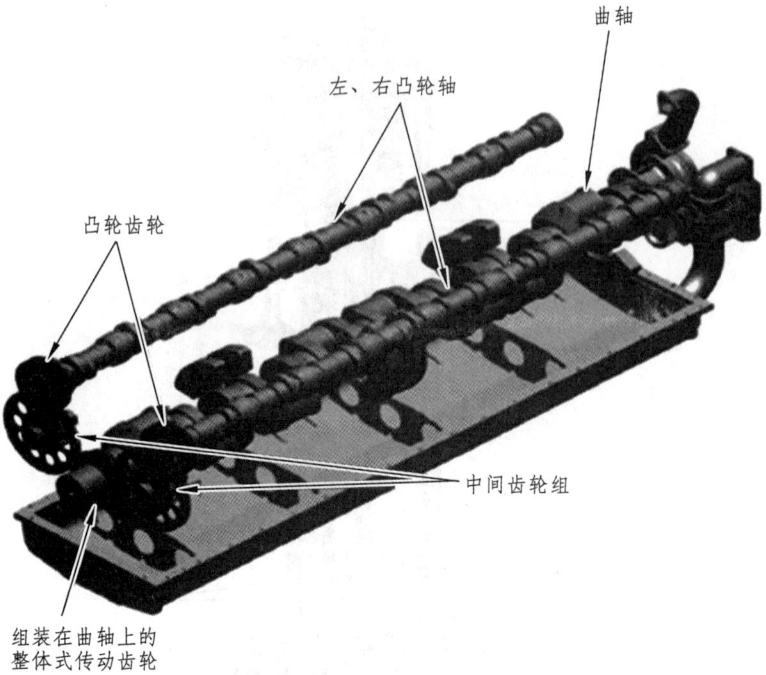

图 3-3-13　凸轮轴传动图

三、气门组件

气门组件主要由气门、气门座、气门导管、气门弹簧、气门旋转体、气门杆密封圈等组成。图 3-3-14 表示了气门组件的组成零件和各零件在气缸盖中的安装位置。

图 3-3-14　气门组件

GEVO16 型柴油机的气门考虑到应用要求和制造成本，进气门和排气门分别采用不同的材料，排气门则是采用了摩擦焊接结构。为了提高气门盘座面的高温耐磨性能和抗腐蚀能力，

GEVO16 型柴油机在进气门的阀盘上和排气门座圈的密封面上分别堆焊钴铬钨合金，该堆焊层在高温下保持较高的硬度。而在气门杆部采用了镀铬处理，以提高杆部的表面硬度，保证了气门杆的耐磨性和疲劳强度。GEVO16 型柴油机的气门阀盘采用了平顶结构，该结构形状简单，受热面积小，既便于制造，又具有工作可靠和质量轻的特点。为使气门可靠地与气门座圈紧密贴合，进排气门的座面处均做有 30°锥角，使气门具有较大的流通时面值。

应定期对气门间隙进行检查，确保气门间隙符合标准，以防止气门间隙不良对柴油机的功率造成的影响。

【任务检查】

表 3-3-3　配气机构——任务检查单

任务编号	3-3	任务名称	配气机构认知	
序号	检查内容		是	否
1	能说明 16V280ZJ 型、GEVO16 型柴油机配气机构的任务和工作要求			
2	能说明 16V280ZJ 型、GEVO16 型柴油机配气机构的总体布置情况			
3	能说明 16V280ZJ 型、GEVO16 型柴油机气门机构、气门驱动机构的组成结构及装配关系			
4	能说明 16V280ZJ 型、GEVO16 型柴油机配气机构的动作关系			
5	能说明 16V280ZJ 型、GEVO16 型柴油机配气机构的检修主要技术要求			

【任务训练】

一、填空题

1. 配气机构是柴油机换气过程的控制机构，它能按规定的工作次序（　　）地开启和关闭进、排气门。

2. 配气机构由气门驱动机构、气门组件、（　　）及附件等组成。

3. 配气机构用来控制柴油机的换气过程，按照规定的（　　）和（　　），准时、正确地控制各个气缸进、排气门的开启和关闭，以保证换气过程的顺利进行。

4. 配气机构包括（　　）和（　　）两个部分。

5. 机车柴油机普遍采用每一个气门安装两个（　　）弹簧的形式。气门内、外圈弹簧绕向（　　）。

二、选择题

1. 气门横臂是摇臂与气门之间的（　　）。

A. 支承件　　B. 传动件　　C. 连接件

2. 气门弹簧多为圆柱形螺旋弹簧，机车柴油机普遍采用每一个气门安装（　　）同心弹簧的形式，而且气门内、外圈弹簧绕向相反。

A. 一个　　B. 两个　　C. 三个　　D. 四个

3. 16V280ZJ 型柴油机进气门间隙为（　　）mm，排气门间隙为（　　）mm。

A. 0.40 ~ 0.45　　B. 0.45 ~ 0.50

C. 0.50 ~ 0.55　　D. 0.45 ~ 0.55

4. 16V280ZJ 型柴油机的每根凸轮轴分为（　　）单节。

A. 2　　B. 4　　C. 6　　D. 8

5. 下列哪些部件不是配气机构的组成部分？（　　）

A. 气门驱动机构　　B. 气门组件　　C. 气缸盖　　D. 进气道

三、判断题

1. 16V280ZJ 型柴油机进排气阀可相互对调使用。（　　）

2. 柴油机的同名气门交叉布置，可提高柴油机进、排气的效率。（　　）

3. 柴油机的示功阀只起到排出缸内存积的油和水的作用。（　　）

4. 16V280ZJ 型柴油机的气缸盖通过 4 个紧固螺栓固定在机体上。（　　）

5. 柴油机更换新的进、排气阀时，只更新气阀便可。（　　）

四、简答题

1. 说明 16V280ZJ 型柴油机配气机构的任务和工作要求。

2. 说明 16V280ZJ 型柴油机配气机构的动作过程。

3. 16V280ZJ 型柴油机的气门机构由哪些主要零件组成？它们各有什么作用？

4. 16V280ZJ 型柴油机的气门驱动机构由哪些主要零部件组成？它们各有什么作用？

5. 说明 16V280ZJ 型柴油机配气机构的检修主要技术要求。

6. GEVO16 型柴油机配气机构有哪些部件构成？

7. 简述 GEVO16 型柴油机气门机构的工作原理。

8. 简述 GEVO16 型柴油机凸轮轴的特点。

9. 简述 GEVO16 型柴油机进气阀和排气阀有哪些特点？

10. 气门间隙调整不当，可能会发生哪些故障？

任务 3-4　进排气系统认知

【任务描述】

进排气系统是柴油机的重要组成部分之一。对柴油机进排气系统的工作原理、结构认知是机车乘务员、机车检修人员所必需的。要全面了解进排气系统的组成结构、工作特点、检修主要技术要求等。

【任务目标】

- 能说明柴油机进排气系统的任务和工作要求；

- 能掌握 16V280ZJ 型、GEVO16 型柴油机进排气系统的基本组成；
- 能说明涡轮增压系统主要零部件的工作原理；
- 能说明涡轮增压系统运用中的几个常见问题。

【任务学习】

任务 3-4-1　16V280ZJ 型柴油机增压系统

任务 3-4-1-1　增压系统

一、任务与工作原理

增压系统的作用是利用气缸排出的高温高压废气的能量，进入增压器的涡轮继续膨胀做功，驱动涡轮并带动同轴的压气机旋转，使流经压气机的新鲜空气压力升高，再经中冷器冷却，使增压后空气温度降低，密度增大，增加进入气缸的空气量，从而可以喷入更多的燃油燃烧，以提高柴油机的输出功率。

柴油机的增压系统按排气管路结构形式分类，有定压增压和脉冲增压两种基本形式。定压增压的特点是各缸的废气排入一个容积较大的排气总管,使进入涡轮的废气压力趋于恒定。涡轮效率较高，适宜于在高工况下稳定运行的柴油机。但在低工况时，因排气管容积较大，压力变化小，使增压器的反应也慢，加速性差且易造成某些气缸的扫气干扰，各缸排温差较大。脉冲增压系统因排气管短而细，排气管内的废气有较大的压力变化，几个气缸连成一根排气管能充分利用废气脉冲压力波的能量。脉冲增压系统比较适宜于在低负荷或变工况下运行的柴油机。

16V280ZJA 型柴油机的排气管路采用 MPC 系统（又称模块式串接脉冲转换器系统），是兼顾了上述两种增压系统各自的优点，又使部件结构简单、拆装方便、互换性好。其增压系统由 MPC 排气管路、废气涡轮增压器（VTC254-13G 或 ZN310-LSA4 型）、中冷器、进气管路共四部分组成，见图 3-4-1。

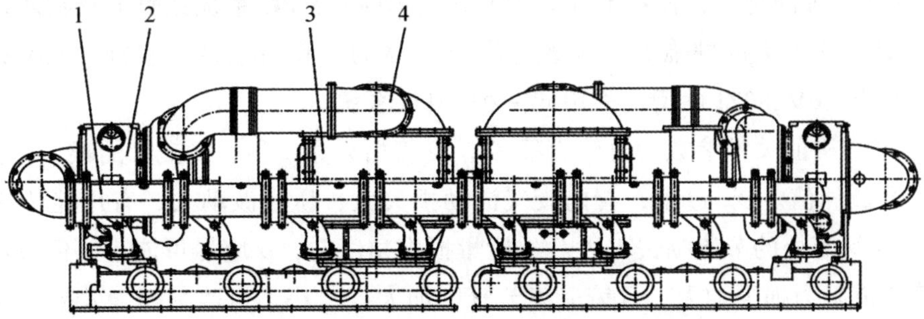

图 3-4-1　16V280ZJA 型柴油机增压系统

1—排气管路；2—废气涡轮增压器；3—中冷器；4—进气管路

二、进排气系统结构

（一）排气系统结构

16V280 系列（包括 16V280ZJ 型、16V280ZJA 型、16V280ZLD 型）柴油机排气管道系统由排气管、波纹管、涡轮进气弯管、管卡等组成，分布于柴油机上部两侧。每侧气缸内废气经排气阀进入各缸对应的排气管，经波纹管汇入涡轮进气弯管后，进入增压器的喷嘴环。

16V280ZJ 型柴油机开始研制时采用纯脉冲系统。这与当时的铁路形势是相适应的，柴油机实际运用功率不大，功率储备较多，采用纯脉冲系统结构，每个涡轮有 4 个燃气进口，排气管直径较小。排气管与引射喷管之间采用活塞式膨胀节连接，以消除排气管因受热膨胀而产生的伸长量。在 16V280 型柴油机批量生产后，为提高增压器的涡轮效率，改为双脉冲转换系统，方法是：保持原纯脉冲排气支管不动，将增压器向两端分别外移，在增压器与排气支管间加入两个脉冲转换器。每个脉冲转换器为双进单出，两根排气支管汇总后，进入转换器的一个进口。这样，每个增压器涡轮为双进口，连接两个转换器，两个转换器共四个进口，连接八根排气支管。对于 16 缸机来说，采用此结构与纯脉冲相比，解决了各缸排气间隔不均匀造成的气流波动大的问题，可使进入涡轮的废气更平稳，提高了涡轮效率，大大改善了气缸的扫气条件。

20 世纪 80 年代中期，随着铁路运输的发展，需要更大功率的机车柴油机。因此，迫切需要一种与之匹配的高增压、高效率、有较好工作可靠性的先进增压器。于是，选用了按引进国外技术制造的 VTC254 增压器来取代原 320P 型增压器。由于该类增压器的涡轮当量面积较小，而脉冲系统在压力波峰时要求涡轮的流通面积较大，因此又设计了 MPC 系统来与 VTC254 相配套。

MPC 系统就是将每个缸的排气管设计成相同的脉冲转换器，通过过渡管连接成一体，将气流引入增压器。它是一个准定压系统，具有定压系统的简单结构，又有脉冲系统的优点。采用 MPC 系统后，管路结构大大简化，组装也明显方便。由于从双脉冲系统转换到 MPC 系统时采用了高效的 VTC254-13 型增压器，因此实际油耗反而得到了全面的改善，在高负荷时更体现出 MPC 系统的优点，油耗下降尤为明显。同时，MPC 系统克服了双脉冲系统气流不均、气流对涡轮冲击大的缺点，大大改善了增压器的工作可靠性。目前，16V280ZJ 型、16V280ZJA 型和 16V280ZLD 型均采用同一种 MPC 系统。

MPC 系统结构的关键参数为总管直径 D_m、支管引射角 α 和引射支管的喉口截面面积 F_n。三者均有一个最佳值。D_m 过小，管内废气流动损失大，压力波动大，有用能传递效率低；D_m 过大，排气阀等处的节流损失也大。从能量损失角度看，α 应尽可能小，但过小的 α 值反过来使支管弯道阻力损失加大，且铸造工艺难度加大。F_n 小，可改善扫气效果，提高总管的功能。但 F_n 过小，却又会降低有用能传递效率。考虑各种因素，对上述三个主要参数进行了多方案的比较试验，最后确定了目前这种 16V280ZJ 型柴油机的 MPC 系统。因此，该系统具有耐高温、脉冲能量利用率高的特点。单个排气管段的结构如图 3-4-2 所示。

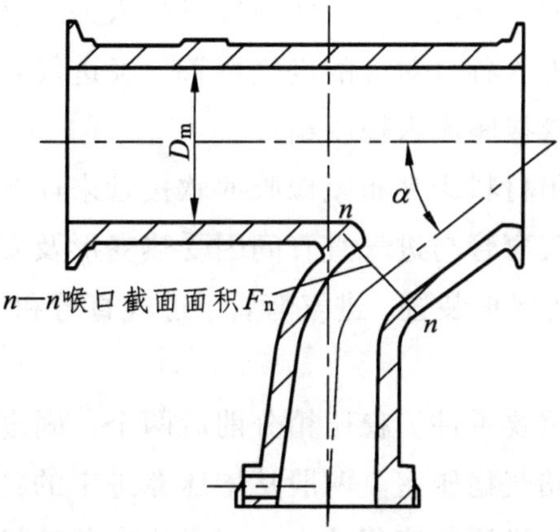

图 3-4-2　MPC 系统单个排气管简图

在排气管段间，采用波纹管连接，有效地解决了排气管的热膨胀与振动冲击，从而达到了保护增压器的目的。波纹管采用耐高温不锈钢材料，经氩弧焊焊接而成。内衬导流管与外波管焊成一体，以防止气流对内衬导流管的热冲击振动，不会导致内衬导流管脱落而损坏增压器。波纹管结构如图 3-4-3 所示。该波纹管的外波管由三层薄钢板构成，有较好的伸缩性和横向偏移补偿能力。

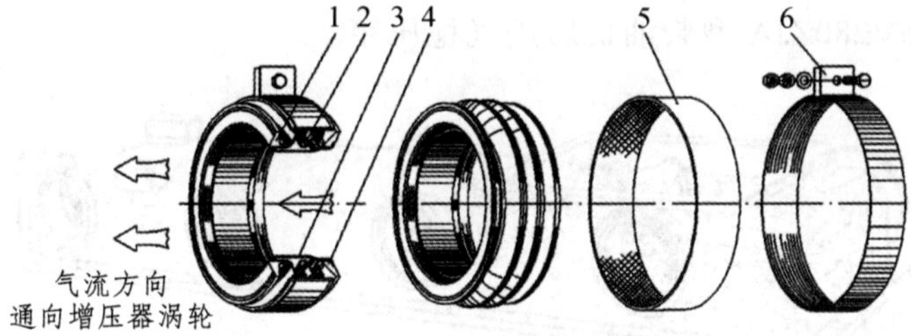

图 3-4-3　波纹管组件

1—带脚法兰；2—波纹管；3—内衬导流管；4—无脚法兰；5—无尘石棉带；6—波纹管隔热罩

内衬导流管由不锈钢板压制并焊接成形，耐热负荷、抗冲击性较好。

波纹管与排气管、涡轮进气弯管的连接采用管卡件，有效地解决了各段排气管装配时对中偏差的问题，并且拆装方便。

（二）进气系统结构

16V280ZJ 型和 16V280ZJA 型柴油机由于在机车上使用，其空气滤清部分独立成空气滤清系统，分装于机车动力室的两侧壁上，每套有两个旋风式空气滤清器和四个铝板网空气滤清器构成。16V280ZLD 型柴油机作发电用，空气滤清器装于增压器的进气口，兼作进气消声器。

16V280 系列柴油机的进气管道系统由两套相互独立的进气弯管、软接管、进气直管、中冷器弯管、中冷器管接座、稳压箱等组成。柴油机两端的增压器涡轮受废气冲击和膨胀做功而高速旋转，带动同轴连接的压气机旋转，使压气机吸入并压缩新鲜空气，提高新鲜空气的密度和压力。空气从压气机进入各自对应的进气弯管，经进气直管、中冷器弯管，进入中冷器，完成冷却后，经中冷器管接座流入稳压箱。

进气弯管与进气直管间用材料为夹布氟橡胶的软接管来连接，具有耐高温、不易老化的特点。采用软接管可解决进气弯管与进气直管间因受热变形及安装时两者偏差引起的不对中的问题。进气直管上装有超速保护装置。进气弯管、进气直管和中冷器管接座采用铸铝材料，以尽量降低柴油机的质量。

稳压箱是进气系统中的重要零件。稳压箱分前后两个，固定在机体 V 形夹角间的顶部，与机体顶部的空腔共同构成储气稳压室。两股从增压器进来的独立的新鲜空气在此汇合成一股，加以稳定后流入气缸内。稳压室容积的大小，可决定柴油机加速性的好坏、进入各缸气体是否均匀稳定以及扫气质量等。稳压室容积较小，则加速性较好。但稳压室容积过小，就不易保证增压中冷后的空气气流稳定，易使各缸进气压力波动大，造成各缸工作不平衡，还会影响气缸充量和扫气质量。因此，合理设计稳压室，确定稳压室的容积大小，是一个重要的课题。一般来说，进气稳压室容积与柴油机工作容积之比为 0.8～1.5。另外，稳压箱进出口结构对增压空气的流动阻力损失的影响也很大。16V280ZJA 型柴油机在保持原型机稳压室容积的条件下，进一步修改了稳压箱的进口，改进了工艺结构，大大降低了气流的流动阻力损失。图 3-4-4 为 16V280ZJA 型柴油机后进气稳压箱。

图 3-4-4　后进气稳压箱

两个稳压箱的 16 个出气口（各有一个卡槽，O 形密封圈就卡在槽中），与 16 个气缸盖的进气口一一对应。在安装气缸盖时，通过 O 形密封圈，稳压箱出气口自动地与气缸盖进气孔贴紧，保证了空气密封。稳压箱特点是结构简单，密封性好，拆装方便实用。

（三）进排气系统检修主要技术要求

（1）进气软接管要求能耐温 200 °C 以上并且要能承受 0.4 MPa 的工作压力。稳压箱出气口卡槽中的 O 形橡胶密封圈要求能耐温 150 °C 以上。

（2）所有铸焊件均应进行 0.5 MPa 的水压试验，历时 5 min，不得渗漏。

（3）波纹管不应有明显的变形，内衬导流管与外波管、法兰等应基本同轴。

（4）安装排气管道时，应先坐落各段排气管，然后用管卡将波纹管连接各段排气管，转动排气管以基本对中，再紧固排气管，然后将管卡卡紧。卡紧管卡时，应防止波纹管法兰与排气管法兰间的垫片偏落轴心线的下方。波纹管安装时应特别注意安装方向，带脚法兰与内衬导流管小口应顺着气流方向，朝向增压器一侧，严禁反方向安装。

（5）修理时应更换老化的 O 形橡胶密封圈。

（6）排气管不得有裂纹，对于不严重的裂纹允许焊补，补后应重做前述的水压试验。破损的隔热层应重新包扎。

（7）波纹管不得有变形裂漏，内衬导流管翻边处不允许有任何伤痕裂纹。

任务 3-4-1-2　涡轮增压器

涡轮增压器由压气机、涡轮以及中间支承体、燃气进排气壳、压气机进出气壳等构成。涡轮靠废气推动旋转，经转子轴驱动压气机工作。压气机用于压缩空气，提高空气密度。中间体则起支承、密封、冷却、润滑等作用。

一、VTC254-13 型涡轮增压器

VTC254-13 型增压器是由瑞士 ABB 公司设计制造的 VTC 系列增压器的母型机，最早于 20 世纪 80 年代初推出。它将 VTR254 的外支承滚动轴承改为内支承滑动轴承，从而使结构非常紧凑，尺寸质量大大减小。据 ABB 公司介绍，VTC254 增压器有 30%左右用于机车。VTC254 增压器作为 VTC 系列的母型机，设计时采用了成熟的 VTR 系列增压器通流元件的设计经验，这就使得它有较宽广的运行特性，压气机和涡轮的效率较高。

16V280 系列柴油机所用的 VTC254-13 型增压器是四川江津增压器厂按照 ABB 公司技术生产的，1987 年开始为 16V2980ZJ 型柴油机配套，并进行了一系列配合调整试验，其匹配的综合效率可达 60%，基本满足了 16V280ZJ 型柴油机的要求。

（一）技术参数及元件规格代号

1. 技术参数（见表 3-4-1）

表 3-4-1　VTC254-13 型涡轮增压器技术参数

参　数	数　值
增压比	3.2
增压空气额定容积流量/（m^3/s）	2.9
增压空气额定质量流量/（kg/s）	4.68×（1±3%）
增压器允许转速/（r/min）	28 600×（1±2%）
增压器允许最高转速/（r/min）	29 400
涡轮前允许温度/°C	600

续表

参　数	数　值
涡轮前允许最高温度/°C	630
压气机进口真空度/kPa	≤2.45
涡轮背压/kPa	≤2.94
标定滑油进口压力/MPa	0.25～0.4
滑油最大流量/（L/min）	25
冷却水最大流量/（L/s）	1.0
净重/kg	465
空间尺寸/mm	1 193.5×650×777.5

2. 铭牌型号规格说明（见图 3-4-5）

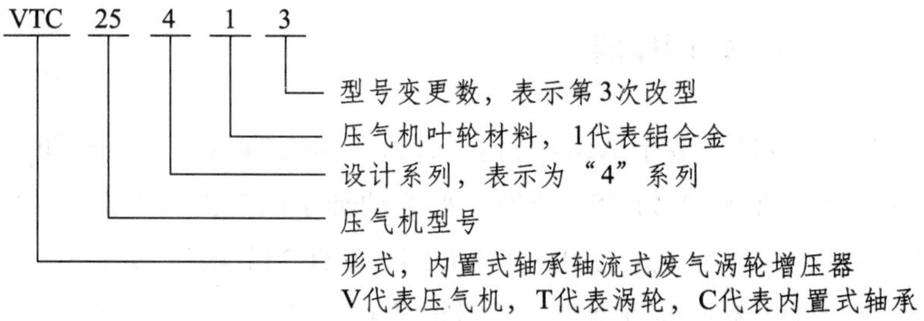

图 3-4-5　铭牌型号规格说明

（二）VTC254-13 增压器的结构

VTC254-13 增压器的结构如图 3-4-6 所示。

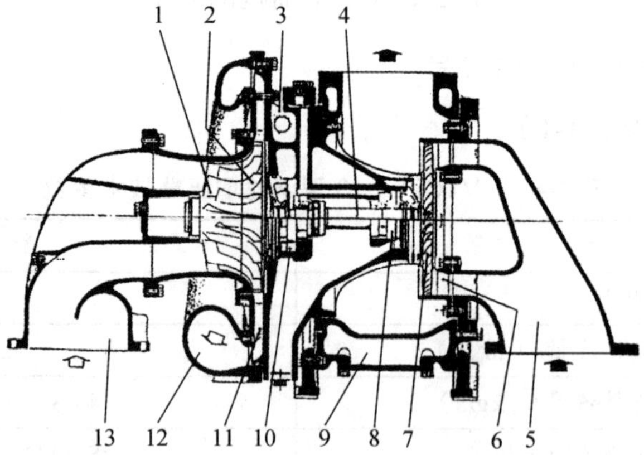

图 3-4-6　VTC254-13G 涡轮增压器

1—导风轮；2—压气叶轮；3—轴承座；4—转子轴；5—燃气进气壳；6—喷嘴环；7—涡轮叶轮；
7—涡轮端轴承；9—燃气排气壳；10—压气机端轴承；11—扩压器；
12—蜗壳（空气排气壳）；13—吸气弯头

压气机为单级离心式，由吸气弯头 13、导风轮 1、压气叶轮 2（工作轮）、扩压器 11 和蜗壳 12 等组成。吸气弯头呈环形渐缩弯道。中间凹进去部分便于安装测速传感器。导风轮采用 10 片长叶片和 10 片短叶片间隔分布，以增大流量范围，避免气流在导风轮进口处发生堵塞。压气叶轮为半开式，叶型为后弯型，这使得它的反作用度大、出口马赫数低、气动性好、效率高。导风轮和压气叶轮均由锻铝件机加工成形。扩压器叶片部分为机翼型叶片，共有 19 片，采用球铁铸造并经机加工成形。机翼型叶片流动损失小，变工况性能好，因此它比直线型或圆弧型叶片具有更高的效率。

压气机端结构如图 3-4-7 所示，导风轮与压气叶轮部分如图 3-4-8 所示。涡轮结构如图 3-4-9 所示。

涡轮为单级轴流式，由废（燃）气进气壳 5、喷嘴环 6、涡轮叶轮 7、废（燃）气排气壳 9 组成，如图 3-4-6 所示。16V280 系列柴油机排气系统为 MPC 系统，所以燃气进气壳为单进口，它与燃气排气壳法兰的连接可根据排气系统连接管的位置不同而调整角度，以减小废气在弯道的流动损失。进气壳出口处装有喷嘴环。喷嘴环采用耐温不锈钢材料。整体精密浇铸成型，如图 3-4-10 所示。其特点是：喷嘴叶片出口角误差小、精度高，通流面积和流道形状稳定，耐高温强度好，性能稳定，互换性强。涡轮叶片采用真空精密浇铸，由于承受相当高的热负荷和冲击负荷，其材料采用高强度镍基合金，叶根部分通过磨削使梅齿成形。叶片上的拉筋孔为带凸台的圆形孔结构（原结构为椭圆形孔结构），采用线切割加工而成。涡轮叶片与主轴轮盘靠齿形梅头连接而以锁紧垫片锁定。叶片间拉筋孔中穿接有拉筋丝，以防止叶片因自振引起的损害。拉筋丝由耐高温、耐锈蚀强的镍基合金制成。

增压器的密封由气封和油封两部分构成。压气机端和涡轮端的气封为迷宫式密封环，分别装于压气叶轮衬套上和转子轴的涡轮端上（见图 3-4-8 和图 3-4-11）。油封由两端的油封环承担，分别与轴承配合在一起（见图 3-4-12 和图 3-4-13）。润滑油的密封由油封和气封共同承担，缺一不可。

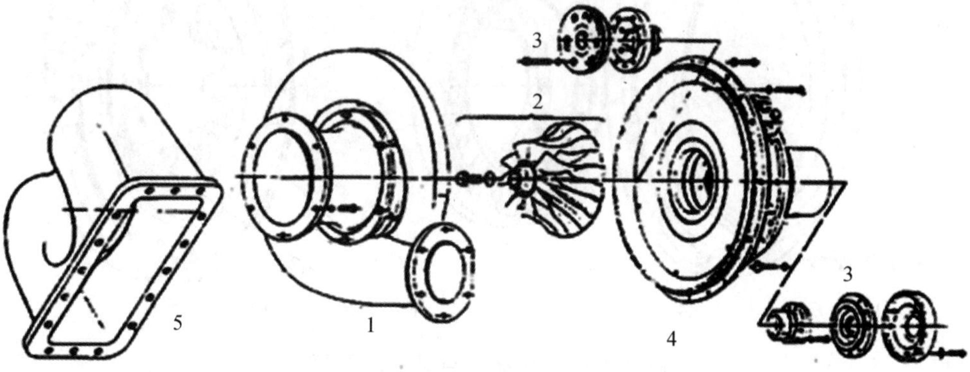

图 3-4-7　压气机端

1—叶轮罩与蜗壳；2—导风轮与压气叶轮；3—压气机端轴承；4—轴承座；5—吸气弯头

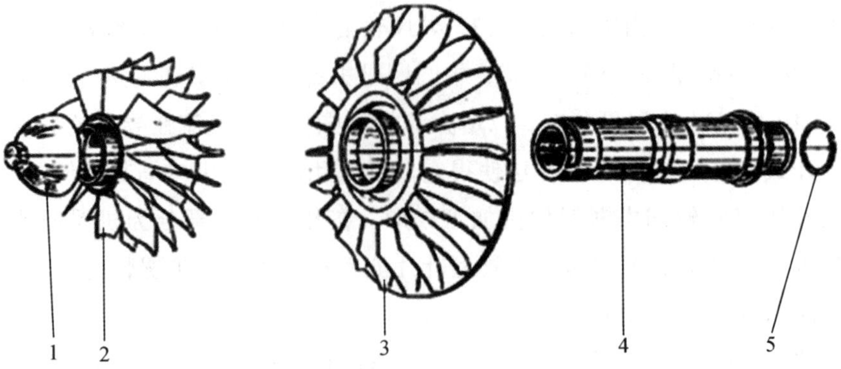

图 3-4-8　导风轮与压气叶轮总成

1—帽；2—导风轮；3—压气叶轮；4—叶轮衬套；5—迷宫式密封环

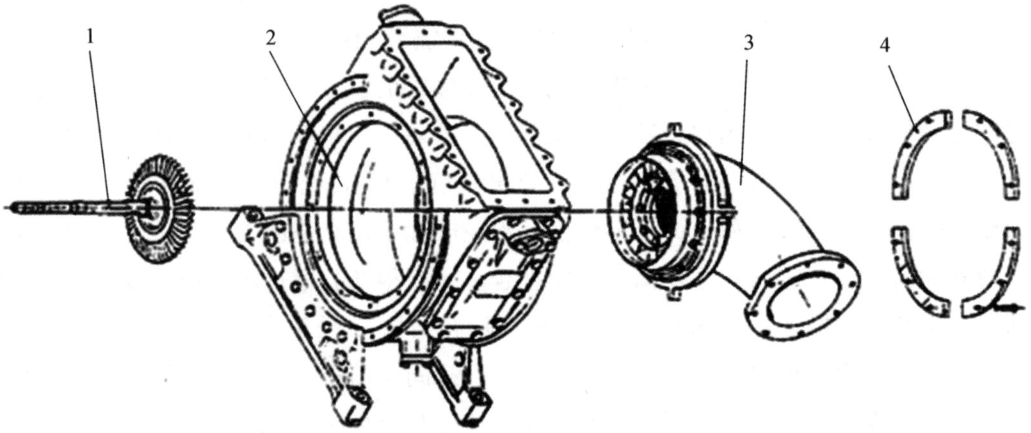

图 3-4-9　涡轮结构

1—转子轴；2—燃气排气壳与支架；3—喷嘴环与燃气进气壳；4—扇块

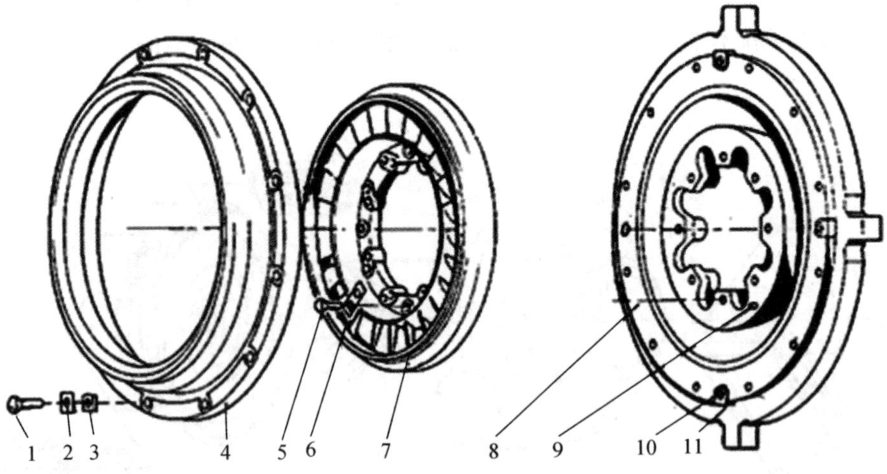

图 3-4-10　喷嘴环与燃气进气壳

1，5，10—螺栓；2，3，6，11—止动垫片；4—喷嘴罩；7—喷嘴环；8—燃气进气壳；9—销

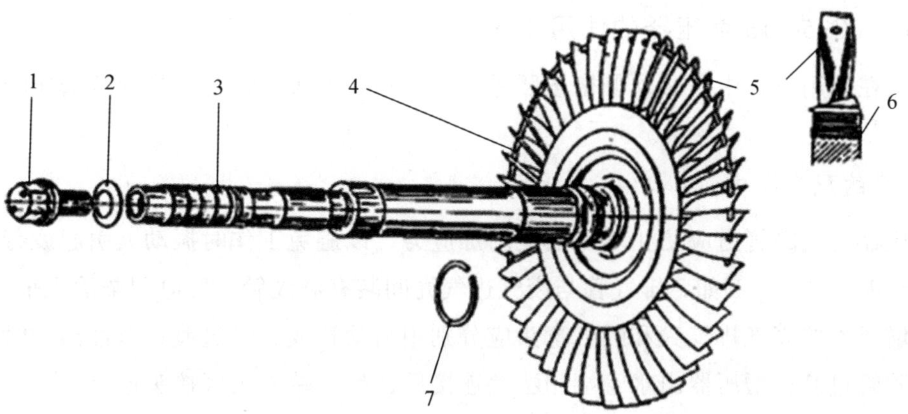

图 3-4-11　转子轴

1—螺栓；2—弹簧垫片；3—光轴；4—拉筋丝；5—涡轮叶片；6—锁紧垫片；7—迷宫式密封环

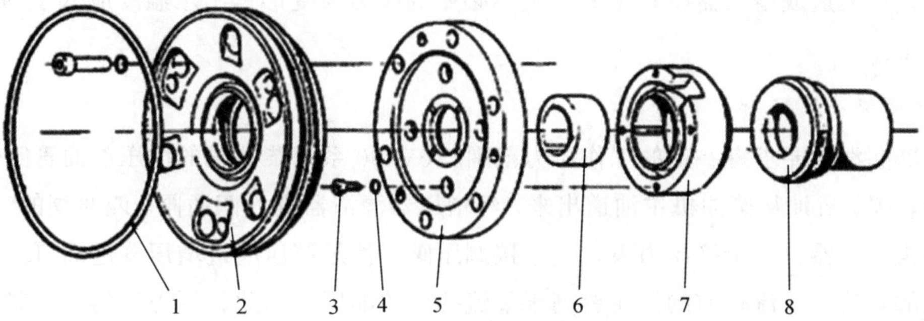

图 3-4-12　压气端轴承组成

1—油封环；2—油封盖；3—螺栓；4—锁紧垫片；5—辅助轴承；6—浮动套；7—滑动轴承；8—推力轴承

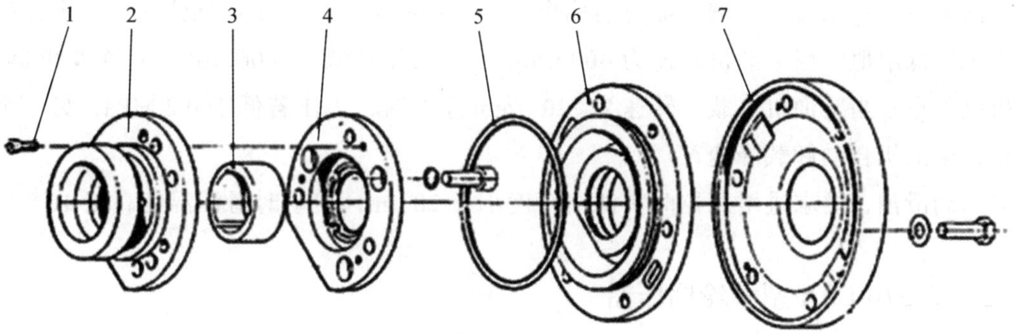

图 3-4-13　涡轮端轴承组成

1—螺栓；2—轴承座；3—浮动套；4—垫圈；5—油封环；6—油封盖；7—端盖

VTC254 增压器的冷却集中在燃气排气壳上。排气壳体带有冷却水腔，废气传给增压器的热量，少量由润滑油带走和增压器本身散热带走，大部分主要是靠冷却水冷却。为保证冷却水在水腔中的分布均匀，冷却水的流向为低进、高出。

（三）VTC254-13 增压器的使用要求

增压器在使用过程中，必须严格按照有关规定和要求操作，否则易导致增压器的非正常损坏。

1. 使用的配套要求

与增压器连接的管道应防止增压器受附加应力，以避免工作时振动大引起疲劳破坏，造成漏气、漏水、漏油。例如，排气管与废气进气壳间装有波纹管；发电用柴油机采用室外进、排气时，增压器的废气排气壳和吸气弯头应分别用活动管或软管过渡；滑油出油管、冷却水进水管用胶管过渡；增压器出水管端用法兰连接后，另一端采用管接头连接。

增压器的冷却水应同柴油机一致，使用去离子水，以防止增压器水腔因积垢、积污而造成热交换不畅和水流堵塞。进水管一般在增压器底部，出水管在增压器两侧的上部，错接会造成无法冷却或不完全冷却。在柴油机标定转速时，冷却水进出口温差应控制在 8 ~ 12 °C，以防因温差过大造成增压器冷却水腔产生不必要的应力与变形；出水温度应低于 95 °C，以免冷却不足。

2. 供油要求

增压器润滑油要求有一定的工作压力范围。16V280 系列柴油机的增压滑油管路带有一套油压保护装置。机油从柴油机主油道出来，经增压器滤清器进入四通阀。四通阀的三个出口，一个接一组继电器，一个接压力表，一个接调压阀。油经调压阀进增压器进油口。由于进油口节流孔的限流，节流孔前的油压要高于节流孔后的油压。因此，压力表的值在柴油机标定转速时要求在 0.25 ~ 0.40 MPa。若表压值高于 0.4 MPa，调压阀就旁通卸压。在任何工况下，增压器内的工作油压不允许低于下限 0.06 MPa。因此，各工况的最低工作压力均要高于此值，解决方法由继电器来实现。继电器每组两个，一个控制柴油机油压最低值；另一个控制柴油机常用工况低限值。当柴油机转速为 400 r/min 时，表压若低于 0.06 MPa，一个继电器动作，柴油机就停车；当柴油机负载，转速为 720 r/min 左右时，表压若低于 0.2 MPa，另一个继电器动作，柴油机自动卸载降速。

对于润滑油，要求进增压器时其滤清精度小于 20 μm，启动时滑油温度高于 10 °C。

二、ZN310-LSA 型涡轮增压器

ZN310-LSA 型增压器是专为 16V280 系列柴油机配套，由大连内燃机车研究所设计制造（见图 3-4-14）。该增压器于 1989 年完成样机性能试验和可靠性试验，1989 年和 1990 年进行了三次配套试验，1991 年装于 DF_9 进行线路运行考核试验，1993 年底顺利完成 15 万千米线路运行考核试验。试验完成后拆检证明，该增压器情况良好，可满足 16V280 系列柴油机的使用要求。

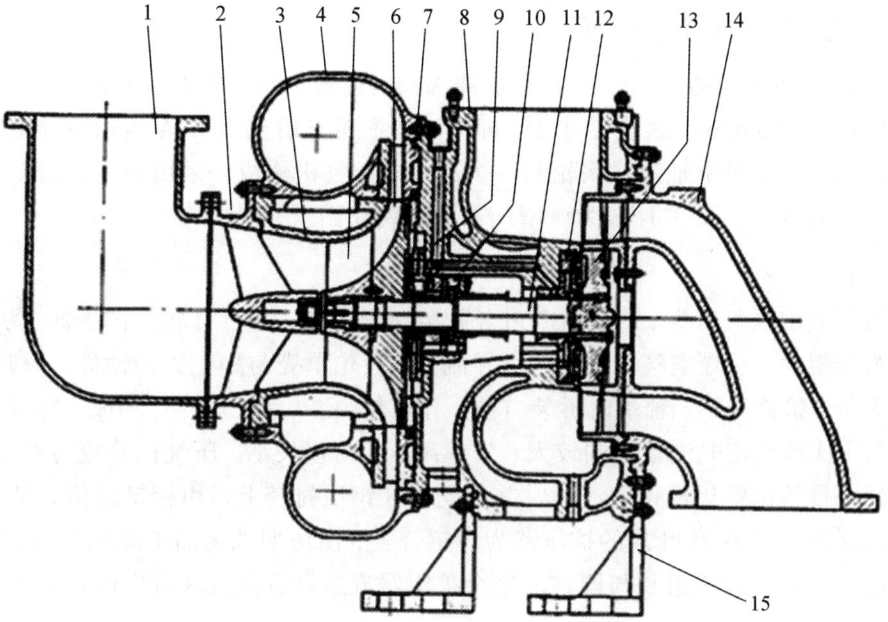

图 3-4-14　ZN310-LSA 增压器结构简图

1—吸气弯头；2—导流管；3—叶轮罩壳；4—蜗壳；5—导风轮；6—压气机叶轮；7—扩压器；8—涡轮出气壳；9—压气机气封圈；10—压气机端轴承总成；11—转子；12—涡轮端轴承总成；13—喷嘴环；14—涡轮进气壳；15—支架

（一）主要技术参数（见表 3-4-2）

表 3-4-2　ZN310-LSA 型增压器主要技术参数

参　数	数　值
增压器允许最高转速/（r/min）	24 500
涡轮前允许最高温度/°C	650
压气机进口真空度/kPa	≤2.94
涡轮背压/kPa	≤1.96
滑油进口压力/MPa	0.25 ~ 0.4
滑油出口温度/°C	≤100
滑油滤清精度/μm	15
冷却水出口温度/°C	≤80
转向（从压气机端看）	逆时针
质量/kg	≤600
空间尺寸/mm	1 194×665×778

（二）ZN310-LSA 型增压器结构

ZN310-LSA 型增压器，代号中 Z 表示轴流式涡轮增压器，N 表示内置支承，310 表示压气机叶轮外径约 310 mm，LS 表示连所（即大连内燃机车研究所），A 表示设计更改型号为第一次设计。它由一个单级轴流式涡轮和一个离心式压气机构成，采用内置式滑动轴承结构，外供冷却水和润滑油。图 3-4-13 为该增压器的结构简图。

1. 压气机部分

压气机部分由吸气弯头、导流壳、叶轮罩壳、导风轮、压气叶轮、扩压器、蜗壳等构成。吸气弯头为铸铝件，引导空气轴向进气。导流壳、叶轮罩壳与蜗壳为铸铁件，分开设计制造，使得结构简单，检修转子、轴承时拆装方便。导风轮由 20 片长短叶片构成，特点是防堵塞效果好。在高压比高转速时流量范围较大，效率高，冲击损失小。压气机叶轮为半开式直叶片，它与导风轮一样均由锻铝经铣削成形，并共同压在钢质衬套上，由销键定位，从而保证了整个组件的动平衡。有 19 片叶片的扩压器为铸铝合金，由仿型铣床加工成机翼形，它与扩压器盖板连接成一组件，便于组装与调整。整个扩压器流道具有高效区宽广的特点，尤其在部分负荷时。

2. 涡轮部分

涡轮部分由涡轮进气壳、喷嘴环、涡轮叶片、涡轮出气壳等构成。喷嘴环由耐高温强度较好的 2Ci13 合金钢整体精铸而成，靠 6 个耐热合金螺栓固定在进气壳上，并用耐热康铜丝锁住。喷嘴环镶套也紧固在进气壳上，以保护喷嘴环。涡轮动叶片由精密浇铸的 39 片单片构成，每片叶片采用大头厚叶型。叶根榫头为枞树型，经磨削成型，安装时镶在涡轮盘上，用锁紧片轴向锁定。涡轮进气壳与出气壳均为铸铁件，出气壳采用大排气腔结构，流场分布均匀，可大大降低余速损失。

涡轮部分的设计着重考虑了解决 16V280 系列柴油机部分负荷时性能下降的问题，同时兼顾了高工况时的涡轮效率。在设计时，喷嘴入口到动叶出口根部直径逐渐倾斜，沿叶高采用等密度流及等环量的径向扭曲，叶栅较大的正冲角增大了进口流道宽度和收敛度，减小了背叶外廓线的弯度。这样，气流在大熔降、高马赫数时，在进气参数大幅度变化时，其工作状态均能令人满意。试验表明，该增压器在变工况时，叶型损失较小且变化小，抗振强度和抗腐蚀性良好，涡轮效率较高。

3. 支承、密封与冷却

增压器的内置支承为悬臂式布置，转子支承在压气机端和涡轮端的两个径向轴承上。涡轮端轴承为单一的径向轴承，靠螺钉定位在轴承座上。压气机端由径向轴承和推力轴承组成，具体结构为:径向轴承由螺钉定位在轴承座上；止推垫板、推力轴承体、推力轴承端板和导油罩用螺栓固定在轴承座上；承受轴向力的主、辅止推轴承装于轴承座内侧的推力轴承端板与止推垫板间。这一结构具有结构紧凑、体积小、拆装方便的特点。

整个增压器由压气机端支架和涡轮端支架支撑。

增压器的油封，采用活塞环结构。压气机端轴承的滑油密封由油封圈、安装在油封圈上的弹性密封圈和甩油盘构成。涡轮端轴承的滑油密封由主轴的反螺纹油封槽与气封圈内圆面构成。

增压器的气封，压气机端由气封圈和压气叶轮背面所组成的径向迷宫式气封构成，涡轮端由气封圈的迷宫式气封槽与涡轮盘内侧凸肩构成。

增压器涡轮的冷却由涡轮出气壳承担。出气壳为双层水冷结构，主要靠冷却水冷却，滑油兼作轴承冷却。

（三）运用与维护保养

1. 安装及对油、水的要求

安装前，应检查增压器各接口是否有保护封口。若封口损坏，应检查内腔，确保无异物进入。

安装时，应防止增压器承受附加应力，凡与增压器连接的管道，应安装可伸缩的膨胀补偿管或采用耐温、耐油橡胶套。

冷却水管用法兰连接，进水管内径≥32 mm，出水管内径≥34 mm。冷却水必须在涡轮出气壳底部进，出气壳上部两侧同时出。

滑油管要求进油管内径≥15 mm，回油管内径≥32 mm。回油管必须在增压器底部引出，尽量不要有弯道，以免回油阻力大。

进油管道应装有油压保护装置，当工作油压低于 0.06 MPa 时，油压继电器动作，柴油机停车。当柴油机负载、转速为 720 r/min 左右时，若增压器进油压力低于 0.2 MPa，油压继电器动作，柴油机卸载。搁置时间若超过一个月后安装使用，应检查转子是否灵活，拨动时手感应轻松灵活，无碰擦声，拆下涡轮出气壳和蜗壳的底部的油堵，放出积水和积油。

增压器应使用去离子水来冷却，冷却水进出口温差为 8 ~ 12 °C，出水温度应低于 90 °C。

2. 清　洗

检修时，拆下的涡轮出气壳可用 5%的盐酸溶液进行清洗，清洗液中应添加防腐剂，以防止铸铁锈蚀。

3. 检　修

增压器的定期检修范围参照 VTC254-13 增压器。检修时，复测转子轴向间隙（间隙值应为 0.18 ~ 0.28 mm）。

任务 3-4-I-3　空气滤清器

一、空气滤清器的作用

空气滤清器拦阻或去除进气中的灰尘和杂质，以减少气缸套、活塞环、活塞及气门等机件的磨损和故障，同时还可以减少对机油的污染。

机车用空气滤清器（简称空滤器）的形式有离心回旋式、叠纸滤芯式、金属板网式、泡沫塑料滤芯式、油浴式等基本形式，以及由上述基本形式组合成的复合滤清型结构。

尽管空滤器的形式多种多样，但其滤清原理基本上有三类：惯性法——引导气流高速旋转，利用离心作用把空气中所含的灰尘和杂质分离出来；油浴法——使空气快速掠过机油面，利用机油的黏性，粘住气流中的杂质；拦阻法——滤芯的空隙密而细，当空气通过滤芯时，空气中的杂质被阻挡在滤芯外。

二、空气滤清器的结构

柴油机要求空气滤清器有高的滤清效率，对空气的流动阻力小，清洗保养前的连续使用期长，维修方便。

DF_{8B} 型内燃机车采用离心回旋——金属板网复合式空气滤清装置。两套空气滤清装置分别安装在机车动力室的车体左、右侧壁上，担负着前、后两台增压器的进气滤清任务。柴油机工作时，外界空气先经离心回旋式过滤装置进行一级滤清，然后进入钢板网滤清装置进行二级滤清。清洁空气经风道及帆布连接套后进入压气机升压，压力空气经中冷器冷却后进入稳压箱。

离心回旋式过滤装置如图 3-4-15 所示，每个旋风筒是一个过滤单元。旋风筒由旋风筒体和出风口两部分组成，两部分皆采用聚酰胺树脂压注成型。

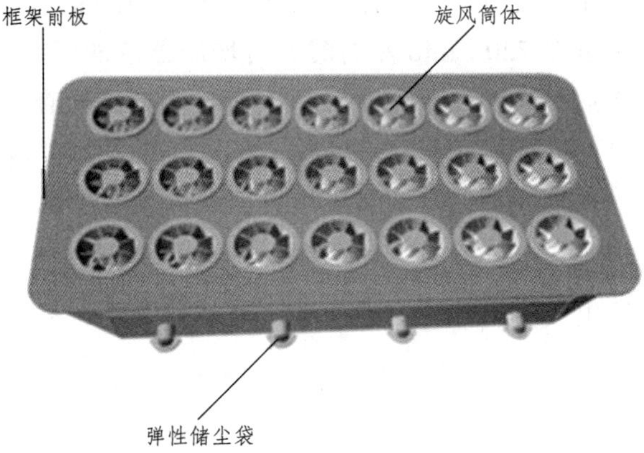

（a）旋风过滤装置

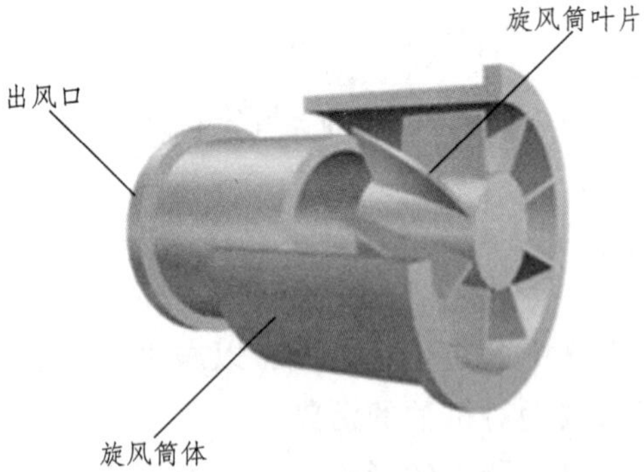

（b）旋风筒

图 3-4-15　旋风过滤装置和旋风筒

旋风筒体上有 8 个扭曲的导向叶片。柴油机工作时，外界空气被吸入旋风筒，并沿 8 个导向叶片旋转前进，由于离心的作用，空气中的杂质被甩向筒壁碰落在框架底部，以后逐渐进入储尘袋暂存，而空气则经中央的出风口进入内部风道去进行二级滤清。橡胶制成的弹性储尘袋平时呈闭合状态，当需要除尘时，用手捏动下部，排尘口打开，排出灰尘杂质。

二级滤清为钢板网滤清器组，每一组滤芯安装在同一框架中。每组装有 4 个滤清元件，每个元件由 6 层钢板网叠成，中间 4 层为细滤网，外部两层为粗滤网。粗、细滤网是用薄钢板冲出不同尺寸的菱形网眼而区分，相邻两层板网上的网眼交错 180°。网眼的边棱上储有机油，当空气流过 24 层钢板网时，交错的网眼使空气曲折流动，空气中的尘埃杂质被网眼边棱上的机油所黏附。每个框架上还装有拉手、弹簧和挂钩，弹簧用来把滤清器组压装在空滤器风道构架上。当机车途径多风沙、暴风雪及空气污染严重地区时，可打开空滤器下部的内进气活门，使压气机抽吸车体内的空气。在正常情况下，内进气活门仅用来清扫风道和除尘。

三、空气滤清器的保养

要重视对空气滤清器的保养。旋风过滤装置要定期除尘，钢板网滤清元件要定期清洗，并要重新浸渍在干净的机油内，然后垂直提起滴干，重新装入风道。如长期不洗，则网眼阻塞或油膜干结，将会使进气真空度增大，气缸内充量不足，从而使柴油机的动力性和经济性下降。同时也可能由于大块尘埃掉入气缸而增加气缸套和活塞组的磨损。

任务 3-4-1-4　中冷器

中冷器是柴油机增压系统中一个比较简单的部件，但它对提高柴油机的功率、改善柴油机的性能，都有着不可忽视的作用。随着增压度的不断提高，中冷器已经被普遍采用，成为进一步强化现代增压柴油机的一个不可缺少的装置。

16V280ZJA 型柴油机采用管片式铜中冷器，有 GEA（芜湖）公司生产的 KLQ53D 型中冷器（圆管结构）和大连通用热动力公司生产的 MBKL64 型 DF_{11}、DF_{8B} 机械连接式中冷器（扁管结构）两种。它主要由冷却芯子、侧板和进出水盖板三部分组成。其中，冷却芯子中的翅片管用胀接法与两端管板连接在侧板上。侧板与管板之间、进出水盖板与管板之间采用石棉橡胶板垫片，实现水、气两侧的密封。根据冷却设计需要，KLQ53D 型中冷器的进出水盖板上设有隔板，把水腔分成三个部分，使冷却水实现三流程。而 MBKL64 型中冷器则为单流程。

冷却芯子采用 S99 多管-片式冷却元件，在圆管（或扁管）外套有扰动破口的散热片，用于冷却增压空气。冷却水在管内流动，空气在管外流过翅片管束，增压空气的热量通过管内冷却水带走，达到冷却增压空气的目的。

一、KLQ53D 型中冷器

KLQ 系列中冷器的冷却芯子由冷却芯管（圆管）和冲有破口的翅片构成。芯管和翅片通过胀接连接，再用胀管器把芯管两端胀紧在管板上。侧板与管板采用螺栓连接。进出水端盖与管板的连接也采用螺栓，中间加垫片密封。进出水端盖上带有隔板，隔板将冷却芯子隔成三流程。该类中冷器具有散热性能好、寿命长、易清洗的特点。其外形结构见图 3-4-16。

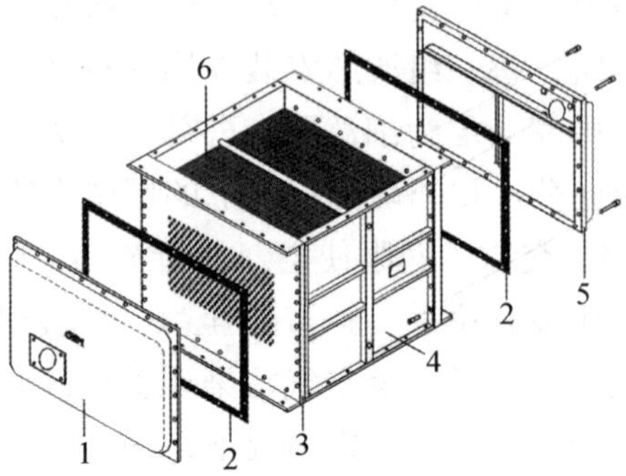

图 3-4-16　KLQ 系列中冷器结构

1—进水端盖；2—端盖垫片；3—管板；4—侧板；5—出水盖板；6—翅片和管板

1. 主要技术参数

中冷器型号	KLQ53D
中冷器进水温度	50 °C
冷却水流量	50 m^3/h
中冷器出口温度	≤65 °C
空气压力损失	≤4.0 kPa
散热量	412 kW
冷却面积	53 m^2
质量	240 kg

2. 检　修

该型中冷器大修前原则上不拆检，中修时对中冷器作整体压力试验进行检查。同时检查进气侧散热片是否变形，对变形严重的散热片进行校正。对于发生漏水的中冷器，应按如下步骤进行。

（1）校正散热片。

变形的散热片需校正，否则影响气道的流通阻力。

（2）管漏的处理。

水管漏水，可堵、套芯管来解决。

① 堵管：可用坚硬的木塞、橡胶塞或铜螺塞封堵（不能用钢质螺塞，因钢质螺塞会损坏管板孔），封堵根数为 8 ~ 10 根。

② 内套芯管：用直径小一号的芯管插入渗漏芯管中，用扩胀器将芯管两端胀紧在管板上。最好先将整个芯管胀紧在渗漏的芯管上，可使传热性能比仅两端胀紧的要好。

（3）压力试验。

压力试验分水压试验和气密性试验。水管用水压试验，慢慢升压至 0.4 MPa 压力后至少保持 5 min。水压试验分整体（整个中冷器）和单管（拆掉水侧盖板后，用带有水管接头的塞子塞住）。整个中冷器进行气密性试验，0.4 MPa 下至少保持 30 min 不冒气泡。

二、MBKL64 型中冷器

该中冷器由冷却芯体、密封垫和进出水盖等组成。冷却芯体由带焊锡层的冷却芯管（通水扁管）穿入冲有破口的翅片，经烘焙炉加热，使扁铜水管与散热翅片得到有效连接而成。芯管两端则经多次扩和胀实现与主片（管板）的紧密连接，从而可避免钎焊式中冷器芯管两端由扁到圆的过渡处因热负荷、机械负荷所产生的应力而造成裂漏。其外形结构见图 3-4-17。

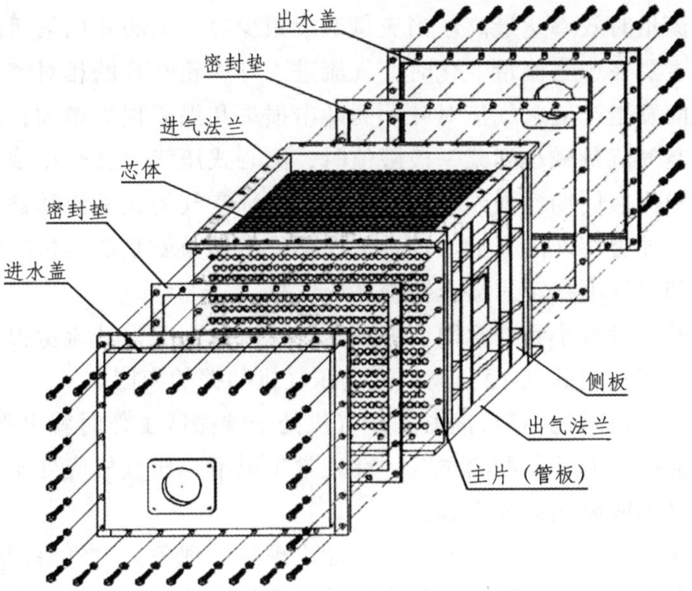

图 3-4-17　MBKL64 机械连接式中冷器结构

1. 主要技术参数

中冷器进水温度	50°C
冷却水流量	50 m^3/h
中冷器出口温度	≤65 °C
空气压力损失	≤4.0 kPa
散热量	407 kW
冷却面积	64.4 m^2

2. 检修要求

① 翅片与扁管的焊合必须坚固密合，焊着率应不低于 85%。

② 对倒伏的翅片，应用梳齿梳直或用尖嘴钳夹直。

③ 进行 0.4 MPa 的气压试验，中冷器完全沉入水中保压 30 min，不得有泄漏。

任务 3-4-1-6　涡轮增压系统运用中的几个问题

柴油机的涡轮增压系统在运用中可能出现一些异常现象，严重时可能造成故障，这不但影响柴油机的动力性、经济性和运转的平稳性，严重时还会使增压器损坏，甚至使柴油机无法运转。

一、离心式压气机的喘振

喘振是离心式压气机在运用中出现的一种工作不稳定现象。

在一定转速下，压气机的增压比和效率随流量而变化的关系称为流量特性。离心式压气机的转速不同，则增压比和流量也不同。如压气机转速一定，随着流量减少，增压比和效率先是提高，到某一流量时效率达最高。当流量继续减少时，离心式压气机的增压比和效率开始下降。这种特性主要在于当流量变化时，气流进入导风轮叶片的相对流动的方向及进入扩压器叶片流道的方向发生改变，气流对叶片的冲击损失和涡流损失增加，因而造成效率降低和增压比减小。当空气流量减小到某一极限值时，离心式压气机就会出现工作不稳定现象。此时，空气的压力和流速周期性强烈脉动，压气机内部空气的正常流动被破坏，叶轮和扩压器强烈振动，同时伴随着特殊的音响，这种工作不稳定现象就是压气机的喘振。喘振现象不但使压气效率降低和供气不稳定，甚至会损坏压气机。

离心式压气机的流量减小到一定限度，在压气机流量小于设计流量很多时，叶轮进口与扩压器叶片流道内出现强烈的气-面分离，这是压气机喘振的内因。

涡轮增压器与柴油机匹配不当，离心式压气机处于喘振区工作时就出现工作不稳定现象，因此柴油机和增压器要经调整和配套试验。在正常工况下，压气机应处于稳定区工作，既不能离喘振线太近，又不能离喘振线太远。

匹配好的增压器在运转条件变化时，仍可能出现喘振现象。空气滤清器、中冷器、压气机叶轮叶片和扩压器叶片、喷嘴环叶片和涡轮叶片等如果沾污和堵塞，或柴油机气门和气道积炭时，也都会造成增压器流量减小，很可能诱发喘振。因此，应经常保持空气流道和燃气流道的清洁和畅通，按时检查和修理。当柴油机突然卸载或转速急剧降低时，气缸内所需的空气量大大减少，但由于增压器转子惯性运转的原因，一时压气机空气量供过于求，因而背压升高流量减小，也可能发生喘振。所以在机车运行过程中，司机手柄不能回得过急，并要尽量防止柴油机突然卸载。环境温度变化幅度过大、机车通过长大隧道或高原地区、中冷器水温过高或水量过小等都会改变增压器与柴油机的匹配关系，从而发生喘振。

二、增压压力不足

增压压力不足是指在同样柴油机负荷下，与正常情况相比出现增压压力比正常压力低10%以上的现象。增压压力不足会使柴油机的气缸充量减小，不但功率下降，而且在同样负荷下还会使燃烧过程恶化，造成柴油机燃油消耗率增加和排气温度上升。如柴油机排气温度升高过大，会直接影响柴油机和涡轮增压器的工作可靠性。

空气滤清器、压气机叶片和扩压器叶片等空气流道沾污或堵塞，压气机叶轮与叶轮罩或与气封间隙过大，压气机叶轮与上述壳体有碰擦现象使机械阻力增加，这些因素都会使增压压力不足。因此，应根据使用条件定期清扫空气流道，并提高压气机的组装精度。

燃气流道沾污和积炭，涡轮背压升高或喷嘴环堵塞较严重；气封、油封不严，机油结渣，转子转动阻力增加；与柴油机匹配不当，喷嘴环出口截面较大等，也会造成增压压力不足。因此，应注意对喷嘴环及涡轮气封等的保养，定期进行检修和清扫流道。

此外，在涡轮增压器以外的压缩空气通道内气体泄漏，如中冷器进气道软接管橡胶老化或接口错位，气缸盖进气支管漏气等，也都会使增压压力降低。

三、增压器异常振动

涡轮增压器在运用过程中，有时会出现异常强烈的振动现象，不但加大了轴承和其他机件的机械负荷，缩短了轴承的使用寿命，而且还可能造成旋转件与固定件的碰擦及破损事故。产生异常振动的主要原因是增压器转子不平衡，零件脱落、破损、松动使安装位置变化，轴承损坏及转子严重积炭等。在检修过程中要保证转子的动平衡，必要时进行试验与调整。运用中如果发现异常振动，应立即停机，防止事故扩大。

任务 3-4-2　GEVO16 型柴油机进排气系统

一、柴油机废气涡轮增压系统

GEVO16 型柴油机作为高强化度的大功率中速柴油机，采用了废气涡轮增压系统。废气涡轮增压系统主要由排气管、废气涡轮增压器、中冷器、进气管四部分组成，如图 3-4-18 所示。

图 3-4-18　GEVO16 型柴油机进排气系统

（一）增压器

GEVO16 型柴油机的增压器是由 GE 公司自主开发的产品，具有高效率、大流量、高压比的特点，不仅性能优越，而且质量轻、尺寸小、结构紧凑，另外该增压器可靠性高，能适用于不同环境的应用。

GEVO16 型柴油机选用了两个增压器布置在柴油机的自由端，安装在前端集成盖上，分左右对称布置，节省安装空间，如图 3-4-19 所示。

图 3-4-19　GEVO16 型柴油机增压器及中冷器

GEVO16 型柴油机的增压器压气机为单级离心式，由进气直管、导风轮、压气叶轮、扩压器、涡壳等组成。导风轮和叶轮的设计具有满足大流量气流的要求，且气动性好、流动损失小、效率高以及变工况性能好的特点。进气涡壳的法兰连接可沿增压器轴心方向周向旋转，能按照不同进气管路的要求调整角度，便于结构的布置。GEVO16 型柴油机的左右增压器正是按照柴油机总体紧凑布置的要求，分别调整了进气涡壳的角度，使得左右增压器相距很近，减少了柴油机的总宽度。

增压器支架与增压器的涡壳体铸成一体，并将增压器的冷却水进口和润滑油的进出口集成在涡壳的底座上。这样既便于柴油机的总体布置，又大大简化了冷却水和润滑油的管路，方便了柴油机的检修和维护。增压器底座采用 8 个螺栓固定在前端盖组件（IFE）上，同时在涡壳和 IFE 之间采用了马鞍形的过渡板加强连接，保证了产品的可靠应用。

增压器侧面装有增压器转速传感器，废气涡轮端装有排气温度传感器，用于检测增压器的转速与排气温度，并反馈到柴油机控制单元（ECU）中，对增压器的状态进行监控。增压器两转速差不应超过 200 r/min，若超过该数值，系统默认为增压器转速故障，将停机自锁。左右排气温度传感器，若其中一个出现故障，另一个可以进行补偿调节。

（二）中冷器

GEVO16 型柴油机配置两个中冷器，分别装于前端盖组件左右两侧的内腔中。

GEVO16 型柴油机选用了冷却面积大、效率高的铜芯中冷器，采用板翅式结构和胀接工艺，即总管到支管和支管到肋片的装配通过胀管紧密连接。其中，水处于各支管内，而空气则流动于肋片之间，并在安装箱下部设有警示孔，用来检查中冷器是否存在泄漏，以防止冷却水进入稳压箱，如图 3-4-19 所示。

GEVO16 型柴油机的中冷器采用抽屉式安装方式，即中冷器首先安装在 IFE 的铝制侧罩盖上，芯子和铝盖之间采用螺栓连接，中冷器和铝罩盖形成完整的冷却水循环并组成一个整体，像抽屉一样，然后将此整体插入 IFE 的安装内腔中，并依次通过螺栓紧固到 IFE 上，如图 3-4-20 所示。这样中冷器铝罩盖为中冷器水管和进气管提供安装平面，并将中冷器芯体悬挂在 IFE 内。

图 3-4-20　中冷器的安装

（三）进气管

GEVO16 型柴油机的进气管道由左右独立的进气直管、安装中冷器的侧盖罩和位于柴油机的 V 形夹角内四节进气总管组成，如图 3-4-21 所示。

图 3-4-21　进气总管

进气总管是柴油机进气系统中的重要零件，共分四节，每两缸一节，固定安装在机体 V 形夹角间的顶部。四节进气总管用螺栓连接成一体，形成柴油机的进气稳压室。从左右中冷器冷却后的压缩空气经过 IFE 的通道混合后进入进气总管形成的进气稳压室，加以稳定后流入气缸内。

四节进气总管的 16 个出气口与 16 个气缸盖的进气口一一对应，在每一个出气口设有圆形卡槽，用于安装 O 形密封圈。在安装气缸盖时，通过 O 形密封圈，进气总管出气口与气缸盖进气孔紧密贴紧，保证了空气的密封。该结构省却了螺栓连接，结构简单，密封性好，且拆装方便。

（四）排气管

GEVO16 型柴油机考虑到铁路运用负荷的实际情况，采用了模件式脉冲转换系统。左右排的气缸排气分别进入左右各自的增压器涡轮。

GEVO16 型柴油机的单排气管采用不锈钢铸焊结构，如图 3-4-22 所示。本体材料选用耐热不锈钢，在排气管的前端焊接不锈钢的波纹膨胀管。该排气管利用铸造的不锈钢体形成波纹管的内衬导流管，避免了焊接式内衬导流管脱落而损坏增压器的质量故障。波纹管与排气管体焊接在一起的另一大优点是，确保了排气管的安装方向，彻底解决了独立式波纹管膨胀节由于操作失误导致反方向安装的可能，从而避免了增压器的损坏。另外，波纹管与排气管焊接成整体，也方便了各排气管的组装调整。

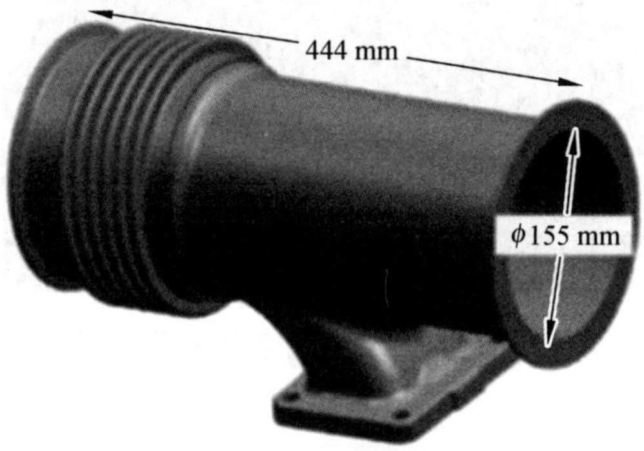

图 3-4-22　单节排气管

GEVO16 型柴油机的各节排气管之间采用卡箍连接，拆装方便。当排气管因泄漏更换时，注意排气管间的垫片是否在垫片的凹槽内，并用黄油涂抹后，再进行排气管卡箍紧固工作，以防位置不当造成返工。

二、柴油机进气空气滤清系统

（一）作　用

柴油机燃烧过程需要供给气缸大量清洁的空气。空气滤清系统则是对柴油机进气空气进行过滤的重要保护装置之一，其作用是给柴油机提供经滤清后的满足其要求的清洁空气，防止空气对冷却器污染、堵塞及柴油机有关部件的异常磨损，从而保证柴油机正常工作。

（二）原　理

柴油机空气滤清系统和它的主要部件的布置如图 3-4-23 所示。由增压器造成的真空度首先通过多孔 V 形网吸入空气，大的杂物（树叶等）被阻隔在外不能进入该系统。空气经过惯性滤清器（又称旋风筒式滤清器）的滤清，较大的颗粒（灰尘等）从空气中除掉。最后一步滤清是在袋状滤清器中进行的，此处，细小的颗粒物也从空气中除掉。滤清后的空气进入增压器，被压缩冷却后经进气总管进入各个气缸。

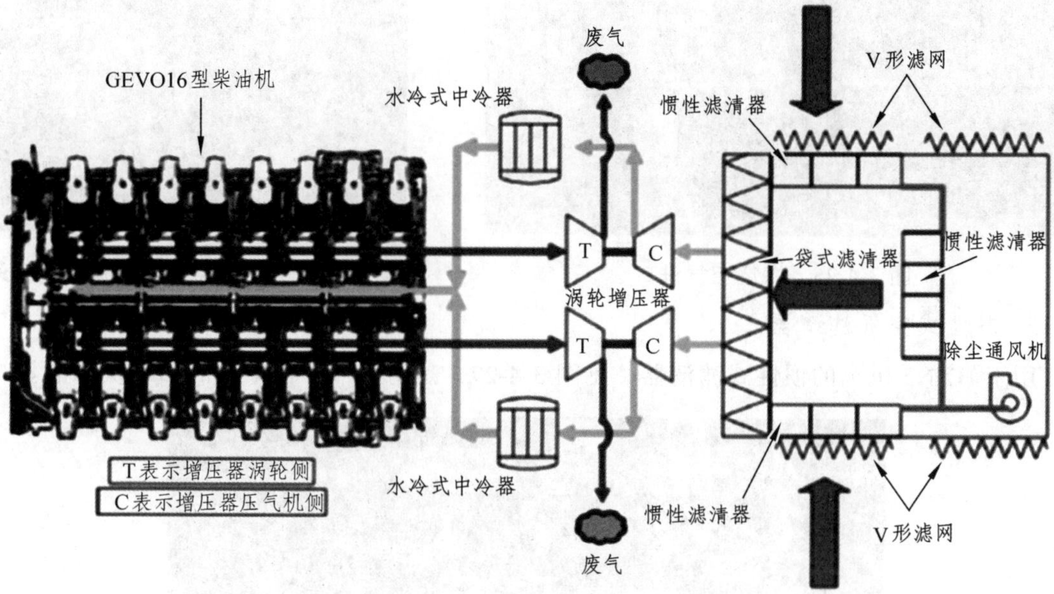

图 3-4-23　空气滤清系统

（三）主要部件

柴油机空气滤清系统组件包括冬/夏转换门、空气滤清器箱、进气 V 形网、10 个惯性空滤器、6 个袋式滤清器及排尘风机和连接软管等。其中，手动冬/夏转换门为手动控制，当放在“冬季“位时，门就阻断了位于冷却室的惯性空滤器，并开启一个通往动力室以引进暖空气的通路。打开两侧空滤器门（V 形网与惯性式滤清器组件），可接近并更换袋式滤清器。如图 3-4-24 所示。

图 3-4-24　柴油机空气滤清系统主要部件

1. V 形滤网

位于冷却室两侧的 V 形网（见图 3-4-25，图 3-4-26）为多孔型，形成“V”状可以增大空气进入的流通面积，而且能阻挡废纸、树叶等进入空气系统。

图 3-4-25 是机车上燃烧空气进口位置。图 3-4-26 为 V 形滤网。

图 3-4-25　燃烧空气进口

图 3-4-26　V 形滤网（去掉部分框架）

2. 惯性式空气滤清器

用于 HXN5 机车的惯性式滤清器（见图 3-4-27）是对空气中污染物的第二次滤清。

图 3-4-27　惯性式空气滤清器

气流经过 10 个惯性式滤清器（两侧各 3 个，靠冷却室端部 4 个），每一个滤清器包含 54 个独立的旋流管，这些管子都有螺旋叶片，当空气流经管子时，能使空气产生旋流。旋涡作用迫使较重的尘粒处于气流的外侧。“脏”空气在管子的出口处被分离出来，排放到脏空气风道中。其原理如图 3-4-28 所示。空气排污管（见图 3-4-29）上连接着排污通风机，以提供必要的抽吸力，帮助旋风筒产生旋风作用。排污通风机将“脏”空气送入冷却室。气流中间部分的清洁空气进入各自管中流向袋式空滤器。

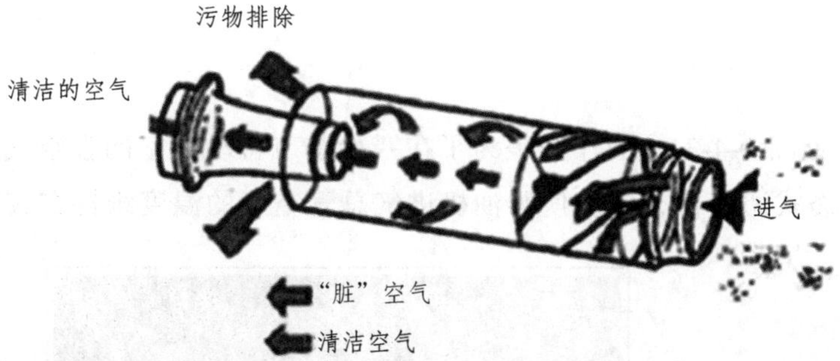

图 3-4-28　惯性式空气滤清器工作原理

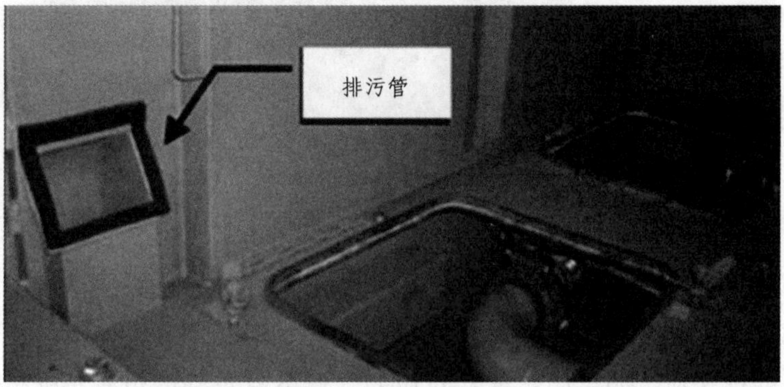

图 3-4-29　连接到滤清器间门上的排污管

3. 袋式滤清器

袋式滤清器（见图 3-4-30）的作用是清除来自惯性式滤清器的清洁空气中的细小颗粒（大于 3 μm），共有 6 个袋式滤清器。每个空滤器由连续的细玻璃纤维介质构成，纤维上涂有胶体油，工作中用以粘附脏物。这些滤清器安装在位于冷却室的燃烧空气滤清器箱内。通过机车两侧的门，可以接近这些滤清器。

图 3-4-30　袋式滤清器

4. 冬/夏转换门

（1）结构原理。

冬/夏转换门（见图 3-4-31）的作用是为了在寒冷季节将动力室的暖空气与车外冷空气混合，防止冰晶堵塞袋式滤清器，以及使柴油机进气总管空气的温度维持在较高水平。

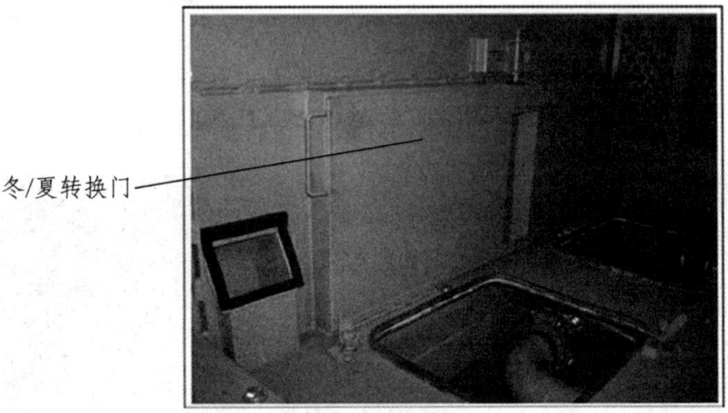

图 3-4-31　冬/夏季转换门的冬季位置

冬/夏转换门位于冷却室的隔间中。根据机车使用季节的不同，机车有两种工作方式，即采用冬/夏转换门进行转换，如果门不能在对应的气候下有正确的位置，机车性能可能会受到损失。在寒冷的天气工作时，为了将动力室的暖空气与车外冷空气混合，防止冰晶堵塞袋式空滤器，以及使柴油机进气总管空气的温度维持在较高水平，每个门的位置应部分阻断从惯性式滤清器来的空气通路。同时，该位置将打开从动力室来的空气通路。在夏季工作时，每个门的位置应能阻断通到动力室的空气通路。若门处在冬季位，燃烧空气可能被过分加热，这将导致燃油消耗量大、涡轮前温度高以及缩短涡轮增压器寿命。

（2）日常维护保养。

冬/夏转换门不需要常规的运用维修，然而，如果门不能在对应的气候下有正确的位置，机车性能可能会受到损失。

5. 空气滤清器箱

空气滤清器箱为钢板焊接结构，内有袋式滤清器安装架，其内安装 6 个袋式滤清器，如图 3-4-32 所示。图中箭头所指处为环境真实温度（ATT）（或 TIA）传感器。其作用是测量涡轮增压器（简称增压器）的进口空气温度，并将此信息被发送给柴油机控制单元（ECU）。柴油机管理软件依据此温度信息计算空气密度。另外，它也用于负荷率的计算。

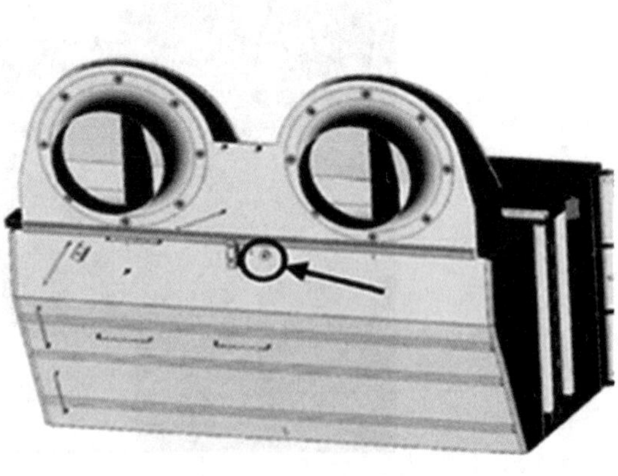

图 3-4-32　空气滤清器箱

6. 柴油机进气连接软管

柴油机进气连接软管（见图 3-4-33）将空气滤清器箱与柴油机增压器连接在一起。其采用符合标准的橡胶材料，能承受 – 40 ~ 250°F 的环境温度及 6.773 ~ 10.159 kPa 的内压。它可用来调节空滤箱与增压器间的相对位移，其允许横向错位量为 19 mm。

图 3-4-33　柴油机进气连接软管

【任务检查】

表 3-4-3　进排气系统——任务检查单

任务编号	3-4	任务名称	进排气系统认知	
序号	检查内容		是	否
1	能说明柴油机进排气系统的任务和工作要求			
2	能掌握 16V280ZJ 型、GEVO16 型柴油机进排气系统的基本组成			
3	能说明涡轮增压器、空气滤清器、中冷器的基本结构			
4	能说明空气滤清器、涡轮增压器、中冷器的工作原理			
5	能说明涡轮增压系统运用中的几个常见问题			

【任务训练】

一、填空题

1. 增压器喘振多是由于增压器与柴油机匹配不当，造成柴油机（　　　）而发生的。

2. 柴油机气缸排出（　　　　）的废气是燃油及时燃烧和较完全燃烧的标志。

3. 在热机状态下正常负载运转时，出现白烟或蓝烟是由于（　　　）或（　　　）的燃烧所致。

4. 涡轮增压器由（　　　　）、（　　　　）以及中间支承体、燃气进排气壳、压气机进出气壳等构成。

5. 喘振是（　　　　）在运用中出现的一种工作不稳定现象。

二、选择题

1. 为了达到增压的目的，柴油机需要有进、排气管路，增压器及（　　）等组成的增压系统。

A. 稳压箱　　B. 滤尘器　　C. 中冷器

2. 16V280ZJ 型柴油机配气相位规定：下止点后（　　），进气门关。

A. 44°　　B. 45°　　C. 46°

3. 下列哪些作用不属于增压器中间支撑体的作用？（　　）

A. 支撑　　B. 密封　　C. 冷却　　D. 调速

4. 柴油机中冷器发生故障时，可能造成柴油机（　　）。

A. 冒蓝烟　　B. 增压器喘振　　C. 冒黑烟　　D. 机油压力低

5. 下列哪些故障现象不属于由增压器故障引发的？（　　）

A. 增压器喘振　　B. 柴油机进气压力低　　C. 柴油机冒黑烟　　D. 冷却水温超高

三、判断题

1. 增压器涡轮靠新鲜空气推动旋转，经转子轴驱动压气机工作。（　　）

2. 凡发生增压器喘振，应慢慢减少负荷至增压器不再喘振为止。（　　）

3. 在外进风情况下，DF_{8B} 型机车空气滤清系统滤清时的途径为：外界空气→一级滤清（铝板网滤清器组）→二级滤清（惯性式空气滤清器）→增压器。（　　）

4. 柴油机排气管段间，采用波纹管连接，有效地解决了排气管的热膨胀和振动冲击。（　　）

5. 设置中冷器的目的是降低增压空气的温度，以提高柴油机的空燃比。（　　）

四、简答题

1. 说明 16V280ZJ 型柴油机进、排气系统的任务和工作要求。

2. 简述 16V280ZJ 型柴油机进、排气系统的组成结构。

3. 说明 16V280ZJ 型柴油机涡轮增压器的结构与工作原理。

4. 说明 16V280ZJ 型柴油机空气滤清器的结构与工作原理。

5. 说明 16V280ZJ 型柴油机中冷器的结构与工作原理。

6. 柴油机增压系统运用中常见问题有哪些？原因是什么？

7. GEVO16 型柴油机增压器在结构上有哪些特点？

8. 试比较 16V280 型柴油机与 GEVO 型柴油机的中冷布置方式的特点。

任务 3-5　燃油系统认知

【任务描述】

燃油系统是柴油机的重要组成部分之一。对柴油机燃油系统的布局、主要零部件的结构及工作原理、燃油系统工作特性分析是机车乘务员、机车检修人员所必备的基础。要全面了解燃油系统的布局、主要零部件的结构及工作原理，并能分析燃油燃烧过程中的各种不良现象，熟悉检修主要技术要求。

【任务目标】

- 能说明柴油机燃油系统的任务和工作要求；
- 能掌握 16V280ZJ 型、GEVO16 型柴油机燃油系统的基本组成；
- 能说明燃油系统主要零部件的工作原理；
- 能分析燃油不良燃烧的原因。

【任务学习】

任务 3-5-1　16V280ZJ 型柴油机燃油系统

任务 3-5-1-1　燃油系统

一、燃油系统的任务与工作要求

柴油机燃油燃烧过程的完善性，对柴油机的做功能力、经济性和运转可靠性等有较大的影响。燃烧前在极短的时间内气缸中形成了空气与燃油的混合气。直接喷射燃烧室式柴油机混合气的质量在很大程度上取决于燃油喷射雾化的情况。柴油机要求气缸内的燃烧过程在最佳的条件下进行，这就必须使燃油在所要求的时间内，在较高的压力下喷射入气缸，并雾化成许多微粒布散在空间。

燃油系统为柴油机的燃料供应部门，它同调节器及控制装置等共同配合，根据柴油机的运转工况，在最佳时机和预定时间向各缸喷射一定数量的雾化的燃油。

二、燃油系统的组成

机车上的燃油系统与柴油机的燃油系统共同组成完整的燃油系统。柴油机燃油系统由进、回油管路、调压阀、燃油粗滤器、燃油精滤器、喷油泵、喷油器和高压油管等组成（见图 3-5-1、

图 3-5-2）。燃油系统的燃油走向如图 3-5-3 所示。

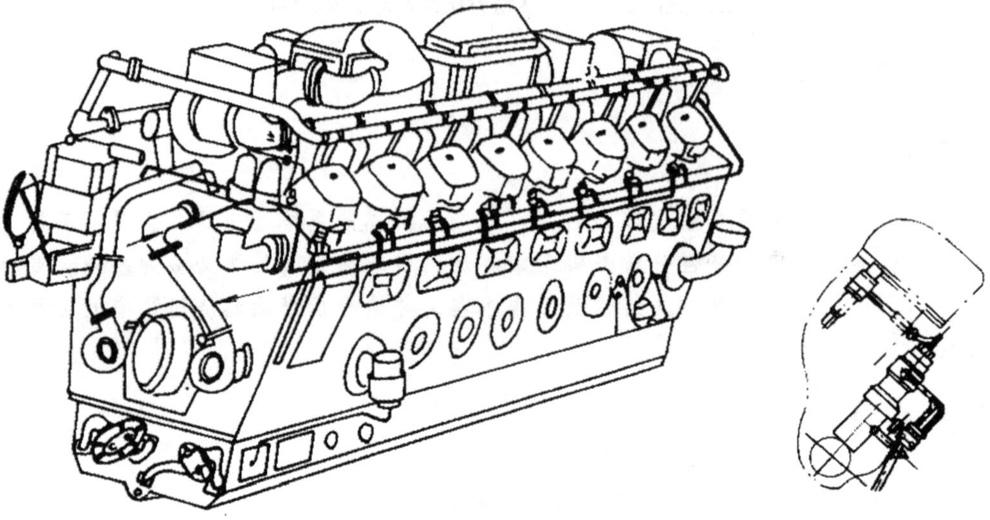

图 3-5-1　燃油系统（一）

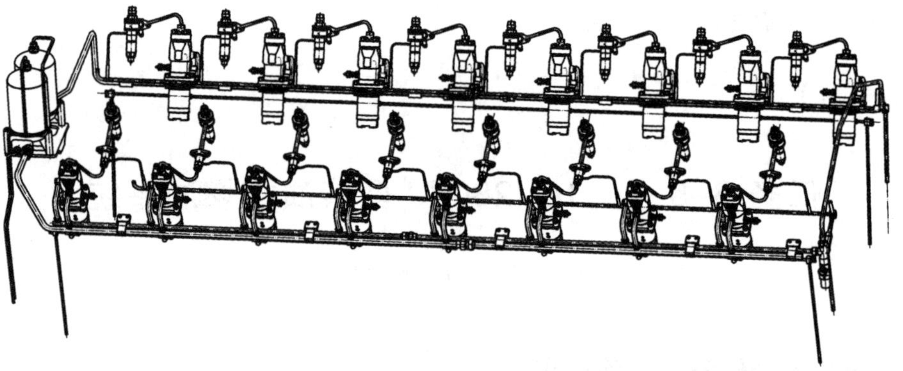

图 3-5-2　燃油系统（二）

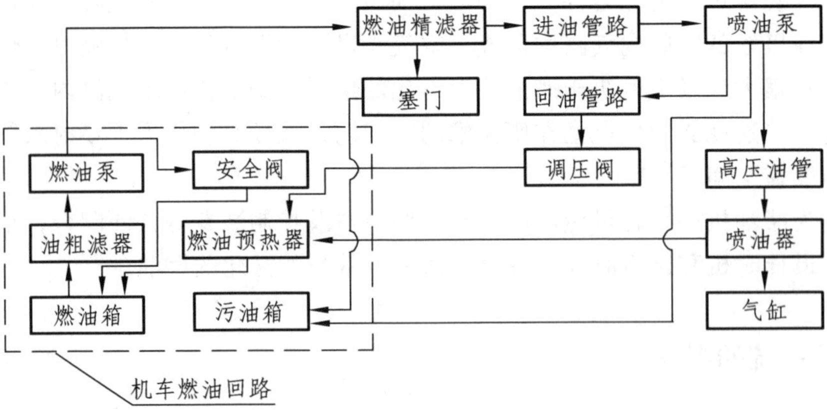

图 3-5-3　燃油系统框图

燃油由燃油输送泵经粗滤器吸入管路，然后经燃油精滤器而送入柴油机，燃油送入柴油机后，一部分用于燃烧做功，一部分经喷油泵回油管回入油箱，再有一部分经喷油器回油管回入油箱。冬季运行时，为了使燃油箱内燃油保持一定温度，利用柴油机冷却水把多余的燃油在预热器中进行加热，然后送回燃油箱。

三、16V280ZJ 型柴油机燃油系统

（一）燃油进、回油管路

燃油从机车燃油箱经燃油粗滤器，被燃油泵泵入机体上的安装在柴油机前端的燃油精滤器，滤清后流入柴油机左、右侧的进油总管，再经各进油支管进入各喷油泵。喷油泵之前的燃油管路即为进油管路。为保证喷油泵的正常工作，进油管路的燃油压力应保持在 0.15～0.35 MPa 的范围。

为了保证喷油泵柱塞的可靠工作，还设置了喷油泵回油管路。喷油泵有两条回油管路，即主回油管路和污油管路。主回油管路由左、右回油总管和接各个喷油泵的回油支管组成。喷油泵的进油腔把进、回油支管的油路相连通。进油支管的燃油大部分由喷油泵柱塞送往喷油器，多余的燃油则直接进入回油支管。喷油泵的回油由回油支管进入左、右回油总管，并汇集于输出端右侧，经调压阀回入机车燃油系统。各个喷油泵下体排出的燃油与机油的混合油，由穿过机体侧面的回油支管分别接入左、右污油总管，再分别回机车的污油箱。

（二）燃油输送泵

燃油输送泵简称为燃油泵，它是由 1.1 kW 的直流电动机驱动的齿轮油泵。电动机和齿轮油泵安装在同一底座上，由十字形橡胶联轴节连接，以达到缓冲和减少不同轴度的影响。

通常，燃油输送泵的总输油量为柴油机全功率运转所消耗油量的 3～5 倍，用充足的供油保证一定的余油压力，以减少燃油中气泡的发生，即减小燃油系统穴蚀的危害，同时又可增加燃油过滤和冬季循环加热次数。

燃油输送泵指标：当流量为 40 L/min 时，电机转速为 3 000 r/min，吸入真空度 20 kPa，出口压力 0.5 MPa。要求燃油输送泵能长期灵活运转，允许有微量的渗漏，一般每分钟不多于 4 滴。超过时可拧转主动轴端的圆螺母，调整对橡胶密封圈的压紧状态来减少泄漏。

（三）燃油滤清器

1. 燃油粗滤器

DF_{8B} 型内燃机车采用 RC-30W 型网片式滤清器，它主要由滤清器体和滤清元件等组成。在滤清器体内带孔的芯杆上串联着 19～20 个盘形铜丝网滤清元件，滤芯为 200 目/英寸的铜丝网片。

脏污的燃油在盘的外周，通过锥面上铜丝网过滤后进入芯杆内孔，然后向上流动到滤清器盖。滤清器盖带有进、出油口，经滤清后的燃油从出油口通往燃油输送泵。

2. 燃油精滤器

燃油精滤器由两组纸质滤芯、外壳和一个共同的滤清器体等组成，其滤清精度为 12 μm。由于燃油滤清器的滤清效果,使自喷油泵和喷油器的精密偶件不会由于燃油杂质而产生拉伤、咬死等故障，以确保燃油系统的可靠工作。

燃油从滤清器体中部的接口进入滤芯与外壳之间的空腔，杂质被阻于滤芯外侧，纯净的燃油通过滤纸进入滤芯内侧，经滤清器体下部的两个通孔分别流向柴油机左、右侧的进油总管，如图 3-5-4 所示。

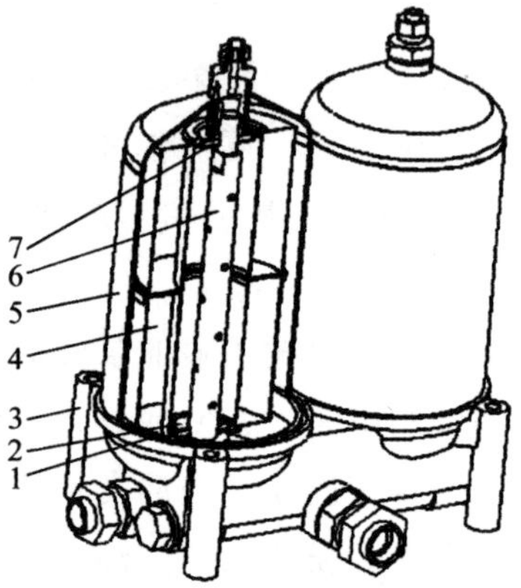

图 3-5-4　燃油精滤器

1—橡胶垫圈；2—下油封垫；3—滤清器体；4—滤芯；5—外壳；6—滤油芯轴；7—上油封垫

（1）外壳。

焊件进行喷丸处理，机械加工后，应进行水压试验。

（2）滤芯。

采用纸质滤芯，滤纸采用 C-170 柴油滤纸。滤纸与端面的黏结用 405 树脂胶。

（3）技术要求。

① 装配前将所有零部件置放在柴油中清洗。

② 滤油芯轴（QSC7-44-00-007）装配后，不得松动，其倾斜度在全长内不得超过 2 mm。

③ 然后用滤过的柴油于 0.5 MPa 压力下，做 3 min 的液压试验，不得有渗漏现象。

④ 试验后必须将柴油放干净，并做好防尘措施。

任务 3-5-I-2　喷油泵

一、喷油泵的结构与原理

柴油机采用单体式喷油泵，由喷油泵上体和喷油泵下体组成，其结构见图 3-5-5 和图 3-5-6。喷油泵上体主要由泵体、柱塞偶件、出油阀偶件、柱塞弹簧、出油阀弹簧、调节齿杆组装等零部件组成，喷油泵下体主要由下体、滚轮、滚轮体、滚轮销、滚轮衬套组成。每个喷油泵上体重约 14.9 kg。

喷油泵柱塞在供油凸轮的驱动下，按一定规律上下运动，当柱塞关闭柱塞套上的进油孔时，高压燃油顶开出油阀，向喷油器供油。

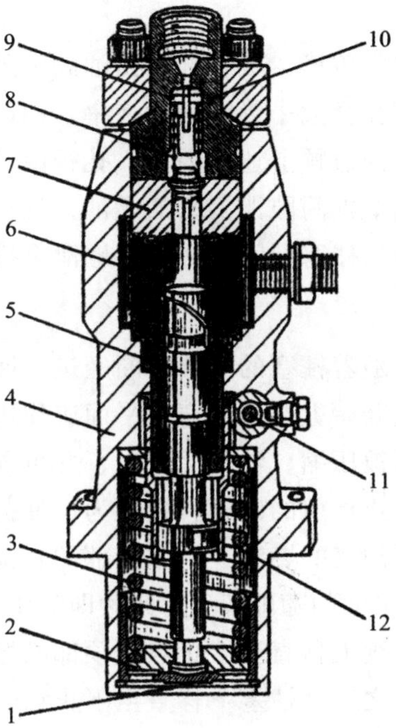

图 3-5-5　喷油泵上体

1—导筒；2—柱塞弹簧下座；3—柱塞弹簧；4—喷油泵体；5—柱塞；6—柱塞套；7—出油阀偶件；8—出油阀弹簧；9—行程限制器；10—出油阀接头；11—调节齿杆组装；12—调节齿圈组装

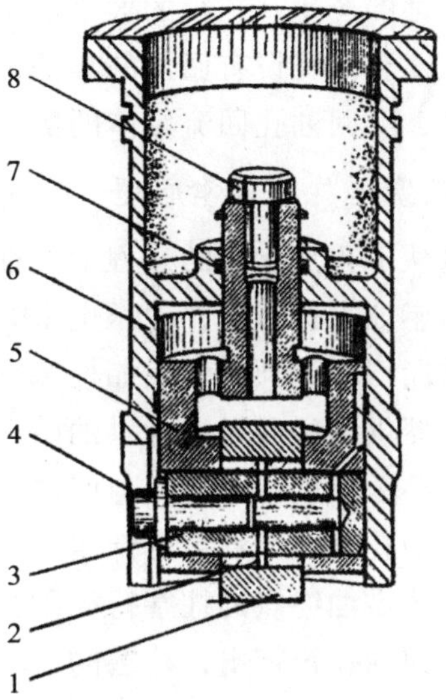

图 3-5-6　喷油泵下体

1—滚轮；2—滚轮衬套；3—滚轮销；4—导向销；5—滚轮体；6—下体；7—O 形密封圈；8—镶块

（一）柱塞偶件

柱塞偶件由柱塞和柱塞套组成，是喷油泵的核心组件。这个精密偶件，成对加工研配，成对使用和更换。

1. 柱　塞

柱塞的直径为ϕ22 mm，以满足柴油机最大功率的供油量。柱塞顶面齐平，设置单侧下螺旋槽并在外圆上从顶面往下铣出轴向直槽，作为回油通道。柱塞以顶平面定供油始点，以下螺旋槽控制供油终点，通过转动柱塞改变供油终点位置，从而改变供油量，适应不同负荷的需要。柱塞中部铣出两个凸台，与调节齿圈下部的两个缺口相配，组成油量调节装置。柱塞底部的凸肩套入弹簧下座的缺口中，弹簧通过弹簧下座压着凸肩，使柱塞跟随向下移动；柱塞上行时，凸肩的下平面经导筒与喷油泵下体的镶块接触供油凸轮通过喷油泵下体的滚轮。滚轮体及镶块推动柱塞上移泵油。

柱塞全行程 20 mm，其中有一段预行程。确定预行程时，要考虑利用供油凸轮的速度特性，使柱塞的有效行程处于凸轮升程中的高速区段，以获得较短的喷射持续时间及必要的喷射压力，避免出现雾化不良现象。还要保证在供油终点时，供油凸轮与喷油泵的滚轮有较低的接触应力。

2. 柱塞套

柱塞套外圆由三段圆柱组成。在中段圆柱上有周向定位槽，其顶部与出油阀座采用平面直接贴合的密封方式。柱塞套有对置的进、回油孔，其孔径大小影响回油速率，而回油速率会影响穴蚀的产生；孔径的大小还影响供油持续时间，为兼顾上述诸因素。孔径由试验最终确定。柱塞套内孔设有回油的集油环槽和回油孔。从柱塞副间隙泄漏来的燃油，汇至回油的集油环槽，经回油孔回流泵体的低压油腔，以防止燃油从柱塞副间隙中过多地泄至机油中。

3. 柱塞偶件的工作原理

柱塞从下止点上升的过程中，柱塞套里的燃油只是随着柱塞的上移不断经进、回油孔被挤出去，燃油未被压缩，油压也未升高。柱塞从下止点开始上升至柱塞顶平面遮住进、回油孔止，这段行程称预行程。如柱塞继续上移，燃油立即被压缩，油压便升高，并可顶开出油阀向喷油器供油，此时即为供油始点。而相应于活塞上止点前的曲轴转角即为供油提前角。当柱塞上移至螺旋槽边正好与回油孔开始接通时，高压油腔的燃油经柱塞头部的直槽及柱塞套上的回油孔进入喷油泵的低压油腔，油压立即降低，出油阀随即落座，此时即为供油终点。供油始点至供油终点的柱塞行程称为有效行程。柱塞继续上移直至上止点，顶部的燃油从直槽经进、回油孔被挤出，柱塞的这段行程称为空行程。之后，柱塞下移直至下止点。在该行程，柱塞顶部油腔从进、回油孔吸油。至此，柱塞完成了一个循环行程。

（二）出油阀装置

缓冲式出油阀装置在喷油泵中起止回阀的作用，对供油量和喷油特性有很大影响。它主要由出油阀偶件、出油阀弹簧、升程限制器和出油阀接头等组成。出油阀和出油阀座组成出油阀偶件，偶件为精密加工，成对研配，故不得单件更换。

1. 出油阀装置的工作原理与出油阀弹簧

当柱塞进入有效行程时，出油阀被柱塞顶部的燃油顶开，燃油经出油阀顶部的高压油室进入高压油管和喷油器。而当柱塞的螺旋槽打开回油孔，使柱塞顶部的燃油与低压油腔接通时，出油阀上面的油压大于其下面的油压，再加上出油阀弹簧的压力迫使出油阀迅速落座。这样，就使得出油阀至喷油器间的高压油路仍保持有较高的剩余压力。

由于燃油的可压缩性和高压油管在压力油作用下的弹性变形，使得高压油路的油压升至喷射压力的过程中，要耗费柱塞的部分有效行程。因此，较高的剩余压力，可使柱塞在同样的有效行程下，喷油泵可以有较大的供油量。综上所述，出油阀弹簧压力的大小，直接影响出油阀的落座时刻，也就影响剩余压力和供油量。因此，出油阀弹簧的特性及故障都将影响柴油机的性能。

2. 出油阀偶件

上置式出油阀的顶面作为出油阀弹簧下座，其下面为锥形阀面，落在出油阀座上部的锥面上，在圆柱体上铣出 4 条油槽，截面成十字形的阀体，其外圆与座孔研配，出油阀由之定位。阀体直径影响出油阀的流通截面，若流通截面增大，则出油阀的行程减小，落座速度减缓，可防止出油阀因冲击引起的断裂和出油阀弹簧的过大振动，以及延长出油阀偶件的寿命。阀体直径和出油阀行程由试验最后选定。在阀体与头部之间，有一道与座孔精密配合的凸肩，即减压带。在出油阀落座的过程中，当减压带进入阀座孔时，高压油管与柱塞顶已形成的低压油腔即被隔开，此后直到阀面落座，出油阀又落下一段距离。这段距离与减压带横截面面积的乘积称卸载容积。上述过程使高压油管的燃油膨胀，从而使油压迅速下降，喷油迅速停止。卸载容积的大小，影响高压油管的剩余压力及喷油特性，其值由试验最终确定。选择合理的卸载容积，可以消除喷油器滴油和二次喷射等弊病。

3. 升程限制器

升程限制器沿轴向开 4 个通长槽，作为燃油通道，其头部用作弹簧上座。升程限制器用于限制出油阀的升程，避免因出油阀升程过大而影响供油规律。升程限制器的存在，减小了高压油路的容积，从而减少高压油路的容积对供油量的影响及供油提前角与喷油提前角间的差异。

（三）油量调节装置

油量调节装置用于转动柱塞以改变喷油泵的供油量。它由调节齿圈组件和调节齿杆组件组成（见图 3-5-7）。调节齿杆移动带着调节齿圈转动，使柱塞转过一个角度，即改变了供油量。调节齿圈组件的垫环，其上的凸尖所指示的连齿，在装配时与齿杆的缺齿相啮合。调节齿杆的外圆面上有表示供油量的刻线，由装在泵体侧面的指针指示齿条的位置。在外圆面上铣齿用以带动齿圈。外圆面上还铣出一条定位槽，泵体上的定位螺钉伸入槽内，防止调节齿杆转动。调节齿杆组件动作时，增油方向是刚性连接的，而减油方向是带有弹簧结构的弹性连接。因此，若由于柱塞卡死致使调节齿圈无法转动、调节齿杆不能移动时，控制拉杆的夹头串销照样可以带着调节齿杆组件的拨叉座向减油方向移动，避免柴油机在降速、卸载时飞车。

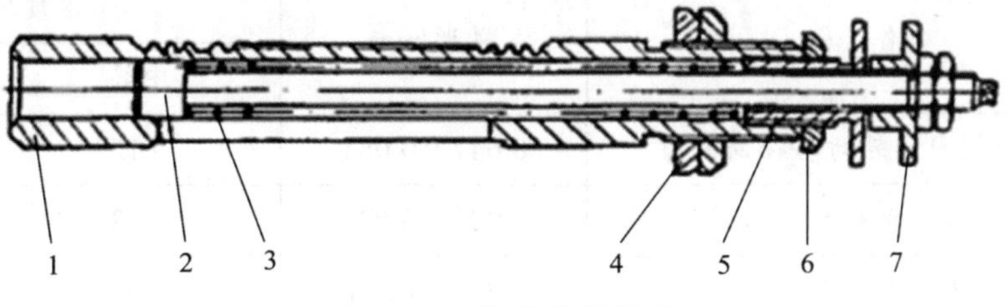

图 3-5-7　调节齿杆组件

1—调节齿杆；2—调整螺栓；3—弹簧；4—供油限制螺母；5—弹簧座；6—锁紧螺母；7—拨叉座

4 个 M14 螺栓与机体紧固，其下部开一个定位槽，通过导向销防止滚轮体转动。滚轮采用压力润滑，机油由支管进入下体的下腔，下腔内壁开有深 1 mm、宽 5 mm 的油槽，将机油引至滚轮体上面，通过 4 个 ϕ 8 mm 孔润滑滚轮和凸轮。在滚轮体外圆面上，开有一宽 6 mm、深 3 mm 的轴向油槽，由ϕ3 mm 斜孔将机油引入中空的滚轮销内，再通过滚轮销和滚轮衬套上的小孔，去润滑滚轮、衬套和销三者之间的摩擦面。

二、检修主要技术要求

（1）喷油泵上体组装后，各运动件应灵活，无卡滞现象。

（2）柱塞偶件。

柱塞与柱塞套的配合面应无拉毛、拉伤，柱塞套的上平面应光整无拉伤。

柱塞和柱塞套须经探伤检查，不许有裂纹。

配对的柱塞偶件不得单个零件调换。

（3）出油阀偶件。

出油阀与阀座配合面应无拉伤，阀座的上下平面应光整无拉伤。

出油阀和阀座须经探伤检查，不许有裂纹。

配对时，出油阀顶面高出或低于阀座顶平面的最大值为 0.30 mm，出油阀头部与阀座上孔ϕ18 mm 单面间隙为 0.04 ~ 0.06 mm。配对的偶件不得单个零件调换。

（4）喷油泵下体。

滚轮外圆面及各配合面应无拉毛。

滚轮、滚轮体和滚轮销须经探伤，不得有裂纹。

装配后，滚轮应转动灵活，滚轮体在不大于 58.8 N 重力作用下，应能滑动落下，无卡滞。

（5）出油阀弹簧和柱塞弹簧须经探伤检查，不许有裂纹。检查弹簧两端面对轴线的垂直度，对于出油阀弹簧，允许≤0.5 mm；对于柱塞弹簧，允许≤0.8 mm。弹簧经三次全压缩，不许有永久变形。

（6）主要公差及限度如表 3-5-1 所示。

表 3-5-1　喷油泵主要公差及限度

序号	名　称	原形/mm	限度/mm	
			中修	禁用
1	滚轮销与滚轮衬套径向间隙	0.047 ~ 0.081	0.12	0.15
2	滚轮与滚轮衬套径向间隙	0.025 ~ 0.075	0.12	—
3	滚轮体与下体孔径向间隙	0.03 ~ 0.178	0.20	0.25
4	下体孔直径	$\phi75^{+0.074}_{0}$	$\phi75^{+0.15}_{0}$	—
5	调节齿杆与泵体孔间隙	0.040 ~ 0.094	0.20	0.30
6	柱塞尾端相应弹簧座坑下沉量	0.07 ~ 0.22	0.24	—
7	调节齿杆与调节齿圈啮合间隙	≤0.20	0.28	0.35

任务 3-5-1-3 喷油器和高压油管

喷油器不仅控制一定的喷油压力，决定喷雾质量及油束与燃烧室的配合，而且影响喷油特性，即喷油时刻、喷油延续时间和喷油规律。喷油器的状态不良，会导致柴油机性能的下降，其严重故障甚至会使柴油机不能运转，故喷油器是影响柴油机性能与可靠性的重要部件之一。

一、喷油器的结构

喷油器属闭式、多孔、非冷却型、低惯性结构形式，属 U 系列。喷油器主要由喷油器体、进油管接头、调压螺钉、弹簧上座、调压弹簧、弹簧下座、支座板、喷嘴偶件、压紧螺帽组成（见图 3-5-8）。喷油器体、支座板、喷嘴偶件通过压紧螺帽连成一体。为了确保高压燃油的密封，支座板的上下平面的加工精度要求很高，分别与喷油器体的下平面、针阀体的上平面密贴。在使用中，这几个密封平面不得有损伤，否则会引起燃油回油量大增。喷油器的启喷压力通过调压螺钉改变调压弹簧的压缩量来调整。

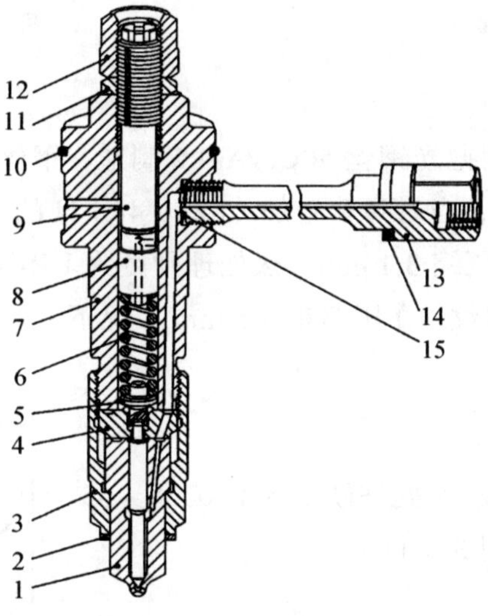

图 3-5-8 喷油器

1—喷油嘴偶件；2—垫圈；3—压紧螺帽；4—支座板；5—弹簧下座；6—调压弹簧；7—喷油器体；8—弹簧上座；9—调压螺钉；10—O 形密封圈；11—锁紧螺母；12—保护帽；13—进油管接头；14—矩形橡胶垫圈；15—密封垫圈

每个喷油器重约 4.2 kg。

1. 针阀偶件

喷油器针阀偶件为一对经选配研磨的精密偶件，是喷油器的关键部件，由针阀和针阀体组成。针阀直径为 ϕ 8 mm，导向杆长度为 32 mm，与针阀体的间隙为 0.002 ~ 0.004 mm，下部导杆直径为 ϕ 5.8 mm，与针阀体有 1.1 mm 的间隙（见图 3-5-9）。针阀锥面外形采用双锥面过渡，顶尖锥角为 60°。针阀采用 W18Cr4V 钢制成，经热、冷处理后硬度为 HRC60 ~ 65（见

图 3-5-10）。针阀体采用 27SiMnMoV 钢制成，经渗碳、淬火、冷处理后硬度为 HRC58 ~ 63，渗碳层深为 0.4 ~ 0.8 mm，并经时效处理。喷孔对公称位置的偏移允差为 2°，喷孔出口边缘完整尖锐，不允许有倒棱、毛刺和斜棱。针阀体中部设有油室，体上有 3 × ϕ2 的斜孔与油室相通。针阀体下部的密封面锥角为 59° ± 10′，喷头有 8 个直径为 ϕ0.5 mm 的喷孔。

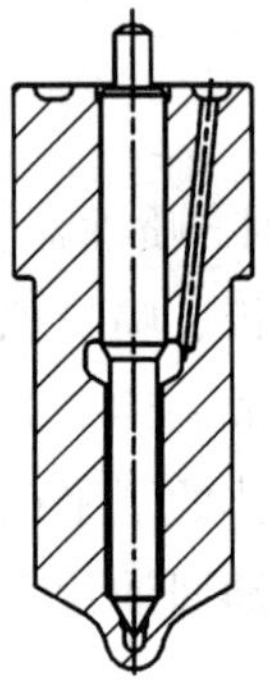

图 3-5-9　喷油嘴偶件

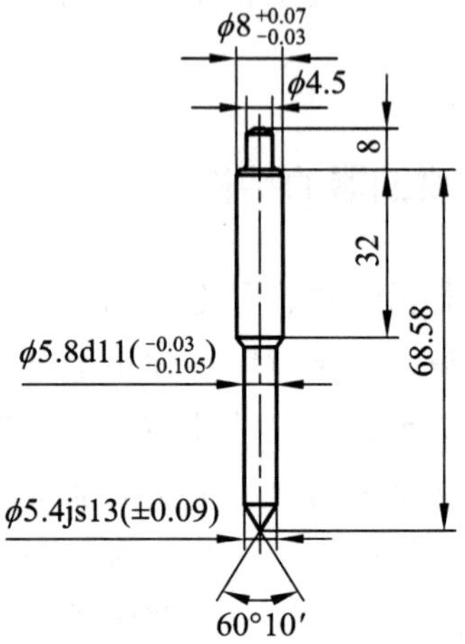

图 3-5-10　喷油嘴针阀

2. 调压弹簧

喷油器体的调压弹簧采用抛光钢丝 50CrVA-4.5 制造，钢丝直径为ϕ4.5 mm，弹簧内径为ϕ7.8 mm，有效圈数为 7.5 圈，当对弹簧施加（823 ± 48）N 的力时，压缩 2.5 mm；当对弹簧施加（999 ± 59）N 的力时，压缩 3.1 mm。热处理硬度为 HRC45 ~ 55，经三次全压缩不许有残余变形，探伤检查不许有裂纹。在压缩量 3.5 mm 工况下进行 10^7 次试验。

3. 支座板

支座板采用 GCr15 钢制成，热处理硬度为 HRC58 ~ 65。探伤检查，不许有裂纹（见图 3-5-11）。

4. 喷油器体

喷油器体采用 42CrMo 钢制成。喷油器体的中间部位钻有横孔，喷油器工作时，从喷油偶件的配合间隙和各密封平面处泄漏出来的燃油从该孔流出后，经气缸盖上进油管安装孔的通道流入回油管中。

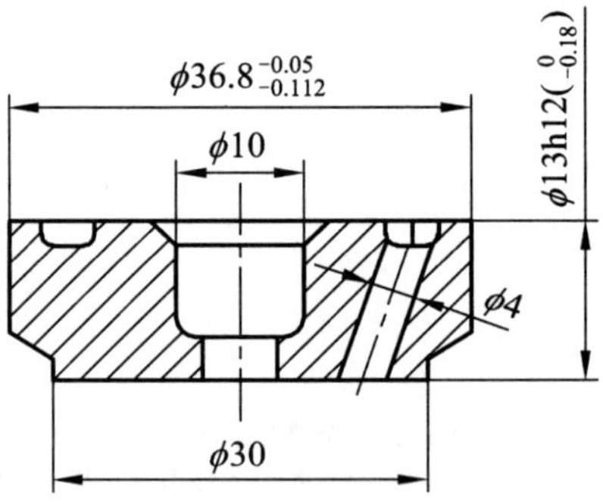

图 3-5-11　支座板

二、喷油器的工作原理

高压燃油从高压油管经进油接头进入喷油器体，燃油由直油孔流到支座板的顶面凹槽。然后经斜油孔流到喷油器针阀体的顶面凹槽，经 3 个斜油孔流入针阀锥面上方的高压油腔。当油压达 25.5 ~ 26 MPa 时，燃油顶开针阀，经压力室再由 8 个 ϕ 0.5 mm 喷孔向气缸喷出。由于喷射压力高、喷孔小，故喷出的燃油速度高，进入气缸里受到空气的阻力和扰动，便被粉碎成雾状。在喷油泵停止供油后，出油阀落座。由于出油阀卸载容积的作用，使喷油器里的燃油压力迅速下降。当压力降到 15 MPa 时，调压弹簧迫使针阀落座，喷油停止。

三、检修技术要求

（1）喷油器针阀及阀体、支座板和调压弹簧须经探伤，不得有裂纹。

（2）支座板上、下平面及与之贴合的喷油器体平面和喷油器针阀体平面应光整、无拉伤。

（3）喷油器针阀与阀体及其圆柱配合面应光整、无拉伤，其密封锥面接触带应均匀、光整，无坑点。

（4）配合后的喷油器针阀与阀体为成套组成，不得单独调换。其配合间隙为 0.002 ~ 0.004 mm。

四、喷油器的试验

（一）喷油器偶件的试验

（1）喷油器偶件的试验均在制造厂进行，其中包括滑动性试验、磨合试验和圆柱面及座面的密封性试验。经过修理的喷油器偶件，也须进行上述试验，试验规范按有关制造厂的要求。

（2）喷油器偶件的雾化质量检查。

试验在带有手动或机动泵的试验台上进行，喷射压力为 25.51 ~ 26 MPa，以每分钟 50 ~ 60 次的喷油速度进行试验，喷雾质量应符合以下要求：

① 喷出的燃油应呈雾状，不应有肉眼可见的飞溅油粒、连续的油柱和极易判别的局部浓稀不均匀的现象。

② 喷油开始和终了，不应有间断，声音应清脆。

③ 喷油开始和终了，喷孔口不允许有漏油和滴油，喷油结束后允许头部有轻微湿润。

（二）喷油器的试验

喷油器所装用的喷油器偶件须符合上述各试验的规定。

喷油器应在凸轮轴转速为 500 r/min、齿条的第 13 刻线下进行 20 min 的磨合试验。

喷油器的回油量每分钟不得超过 25 滴。

（三）喷油器喷射压力调整校验

喷油器喷射压力调整至 25.51 ~ 26 MPa。调整后旋紧螺母，然后再重复校验一次。

五、高压油管

（一）功用与结构

喷油泵的高压燃油经高压油管送往喷油器。在燃油系统的高压容积中，高压油管所具有的弹性较为显著。油管的胀缩会影响燃油压力的传递，导致供油始点与喷油始点间及供油规律与喷油规律间的差异。这种影响，随着柴油机的转速、高压油管的长度、高压容积等的增加而加大。为此采用了每缸一个的单体喷油泵，让喷油泵与喷油器很接近，以便尽量缩短高压油管的长度，并要求各缸高压油管长度相等。因此，在运用中，不可随便更改高压油管的规格及长度。

高压油管处于周期脉动变化的油压作用下，最高油压达 100 MPa，故要求它有高的疲劳强度和低的表面粗糙度，并避免引起应力集中的表面缺陷。为此，高压油管采用合金钢的无缝钢管并经热处理，管子两端的锥形部位采用热镦成形，管套接合圆角经过机械加工。

（二）检修主要技术要求

管材须经热处理，表面探伤不得有裂纹，表面应光洁，按规定长度下料。镦头与管套的圆角接合面，用 0.2 mm 厚度塞尺检查，其接触面不得小于 60%。

高压油管成形后应酸洗、清洗和发蓝。成品用轻柴油作 176 MPa 油压试验，历时 5 min 不得渗漏。由于镦头锥面卡痕严重或管套接合不良而造成渗漏时，应更换新管。

油管裂纹者不得焊修，应更换新管。

任务 3-5-1-4　不完全燃烧及排气净化措施

气缸内燃油燃烧的有利时机是十分短促的，以转速 1 000 r/min 的中速柴油机为例，有利的燃烧时间不过 0.006 ~ 0.008 s，这对于喷雾油粒大小不一、混合气浓度分布不匀的现实状态而言，缸内的可燃成分往往难以及时、完全燃烧，汽油机、柴油机及其他工业排放的废气，特别是不完全燃烧时所排放的一些有害物质，严重地污染着人类的生存环境。

一、排气烟色、成分及对环境的危害

柴油机气缸排出无色或浅灰色的废气是燃油及时燃烧和较完全燃烧的标志，排气呈较浓颜色的烟是不完全燃烧的象征。

当柴油机在低温启动时，由于气缸壁温低，燃油发火不良，使直径 1 μm 以上的未燃液体微粒大批排出缸外，从而出现了白色烟气。

在柴油机未预热及低负荷下运转时，产生浅蓝色带臭味的蓝烟，这是燃烧室壁温低，或油喷到壁面上，或燃烧室内空气涡流过强时，使直径在 0.4 μm 左右油粒未能完全燃烧而排出气缸，由于蓝色光折射显呈蓝烟。在排出蓝烟的同时，还有一种化学反应的中间生成物——醛及过氧化物，因而散发出刺鼻的臭味。

在热机状态下正常负载运转时，出现白烟或蓝烟是由于水蒸气或机油的燃烧所致。

黑烟也是一种不完全燃烧的产物，常出现在高负荷工况。在燃油喷射不匀，油粒较大，喷射夹角不佳，射程过大，新鲜空气量不足及严重后燃等情况下形成黑烟。

在柴油机排气的成分中，水蒸气（H_2O）、氧（O_2）、二氧化碳（CO_2）及氮（N_2）等属无害成分，一氧化碳（CO）、二氧化硫（SO_2）、氮氧化合物（NO_x）、碳氢化合物（HC）、醛及某些致癌物质（如三、四-苯并吡）等属有害成分。

CO_2一般不作为有毒物质，但如过多，则使人窒息。如CO_2大量残留在大气中，则对地球有明显的增温作用，从而影响到气候的变化。

CO 对人体有极大的危害作用，它对血液中的输氧体——血红素的亲和力比O_2强 210 倍，当它在空气中达到一定浓度时，人会感到头痛、晕眩及倦怠，开始慢性中毒，并引起心脏、贫血及呼吸道病症的恶化。

SO_2的危害性也不可忽视，它能刺激人体上呼吸道，损伤肺部组织，腐蚀金属和建筑物，并导致酸雨等现象的产生，威胁绿色植物及水生生物的生存。

光化学烟雾是指 HC 和NO_2在太阳光紫外线触发下所产生的化合物污染环境的事件，它刺激眼睛，损害视力，引起咳嗽，对鼻、气管和肺部有刺激作用。

乙醛是一种有机化合物，具有辛辣的刺激气味，能使人眼睛红肿。

为了保护人类生存环境，对内燃机废气排放标准各国正在研究中。例如，美国加州对大型车辆用柴油机规定，废气中NO_x+HC 的排放标准值分别不大于 21.76 g/（kW·h）和 6.8 g/（kW·h）。

二、废气中主要污染物的形成条件

CO 是不完全燃烧的产物，是燃油在气缸中O_2分子较少或燃烧条件较差时形成的。柴油机在低温下发火初期产生一种淡青色的冷焰，其化学反应的主要产物为醛及 CO。在燃料-空气比增大到超过某一限度时，CO 的成分急剧上升。

燃油经裂化成简单的烃类，由于空气不足或化学反应温度低使燃烧迟缓或后燃，在排气门打开时排出未燃的 HC 成分，因此 HC 也是不完全燃烧的产物。

氮虽是惰性气体，但在高温条件下也能生成少量氮氧化合物NO_x，主要是 NO 和NO_2。当室内燃烧反应的温度越高，高温持续的时间越长，燃-空比越大，则排放的NO_x量也越多。例如，开式燃烧室要比预燃室柴油机排出的NO_x多 1 ~ 2 倍。

三、减少环境污染的一些措施

目前尚无完美的净化措施，因为各个因素之间相互制约，因此对净化措施，只能综合平衡，不断进行研究探索。

降低废气污染环境的一些措施如下：

（1）柴油机在冬季启动前应对机油和冷却水系统进行预热，提高柴油机体温，改善启动时的发火燃烧条件。

（2）减少空滤器阻力，排除增压器喷嘴环流道处的结炭堵塞，保证充分供应气缸内燃烧所需的空气量。

（3）检查和更换磨耗过度的活塞环和气缸套，特别注意活塞环密封边的宽度及与环槽的配合间隙，以减少机油窜入燃烧室。

（4）保持高质量的喷油雾化，尽量避免滴漏及不正常喷射。

（5）减少喷油提前角能减少 NO_x 的生成量，但过分减小喷油提前角，会严重降低工作经济性。

（6）预燃室式柴油机降低燃烧温度，能显著减少 NO_x 并使工作柔和；采用球形油膜燃烧室，也有少烟和轻声的作用。

（7）改进柴油机的结构设计，适当加强燃烧室内气流运动，采用高效能的涡轮增压系统和增压空气中冷措施。实践证明，NO_x 的排放量随增压压力（带中冷器）的升高而降低。

（8）谨慎使用燃油消烟添加剂，注意某些添加剂对环境的危害。

任务 3-5-2　GEVO16 型柴油机燃油系统

一、燃油系统的功用

燃油系统的功用包括下述三个方面：根据柴油机所处工况，向柴油机提供相应数量的燃油；保证进入燃烧室的燃油要有良好的雾化，而且喷射的油柱要与燃烧室的形状配合恰当，能与进入的空气充分接触，燃烧完善；要有合适的喷油提前角和供油规律，使柴油机有好的经济性和燃烧平稳性，并且应控制好最高爆发压力和排气温度。

二、燃油系统的基本组成

HXN5 型内燃机车燃油系统主要由燃油箱、燃油粗滤器、燃油泵电机组、燃油加热器、温度调节阀、燃油滤清器及相应的管路、阀类等组成。

（一）燃油箱

HXN5 型内燃机车的燃油箱为钢板焊接结构，有效容积为 9 000 L。

（二）燃油泵电机组

燃油泵的作用是在燃油系统中循环燃油。燃油泵电机组由一台容积式齿轮泵、一台交流电动机、一个逆变器、一个安全阀和一个止回阀组成，如图 3-5-12 所示。交流电动机功率为 1.86 kW，采用全封闭，无通风式结构，无须提供外部冷却。

燃油泵工作时，蓄电池将直流电供给变流器，变流器把直流电变成交流电供给电动机，电动机带动泵运行。燃油泵电机组的内部设有安全阀，用于避免燃油泵超负荷运行，如燃油滤清器组件被堵塞等情况。安全阀设定的开启压力为 900 kPa。止回阀安装在安全阀出口处，避免通过安全阀和燃油泵产生回流。

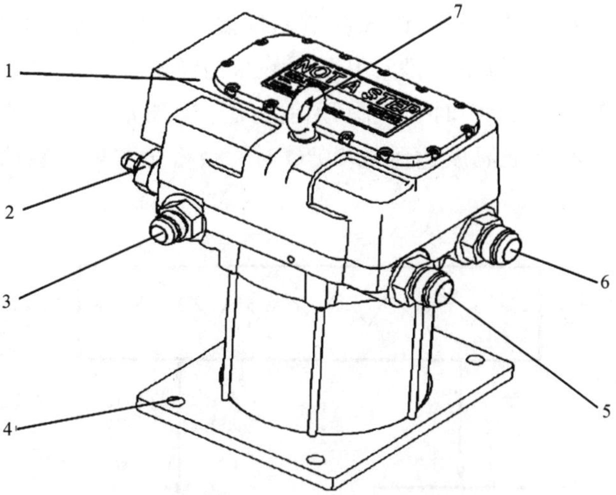

图 3-5-12　燃油泵电机组

1—燃油泵电机组壳体；2—安全阀调整螺钉；3—燃油旁通口；4—安装底座；
5—燃油进油口；6—燃油出口；7—燃油泵起吊环

燃油泵电机组的主要性能参数如下：

额定流量：3.3 m^3/h。工作压力：（0.83 ± 0.014）MPa。

（三）燃油加热系统

燃油的黏度对燃油雾化效果有很大影响，而燃油黏度与其本身温度相关。为了确保燃烧质量，在燃油系统中设置燃油加热系统，以保证在寒冷季节，输入柴油机的燃油具有合适的黏度。

温度控制阀（见图 3-5-13）和燃油加热器（见图 3-5-14）共同组成燃油加热系统。

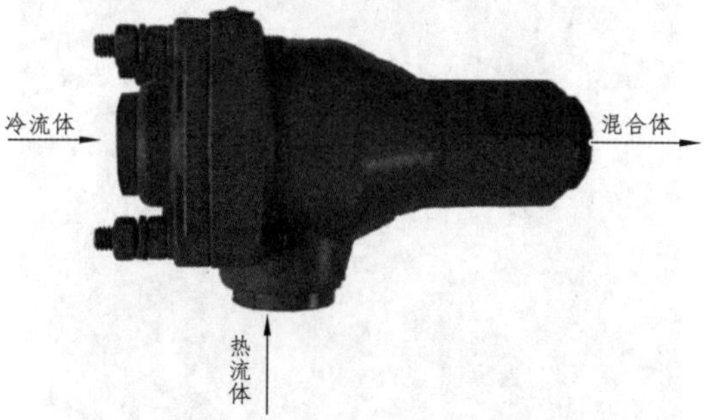

图 3-5-13　温度控制阀

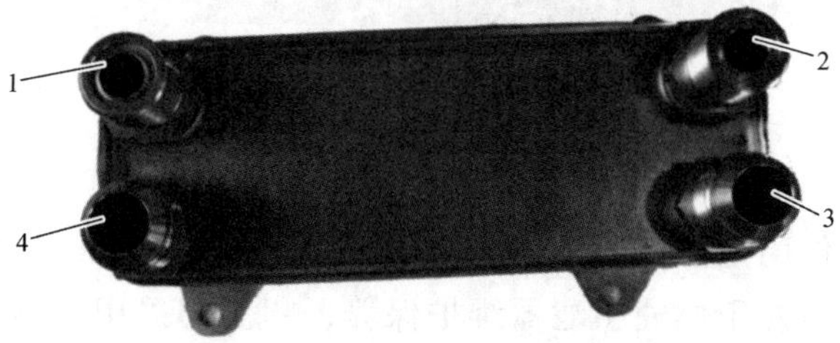

图 3-5-14　燃油加热器

1—燃油进口；2—燃油出口；3—冷却水进口；4—冷却水出口

温度控制阀是一个恒温混合阀，该阀调节燃油温度，具体原理如图 3-5-15 所示。在主管路油的温度达到约 24°C 以前该阀是常开的，燃油先经燃油加热器加热后再经过温度控制阀。当主管路油的温度达到 24°C 时，该阀开始关闭，燃油箱来的冷油就与燃油加热器来的热油开始混合。当出口 A 燃油温度达到约 30°C 时，阀将全关闭，燃油被旁通而不经过燃油加热器。

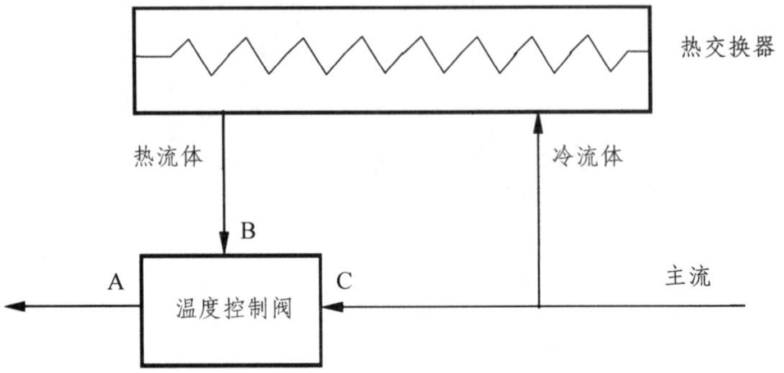

图 3-5-15　燃油加热系统原理图

燃油加热器是燃油总管上唯一有水流过的部件。燃油加热器为铜焊板式热交换器结构，燃油加热器壳体内的金属板将油水隔开，使燃油从一个方向流过，而冷却水从另一方向流过。金属隔板不仅隔开两种流体，而且它们还构成燃油与冷却水之间的传热介质。燃油加热器安装在设备安装架上，与水平方向成 6°的倾角，便于在检修时内部油水排出。燃油加热器、温度控制阀以及相应的管路连接如图 3-5-16 所示。

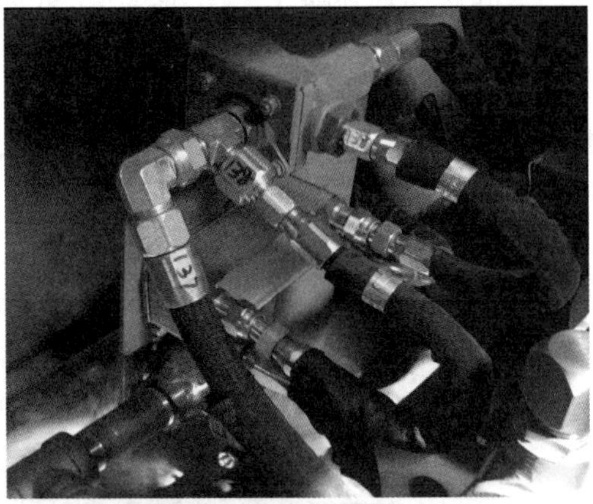

图 3-5-16　燃油加热系统安装

（四）燃油粗滤器

燃油粗滤器组件的作用是滤掉燃油中的杂质，为燃油泵电机组提供清洁的燃油，从而达到保护燃油泵的目的。为便于燃油粗滤器维护保养，粗滤器采用免拆洗滤芯。滤清器体为铝质，滤芯采用钢丝网结构。燃油粗滤器安装在设备安装架上，靠近燃油泵电机组以及预润滑油泵电机组。相关外形及安装如图 3-5-17 所示。

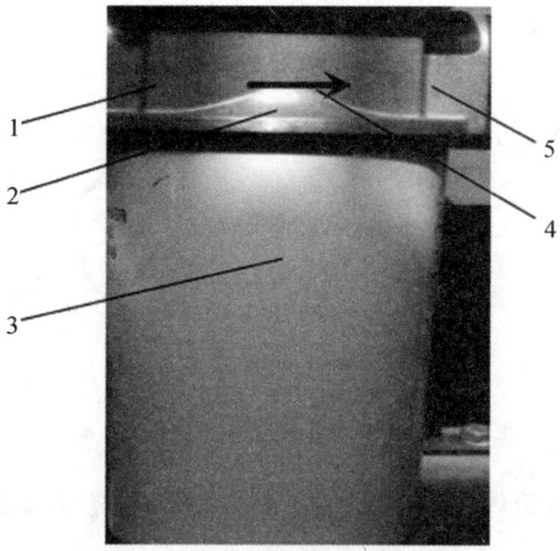

图 3-5-17　燃油粗滤器

1—燃油粗滤器进口接头；2—燃油粗滤器端盖；3—燃油粗滤清器体；
4—燃油粗滤清器流向；5—燃油粗滤器出口接头

（五）燃油滤清器

燃油滤清器组件由两个通过管路并联的滤清器组成（见图 3-5-18），其作用是滤掉燃油中大于 5 μm 的杂质，为柴油机提供清洁的燃油，从而达到保护高压燃油设备的目的。燃油滤清器由滤清器体、滤清器端盖、卡箍以及相应的接头、滤清元件等组成，如图 3-5-19 所示。每台机车有两只滤清器，每只滤清器内部装有三个滤清元件。滤清器设有放油接头，当燃油滤芯需要更换时，维修人员可通过此阀将滤清器内的燃油排净。同样，滤清器在上盖附近应设置排气阀，设置此阀的目的是当滤清器排油时，允许空气进入滤清器筒内。燃油滤清器的滤芯更换周期一般为 90 天。

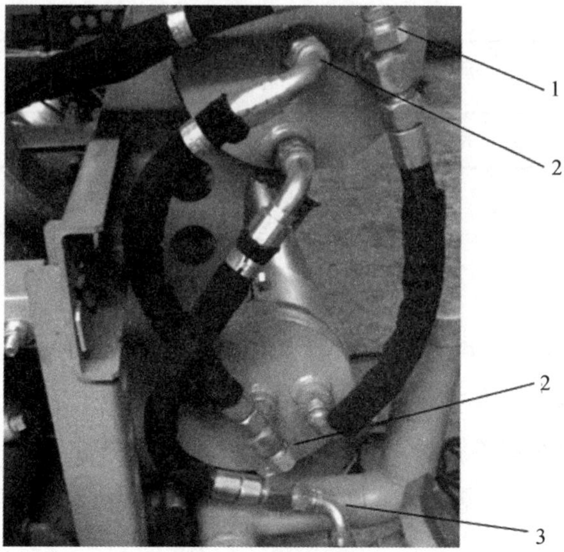

图 3-5-18　燃油滤清器管路连接

1—滤清器进油管；2—滤清器出油管；3—滤清器放油管

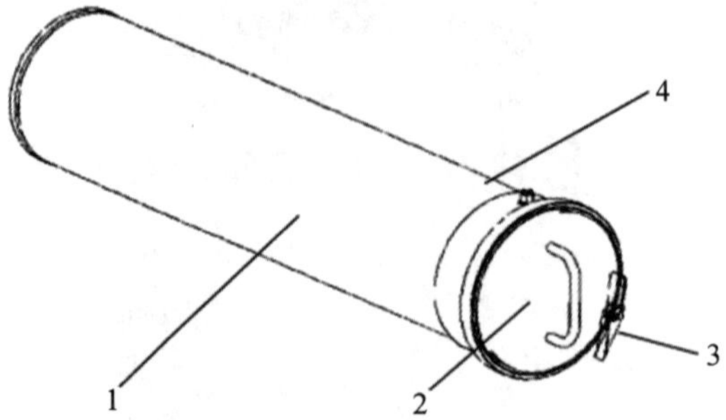

图 3-5-19 燃油滤清器
1—燃油滤清器体；2—滤清器端盖；3—滤清器卡箍；4—滤清器放气接头

两个平行的燃油滤清器箱体安装在冷却室内，紧靠燃烧空气滤清器（袋式滤清器）间的下方，从机车 B 侧可接近。

燃油滤清器相关参数：滤清元件外层的滤清精度为 10 ~ 12 μm，内层的滤清精度为 5 ~ 7 μm；燃油进口流量为 0.91 ~ 3.63 m^3/h。

【任务检查】

表 3-5-2 燃油系统——任务检查单

任务编号	3-5	任务名称	燃油系统认知		
序号	检查内容			是	否
1	能说明柴油机燃油系统的任务和工作要求				
2	能掌握 16V280ZJ 型、GEVO16 型柴油机燃油系统的基本组成				
3	能说明燃油输送泵、燃油滤清器、高压油泵、高压油管、喷油器的基本结构				
4	能分析燃油输送泵、燃油滤清器、高压油泵、高压油管、喷油器的工作原理和特性				
5	能分析柴油机异常烟色的原因				

【任务训练】

一、填空题

1. 机车中修时，要求柴油机控制装置左右转臂与拉杆垂直时，各泵齿条均须在额定供油量的中间位（即第七刻线），各喷油泵齿条刻线差须小于（　　）刻线。

2. DF_{8B} 型机车燃油粗滤器在燃油泵出口压力过低时必须进行（　　）。

3. 喷油器雾化质量太差、滴油以及（　　）太低，易使气缸内喷入燃油量过多而敲缸。

4. 低压输油系统包括（　　）、（　　）、（　　）、（　　）、（　　）等部件。

5. 高压喷射系统包括（　　）、（　　）及（　　）等部件。

二、选择题

1. 燃油泵从燃油箱内经粗滤器及（　　）吸入燃油。

A. 截止阀　　B. 安全阀　　C. 止回阀

2. 16V280ZJ 型柴油机几何供油提前角为（　　）。

A. 21°　　B. 22°　　C. 23°　　D. 24°

3. 以下哪个不属于低压输油系统？（　　）

A. 燃油输送泵　　B. 喷油泵　　C. 燃油预热器　　D. 燃油箱

4. 16V280ZJ 型柴油机柱塞全行程为（　　）mm。

A. 19　　B. 20　　C. 21　　D. 22

5. 16V280ZJ 型柴油机喷油器的开启压力为（　　）MPa。

A. 19～20　　B. 20～23　　C. 23～25.5　　D. 25.5～26

三、判断题

1. 燃油高压油管虽然处于周期脉动变化的油压作用下，但接触高压油管不应当有明显的脉动感觉。（　　）

2. 喷油泵的柱塞套和出油阀裂纹，会使燃油从燃油泵的上部出油阀接头四周喷出。（　　）

3. 喷油泵供油齿条固定在最大供油量位置时的速度特性称为柴油机的外特性。（　　）

4. 燃油系统中的调压阀与安全阀都可调整燃油系统的压力。（　　）

5. 燃油系统中调压阀的作用压力为 0.12 MPa。（　　）

四、简答题

1. 说明柴油机燃油系统的任务和工作要求。

2. 说明 16V280ZJ 型柴油机燃油系统的基本组成。

3. 简述 16V280ZJ 型柴油机燃油输送泵的结构和工作原理。

4. 简述 16V280ZJ 型柴油机燃油滤清器的结构和工作原理。

5. 简述 16V280ZJ 型柴油机喷油泵的结构和工作原理。

6. 简述 16V280ZJ 型柴油机喷油器的结构和工作原理。

7. 说明 16V280ZJ 型柴油机高压油管的功用与结构。

8. 柴油机常见非正常排气烟色有哪些？原因是什么？

9. 减少柴油机废气对环境污染的措施有哪些？

10. 简述 GEVO16 型柴油机燃油系统的构成。

11. 简述 GEVO16 型柴油机燃油加热系统的组成部件及工作原理。

12. 简述机车燃油系统工作循环回路的特点。

13. 简述 GEVO16 型柴油机燃油供给的过程。

任务 3-6 调控系统认知

【任务描述】

调控系统是柴油机的调节控制机构，是柴油机的重要组成部分之一。作为机车乘务员、机车检修人员，必须明确调控系统的任务和工作要求，掌握 16V280ZJ 型柴油机调控系统的基本组成、C 型联合调节器的基本结构，并能分析 C 型联合调节器调节柴油机转速、功率的原理。熟悉控制机构、调控传动装置的工作过程。掌握柴油机保护性停机的原理和途径。对于新型的 GEVO16 型柴油机，要能分析说明其调控方式。

【任务目标】

- 能说明柴油机调控系统的任务和工作要求；
- 能掌握 16V280ZJ 型柴油机调控系统的基本组成；
- 能说明 C 型联合调节器的基本结构；
- 能说明 C 型联合调节器调节柴油机转速、功率的原理；
- 能说明 16V280ZJ 型柴油机控制机构的作用和组成；
- 能说明 16V280ZJ 型柴油机调控传动装置的组成及作用；
- 能说明 C 型联合调节器的运用常识；
- 能说明 16V280ZJ 型柴油机保护性停机的方式；
- 能分析说明 GEVO16 型柴油机的调控方式。

【任务学习】

任务 3-6-1 16V280ZJ 型柴油机调控系统

任务 3-6-1-1 概 述

调控系统由调速器、调控传动装置、超速停车装置和控制拉杆等组成，它的作用是保证柴油机在各个转速下的稳定运转和在给定转速下的功率恒定，实现工况的快速、平稳过渡，并具有超速保护功能。

装于调控传动装置箱体上方的调速器，由凸轮轴驱动传动箱体内的一对锥形齿轮传动。调速器内部的动力活塞杆的上下运动，经转臂转化为输出轴的转动。输出轴的转动通过摇臂推动控制拉杆系统操纵左右排喷油泵齿条的移动，实现增加或减少对气缸的燃油供给量。

柴油机在没有调速器的场合，当负载发生变化时，柴油机将有如下三种运行状态：载荷稍有改变，就引起转速较大变化，形成柴油机不稳定运转；柴油机在高速运行时，若遇有负载突然降低，此时如不能及时减少柴油机的供油量，将造成转速急剧上升，甚至有飞车的危险；柴油机在低转速下运行时，若负载突然增加，此时如不能及时增加柴油机的供油量，将使转速迅速下降，甚至造成停机。为此就需要设置调速器。调速器通过控制拉杆装置改变喷油泵的供油量，实现从 400 ~ 1 000 r/min 各任意转速下的稳定运转。

机车在运行中，其阻力是不断变化的，故牵引电动机和同步主发电机的电流和电压也随之改变。由电机特性所决定的电流与电压的变化关系，使电流变化时，电机功率与柴油机功率不匹配。为此就要求司机经常调整手柄位置，使柴油机发出相应功率，维持其稳定运转。调速器能改变同步主发电机的特性，使其在一定电流、电压变化范围内实现恒功，使柴油机能在某固定手柄位下恒功运转，从而改变司机频繁操作手柄的状态。

柴油机的输出功率由两个部分所吸收，同步主发电机吸收了大部分功率；另一部分功率由冷却风扇、通风机和供空气压缩机及其他器具用电的辅助发电机等机车辅助装置所吸收。柴油机于某一手柄位工况运转时，同步主发电机吸收了一定的功率，若机车辅助装置工况改变使吸收功率减少，此时，调速器为使柴油机转速不变，便进入了转速调节过程。让喷油泵的供油量减少，于是柴油机的功率降低了。但是，在转速不变的情况下，柴油机功率的降低，将会增加燃油消耗率，即经济性变坏。设置调速器可以把机车辅助装置所减少吸收的功率转移给同步主发电机吸收，从而保持柴油机在某一转速下的功率恒定。

由故障引起的柴油机超速运转或称飞车，会使运动零件产生很大的惯性力和冲击力，导致零件的损坏，还会使柴油机燃烧恶化，造成燃烧室受热零部件的过热损坏，而且也容易出现烧瓦等故障。因此，飞车所造成的后果是很严重的。为此，柴油机设置了超速停车装置和超速保护装置。当柴油机超速时，超速停车装置通过控制拉杆装置，将喷油泵齿条拉至停油位，迫使柴油机停机。为了防止由于喷油泵柱塞或齿条卡死等原因，在超速停车装置动作后仍不能实现停机，为此在两列气缸的进气管路中，还设置了超速保护装置。当柴油机飞车时，超速保护装置自动落下风门，截断各气缸的进气，实现柴油机停机。

另外，在控制拉杆装置中，还设置有油压保护机构，使柴油机在指定转速下，当机油压力低于规定值时，分别实现自动降速减载或停机。

任务 3-6-I-2　C 型联合调节器

一、C 型联合调节器结构和工作原理

调速器主要由转速调节系统、转速给定系统、功率调节系统、供油系统和停车装置等部分组成。C 型联合调节器的结构如图 3-6-1 所示。

C 型联合调节器的工作原理如图 3-6-2 所示。

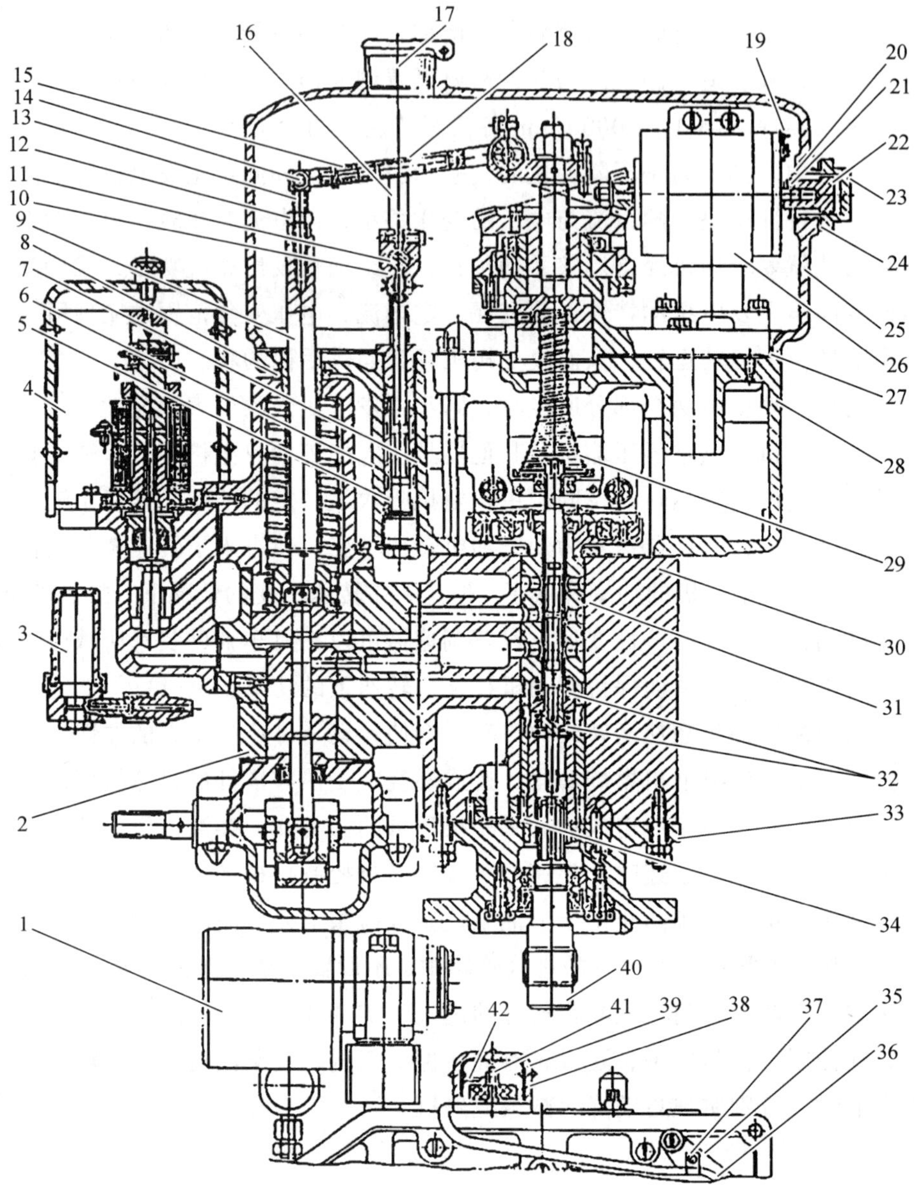

图 3-6-1　C 型联合调节器

1—功率伺服器安装；2—动力伺服马达装配；3—储气筒；4—自动停车机构组装；5—定位套；6—微动套；7—功率滑阀；8，24—垫圈；9—作用顶杆；10—夹叉；11—偏心调整轮；12—作用顶杆销紧螺母；13—调整螺栓；14—螺栓销；15—联合杠杆装配；16—连杆；17—滤油器组装；18—十字销；19—接线柱；20—封铁丝；21，35—螺钉；22—手把；23—堵；25—上盖；26—座架；27—垫片；28—上体装配；29—宝塔弹簧；30—中间体组装；31—滑阀装配；32—缓冲弹簧；33—下体组装；34—从动齿轮；36—软套管；37—线卡子；38—接线板组装；39—罩盖组装；40—传动轴；41—接线片；42—导线

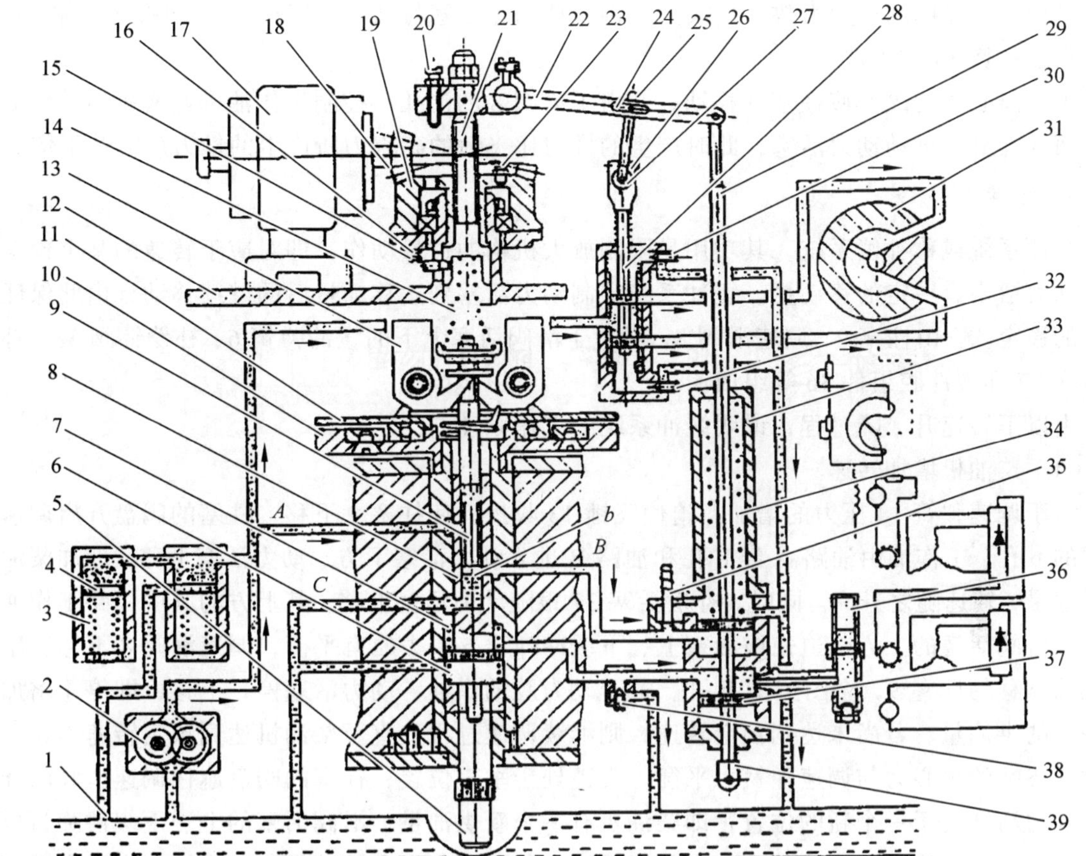

图 3-6-2　C 型联合调节器工作原理图

1—油池；2—齿轮油泵；3—内外弹簧；4—蓄压活塞；5—传动轴；6—缓冲弹簧；7—套座；8—调速滑阀；
9—调速柱塞；10，11—匀速盘；12—座体；13—飞锤；14—调速弹簧；15—最低转速止钉；
16—最低转速调整钉；17—步进电机；18—主动锥齿轮；19—从动锥齿轮；20—最高转速止钉；
21—梯形螺杆；22—联合杠杆；23—最高转速调整钉；24—十字销；25—连板；
26—夹叉；27—偏心轮；28—功调滑阀；29—顶杆；30—增载针阀；
31—变阻器；32—减载针阀；33—伺服马达体；34—伺服马达弹簧；
35—停车装置；36—缓冲腔组件；37—补偿活塞；
38—补偿针阀；39—动力活塞杆

（一）转速调节系统

转速调节系统的功用是感受柴油机的转速变化信号并产生反应，通过柴油机的控制拉杆装置拉动喷油泵齿条，改变供油量，使柴油机在给定转速下稳定运转。

转速调节系统由下列部分组成：

1. 敏感元件

反映柴油机转速变化的敏感元件包括飞锤 13、匀速盘 10 和传动轴 5 等。

2. 放大机构

飞锤的离心力产生的拉力太小，不足以直接通过拉杆装置拉动喷油泵齿条。为此设置了放大机构，将飞锤的作用力放大。放大机构包括动力活塞与动力活塞杆 39、伺服马达体 33、伺服马达弹簧 34 等零件。

飞锤离心力的改变使柱塞 9 移动，开启了滑阀 8 的油孔，控制工作油进入或排出动力活塞下面的油缸，推动动力活塞，此时产生的推力比飞锤的离心力所产生的推力放大若干倍。

3. 缓冲系统

缓冲系统或称补偿系统，其功用是限制放大机构的过量动作，即对应于转速的某个预定值，动力活塞有一定的移动量。缓冲系统限制动力活塞到达移动量后的继续移动，由此保证转速的稳定。它由柱塞 9、调速滑阀 8、对置于滑阀活塞上下的缓冲弹簧 6、补偿针阀 38、补偿活塞 37 和缓冲腔组件 36 等组成。

由以下转速升、降过程，说明缓冲系统的工作原理。

（1）柴油机增加转速。

由于调速弹簧 14 压力的增加，迫使飞锤 13 收拢，使柱塞 9 下移，柱塞的阀盘开启调速滑阀的 b 孔，工作油由油路 A 经 b 孔和油路 B 进入动力活塞下方，动力活塞上移，增加柴油机供油量，转速随之升高。同时，补偿活塞 37 跟随动力活塞上移，其上方的其中一路工作油被压入滑阀活塞的上方，迫使该活塞上、下缓冲弹簧 6 失去原有平衡，调速滑阀 8 下移，跟随先前下移的柱塞 9，企图盖住 b 孔，截止动力腔的供油，动力活塞停止上移，即停止增加柴油机的供油量。若尚未达到预定转速，则继续调速过程，直至柴油机达到预定转速为止。此时，飞锤的离心力与调速弹簧力平衡，飞锤处于垂直位置；柱塞的阀盘遮住调速滑阀的 b 孔，动力活塞处于一个新的位置，即柴油机有一个新供油量；滑阀活塞的上、下缓冲弹簧也恢复平衡。在上述每一个过程中，当补偿活塞上移时，其上方的一部分工作油流入滑阀活塞的上方也流入补偿油路。在补偿油路中设有补偿针阀，工作油会经补偿针阀泄回油池 1。补偿针阀的开度影响补偿过程的延续时间。开度调整恰当，有利于上述过程快速、稳定地完成。在补偿活塞上移时，其上方的另一部分工作油则充入缓冲腔组件 36 的储气筒，使缓冲腔的气垫压力增加。当补偿活塞停止向上移动时，缓冲腔中的气垫将释放它吸收的能量，使调速滑阀继续保持对柱塞下移的跟随，延长了缓冲作用时间，促使调速过程的完成。

（2）柴油机降低转速。

由于降低调速弹簧 14 的压力，迫使飞锤张开，柱塞上移，柱塞的阀盘开启调速滑阀的 b 孔，动力活塞下方的工作油经油路 B、b 孔和油路 C 排回油池。动力活塞在弹簧的压力作用下向下移动，减少柴油机的供油量，柴油机转速随之下降。同时补偿活塞跟随下移，其上方油腔的压力降低，由于补偿针阀开度的限制，使油池的油来不及补充，滑阀活塞上方的工作油压力也跟着降低，于是该活塞上、下缓冲弹簧失去原有的平衡，调速滑阀跟随先前上移的柱塞并遮住 b 孔，截止动力活塞排油，动力活塞停止下移，即停止减少柴油机的供油量。若尚未达到预定的转速，则继续进行调速过程直至柴油机达到预定转速。此时，飞锤的离心力与调速弹簧力平衡，飞锤处于垂直位置；柱塞的阀盘遮住调速滑阀的 b 孔；动力活塞处于一个新的位置，即柴油机有一个新供油量；滑阀活塞的上、下缓冲弹簧也恢复平衡。当补偿活塞下移时，缓冲腔组件的储气筒的油可补充到补偿活塞的上部油腔，使滑阀活塞上方的油压降得慢些，从而减缓滑阀对柱塞的跟随速度。由于储气筒的上述作用，形成了缓冲腔的真空度。当补偿活塞停止下移时，滑阀活塞继续上移所排出的工作油，则可补充入储气筒，使调速滑阀能继续保持对柱塞上移的跟随，即延长了缓冲作用时间，促使调速过程的完成。

4. 执行机构

执行机构的功用是根据敏感元件和放大机构所改变的状态，执行调速器对控制拉杆装置及喷油泵供油齿条的控制动作。它主要由曲臂传动机构等组成。

5. 调速弹簧

调速弹簧 14 是调速器的一个重要调控元件，它决定柴油机的平衡转速。

（二）转速给定系统

转速给定系统的功用是通过改变调速弹簧的压缩高度，即通过司机控制器手柄，以给定柴油机的转速。另外，还可以限制及调整柴油机最高和最低转速。它主要由步进电机 17、一对锥齿轮 18 和 19 与一组为梯形螺纹的螺杆和螺母 21 等组成。

当步进电机接到来自驱动电源的脉冲信号后，通过主从动锥齿轮和螺旋副的作用，把步进电机的旋转运动转换成螺旋副在垂直方向的移动，通过改变螺杆对调速弹簧的压缩量来改变柴油机的转速。

最高工作转速的限制，是通过与从动锥齿轮一起转动的螺钉 23 与固定于功率调整轮安装座上的最高转速止钉 20 来完成。

最低工作转速的限制，由随从动锥齿轮一起转动的最低转速调整钉 16 与随配速活塞螺杆一起移动的最低转速止钉 15 共同完成。

柴油机最高和最低转速的调整，是分别通过调整在从动锥齿轮顶面的螺钉 23 和挡圈下面的螺钉 16 来实现。

在步进电机不通电时，可用手调转速旋钮，来调整柴油机的工作转速。

（三）功率调节系统

1. 功率调节系统的结构和工作原理

功率调节系统的功用是保持柴油机在给定转速下的功率恒定。它由功调滑阀 28、功率伺服器（油马达）31、变阻器和联合杠杆 22 等组成。

调速器的恒功调节是指调速器为保持柴油机在某一转速下功率恒定的调节过程。保持柴油机恒功有如下两种方式:在机车辅助功率不变下，使同步主发电机恒功；机车辅助功率与同步主发电机功率等量转移。它们都是通过调速器改变同步主发电机的励磁以改变电压，最终保证柴油机恒功。下面以后一种方式为例，来说明调速器的恒功调节过程。

当机车辅助装置的吸收功率减少时，此时柴油机因负载减小转速升高。于是调速器进入转速调节过程:飞锤张开，柱塞上移，动力活塞下移，减小柴油机的供油量，以企图保持柴油机原来的转速。动力活塞及顶杆 29 的下移，带动它与联合杠杆连接点的下移，使与之相关联的功调滑阀 28 下移。于是功调滑阀的两个阀盘打开了通往功率伺服器（油马达）31 的上、下油孔，压力油从功调滑阀套的下油孔进入叶片式功率伺服器（油马达）的下油道，而功率伺服器（油马达）的上油道的压力油，则由功率滑阀套的上油孔回入油池。功率伺服器（油马达）此时便带动变阻器向减小测速发电机回路的电阻方向转动，即增加了同步主发电机的励磁，使同步主发电机的吸收功率增加。于是又出现了新一轮的转速调节过程:由于功率增加使转速降低，于是飞锤合拢，柱塞下移，动力活塞上移，增加柴油机供油量，直到柴油机转速回到原来的给定值。随着动力活塞及顶杆 29 的上移，带动它与联合杠杆连接点的上升，使与之相联的功调滑阀上移，重新关闭功调滑阀套的上、下油孔，功率伺服器（油马达）停止转动。上述功率调节过程每进行一次，柴油机在转速不变下增加了一次功率。如此经过多次上述过程，最终恢复至柴油机原有功率为止。

2. 功率调节系统的调整及功率整定

（1）功率调节系统的调整。

功率整定时，要对功率调节系统的元件进行调整，对其动作及原理分述如下。

① 平衡位调整。

平衡位即功调滑阀的阀盘关闭滑阀套油孔的位置，此时功率伺服器（油马达）指针停于中间任意位。调整时，使柴油机处于需恒功的某一工况，旋转顶杆 29，使调整螺栓处于中间位，调整功调滑阀上方偏心轮 27，使功率伺服器（油马达）指针停于中间任意位。可用旋转顶杆 29 的方法来验证经上述调整后，是否确已处于平衡位：左旋顶杆 29，功率伺服器（油马达）应沿逆时针方向转动；右旋顶杆 29，功率伺服器（油马达）应沿顺时针方向转动。

② 两个转速间功率范围的调整。

使柴油机-发电机组分别于两个转速下工作，看功率是否符合规定。若两工况间的功率范围偏大，可把联合杠杆的十字销 24 向伺服马达侧移动；若功率范围偏小，十字销则往调速弹簧侧移动。上述调整会引起某一转速下功率的变化。

③ 某转速下功率大小的调整。

某转速下功率大小的调整可通过旋转顶杆 29 来达到。若功率偏高，可左旋顶杆 29，则功率伺服器（油马达）逆时针转动，减少励磁，继续左旋顶杆直至达到规定功率；若功率偏低，则进行上述相反的调节。

④ 恒功率调节速度的调整。

恒功率调节速度的调整，可通过调节上体侧面的增、减载针阀 30 和 32 的开度得以实现。针阀开度增大则增、减载速度加快；反之减慢。

（2）功率整定。

功率整定或称功调试验，是通过调整调速器某些元件的相对位置，使柴油机各个转速及其对应的功率能落在牵引曲线上。功率整定须在水阻台上进行，主要是确定偏心轮 27、联合杠杆上的十字销 24 及调整螺栓等的位置。其步骤如下：

柴油机启动前，先做如下元件的调整：将偏心轮上的刻线对准夹叉 26 在水平方向上调速弹簧一侧的刻线；移动十字销 24 使连板 25 与功调滑阀杆连成一条直线后，使十字销向调速弹簧侧再稍许移动一点；将联合杠杆与调整螺栓连接的螺栓销中心至上体平面的距离调整到 100 mm 左右。

启动柴油机开始进行功调试验。将转速提至 1 000 r/min，校验柴油机功率是否达到规定值，并检查油马达动作。若柴油机功率偏小，可右旋顶杆直至功率达到规定值后锁紧调整螺栓上的螺母。之后，分别校核 840 r/min 和 680 r /min 时的柴油机功率，调节方法同上。另外还要检查 400 r/min 时油马达指针须回 0 位的要求，即此时油马达的可变电阻的电阻值最大，以保证机车起步平稳。功调试验所测得的功率曲线要与牵引曲线比较。调整时，除非偏差太大，一般不再重调偏心轮的位置，只需微量调节十字销及调整螺栓的位置。若试验曲线比牵引曲线陡，高转速时的功率偏高，而低转速时的功率偏低，可将十字销向伺服马达侧移，并适当调节调整螺栓的位置即可；若试验曲线偏缓，则将十字销移向调速弹簧侧，并适当调节调整螺栓的位置即可。

（四）供油系统、工作油及换油方法

供油系统由齿轮油泵 2、中体储油腔（油池 1）和设有蓄压活塞 4、内外弹簧 3 的蓄压室所组成（见图 3-6-2）。齿轮油泵的出油腔与蓄压室的上部连通，并由齿轮油泵和蓄压室使工作油压力保持在 0.64 ~ 0.69 MPa。

调速器的工作油为内燃机车调速器油。工作状态下的油面应在油位指示器的上、下刻线之间，即为标定油位。

按如下程序更换调速器工作油:

（1）柴油机停机后，即从调速器中体下部的放油堵将油放净。

（2）从加油口倒入清洁柴油至标定油位。

（3）启起动柴油机，在 400 r/min 下运行 5 min 左右，随后停机并放出柴油。

（4）加入新工作油至标定油位。

（5）启动柴油机，在 400 r/min 下运行 5 min 左右，随后停机并放出工作油。

（6）加入新工作油至标定油位。

（7）调速器换油后，应启动柴油机，排除调速器油路的空气。其过程如下：柴油机在 400 r/min 下运转，将位于中体中部的补偿针阀松开 2 ~ 3 扣，使柴油机不稳定运转 5 min 左右，然后调整补偿针阀使柴油机工作稳定。但补偿针阀的最终调整须在柴油机热机状态下进行。

（五）停车装置

柴油机的正常停机依靠停车装置完成。停车装置 35 主要由电磁联锁线圈、铁心、顶杆、阀芯和导套等组成。停机的执行过程为：DLS 线圈断电，动力活塞下方的工作油使停车装置的阀芯上移，从而打开停车装置下方油路。工作油从停车装置上方斜油孔排入中体蓄油腔，动力活塞被弹簧压下移至底部，使供油停止，柴油机停机。

二、基本技术要求

（1）调速器的上体、中体、下体及各零部件不许有裂纹。

（2）调速弹簧、补偿弹簧的特性应符合设计要求。

（3）旋转套筒、导阀柱塞、功率滑阀及微动套、动力活塞、缓冲弹簧、蓄压室活塞等重要零部件表面应无手感的拉伤与划痕。

（4）飞铁须配对更换，质量差小于 0.1 g。

（5）步进电机转动灵活，静态扭矩为 0.8 N·m。

（6）伺服马达杆行程 25.4 mm，相当于输出轴摆角为 42°。

（7）各连接杆动作灵活、无卡滞。

（8）功率伺服器在 300°转角内转动灵活，从最大励磁位到最小励磁位电阻变化为 0 ~ 493 Ω。变阻器电刷接触良好，各电阻不许烧损及断路、短路。

（9）组装后进行台位磨合试验及性能试验，应达到：

① 各接合面及油封不许泄漏。

② 在油温达到 55 ~ 60°C 时，所有工况下储油室油压在 0.90 MPa 左右。

③ 最低 400 r/min 和最高 1 000 r/min 时实际转速与名义转速之差不大于 10 r/min。

（10）调速器装车及进行性能试验，应达到：

① 在正常油温时，复查最低最高实际转速与名义转速差小于 10 r/min。

② 改变控制器手柄位置时，柴油机转速波动次数小于 3 次，稳定时间小于 10 s。

③ 移动控制器手柄，使柴油机最低稳定转速突升至标定转速时的时间为 18 ~ 20 s，反之，降速时间为 20 ~ 22 s。

任务 3-6-1-3　控制拉杆装置

一、控制拉杆装置结构

控制拉杆装置由弹性拉杆、紧急停车机构、最大供油止挡、左右转臂、横拉杆、左右纵拉杆、夹头和定位托架等组成，其结构见图 3-6-3。

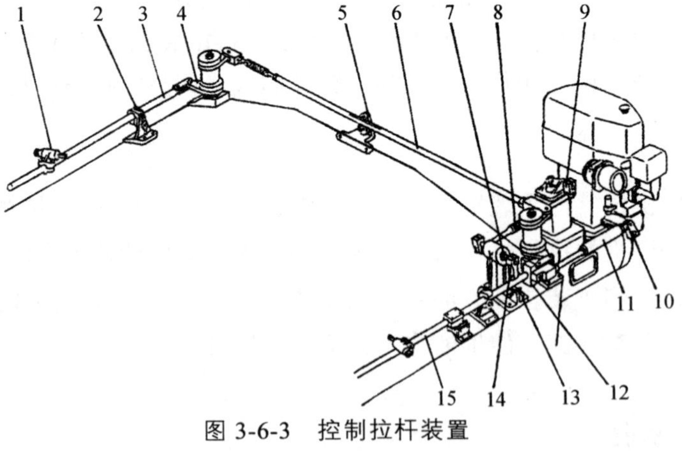

图 3-6-3　控制拉杆装置

1—齿条夹头装配；2—定位托架；3—左纵拉杆；4—左、右转臂；5—定位托架；6—横拉杆；7—转轴；8—调节杆；9，10—摇臂；11—弹性拉杆；12—限止块；13—调整螺栓；14—紧急停车长臂；15—右纵拉杆

1. 弹性拉杆

弹性拉杆的结构见图 3-6-4。弹性拉杆由拉杆 5、套 4、弹簧 3、叉头 2 等组成，其左侧通过摇臂 1 与调速器相连，右侧通过拉杆连臂 6 与右纵拉杆相连。柴油机增加供油时，通过摇臂、叉头、套推压弹簧，再由弹簧推动拉杆，最后将力传递到左、右纵拉杆上，因此增加供油时拉杆做弹性移动。柴油机减少供油时，则通过叉头、套直接拉动拉杆做刚性移动，将喷油泵齿条向减少供油的方向移动。

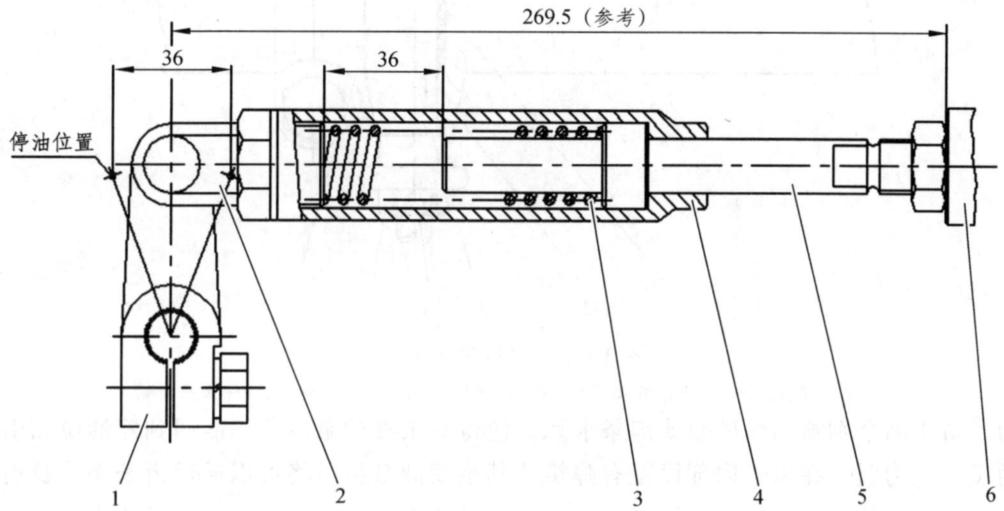

图 3-6-4　弹性拉杆

1—摇臂；2—叉头；3—弹簧；4—套；5—拉杆；6—拉杆连臂

设置弹性拉杆的目的，主要是为了当紧急停车装置动作时，紧急停车长臂打击限制块，推动拉杆向减油位置移动，此时由于调速器动力活塞没有移动，仍保留在原来的供油位置，因此弹性拉杆上的叉头和套不动，拉杆通过压缩弹簧移动。

2. 齿条夹头装配

齿条夹头装配由夹头体装配、调整螺母、夹头串销、夹头弹簧、销、开口销组成，见图 3-6-5。

夹头体装配由夹头体、夹头盖上下两部分组成，通过两个 M10 的螺栓拧在一起，夹紧在左、右纵拉杆上。

齿条夹头装配的作用有两个：

① 将左、右纵拉杆的移动传递到油泵齿条，完成加油减油的功能。

② 当需要甩缸时，用手捏住调整螺母向后拔出夹头串销，当销离开夹头体的深槽时，旋转 90°，使销卡在夹头体的浅槽中，此时，夹头串销头部从油泵齿条中脱出。复位时，操作顺序与甩缸的顺序相反。复位后，夹头串销头部与调节齿杆的间距为 0.5 ~ 2.5 mm。

注意：复位时，一定要将夹头串销的头部放入油泵齿条的拨叉座与弹簧座之间，千万不能卡在锁紧螺母处，否则，将引起飞车。

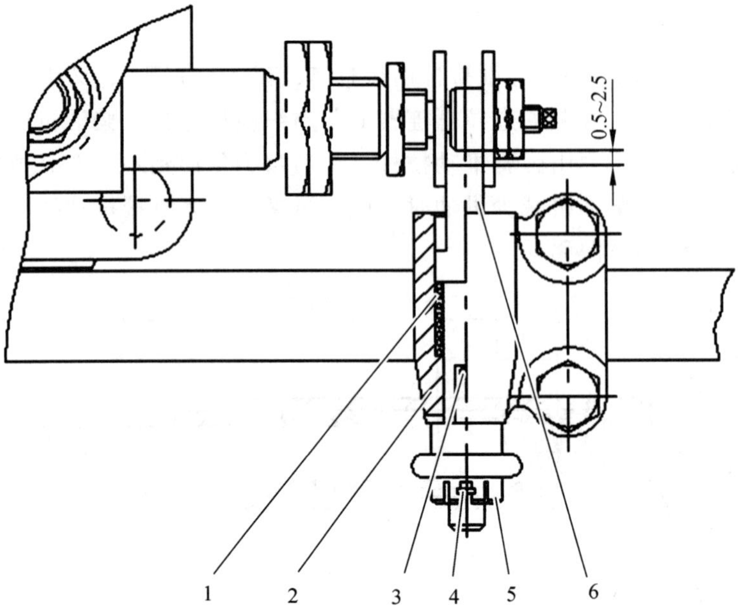

图 3-6-5 齿条夹头装配

1—夹头弹簧；2—夹头体装配；3—销；4—开口销；5—调整螺母；6—夹头串销

为了防止因个别喷油泵柱塞或齿条卡死，使得其余喷油泵齿条不能回到停油位而引起柴油机的飞车，为此，在齿条内部设置有弹簧。其余喷油泵齿条将可以通过齿条夹头及齿条上的拨叉座压缩弹簧并随拉杆向减油的方向移动，避免柴油机在降速或卸载时的飞车。

3. 定位托架

整个拉杆系统有 10 个定位托架。其中，靠近横拉杆 6（柴油机前端面）左右纵拉杆上各装一个，如图 3-6-6 所示的定位托架，不仅起到拉杆定位作用，而且还有防止拉杆转动的作用。其余托架如图 3-6-7 所示，可以限止拉杆的左右运动，防止齿条夹头串销脱开齿条拨叉座。

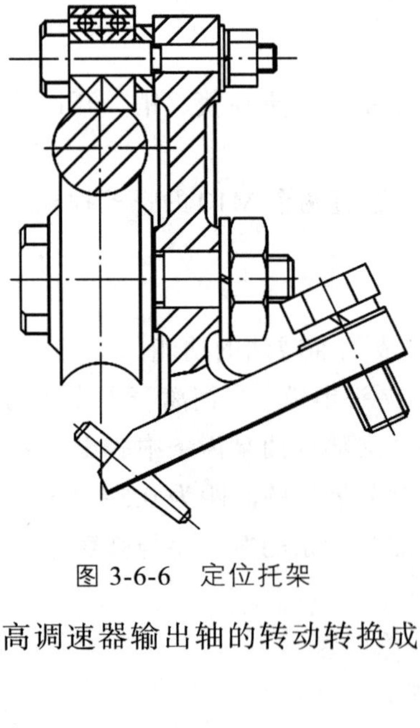

图 3-6-6 定位托架

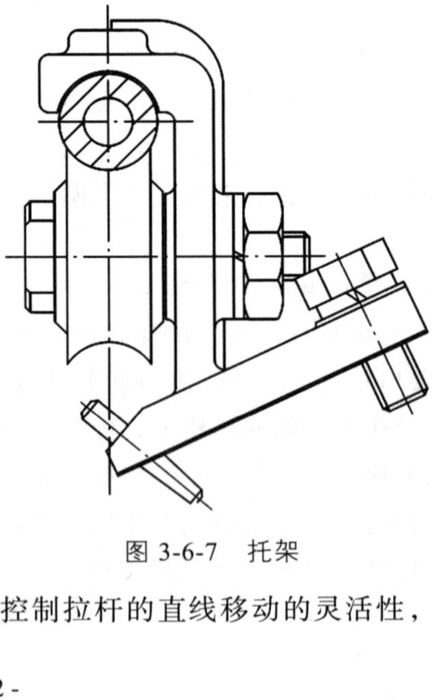

图 3-6-7 托架

为了提高调速器输出轴的转动转换成左右控制拉杆的直线移动的灵活性，同时在保证拉杆系统最小间隙时不增加拉杆系统阻力，将弹性拉杆与右拉杆的连接处、左右转臂座与横拉杆的连接处采用关节轴承。左右转臂与左右拉杆的连板上采用了平轴承。这种平轴承还有限制拉杆的转动，使齿条夹头的串销不偏离齿条的拨叉座的作用，确保喷油泵安全可靠工作。

二、控制拉杆系统动作过程

调速器操纵控制拉杆装置的动作过程如下：当调速器的动力活塞上移时，曲臂传动机构的花键轴转动并通过摇臂 10 推动弹性拉杆 11 向柴油机输出端方向移动。此时，弹性拉杆一方面带动右纵拉杆向输出端推进；另一方面经左右转臂和横拉杆带动左纵拉杆移向柴油机自由端。上述左、右纵拉杆的动作，带动了装在其上的各个夹头 1 推动柴油机各个缸的喷油泵齿条向增加供油方向移动。当调速器的动力活塞下移时，控制拉杆装置则进行与上述方向相反的动作，使喷油泵齿条向减油方向移动。

超速停车装置的作用过程如下：当超速停车装置动作时，停车轴带动紧急停车机构的摇臂 9、调节杆 8、转轴 7，由紧急停车长臂 14 打击安装在右纵拉杆上的限止块 12，使左、右纵拉杆向减油的方向移动并回到停机时的位置。此时，喷油泵齿条即被推至停油位，使柴油机迅速停机。

三、基本技术要求

（1）各拉杆不允许弯曲，安装正确，动作灵活无卡滞。

（2）拉杆系统总间隙小于 0.5 mm。

（3）拉杆系统总阻力小于 30 N。

（4）连上喷油泵后的拉杆系统总阻力小于 100 N。

（5）左右转臂与拉杆垂直时，各喷油泵齿条刻线须在标定供油量的中间位（即第 7 刻线），各喷油泵齿条刻线差小于 0.5 格。

任务 3-6-I-4　调控传动总成和超速保护装置

一、调控传动总成

（一）组成及作用

调控传动总成的转动部分用于传动调速器、超速停车装置、转速表和测速发电机。调控传动总成设有超速停车装置和转速表，调控传动总成安装于柴油机前端右侧，其结构见图 3-6-8。

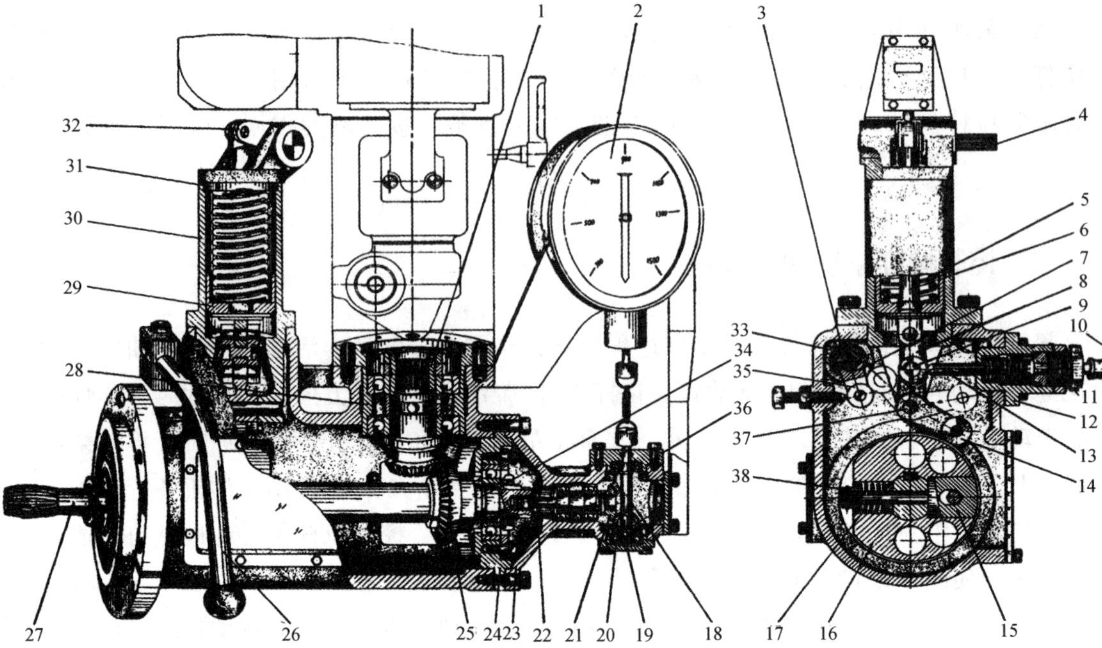

图 3-6-8 调控传动总成

1—从动轴；2—转速表；3—轴；4—停车轴；5—停车弹簧；6—停车杆；7—轴臂；8—连接臂；9—摇臂；10—停车按钮；11—推杆座；12—推杆体；13—顶杆；14—摇臂滚轮；15—飞锤；16—飞锤座；17—限速弹簧；18—垂直轴；19—下轴承座；20—小锥齿轮；21—大锥齿轮；22—水平轴；23—壳体；24—轴承座；25—主动齿轮；26—复原手柄；27—主动轴；28—轴承座；29—弹簧座；30—停车器体；31—停车体盖；32—转动轴摇臂；33—铜衬套；34—隔套；35—滚轮；36—顶盖；37—摇臂销；38—调整螺母

超速停车装置的动作原理：

当柴油机转速升至 1 120 ~ 1 150 r/min 时，飞锤 15 的离心力大于限速弹簧 17 的预紧力，飞锤的头部伸出飞锤座 16 撞击摇臂滚轮 14，使摇臂 9 的一个臂往上翘，摇臂的另一臂带动连接臂 8 倒向另一侧，停车弹簧 5 将停车杆 6 压下，通过控制拉杆装置迫使喷油泵停止供油，柴油机停车。

手动紧急停车按钮置于超速停车装置箱体的侧面，手推停车按钮 10，可使摇臂 9 带着连接臂 8 倒向另一侧，停车杆 6 下移，迫使柴油机停机。

复原手柄 26 的轴 3 置于手动紧急按钮的对面。当飞锤动作或用手按压停车按钮时，摇臂和连接臂倒向复原手柄的转轴一侧。将复原手柄上抬，复原手柄可通过轴 3 和轴臂 7 将摇臂 9 和连接臂 8 回转复位。

（二）限度及基本技术要求

（1）箱体与零部件不许有裂损。

（2）各运动件转动灵活，飞锤组装后应是静平衡的。

（3）组装后检查飞锤行程应为 $6^{+0.5}_{0}$ mm。

（4）检查紧停装置停车杆行程应不小于 20 mm。

（5）用手推动紧停按钮时，停车杆须立即下落，此时摇臂滚轮不许与紧停按钮的顶杆相碰。

（6）用手搬动复原手柄复原后，摇臂应紧靠停车按钮的顶杆头部。

（7）超速停车装置的动作值为 1 120 ~ 1 150 r/min，装车后允许以柴油机的极限转速值为准进行复查并适当调整。

（8）转动紧停按钮处的推杆座调整摇臂中心与箱体中心的（距离）尺寸应为 $2^{+0.5}_{0}$ mm。

（9）调整停车器体与箱体之间的垫片，使摇臂与飞锤座之间的（距离）尺寸为（0.8 ± 0.1）mm。

（10）当飞锤的转速达到 560 ~ 575 r/min 时，飞锤应立即飞出推动摇臂，使停车杆立即落下。如飞锤转速大于或小于 560 ~ 575 r/min 时，可用调整螺母调节之。

（11）传动调速器的螺旋锥齿轮啮合间隙为 0.05 ~ 0.15 mm，可用增减相关垫片的厚度来调整间隙，并用涂色法检查齿面的接触精度，接触斑点沿齿高≥50%，沿齿长≥70%。

（12）原形尺寸及限度见表 3-6-1。

表 3-6-1　原形尺寸及限度

序号	名　称	原形/mm	中修限度/mm
1	调速器传动螺旋锥齿轮啮合间隙	0.05 ~ 0.15	0.20
2	转速表传动锥齿轮啮合间隙	0.08 ~ 0.15	0.20
3	飞锤与飞锤座间隙	0.025 ~ 0.089	0.10
4	摇臂滚轮与销间隙	0.013 ~ 0.057	0.08
5	停车按钮顶杆与体孔间隙	0 ~ 0.054	0.10

二、超速保护装置

（一）作用与结构

超速保护装置设在柴油机左右两列气缸的进气管路中。当柴油机超速时，其风门立即关闭进气管通道，迫使柴油机停机。

超速保护装置主要由连接管、风门体、风门、传动机构（由转轴、操纵杆、连杆、拉板等构成）和电磁铁等组成，其结构如图 3-6-9 所示。

连接管和风门体作为一段进气管置于增压器与中冷器之间，风门装在风门体内。风门可以手动关闭，也可由电动关闭。当柴油机转速到达 1 120 ~ 1 140 r/min 时，机车控制回路使装在风门体外的直流电磁铁得电吸合，拉动风门体外部的传动机构，迫使风门关闭，迅速切断各个气缸的进气，使柴油机停机，此时操纵杆处于铅垂位。当风门复原时，操纵杆处于水位。

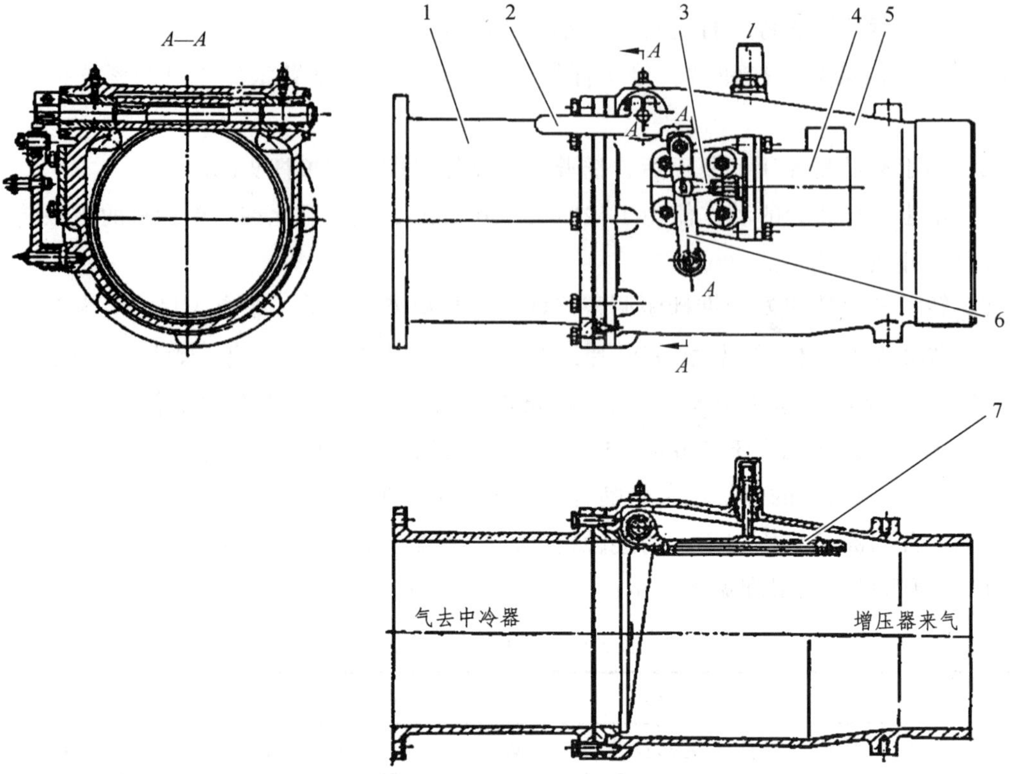

图 3-6-9　超速保护装置

1—连接管；2—操纵杆；3—拉板；4—电磁铁；5—风门体；6—连杆；7—风门

（二）主要技术要求

（1）组装后进行风门动作试验。电磁铁通电后，风门应迅速落下，关闭进气管通道，不允许有漏气现象。

（2）为保证风门动作灵活，油杯内应定期注入钙基脂。

（3）传动机构上的转轴，其轴向间隙为 0.05 ~ 0.3 mm。

（4）柴油机工作转速达到 1 120 ~ 1 140 r/min 时，电磁铁应得电吸合，风门迅速关闭。

（5）风门动作后，须于柴油机重新启动以前使风门复位。

任务 3-6-2　GEVO16 型柴油机调控系统

GEVO16 型柴油机控制结构如图 3-6-10 所示。

GEVO16 型柴油机装用的柴油机控制单元（ECU），是一种以微处理机为基础的控制系统。与传统的机械调速器相比，柴油机控制单元（ECU）不仅仅是改变了柴油机喷油控制方式，更重要的是能全面监测柴油机运行状态，实施精确的反馈调控，必要时采取保护措施。柴油机控制单元（ECU）已成为柴油机调控的重要组成部分。

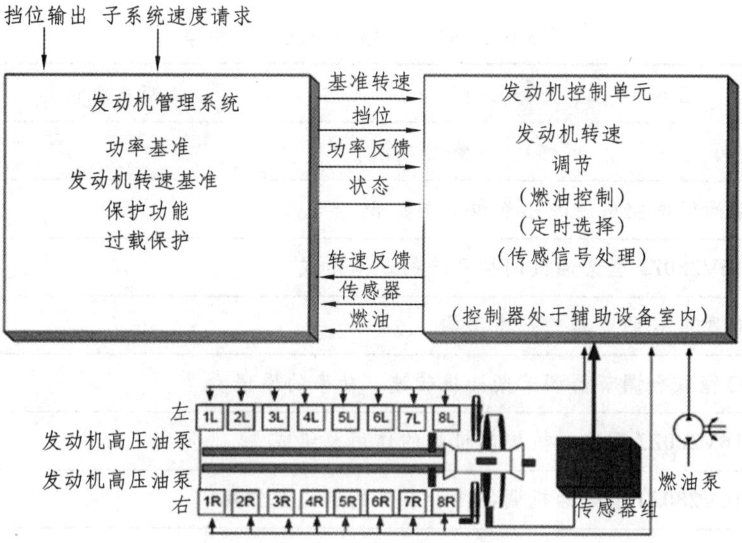

图 3-6-10　柴油机控制结构图

柴油机控制单元（ECU）监控运行参数，并提供柴油机保护功能。有关柴油机运行状态的各种信息通过各种传感器获得。柴油机控制单元（ECU）还具有经过改进的诊断功能。通过对柴油机某些运行参数进行监控和识别，发现参数超出正常值范围时，会提醒车载微机系统采取降低柴油机转速、降低交流发电机负荷或励磁等措施。

布置在机车和柴油机上的传感器，是控制系统的基本信息源。其中，柴油机喷油定时靠在 GEVO16 型柴油机上设置的两个柴油机曲轴传感器（EC1S 和 EC2S）实现。

曲轴速度传感器为电磁性传感器，用于检测柴油机曲轴的转速。柴油机曲轴上装有一个 89 齿（加 1 个缺失齿）的正时齿轮，见图 3-6-11。EC1S 和 EC2S 传感器通过检测正时齿轮上的齿来确定曲轴在旋转过程中的位置。这就使 ECU 能够正确控制燃油的输送，同时能够将柴油机的转速信息在必要时传送给智能显示器。

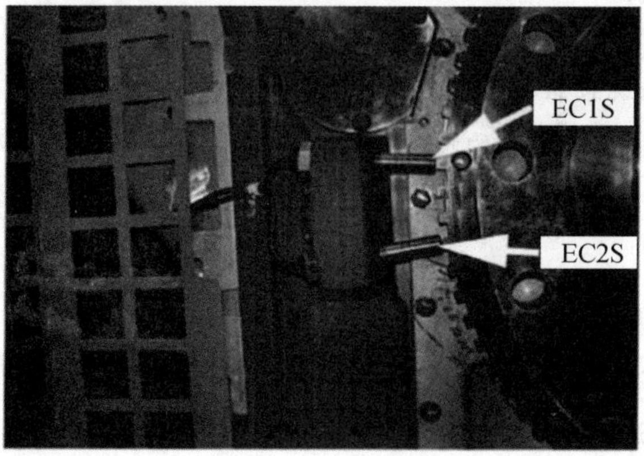

图 3-6-11　曲轴转速传感器安装示意图

【任务检查】

表 3-6-2　调控系统——任务检查单

任务编号	3-6	任务名称	调控系统认知		
序号	检查内容			是	否
1	能说明柴油机调控系统的任务和工作要求				
2	能掌握 16V280ZJ 型柴油机调控系统的基本组成				
3	能说明 C 型联合调节器的基本结构				
4	能说明 C 型联合调节器调节柴油机转速、功率的原理				
5	能说明 16V280ZJ 型柴油机控制机构的作用及组成				
6	能说明 16V280ZJ 型柴油机调控传动装置的组成及作用				
7	能说明 C 型联合调节器的运用常识				
8	能说明 C 型联合调节器对柴油机的保护措施				
9	能说明 16V280ZJ 型柴油机超速和紧急情况下的停机保护措施				
10	能分析说明 GEVO16 型柴油机的调控方式				

【任务训练】

一、填空题

1. C 型联合调节器功率调节系统的功用是保持柴油机在给定转速下的（　　）。

2. 控制拉杆装置的功用是传递调速器及（　　）的动作，拉动各气缸喷油泵供油齿条以控制供油量。

3. 调速器的恒功率调节是指调速器为保持柴油机在某一转速下（　　）的调节过程。

4. 柴油机的控制系统包括 C 型联合调节器、调控传动总成、（　　）和超速保护装置。

5. 采用转速-功率联合调节器的柴油机能自动卸除超载负荷或自动增补欠载负荷，即做到在每一挡位上有预定的（　　）、（　　）和（　　）。

二、选择题

1. 16V280ZJ 型柴油机正常工作时，转速为（　　）。

A. 400 ~ 1000　　B. 440 ~ 1050　　C. 400 ~ 1100

2. 16V280ZJ 型柴油机采用（　　）调速器。

A. C 型　　B. JSCC 精研　　C. JD1A 电磁

3. 调速器的主要组成部分，不包括下列哪些？（　　）

A. 转速调节系统　　B. 功率调节系统　　C. 压力调节装置

4. 柴油机的控制系统不能完成下列哪些功能？（　　）

A. 稳定各工况下转速　　B. 各工况的平稳过渡　　C. 各工况下的燃油压力调节

5. 柴油机超速保护装置动作后，需手动恢复哪些装置？（　　）

A. 打开风门　　B. 恢复紧急停车按钮　　C. 调整各供油齿条位置

三、判断题

1. 16V280ZJ 型柴油机联合调速器油位低时，可补充“三代润”机油。(　　)

2. 当柴油机转速达到 1 120～1 140 r/min 时，超速保护装置动作。(　　)

3. 调速器通过控制拉杆装置改变喷油泵的供油量，从而改变柴油机的转速。(　　)

4. 柴油机产生飞车现象后，将会对运动零件造成很大损伤。(　　)

5. 柴油机通过控制拉杆装置控制各缸喷油泵的供油齿条，实现对供油量的控制。(　　)

四、简答题

1. 说明柴油机调控系统的任务和工作要求。

2. 简述 16V280ZJ 型柴油机调控系统的基本组成。

3. 说明 C 型联合调节器的基本结构。

4. 说明 C 型联合调节器调节柴油机转速、功率的原理。

5. 简述 16V280ZJ 型柴油机控制机构的作用和组成。

6. 简述 16V280ZJ 型柴油机调控传动装置的组成及作用。

7. 说明 C 型联合调节器的运用常识。

8. C 型联合调节器对柴油机有哪些保护措施？

9. 说明 16V280ZJ 型柴油机超速和紧急情况下的停机保护措施。

10. 简述 GEVO16 柴油机转速检测的工作原理。

11. 简述 GEVO16 柴油机控制单元（ECU）对燃油系统的控制过程。

任务 3-7　机油系统认知

【任务描述】

机油系统是保证柴油机正常工作的重要部分。作为机车乘务员、机车检修人员，要全面学习柴油机机油系统的布局、主要零部件的结构及工作原理、机油系统的运用与保养、机油系统常见故障的分析及处理等知识。

【任务目标】

- 能说明柴油机机油系统的任务和工作要求；
- 能掌握 16V280ZJ 型、GEVO16 型柴油机机油系统的基本组成；
- 能说明机油系统主要零部件的结构及工作原理；
- 能分析 16V280ZJ 型、GEVO16 型柴油机机体内部油路的分布；
- 能掌握机油系统的运用与保养知识；
- 能分析机油系统的常见故障。

【任务学习】

任务 3-7-1　16V280ZJ 型柴油机机油系统

任务 3-7-1-1　概　述

一、机油系统的任务及组成

16V280ZJ 型柴油机采用压力润滑为主，某些部件飞溅润滑的混合润滑方式，湿式油底壳的机油系统在柴油机中起润滑、导热、清洗、密封和缓冲的作用，它由油底壳、机油泵、机油离心式滤清器、增压器滤清器、安全阀、调压阀和机油管路等组成，详见图 3-7-1 和图 3-7-2。

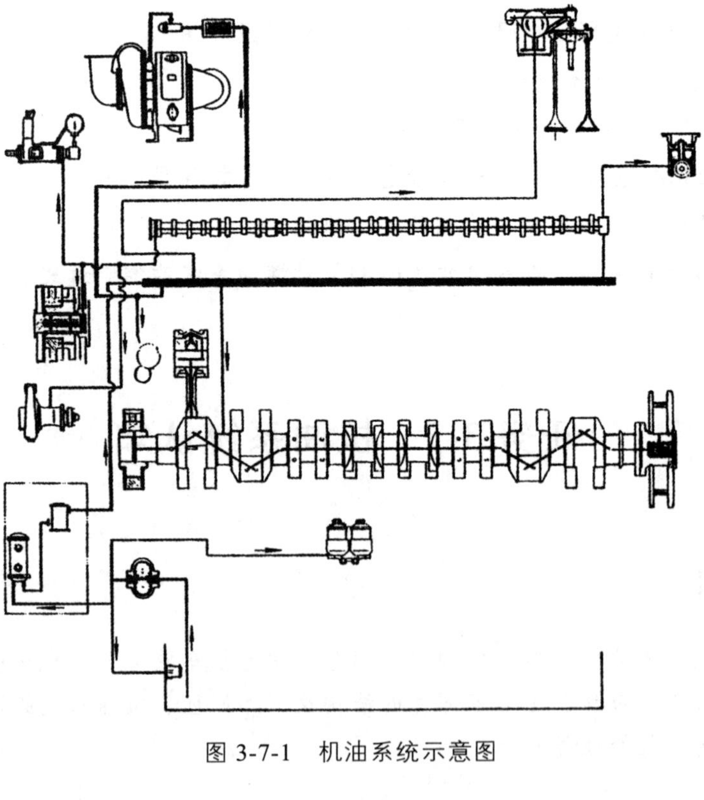

图 3-7-1　机油系统示意图

二、机油油路

机油泵将油底壳里的机油抽出，泵入装在机车上的机油热交换器、机油滤清器（即图 3-7-2 中的虚线框内部件），然后通过进油弯道进入柴油机主油道润滑和冷却各运动部件，主要路径如下：

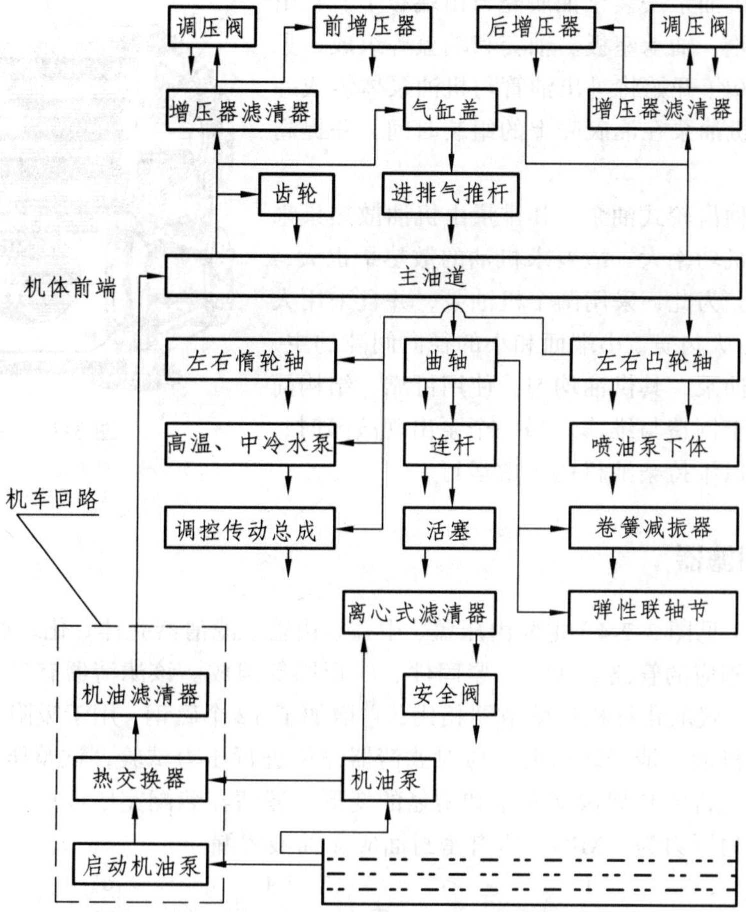

图 3-7-2　机油系统框图

机油从主油道经机体各挡立板上的钻孔进入曲轴主轴承，由曲轴油道进入卷簧减振器和连杆大端轴承，再由连杆杆身上的油孔进入连杆小端轴承，经活塞销进入活塞冷却。

主油道前端分四路机油，一路进前增压器润滑冷却轴承，两路进左、右气缸盖进油总管，润滑摇臂与横臂；另一路进齿轮箱润滑齿轮齿面。

从主油道后端盖板引出三路机油，一路通过连接箱进后增压器，另两路分别进左、右气缸盖进油总管。

在机体后端立板上，通过铸造方式接通主油道和左右凸轮轴承孔的油路，一方面润滑凸轮轴轴承，同时接管路润滑左右喷油泵下体滚轮与滚轮轴。

从左右第一凸轮轴承孔处外接管路引机油润滑左右配气惰轮轴。

从主油道进油管上接管路至调控传动、高低温水泵润滑。

任务 3-7-1-2　机油系统的主要部件

一、主机油泵

两只齿轮式机油泵安装于油底壳自由端板上，它由泵体、主从动齿轮、轴承座板、轴套和端盖等组成，见图 3-7-3。从 1999 年开始将进出油管与机油泵体铸成一体，从而节省了机油泵在油底壳上的组装时间，并提高了工作的可靠性。

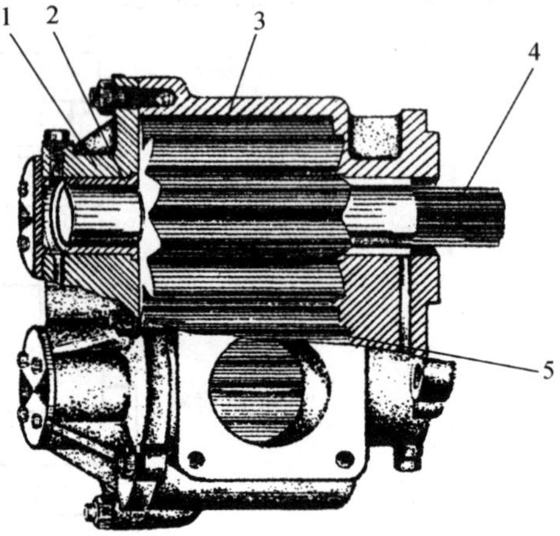

图 3-7-3　机油泵

1—轴承座板；2—轴套；3—泵体；4—主动齿轮；5—从动齿轮

机油泵是一种齿轮式油泵，其排量由机油散热量来确定。由于柴油机功率大，故要求机油的散热量也大，因而其排量要大。为此，采用两个机油泵，并且采用大模数、高线速度、大齿宽、小端面和小的径向间隙的主、从动齿轮。这种油泵，其供油均匀，使用可靠，结构简单，质量轻，便于制造与维修。当一个泵出现故障时；另一个泵仍然可以维持柴油机的正常运行。

二、机油粗滤器

机油滤清器（见图 3-7-4）主要由压盖、中盖、边盖、滤清器壳体、化纤滤芯、磁钢、轴、双针压力表以及相应的管路、接头、紧固件、O 形圈等组成。该滤清器有三个相同的化纤滤芯并联安装，与一般的化纤机油滤清器相比，它增加了 12 个磁钢，用于吸附机油中存在的铁磁性金属磨粒。机油滤清器装配前，应对滤清器壳体进行压力试验，试验压力为 1.2 MPa，保压 10 min，不允许有任何渗漏现象和明显的变形。滤清器装配完毕以后，还必须进行密封性能试验，试验的压力为 1 MPa，所有密封面应无油液渗漏。

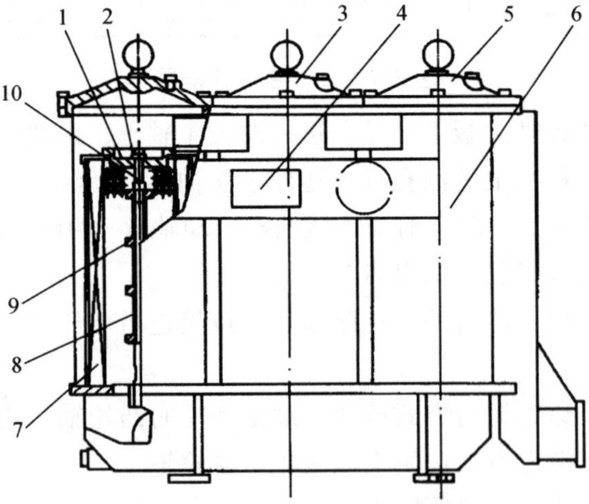

图 3-7-4　机油自清式滤清器

1—压盖；2—补偿垫圈；3—中盖；4—标牌；5—边盖；6—滤清器壳体；7—化纤滤芯；8—隔套；9—磁钢；10—轴

机油滤清器在额定流量为 120 m^3/h、油温为 75 °C、油压为 0.7 MPa 时，滤清器的原始总成压差小于 0.04 MPa。当其阻力超过 0.1 MPa 时，应更换新的滤芯。

三、机油离心式精滤器

机油离心式滤清器，利用离心力分离机油中的机械杂质，实现滤清效果。对密度大而体积小的微粒，有很强的滤清能力，它阻力小，在使用中阻力不会增加。

4 组机油离心式滤清器，分别装在机体左、右侧的曲轴箱观察孔盖上，主要由转子、外罩壳、滤清器座和转子轴等组成（见图 3-7-5）。

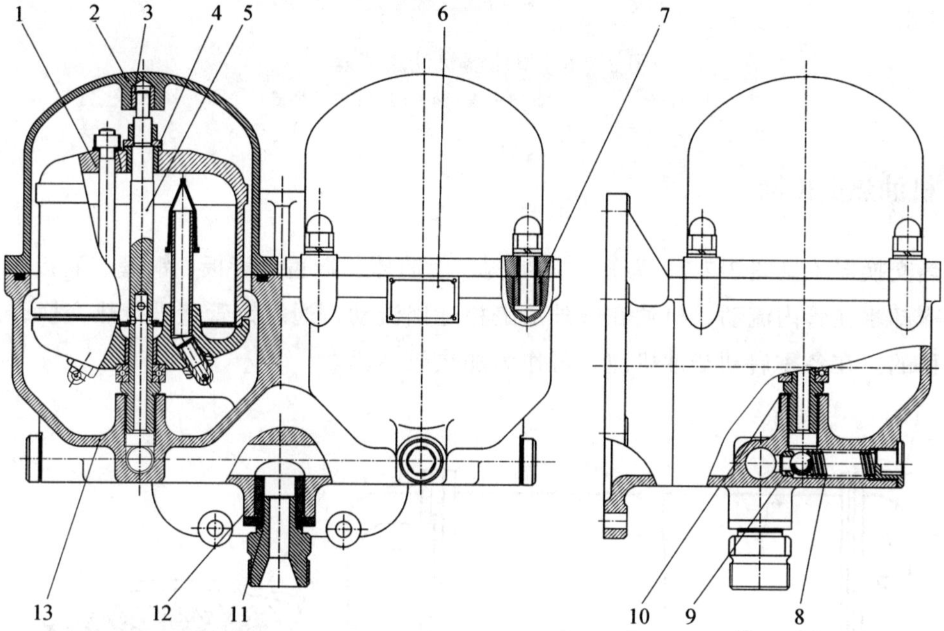

图 3-7-5　机油离心式滤清器

1—转子组成；2—外罩壳；3—衬套；4—转子止退垫圈；5—转子轴；6—标牌；7—螺套；8—弹簧；9—减压阀座；10—止退垫圈；11—接头体；12—螺套；13—滤清器座

由机油泵来的机油，从滤清器座中孔经转子轴内孔进入转子内腔。压力油经转子下部两个对称布置的喷油头高速喷出，由此产生反作用力偶，驱动转子高速旋转，使转子内腔机油中密度较大的机械杂质在离心力作用下甩向转子内壁，粘附到贴在内壁的衬纸上。滤清后的机油从喷油头喷出后，由滤清器座内腔排出，经曲轴箱流入油底壳。

四、增压器机油滤清器

现采用筒形不锈钢网滤芯，滤清精度为 20 μm 的增压器机油滤清器，其外壳是一个圆筒，见图 3-7-6。机油从圆筒的一端进入滤芯的内腔，杂质被阻在滤网的内腔，干净的机油通过滤网进入滤芯的外部，经另一端流出。

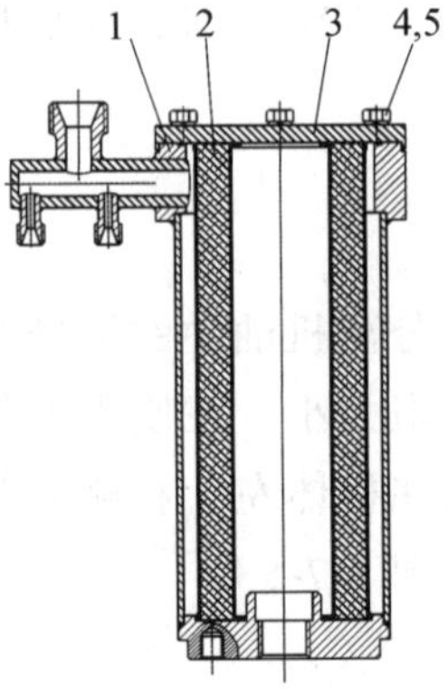

图 3-7-6　增压器机油滤清器

1—壳体；2—滤芯；3—盖；4—螺栓；5—垫圈

五、机油热交换器

机油热交换器（见图 3-7-7）为管壳式结构，由筒体、端盖、管板、铜管、隔板、密封件等组成。冷却水在管内流动，机油在管外沿隔板迂回流动，通过铜管壁进行热交换，达到冷却机油的目的。在冬季启动柴油机前，可作为加热机油用。

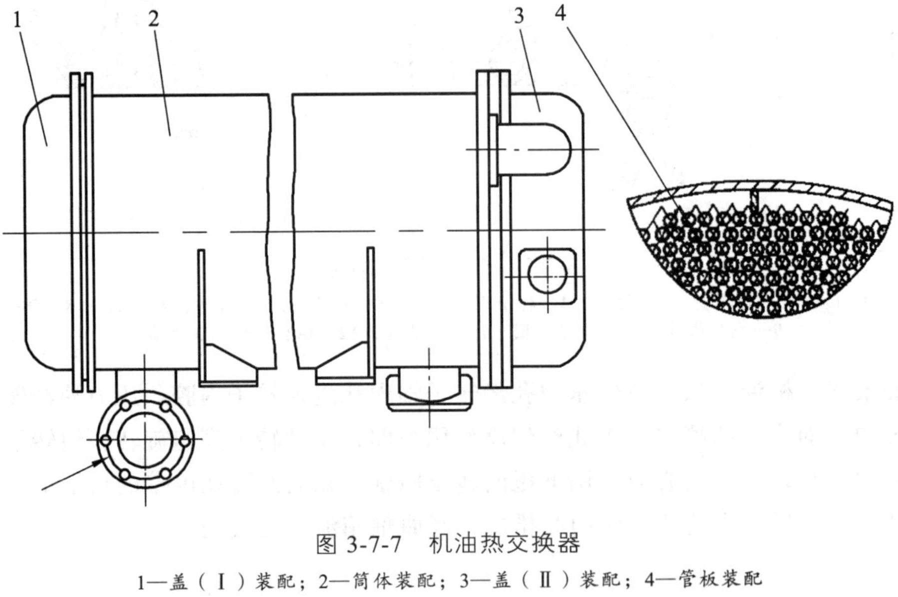

图 3-7-7　机油热交换器

1—盖（Ⅰ）装配；2—筒体装配；3—盖（Ⅱ）装配；4—管板装配

六、油压继电器

为保证柴油机在良好的润滑情况下工作，在 16V280ZJA 型柴油机上装有两个结构相同的油压继电器，当油压低于规定值时，使柴油机卸载或停车，以保护柴油机。

油压继电器的结构如图 3-7-8 所示，分底座 4、接头组装 17 两部分。底座和接头组装用 4 个螺钉连接。波纹管 18 焊在上托 16 上，上托 16 以螺纹拧入接头体内。接头体和波纹管外面所夹的空腔称为作用室。从接头体 17 的油管接头来的压力油充满作用室，并压缩具有弹性的波纹管，从而使放在波纹管内的下托 19 上下移动。下托直接与调节杆 14 接触，调节杆 14 穿过套碗 15 的中心孔，并一直穿过特殊螺栓 13 的贯通孔。调节杆 14 的根部与弹簧座 21 用销铆接，调节杆顶部有螺纹孔，在此螺纹孔内拧入调节螺钉 7，调节螺钉 7 的头部通过顶针 6，推动动触头 5 动作。

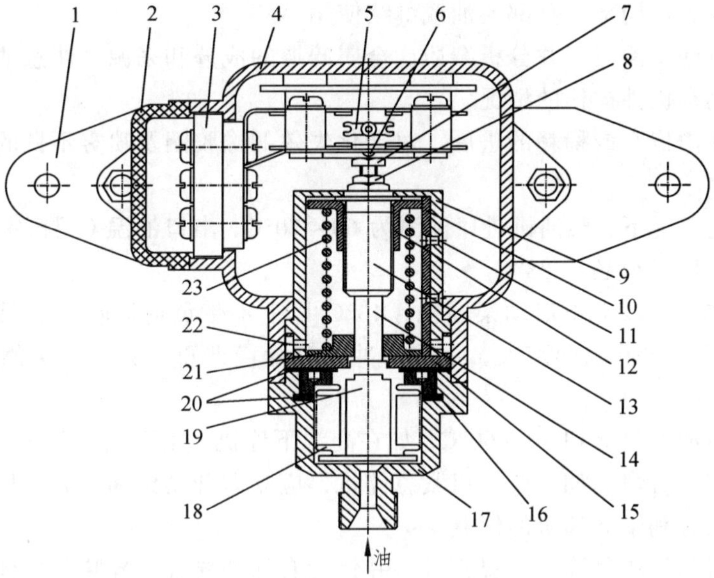

图 3-7-8　油压继电器

1—安装板；2—端子盖；3—端子盖组装；4—底座；5—动触头；6—顶针；7—螺钉；8—螺母；9—套筒；10—滑动板；11—铆钉；12—滑块；13—特殊螺栓；14—调节杆；15—套碗；16—上托；17—接头组装；18—波纹管；19—下托；20—橡胶垫；21—弹簧座；22—螺钉；23—弹簧

滑块 12 上开有缺口，此缺口与固定在套筒上的滑动板 10 相配合。当转动特殊螺栓 13 时，滑块 12 不会跟着转动，只能沿滑动板上下移动，从而改变弹簧 23 的预紧力。弹簧座 21 上也同样开有缺口，此缺口与滑动板配合，以防止弹簧座及调节杆 14 在动作过程中转动。

机油从接头组装 17 的油管接头进入接头体和波纹管间空腔内，当油压超过波纹管和弹簧 23 的压力时，就使下托 19 和调节杆 14 上移，此时拧在调节杆 14 上端的调节螺钉 7 顶起顶针 6，使微动开关的桥式动触头 5 接通电路，这时的机油压力称为油压继电器的动作值。当机油压力小于波纹管和弹簧的压力时，弹簧 23 压向弹簧座 21，迫使调节杆和下托下移，使微动开关动触头 5 断开电路，此时的机油压力称为油压继电器的释放值。

旋转特殊螺栓 13，使滑块 12 上下移动，可改变弹簧的预紧力，即调节油压继电器的动作值；旋转调节螺钉 7，调整触头间隙，可改变油压继电器的释放值。

任务 3-7-I-3　机油系统的运用与保养

一、运用与保养须知

定期检验机油品质和油位，及时补充新油。

对于新机车或经大修后的机车，原则上应勤查勤换。在机车初用 50 ~ 100 h 后检验油质，视机油内杂质进展情况一般可作第一次换油；机车再使用 250 ~ 300 h 后作第二次换油。以后机车每次辅修及小修时（即走形 7 000 ~ 8 000 km）检验一次油质，走行 25 000 ~ 30 000 km 时视油质指标情况决定局部、全部换油或继续使用。

定期清洗各机油滤清器，并分析杂质、金属碎屑的成分和来源。注意油底壳滤油网板上的金属碎块，以判别机件损伤的情况。

注意观察机油内掺水或稀释的进展，对老化失效的橡胶圈及喷雾不良的喷油器应及时更换或检修。

在柴油机标定工况下，柴油机进口油温为 60 ~ 70°C，出口油温（司机室油温表）为 70 ~ 80°C，出口最高温度不得超过 88°C。

机油温度在 20°C 以下不启动柴油机；40°C 以下不带负荷运转。油温过低，机械阻力大；因柴油机各机件在低温间隙大，工作时冲击和噪声严重，并由于突然加温而增大机件的热应力。

柴油机停机前油温应降到 50 ~ 60°C，如在高温下停机，则不利于散热，易促使机油及橡胶件早期老化而缩短寿命。如果柴油机紧急停机，应立即开动柴油机启动机油泵向机油管系供油一段时间，这有利于柴油机的保养。

柴油机运转时如油压突降，油温剧升，并伴随有强烈异音、异味及机体颤动，则可能发生主机油泵断轴或连接齿套剃齿后拉缸、主轴瓦或连杆瓦烧损、增压器转子失去平衡后烧损轴承等故障，应紧急停机并热机盘车检查。如油温上升较快，应检查风扇转动与否，必要时强制风扇全速运转。

二、故障分析

（一）机油压力过低

导致油压过低的因素很多，如连杆瓦和主轴瓦间隙或各挡间隙差过大；主机油泵径向或轴向间隙过大；油管破裂或通路有漏油现象；油温过高；机油稀释；主机油泵调压阀弹簧的预紧力过小或弹簧折断；主机油泵主轴折断或连接齿套剃齿；机油滤清器脏或吸油口滤网堵塞；油位过低或油内有水，使泡沫过多等。

（二）膨胀水箱内有油

其原因为，热交换器或静液压油热交换器内油、水互窜；感温元件安装处泄漏导致漏油。在柴油机运转时，由于油压高于水压使机油窜入水系内，而在柴油机停止工作时，由于水箱的静压使水渗入油系内，故应注意同时检查油底壳及水箱，消除泄漏处所。

（三）主机油泵断轴

柴油机运转中油压突然下降，油压继电器动作，柴油机停机。

机车运行中，突然听到动力间有异音，同时司机室油压表指针出现上下波动，这是由于主机油泵主轴折断。断裂处靠挤压和摩擦力，在同步齿轮带动下仍能继续工作。当从动轴与主动轴转速不一样时，油压开始上下波动。

（四）机油稀释

机油稀释主要是柴油漏入曲轴箱内，使机油闪点和黏度大幅度下降，导致机油早期报废。机油稀释的主要原因在燃油系统，如喷油器雾化不良、喷油压力低及柴油机长期在低速空载状态下工作等。

（五）热交换器故障

（1）固定管板和活动管板端有泄漏，紧固法兰螺栓后仍无效；

（2）活动管板处压环的径向孔有油、水泄漏；

（3）油底壳发现有水，膨胀水箱发现有机油；

（4）热交换器冷却不良，冬季机油温度经常高于 80°C，夏季机油温度经常高于 85°C。

发现上述情况之一时，应检查修复。

任务 3-7-2　GEVO16 型柴油机机油系统

一、机油系统的功用

GEVO16 型柴油机润滑油系统是对各运动零部件进行强迫润滑及冷却，从而提高柴油机机械效率及零部件使用寿命的一个循环系统。其主要功能是为柴油机提供具有一定压力、温度、流量及清洁度的润滑油。

GEVO16 型柴油机润滑油系统是一种全流式系统，所有润滑油必须通过润滑油滤清器循环。一旦滤清器堵塞，不允许未经滤清的润滑油通过其他通道进入系统循环，从而可以防止未经滤清的润滑油及其所含的有害杂质损害柴油机及其零部件。

二、机油系统的基本组成

机油系统主要由主机油泵、机油冷却器、机油滤清器、预润滑油泵以及相应的管路、阀类等组成。

（一）主机油泵

主机油泵是一个正排量设计泵，见图 3-7-9，设有一个内减压阀（又称安全阀）。主机油泵安装在柴油机的前端盖组件上，它借助于装配在柴油机曲轴端的辅助传动齿轮驱动。

图 3-7-9　主机油泵

（二）预润滑油泵电机组

预润滑油泵电机组用于启动前预先润滑柴油机。预润滑油泵电机组由一台无刷直流电机通过齿形联轴节直接驱动预润滑油泵，该泵是容积式齿轮泵。预润滑油泵的相关参数如表 3-7-1 所示。

表 3-7-1　预润滑泵运行时的相关参数

额定流量（L/min）	工作压力/MPa	吸入真空度/MPa
113.55	1.03	0.051

HXN5 型机车的预润滑油泵主要由泵体、泵盖、主动齿轮、从动齿轮及密封件等组成。预润滑油泵与电机固定在设备支撑架上组成预润滑油泵电机组，如图 3-7-10 所示。预润滑油泵电机组位于机车 A 侧的冷却室内，在润滑油滤清器后面，紧靠燃油输送泵。

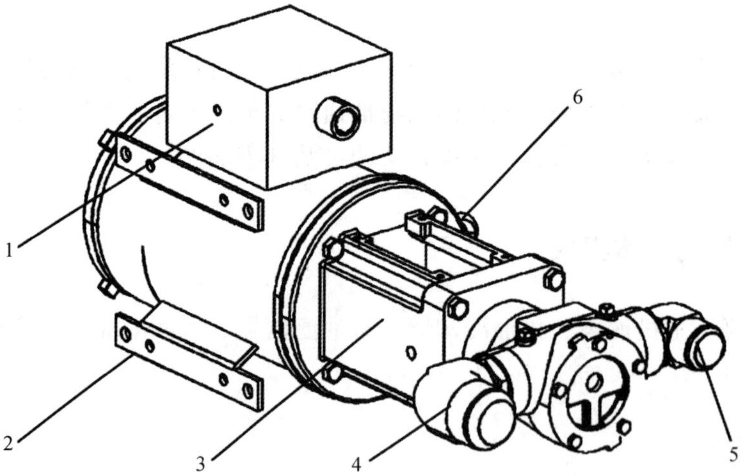

图 3-7-10　预润滑油泵电机组

1—接线盒；2—安装座；3—联轴节；4—泵进口；5—泵出口；6—起吊环

（三）机油冷却器

机油冷却器的作用是利用柴油机的冷却水与柴油机机油进行热交换，使柴油机机油的温度保持在规定的范围内，保证柴油机的正常工作。HXN5 型机车的机油冷却器为板式热交换器，如图 3-7-11 所示。机油冷却器壳体内的金属板把以一个方向流动的机油和以相反方向流动的冷却水隔开，金属板不仅隔开两种流体，而且还充当机油与冷却水之间传热的介质。

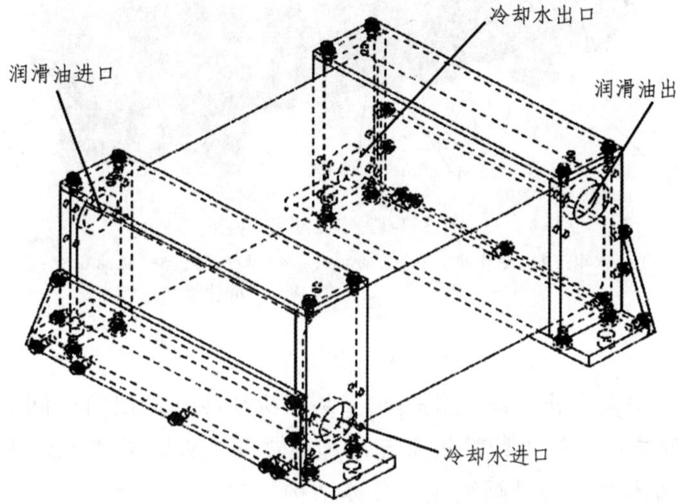

图 3-7-11　机油冷却器

机油冷却器位于机车 B 侧的冷却室内，安装在设备支撑架上，紧靠机油滤清器尾部。

（四）机油滤清器

柴油机在工作过程中，会产生一些磨屑、炭粒等杂质，柴油机使用的机油会混入一些杂质，机油由于受热也会产生一些胶状物，这些都会加剧柴油机的磨损，甚至产生固体胶结，堵塞油路。润滑油滤清器的作用就是滤除润滑油中的有害杂质，保证柴油机的可靠运行。机油滤清器壳体内装有 14 个滤清精度为 27 ~ 30 μm 的滤清元件。滤清元件一旦被堵塞，将不允许未经滤清的机油在系统中循环。

滤清器主要由端盖、筒体、铰链、吊耳、支撑箍、滤清元件及相应的管路、接头、紧固件、O 形圈等组成，具体结构如图 3-7-12 所示。滤清器内部分成两个滤清腔室，每个腔室装有 7 个滤清精度为 27 ~ 30 μm 的滤清元件，为防止机油直接流入滤清元件，在机油进口处布置了一个分配槽，将机油均匀分配到两个滤腔中。每个滤室端部带有一个外开式带铰链的回转盖，在回转盖内侧设有压板来支撑滤清元件，并在过滤腔室进口处密封滤清元件。回转盖采用 O 形圈密封，将 O 形圈放置在相应的槽中，当盖关闭并用螺栓压紧时，O 形圈被压紧从而达到密封的效果。

滤清器滤清元件的更换周期建议一般为 90 天（季修时更换），更换滤芯应保证滤芯状态良好，防止由于滤芯造成的机油压力过低。

机油滤清器组件安装在设备安装架的中部，位于机车柴油机间左侧，紧靠柴油机自由端。

图 3-7-12　机油滤清器

1—吊耳；2—安装座；3—放油接头；4—加强筋；5—机油出口；
6—端盖；7—支承座；8—润滑油进口

（五）止回阀

在机车机油系统中设有止回阀。止回阀安装在机油冷却器出口、润滑油滤清器进口和预润滑油泵出口的管路之间，位于柴油机室与冷却室之间，从机车 A 侧可以接近。止回阀主要由阀体以及安装在阀体内部的滑阀组成，具体结构见图 3-7-13。

当柴油机启动后，预润滑油泵停止工作，止回阀用于防止机油经预润滑泵产生过量的从出口至进口的反向流动（回流）。为了防止轴承产生“剥蚀”，在止回阀上设有 3.5 mm 的孔，允许少量的机油回流，此回流可带动预润滑泵和电机旋转，从而达到对预润滑油泵的保护作用。

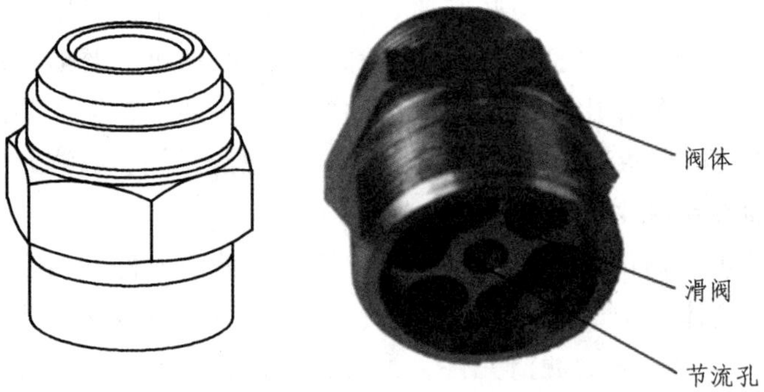

图 3-7-13　止回阀

（六）Victaulic 管卡

机车机油系统主要部件之间的管路由 Victaulic 管卡连接在一起。Victaulic 管卡可吸收管路的振动并容许管路之间的微小错位，从而可减少管路间的应力。Victaulic 管卡拆装方便，管卡由两个半圆形外壳体组成，两者用螺栓和密封垫圈固定在一起。与 Victaulic 管卡连接的管路端部经机械加工以后与密封垫圈的密封面配合密封。Victaulic 管卡的密封方式及安装方式如图 3-7-14 所示。

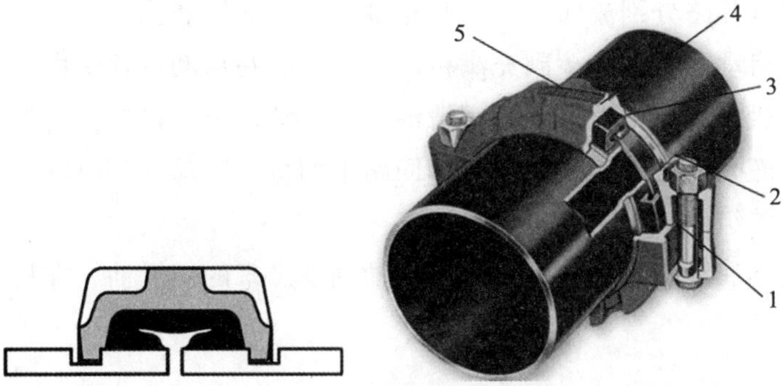

图 3-7-14　Victaulic 管卡

1—螺栓；2—螺母；3—沟槽：4—密封垫圈；5—壳体

三、柴油机内部机油系统

GEVO16 型柴油机机油系统如图 3-7-15 所示。

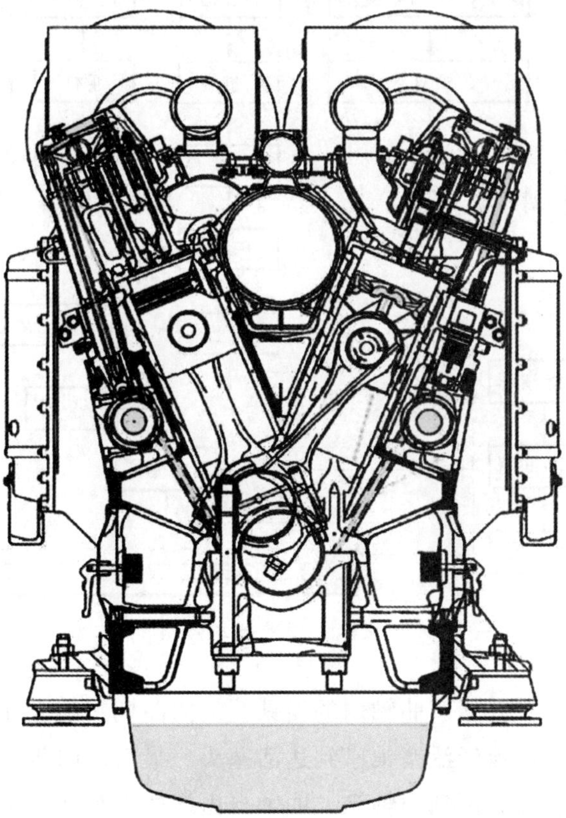

图 3-7-15　柴油机内部润滑油路示意图

油底壳中的机油经过滤网和吸油道以及连接在油底壳端部的吸油管由主机油泵吸进，然后泵入机车回路，经过机车回路中的机油冷却器和机油滤清器后，机油从过滤槽进入柴油机前端盖组件，在此分几路分别流向左、右凸轮轴及涡轮增压器。

为了在柴油机启动前使各摩擦副充满机油，以避免在启动过程中由于摩擦副缺少润滑而导致损伤，因此在机车回路中设置了预润滑油泵。机油通过连接在主机油泵吸油管上的油管由预润滑油泵从油底壳吸出，然后泵入机车回路中的机油冷却器和机油滤清器，最后进入柴油机自由端的前端盖组件，再送往各润滑点。

机油流过凸轮轴润滑凸轮轴轴承，从凸轮轴轴承出来的润滑油，在机体内分成三路，见图 3-7-16。

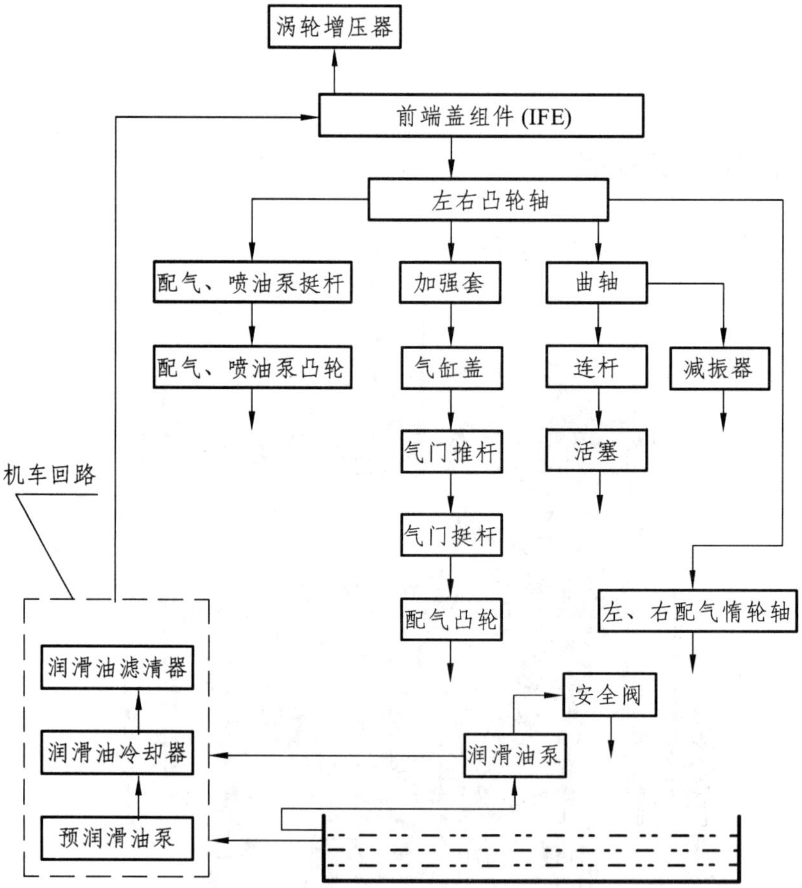

图 3-7-16　润滑油系统框图

一路通向曲轴主轴承，并通过曲轴内的斜钻孔流向曲柄销和连杆轴承。然后，通过连杆内油孔到达活塞销，再由此流经活塞销座到达活塞头，最后返回曲轴箱。机油还从活塞流向油环以润滑气缸套，再靠重力回到曲轴箱。曲轴自由端的一个钻孔与曲轴内的斜油孔相通，将润滑油引入装在曲轴自由端法兰上的减振器内油腔。

另一路机油从凸轮轴承的位置开始，流经机体内的钻孔进入加强套。在加强套里，润滑油一路进入配气及喷油泵挺杆孔，去润滑配气及喷油泵挺杆，各摩擦面和凸轮表面；另一路再由此穿过气缸盖内的钻孔，进入摇臂轴安装支架。然后，润滑油从摇臂轴安装支架进入摇臂轴，并流经摇臂去润滑横臂。摇臂中余下的油向下流经中空推杆，以润滑配气挺杆滚轮和凸轮，最后返回曲轴箱。

还有一路通过凸轮轴孔，流经机体内的钻孔，最后进入机体后端的左右配气惰轮轴，再经惰轮轴的轴向和径向油孔去润滑配气惰轮轴承。

另外，处于柴油机自由端的泵传动装置的齿轮和柴油机输出端的凸轮轴传动装置的齿轮依靠飞溅润滑。

四、机车机油工作循环回路

（一）柴油机启动循环回路

柴油机启动前，由机车蓄电池供电的直流电动机直接驱动预润滑油泵，预润滑油泵从柴油机油底壳吸油，压力油经过带节流孔的单向阀后进入主机油管路，经过机油滤清器滤清后，进入柴油机主机油道，为柴油机提供压力油，直至达到柴油机规定的启动油压，柴油机便可启动。柴油机启动循环回路如图 3-7-17 所示。

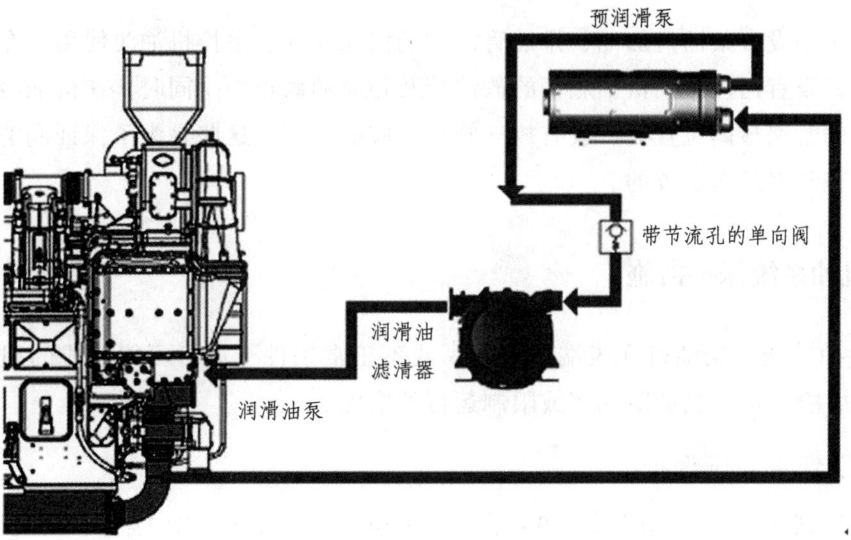

图 3-7-17　柴油机启动循环回路

（二）工作回路

当柴油机启动以后，由柴油机曲轴经齿轮带动主机油泵，主机油泵从油底壳吸油，将机油泵入机油冷却器进行冷却，然后进入机油滤清器进行滤清，最后进入柴油机前端盖，分配到柴油机机体内的各个油道，从而达到对柴油机各运动部件的润滑和冷却。从各运动部件出来的机油流回柴油机油底壳，至此机油完成循环过程。机油工作回路如图 3-7-18 所示。

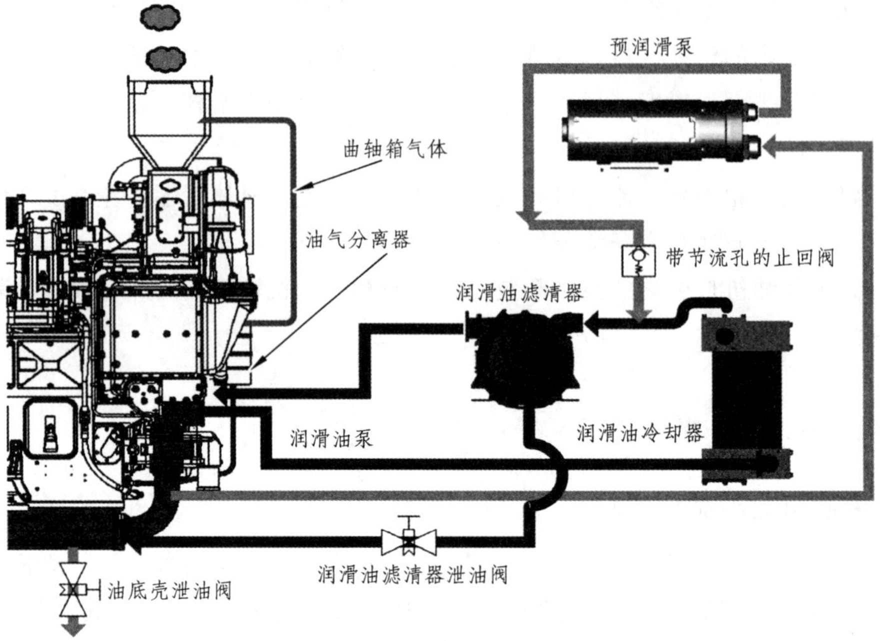

图 3-7-18　机油工作回路

（三）其他回路

机油系统还设有柴油机加油、排油管，它们仅在注入、更换机油时使用。在机油滤清器最低位置处，设有通向柴油机油底壳的放油管及相应的截止阀。同时，在机油冷却器和机油滤清器之间的管路最高位置处，设有放气阀及相应的管路，这些是为了保证润滑油系统的正常使用、检查及修理而设置的。

五、机油系统保护措施

以下保护功能对柴油机在极端运行范围或不正常条件下运行可能造成的损坏起保护作用。必要时，会采取适当的降功率或限制运行的措施。

（一）低润滑油压保护

柴油机达到 180 r/min 并持续 20 s 后，柴油机控制单元（ECU）将由柴油机机油进口压力（ELIP）传感器读取的柴油机机油进口压力与定义了最小机油压力值的表中数值进行比较，若机油压力降到低于最小压力时，柴油机控制单元（ECU）发出信号给柴油机管理系统（EMS）软件以采取适当措施。

表 3-7-2 列出了按柴油机输入转速规定的机油压力限制值（以典型的柴油机手柄位分挡转速）。

表 3-7-2　柴油机转速及机油压力

柴油机转速/（r/min）	机油压力/kPa 对于 ELIT≤85°C	机油压力/kPa 对于 ELIT≤110°C
440	116	116
580	176.5	176.5
888	389.5	341.5
925	429	367
995	466.5	392
1 050	482.5	413

（二）润滑油压力非常低保护

柴油机运行时，柴油机控制单元（ECU）会将柴油机机油进口压力（由 ELIP 传感器读出）与一定义了非常低机油压力停机值（对于给定的柴油机转速）的表进行比较。

（三）低油压计数保护

该项保护对一个 14 天周期发生的低油压事件发生次数进行累计，若等于或多于 5 次，则将柴油机限制在 N2（第 2 手柄位），这将要求一次有访问级别要求的人工复位。

（四）柴油机低温保护

当柴油机处于低温（ELIT < 75 °C），如刚启动并在寒冷环境温度下，柴油机转速会因机油进口温度（由 ELIT 传感器读出）功能作用而受到限制。该保护可免于柴油机、主机油泵以及外部润滑油管的损坏。低温柴油机保护策略根据润滑油进口温度对柴油机进行转速限制。

（五）润滑油高温保护

该保护措施可保护柴油机使之不会因为隧道运行、冷却系统失灵以及其他有可能提高柴油机润滑油进口温度的因素造成过热，而润滑油进口目标温度通常控制在 82 °C 或以下。有两种方式对润滑油进口温度进行控制：

1. 标准控制方式

改变散热器风扇转速，控制冷却水温度。

2. 高润滑油温度控制模式

若 ELIT 值为 91°C（目标温度 82°C 以上，亦称之为高润滑油温度设定点），则将降低可用功率，以避免柴油机损坏。

（六）隧道运行

当涡轮增压器进口空气温度（按 ATT 传感器读数）等于或大于 65.5 °C，隧道运行生效。当 TIA < 63°C 和 ELIT < 91°C 或历时 30 min 时，隧道运行模式解除。

（七）高润滑油压保护

润滑油温度较低时黏度会变大，从而增大系统内的润滑油压力，高润滑油压保护的目的是当柴油机为冷机时避免柴油机的润滑油压力过高（在所有柴油机转速下 ELIP≤1 000 kPa），避免柴油机、主机油泵和外部机油管损坏。由 ECU 监视 ELIP、ELIT 和 RPM（转速 r/min），以确定柴油机最高转速。

（八）柴油机机油温度传感器失效保护

一只润滑油温度传感器失效情况：如果两只传感器有一只失效，ECU 将模拟正常传感器为失效的传感器提供适当的值。如果ELIT传感器是坏的，则适当值将为ELIT = ELOT − 8.3°C。如果 ELOT 传感器是坏的，适当值将是 ELOT = ELIT + 8.3°C。

【任务检查】

表 3-7-3　机油系统——任务检查单

任务编号	3-7	任务名称	机油系统认知	
序号	检查内容		是	否
1	能说明柴油机机油系统的任务和工作要求			
2	能掌握 16V280ZJ 型、GEVO16 型柴油机机油系统的基本组成			
3	能说明辅助机油泵、启动机油泵、主机油泵、机油粗滤器、机油精滤器、机油热交换器的基本结构及工作原理			
4	能分析 16V280ZJ 型、GEVO16 型柴油机机体内部油路的分布			
	能分析机油压力高、机油压力低的原因，并能说明相应的保护措施			
5	能掌握机油系统的运用与保养知识			

【任务训练】

一、填空题

1. DF8B 型机车机油系统（　　）补油时，可通过柴油机检查孔盖上的加油口人工加油。

2. 机油离心式滤清器，利用离心力分离机油中的（　　　），实现滤清效果。

3. 柴油机润滑供油方式有（　　　　　）、（　　　　　）、（　　　　　）。

4. 机油系统包括装在柴油机上和装在机车上两部分。一般内燃机车装在柴油机上的有（　　　　　）、（　　　　　　　）等。

5. 为保证一定的机油压力，柴油机机油的最高温度不应该超过（　　　）。

二、选择题

1. 柴油机的机油、冷却水温度保持在规定的范围内是由（　　）来控制的。

A. 冷却水泵　　B. 冷却风扇　　C. 温度控制阀

2. 以下选项中哪个不是机油的作用？（　　）

A. 减磨　　B. 清洗　　C. 冷却　　D. 支承

3. 机油滤清器不包括（　　）。

A. 机油精滤器　　B. 机油粗滤器　　C. 增压器滤清器　　D. 燃油粗滤器

4. 机油系统中的（　　）用来控制主机油泵的输出油压，防止油压过高对原件造成损坏。

A. 调压阀　　B. 旁通阀　　C. 逆止阀　　D. 截止阀

5. 机油热交换器的作用是（　　）。

A. 冷却　　B. 预热　　C. 冷却+预热　　D. 滤清

三、判断题

1. DF8B 型机车的机油系统分为柴油机机油系统和机车机油系统，其中柴油机机油系统主要由机油热交换器、机油滤清器、启动机油泵等组成。（　　）

2. 主机油泵从油底壳吸油→机油滤清器→机油热交换器→柴油机机油系统→流回油底壳。（　　）

3. 机油热交换器中，机油在管内流动，冷却水在管外经隔板迂回流动进行热量交换。（　　）

4. 机油稀释是水进入机油造成的。（　　）

5. 机油热交换器容易发生油、水互窜。（　　）

四、简答题

1. 说明柴油机机油系统的任务和工作要求。

2. 简述 16V280ZJ 型柴油机机油系统的基本组成。

3. 说明 16V280ZJ 型柴油机主机油泵的结构和工作原理。

4. 说明 16V280ZJ 型柴油机机油粗滤器的结构和工作原理。

5. 说明 16V280ZJ 型柴油机机油精滤器的结构和工作原理。

6. 说明 16V280ZJ 型柴油机机油热交换器的结构和工作原理。

7. 试分析 16V280ZJ 型柴油机机体内部油路的分布情况。

8. 16V280ZJ 型柴油机机油压力不正常的原因是什么？保护措施有哪些？

9. GEVO16 型柴油机润滑油系统主要有哪些组成？

10. 简述 GEVO16 型柴油机内部润滑系统循环。

11. 简述 GEVO16 型柴油机启动时润滑油的工作循环回路。

12. 简述 GEVO16 型柴油机工作时润滑油的工作循环回路。

13. 简述 GEVO16 型柴油机润滑油压力低时柴油机的保护措施。

14. GEVO16 型柴油机季修更换滤清器滤芯时应注意哪些方面？

任务 3-8　冷却水及预热系统认知

【任务描述】

冷却及预热是保证柴油机正常工作的必要环节，冷却水及预热系统是柴油机的重要组成部分之一。对于机车乘务员、机车检修人员来说，必须熟悉冷却水及预热系统的布局、主要零部件的结构及工作原理，熟知冷却水及预热系统的运用与保养知识。

【任务目标】

- 能说明柴油机冷却水及预热系统的任务和工作要求；
- 能掌握 16V280ZJ 型、GEVO16 型柴油机冷却水及预热系统的基本组成；
- 能说明冷却水及预热系统主要零部件的工作原理；
- 能掌握冷却水系统的运用与保养知识。

【任务学习】

任务 3-8-1　16V280ZJ 型柴油机冷却水系统

任务 3-8-1-1　概　述

一、冷却系统的作用及组成

柴油机气缸内燃油燃烧所产生的热量一部分对外做功，一部分热量传给与高温气体接触的一些零件，如气缸盖、活塞、气缸套、气门、喷油器等。若不对这些零部件加以适当冷却，则会造成这些零部件过热，使其材料机械性能下降，产生严重的热应力，导致变形和裂纹，破坏零件间正常的工作配合间隙，引起零件剧烈磨损。高温也将会引起润滑油物理化学性能变坏和结焦，使其失去润滑性能，最后导致拉缸、零件咬死、断裂等。高温还会引起空气充量下降而使燃烧不充分，影响柴油机的性能。但是冷却过度，燃烧热量的损失增加，就降低了柴油机的热效率，同时还会恶化燃料与空气的混合及燃烧性能，使柴油机工作粗暴，燃烧不完全，并且由于冷却过度使润滑油黏度增加而提高了摩擦功率。因此，冷却系统的功能一方面是对柴油机进行强制冷却，将各受热零件的温度控制在允许的范围内；另一方面又要保持适当的冷却水温度，以获得较好的柴油机经济性指标。此外，在外界温度较低的情况下，启动柴油机时，冷却系统具有一定温度的循环水，对柴油机起预热作用。

16V280ZJ 型柴油机有高温、低温两个冷却水系统和预热系统（见图 3-8-1 和图 3-8-2）。

柴油机采用半封闭式压力循环的冷却水系统。对各受热零件进行冷却，消耗和泄漏的冷却水通过膨胀水箱储水补充，并与大气相通，以排出水中的少量空气。

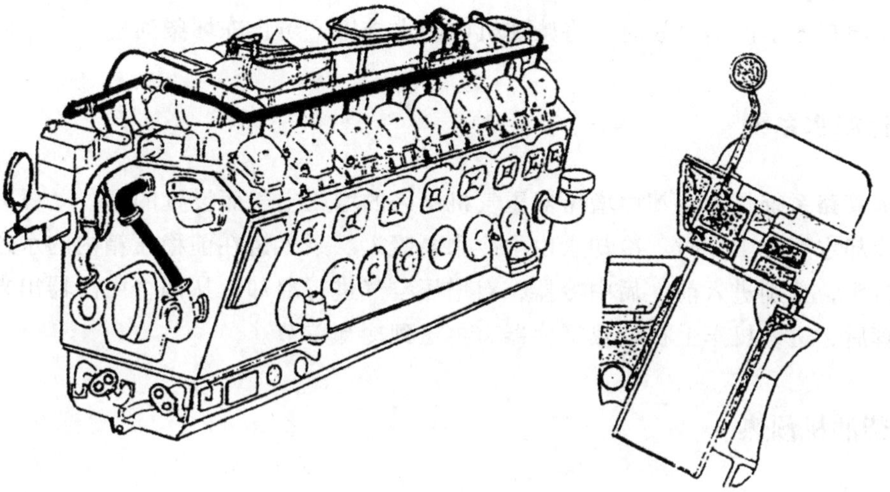

图 3-8-1　高温冷却水系统

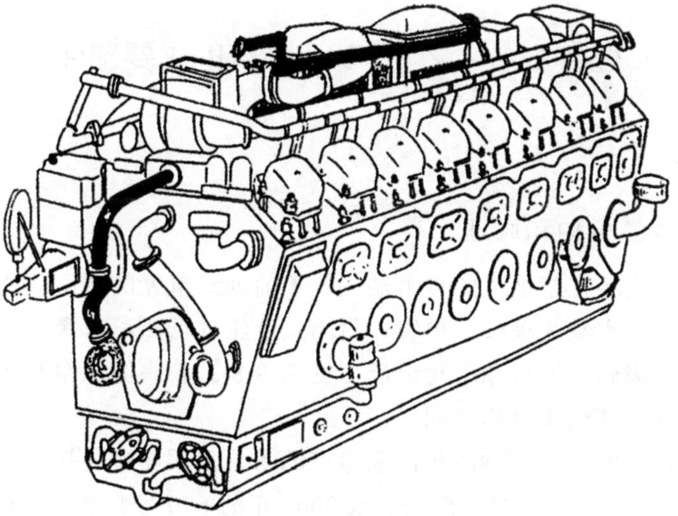

图 3-8-2　低温冷却水系统

二、高温水系统

高温水系统用于冷却气缸套、气缸盖和增压器。

高温冷却水系统工作时，冷却水由高温水泵吸入，泵入位于机体 V 形夹角内的冷却水腔。水腔两侧对应各个气缸开有进水孔，对左右两排的各个气缸进行强制冷却，然后通过机体上的 4 个出水孔，经由导管进入气缸盖进行冷却。高温水由气缸盖出水孔汇集到气缸盖上方的两排出水总水管，再通过总出水管送到机车冷却单节进行散热冷却。在柴油机的前、后端，还有两条支管，分别将冷却水引接到前、后增压器，对其进行冷却。通过增压器的冷却水也分别汇入两侧气缸盖出水总管。在增压器出水管的最高部位，接有一条放气管路，在机车上，它与膨胀水箱接通。此外，在机体的后端面上，位于第 8、16 气缸底部钻有两个放水孔，装上塞门，以便在冬季停车存放时，将柴油机内的水排出，防止冻坏柴油机。

三、低温水系统

低温水管路系统是为冷却由增压器压气机出来的增压空气而设置的。

低温冷却水系统工作时。冷却水由中冷水泵吸入。泵入铸在前稳压箱内的水道中，通过一个分路接头，分别进入前、后中冷器，对增压空气进行冷却。从两个中冷器出来的水汇集于一根总管后，进入机车上机油热交换器，再送到冷却单节。

四、柴油机预热

柴油机高、低温水和机油的预热依靠机车的预热系统，其作用是：满足柴油机启动时的最低油、水温度的要求；停机时保温，防止在高寒环境下造成油水管（腔）冻裂。

任务 3-8-1-2　冷却水系统的主要部件

一、冷却水泵

（一）冷却水泵的机构和原理

高温、中冷水泵安装在柴油机的自由端，位于前油封罩壳的两侧。曲轴齿轮通过两个惰轮驱动两台水泵工作。水泵为单吸、单级、封闭式叶轮的低压离心泵，主要由叶轮、泵体、泵体前盖、水泵轴、齿轮、油封和水封组成（见图 3-8-3）。高温水泵与中冷水泵除泵体、泵体前盖和叶轮不同外，其余零件均相同。

关于叶轮与轴连接的形式，2000 年以前生产的水泵采用花键连接，2000 年起采用更为可靠的锥度过盈连接。另外，为了减少阻力，从 2003 年的 690 号柴油机开始，将中冷水泵的出水口从倾斜 30°改为垂直往上方向。

水泵叶轮设计成有 6 个工作叶片的封闭式叶轮，当叶轮转动时，将充满在叶轮中的水在离心力的作用下，自叶轮中心经叶片间通道向叶轮外缘甩出，由于作用半径的增大，水的运动速度也越来越大。在到达叶轮外缘出口端时，水流以一定流速和作用再进入泵体涡壳。与此同时，在叶轮叶片进口端形成低压区，在吸入水压作用下，水不断进入叶轮重复上述过程。

涡壳流道成一螺旋形，其流道截面沿出口方向逐渐扩大，螺旋主出口为一扩压管，使叶轮中流出的水以最小损失集中到出口，使冷却水的部分动能转变成压力能，通过叶轮和涡壳形状设计达到要求的扬程和流量。

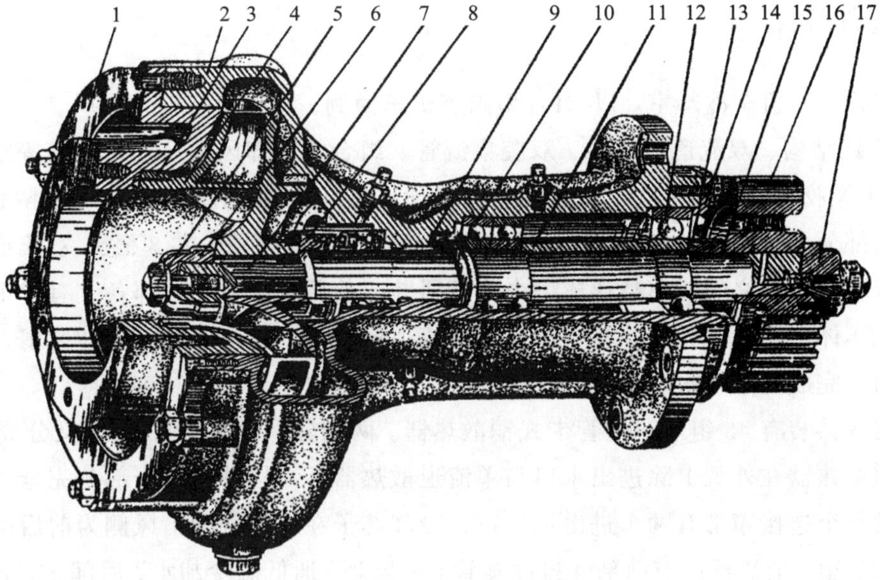

图 3-8-3　冷却水泵

1—泵体前盖；2—泵体；3—镶套；4—叶轮；5—螺栓；6—螺母；7—轴；8—机械密封装置；9—油封；10—滚动轴承；11—轴套（一）；12—滚动轴承；13—轴套（二）；14—压盖；15—垫片；16—水泵齿轮；17—螺母

（二）冷却水泵的检修

（1）泵体、泵体前盖和轴套外观不得有裂纹，泵体、泵体前盖允许焊修，焊后经 0.5 MPa 水压试验（所用设备：电动水压试验装置），5 min 不泄漏。

（2）水泵轴经探伤不得有裂纹。

（3）叶轮不得有裂纹、损伤，叶片不允许有缺块，焊修后应做静平衡试验，不平衡度不大于 41 g · cm（所用工装：静平衡架）。叶轮的内孔或花键槽轻微拉伤可打磨消除。

（4）齿轮须经探伤（所用设备：磁粉探伤仪），不得有裂纹，不许有弯曲、折损、过限的磨损，超过齿面积 10%的腐蚀和超过齿面积 5%的剥离，齿轮内孔轻微拉伤允许用油石修磨。

（5）测量叶轮与泵体、泵体前盖内镶套的配合尺寸，应保证其径向间隙为 0.60 ~ 1.0 mm，如间隙不符合要求，将镶套从泵体、泵体前盖取出，换镶套后在骑缝处钻攻 M6 螺纹孔，用 M6 × 8 的螺钉固定。

（6）水泵轴轴颈轻微拉伤允许修磨，严重拉伤的应报废。齿轮端 1 : 50 锥度轴段不允许有拉伤。两个轴颈尺寸不得小于 $\phi 50_{-0.005}^{\ 0}$ mm、$\phi 45_{-0.005}^{\ 0}$ mm。对于叶轮与轴锥度过盈配合的水泵，叶轮安装轴段不允许有拉伤。

（7）水泵轴及轴颈相对于公共轴心线的径向跳动不大于 0.02 mm。

（8）测量泵体深度 $L_1(150_{-0.3}^{\ 0}\text{ mm})$及三只轴承与轴套（一）的组合高度 L_2，压盖上止挡尺寸 L_3，计算轴的轴向移动量，应使$\Delta L = L_1 - L_2 - L_3 = 0.06 \sim 0.1$ mm，如果不符合要求，则车削压盖或泵体与压盖间加垫片调整。

（9）更换机械密封装置，测量并记录机械密封装置自由高度。

（10）更新油封、密封垫。

二、冷却装置

冷却装置设于机车冷却室。以 DF_{11} 型内燃机车为例，其冷却装置为吸风、双回路开式结构，由 V 形钢结构、双流道散热器、双腔集流管、组合式冷却风扇及顶百叶窗等组成。冷却装置经 16 个橡胶缓冲垫固定在车体冷却室的车顶盖上。V 形钢结构中间有一横隔板，将其分隔成前后两部分。每一部分左右两侧面均有上下两根双腔集流管（共 8 根），双流道散热器固定在上下双腔集热管之间，单独形成一个冷却风腔。前后两个风腔顶部各装有一个组合式冷却风扇，从车体侧百叶窗吸入冷却空气，经双流道散热器、冷却风腔、冷却风扇，然后由顶百叶窗吹出，完成与冷却水的热交换。

冷却装置共装有 48 组双流道管带式铜散热器。两侧分别为 24 组，每侧又分成前后各 12 组。双流道散热器在外观上除进出水口与单流道散热器不一样外，其余部分完全一样。双流道散热器的每个连接箱都有两个进出水接口，冷却芯子在迎风侧和出风侧为前后两部分形成两个独立水通道。散热器单节前部 4 排冷却管（迎风侧）通低温冷却水，后部 3 排冷却管（出风侧）通高温冷却水。冷却风扇从车体侧百叶窗吸入的冷却空气先经过前部低温冷却芯子，与低温水进行热交换，然后再流经后部高温冷却芯子，与高温水进行热交换。这样的结构布置保证了高、低温水与冷却空气间均有较大的温差，也提高了冷却风扇出口的平均温度，从而使冷却空气进一步得到利用，使之能与冷却水充分进行热交换，提高了散热器的传热效率，同时减少了散热器单节数，缩小了冷却装置体积，并降低了冷却风的冷却耗功。

高温冷却水在冷却装置内的流程是（见图 3-8-4）：从柴油机来的高温水先进入左侧 24 组散热器的高温水腔道，再流经右侧 24 组散热器的高温水腔道回高温水泵进口，即高温水在冷却装置中的流程为两个并联组的串联（并联数为 24 组）。

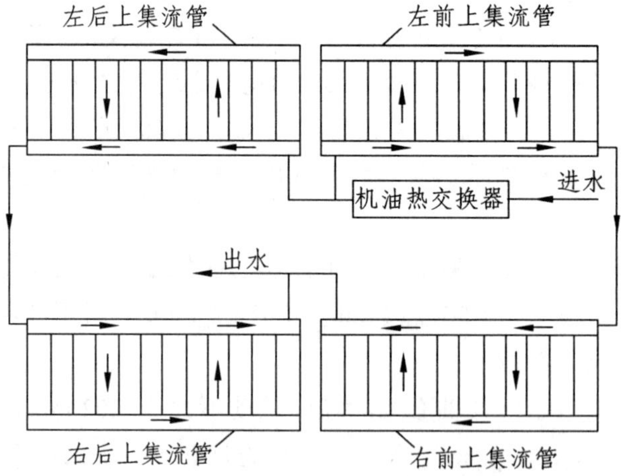

图 3-8-4　高温冷却水系统散热器内流程示意图

低温冷却水在冷却装置内的流程是（见图 3-8-5）：从机油热交换器出来的低温冷却水分两路。一路流经左侧散热器前 12 组的后 6 组的低温水腔道，折返后从前 6 组流出，再经右侧散热器前 12 组的前 6 组低温水腔道，折返后从后 6 组流出。另一路流经左侧散热器后 12 组的前 6 组低温水腔道，折返后从后 6 组流出再流经右侧 12 组的后 6 组低温水腔道，折返后从前 6 组流出，两路水汇合后进低温水泵进口，即低温水在冷却装置中的流程为 4 个并联组的串联（并联数为 6 组）。

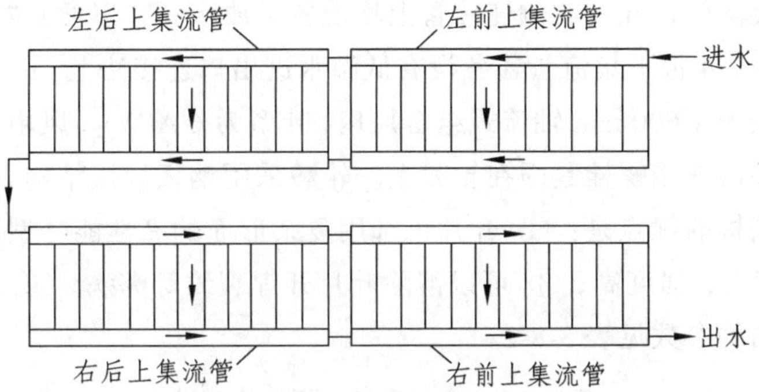

图 3-8-5　低温冷却水系统散热器内流程示意图

双流道管带式铜散热器主要结构见图 3-8-6。

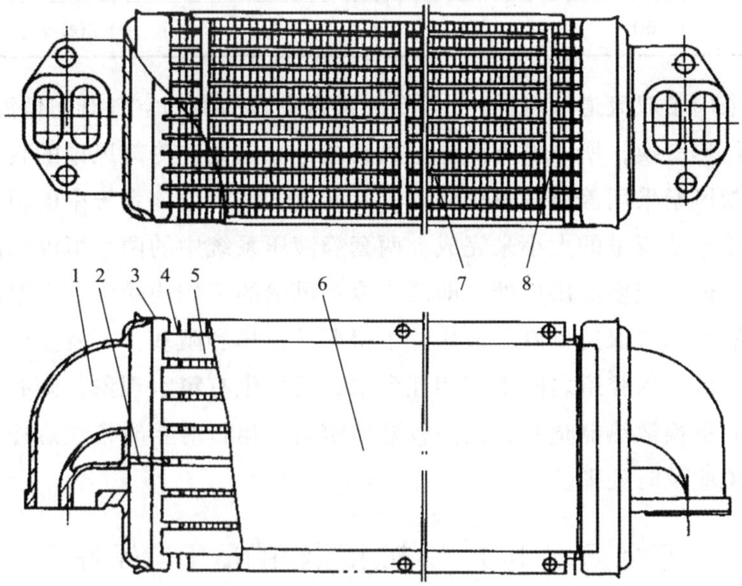

图 3-8-6　双流道管带式铜散热器

1—连接箱；2—隔板；3—管板；4—补强板；5—冷却管；6—侧护板；7—散热片；8—拉筋

双流道管带式铜散热器主要结构参数见表 3-8-1。

表 3-8-1　双流道管带式铜散热器主要结构参数

形　式	传热面积/m^2		空气流通面积/m^2		水流通面积/m^2		单节质量/kg
	高温	低温	高温	低温	高温	低温	
七排钢管式	11.436	16.856	0.132 8	0.132 2	0.001 097	0.001 462	31

8 根双腔集流管横截面为“L”形，有两个独立水腔道。高低温水分别在各自的水腔道内流动，互不串流。4 根上集流管的高低温水腔分别设有 1 个放气接头，供接上补水放气管用，并均设有前后集流管高温水腔道连接法兰。其中两根前上集流管还分别设有高温水进出口连接法兰；两根后下集流管上分别设有左右侧高低温水流道连接法兰；两根前下集流管设有左右侧低温水流道连接法兰，在左右侧连接管上均设置了放水阀，以便必要时放尽冷却装置高低温水腔内的冷却水。4 根下集流管还各设有低温水进出口连接法兰。

冷却风扇系直径为 1 600 mm 轴流式组合风扇，叶型为 6 $A(W)_2$，风扇结构采用组装形式，即叶片由轮毂里面穿出来用螺栓紧固在轮毂上。轮毂采用钢板焊接结构。叶片采用铝合金低压铸造成形。这种结构的优点是：① 叶片可选用复杂形面的高性能叶型；② 叶片是低压铸造成形，叶片的刚度大，强度高；③ 可以清除叶片开焊裂纹等弊病；④ 风扇叶片维修方便。

冷却风扇主要结构参数见表 3-8-2。

表 3-8-2　冷却风扇主要结构参数

叶型	风扇直径/mm	轮毂直径/mm	叶片数	风扇转速 /（r/min）	质量/kg
6A（W）$_2$	1 600	700	14	1 200	64.4

由于散热器采用了双流道散热器，一个冷却风扇吸入的冷却空气既与低温水进行热交换，也要与高温水进行热交换，所以没有高低温风扇之分。因此，冷却风扇的转速同时影响高低温水的温度。冷却风扇采用静液压系统驱动，其转速的调节由该系统中的恒温阀控制，由静液压泵输入静液压马达流量的大小来完成。两套静液压系统中的两个恒温阀的感温元件均设置在低温水系统机油热交换器出口处，即两个冷却风扇的工作均受该处水温的控制。

双流道散热器状态应保持良好。散热片不得严重折损和阻塞，若发生侧片和阻塞，应及时修复和清洗；高低温水腔道之间不得相互窜水，若发生有窜水现象，则必须予以更换。更换散热器时须同时更换散热器垫片，以便较好地密封。运行时要时常注意冷却风扇的工作状况，发生异常现象应及时处理。

任务 3-8-1-3　冷却水系统的运用与保养

冷却水的充分供应及保持一定的工作温度，对柴油机的经济性及耐久性有很大影响，应经常注意检查保养。在机车运用过程中，对冷却水系统的主要保养工作如下：

（1）经常注意膨胀水箱的水位，应特别注意虚水位。

（2）拧开空气稳压箱排污阀，检验空气通道中的油、水情况。

（3）甩车时应检验气缸内油、水积聚量，如大量喷水，则应进行细致检查，以防发生水锤破坏。柴油机停机较长再启动时，应重新甩车检查。

（4）气缸盖进水管外密封垫圈易漏水，应经常注意检查。

（5）注意热交换器有无油、水互渗现象，检查压环小孔有无油、水漏出，油底壳及水箱中有无油、水痕迹。

（6）散热器表面经常保持清洁，在运用中防止散热片撞坏和折角，以免影响散热效果。

（7）允许水泵泄水腔管接头在额定转速下每分钟漏水 5 滴，若滴水太多，需检查水封。

（8）在规定水温下启动、加载和停机。经常注意柴油机的出口水温、机油温度及冷却风扇的转动情况。

（9）操纵时，应尽量减小负荷波动幅度，如无紧急情况，严禁动用紧急停车按钮。

（10）机车运行时出现水温高的可能原因为：

① 环境温度过高；

② 水位过低，冷却水量不足；

③ 静液压系统故障；

④ 冷却风扇不转或转速太低；

⑤ 散热器单节过脏或散热管、片脱焊；

⑥ 柴油机燃烧不良；

⑦ 柴油机超负荷运转时间过长；

⑧ 水温表不准确。

（11）机车长期停机存放时，须将管路存水排尽，以免管道冻裂，同时应关闭百叶窗，挂上保温被。

任务 3-8-2　GEVO16 型柴油机冷却水及预热系统

一、冷却水系统的功用

冷却水系统的主要功能是：冷却那些与燃气直接接触的零部件、柴油机机油及柴油机的增压空气，使柴油机的各零部件、柴油机机油及增压空气均保持在一定温度范围内，保证柴油机正常工作。冷却系统及其部件安装在柴油机间和冷却室的各个区域内。冷却水还对空气压缩机及压缩后的空气进行冷却，并通过燃油加热系统对燃油进行加热。

二、GEVO16 型柴油机冷却水系统的组成

（一）冷却水泵

水泵向柴油机输送一定流量和压力的冷却水，对柴油机进行强制冷却，以便带走由于柴油机摩擦和燃烧所产生的热量。

离心式水泵安装在柴油机的前端盖上，由曲轴前端动齿轮驱动。GEVO16 型柴油机水泵为单吸、单级、闭式低压离心泵，离心式水泵结构简单、工作可靠，可满足柴油机对冷却水

的压力和流量的要求。冷却水泵主要由叶轮、泵体、涡壳、轴、轴承、齿轮、油封和水封等组成，其结构如图 3-8-7 所示。

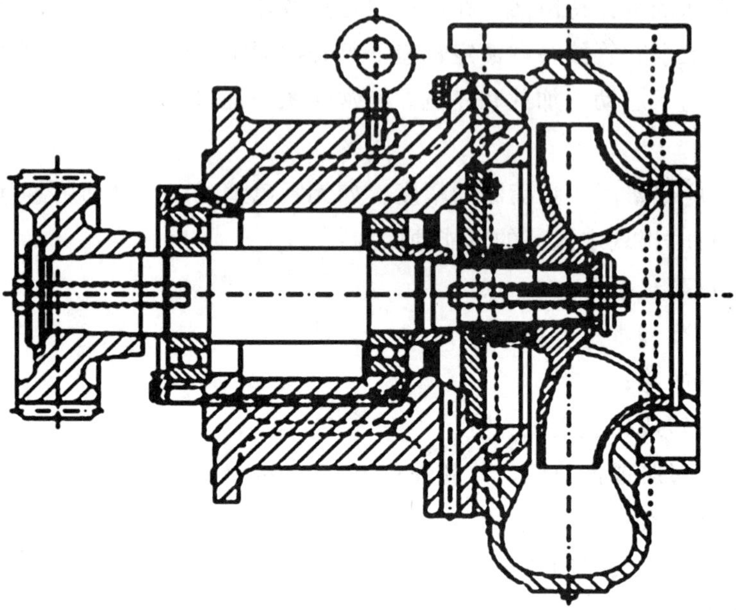

图 3-8-7 冷却水泵

水泵叶轮采用的是双扭后弯叶片，使水流在叶片通道中各截面处的流速一致并符合设计要求。水泵采用泵体和涡壳分开的结构设计，分别加工后再用定位凸台定位，通过螺栓连接。该泵体具有结构简单、加工方便、检测容易、工艺性能好等优点。在泵体上部（吊环方向）有一集油小孔，用以收集润滑油，润滑滚动轴承，多余的润滑油从泵体下部的水平钻孔流回曲轴箱。水泵轴由合金钢制成，一端装有传动齿轮，另一端安装水泵叶轮。水泵齿轮与轴以锥面配合，用螺母和垫片紧固，开口销锁紧。

水泵中部的底面有一个警示孔，水或油从各密封中泄漏出来以后由此孔排出。从排出的油或水的数量，可以判断油封和水封的工作状态。

（二）膨胀水箱

HXN5 型内燃机车上安装了两个通过连接管路连接的膨胀水箱。水箱总容量为 1 125 L，整个冷却水系统容量为 1 550 L。膨胀水箱安装于冷却间与散热器总成临近的位置。水箱内部的水位高于柴油机水泵的吸水口位置，通过补水管路可以随时补充由于冷却水的泄漏、汽化而减少的水。由于水箱内的水位低于散热器的水位，所以柴油机停机后散热器内部的冷却水全部流回水箱，这样可起到减少散热和保温的作用，并且在寒冷季节，起到防止散热器冻坏的作用。膨胀水箱还对冷却水系统的热胀冷缩起到调节作用。在水箱的端部装有一个水位表，可以随时显示水箱内部的水位。在水箱上部安装有压力/真空安全阀。当系统大量补水时，可以打开压力/真空安全阀用作上水口。膨胀水箱的外形及安装如图 3-8-8 所示。

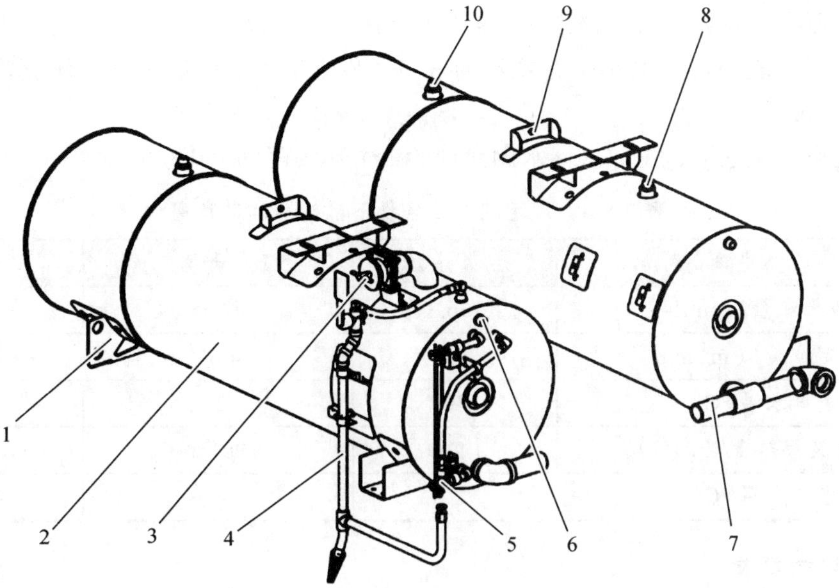

图 3-8-8　膨胀水箱

1—水箱安装座；2—水箱体；3—水箱压力/真空安全阀；4—水箱加水管；5—水箱水位表；6—水箱放气连通管；7—水系统补水管路；8—空压机放气接头；9—四通阀安装座；10—散热器放气接头

（三）散热器

内燃机车用散热器结构性能的好坏，不仅影响到内燃机车的冷却效果，而且关系到冷却室的结构和机车的总体布置。HXN5 型内燃机车上安装的散热器为机械胀接式铜散热器，共有两块，一个安装在冷却间左侧，另一个安装在冷却间右侧。每个散热器由第一流程（主散热器）、第二流程（子散热器 1）和第三流程（散热器 2）组成，中间通过空气隙隔开，用于隔热。散热器结构如图 3-8-9 所示，以夹角为 27.5°装在冷却室顶部。柴油机停机时，散热器中的水由于重力作用自动流回膨胀水箱。

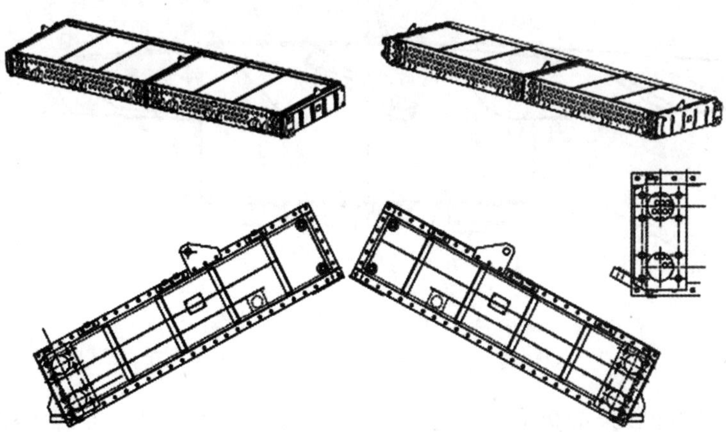

图 3-8-9　散热器

散热器性能参数要求：

① 工作压力：在柴油机在挡位N8条件下，散热器的最大内部工作压力为0.31 MPa。

② 散热量：表3-8-3列出了在规定的进口条件下散热器的散热量。环境条件为：温度25°C；海拔0 m。

③ 额定空气流速下，主散热器水侧允许的最大压力降为0.036 MPa。

表3-8-3 规定的进口条件下散热器的散热量

额定输入量（进口条件）	主散热器	子冷却器1	子冷却器2
水的最大流量/（m^3/h）	136.3	97.65	45.42
空气额定流量/（m^3/min）	4 077.6		
进口水温/°C	80	72.8	64.4
CTQ-名义散热量/（kJ/h）	1 209	961.8	801
出口水温/°C	72.8	64.4	48.9

散热器结构要求：

① 散热器上的起吊点应设置成起吊散热器时，散热器与水平线呈27.5°，便于装配。

② 分离式散热器为两个部分，在主散热器与子散热器之间有6.35 mm的间隔，当风扇停转而百叶窗关闭时，以免子散热器从主散热器回路吸收热量。

（四）冷却风扇电机组

冷却风扇的作用是强迫空气通过散热器以冷却散热器中的冷却水。机车有两个冷却风扇组件。每个风扇组件由一台交流电动机和一个直径为ϕ1 829 mm的风扇叶轮组成。每台冷却风扇电动机由一个固态调节器控制，用于控制风扇转速（关、1/4、1/2或全速），而柴油机进水温度（EWIT）传感器检测的柴油机冷却水温度是用来控制冷却风扇转速的最初输入。冷却风扇外形如图3-8-10所示。

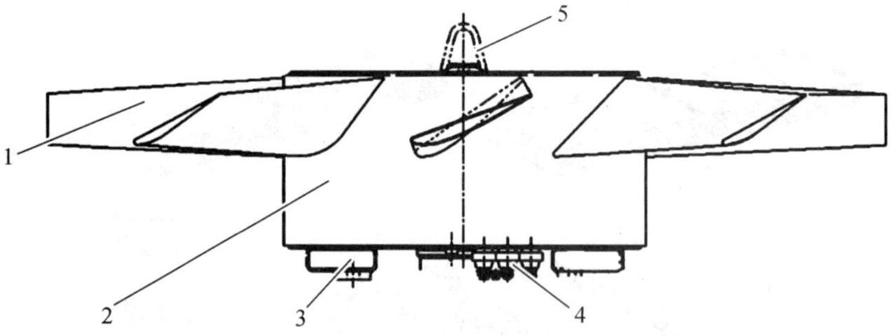

图3-8-10 冷却风扇电机组

1—风扇叶片；2—风扇电机；3—风扇安装架；4—风扇接线端子；5—风扇起吊环

散热器风扇速度随着柴油机润滑油进口温度（由润滑油进口温度传感器测量）和流量信号而改变。安装在3#智能显示器上的软件将确定需要开启几个风扇以及其运行速度。另外，流量信号和润滑油入口温度是确定风扇转速必需的输入信息。

表 3-8-4 是由两个冷却风扇组成的冷却系统可能的速度组合。由于散热器风扇动力由辅助交流发电机提供，所以风扇转速正比于柴油机转速。

表 3-8-4　风扇速度要求

风扇速度要求（两个散热器风扇系统）		
软件确定的风扇要求	风扇 A	风扇 B
0	关	关
1	1/4 速度	关
2	1/2 速度	关
3	1/2 速度	1/4 速度
4	1/2 速度	1/2 速度
5	全速	1/4 速度
6	全速	1/2 速度
7	全速	全速

注意：没有 3/4 风扇转速控制。这是由于周波跳跃运行造成的，周波跳跃会把风扇电机的频率减半，故导致没有 3/4 转速。

（五）百叶窗

散热器百叶窗用于调节流向散热器的空气流量。在周围环境温度低时，百叶窗阻止自由对流的气流通过散热器，以获得理想的柴油机冷却水温，避免散热器管内的水冻结。在低环境温度下，机车惰转时，散热器风扇不工作。百叶窗外形如图 3-8-11 所示。

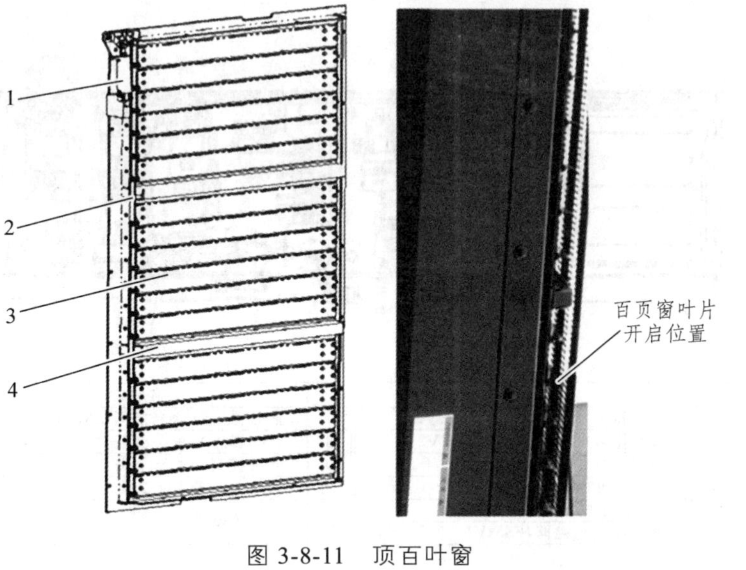

图 3-8-11　顶百叶窗

1—开启气缸；2—推杆；3—百叶窗叶片；4—百叶窗安装架

① 百叶窗结构：百叶窗叶片由轴衬支持，叶片组通过与联动气缸相连的控制杆机构驱动。格栅（栅网/滤网）装在百叶窗装配的外面，以防止碎片掉在百叶窗的叶片上。

百叶窗提供了手动操作机构，以方便百叶窗的手动操作。

② 百叶窗性能。

当百叶窗关闭时，允许的泄漏面积应小于百叶窗总面积的 2%。

当百叶窗开启时，与百叶窗框架结构垂直。

在电磁阀失效的情况下，百叶窗的缺省位为开位。

驱动气缸的开启压力通常调节为 0.90 ~ 0.97 MPa，气缸最大供给压力为 1.03 MPa。

当叶片全开时，通过每只百叶窗的气流量约为 1 133 m^3/h（在风扇全转速时达最大值）。当叶片全开、流量为上述值时，通过百叶窗的压力降控制到最小。

③ 百叶窗的开启。

百叶窗的开启主要由柴油机进水温度控制，传感器监测到的柴油机进水温度传给 DS3，以便确定百叶窗是否打开或关闭。表 3-8-5 是百叶窗开关控制设置点。

表 3-8-5　散热器百叶窗开关设置点

散热器百叶窗设置点	
状态	柴油机进水温度
开	>78°C
关	<75°C

在与百叶窗相连的管路上装有气动控制阀，两个电磁阀控制流向气动阀的空气。这两个电磁阀通常情况下是开启的，因此百叶窗处于开启位置，如图 3-8-12 所示。这样设计是为了防止损坏散热器和冷却系统。控制百叶窗的电磁阀安装于冷却室的端部，CA9 电器柜的背面，具体安装如图 3-8-12 所示。

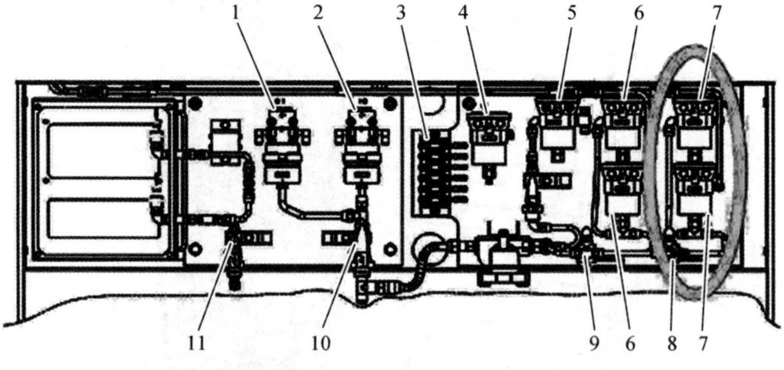

序号	名称	序号	名称
1	逆行撒砂电磁阀，2端 (RSCV2)	7	散热器百叶窗电磁阀(SMV1、SMV2)
2	前行撒砂电磁阀，2端 (FSCV2)	8	散热器百叶窗关断开关
3	抑制二极管	9	流向控制器关断开关
4	空压机电磁阀 (CMV)	10	撒砂关断开关，2端
5	自动排水电磁阀 (DVMV)	11	主储风缸关断开关
6	流向控制电磁阀 (FSMV1、FSMV2)		

图 3-8-12　百叶窗电磁阀

（六）流向选择阀

为了使冷却系统能够在排放模式和热机模式下转换，设置了流向选择阀，用于控制系统中冷却水的流向。在排放模式中（模式 1），流向选择阀控制最低温度的冷却水流向安装在柴油机上的中冷器，这样可以降低进气歧管空气温度，有利于排放控制。在热机模式中（模式 2），流向选择阀控制最低温度的冷却水流向油冷却器，有助于快速冷却润滑油，从而达到降低柴油机温度。流向选择阀的原理如图 3-8-13 所示。

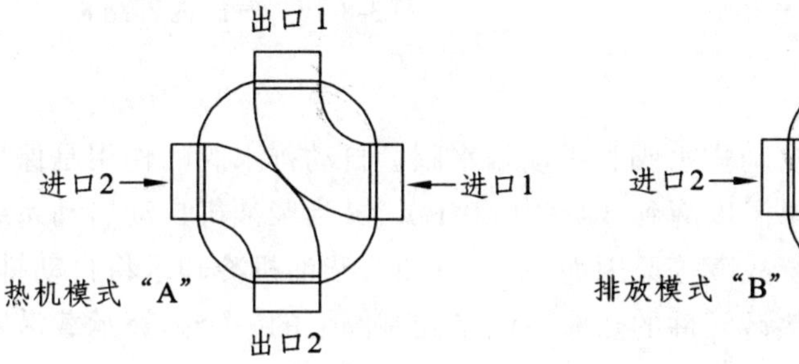

图 3-8-13　流向选择法模式

流向选择阀是直径为 ϕ 63.5 mm 的两位四通阀，阀的结构为 LL 形式，该阀用气动机构控制。阀的外面为碳钢结构，阀体和气动元件体为铝制品，用“聚四氟乙烯”密封材料。

流向选择阀安装在冷却室内部，水箱的上部，具体的管路连接如图 3-8-14 所示。流向选择阀最大工作流量为 56.78 m^3/h，水压最大可达 0.31 MPa，在工作过程中真空度为 3.45 kPa。

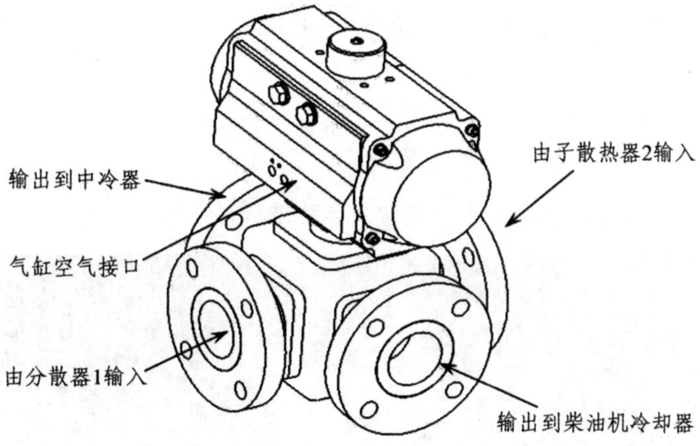

图 3-8-14　流向选择阀接口图

气动机构中的作用缸在 0.41 ~ 1.03 MPa 的压力之间工作。在阀端设有指示器，用于验证阀的位置，且其安装在可视位置上。

流向选择阀（添加手柄后）的外形图如图 3-8-15 所示。启动机构的内部结构如图 3-8-16 所示。

图 3-8-15　流向选择阀

图 3-8-16　气缸内部结构

（七）放水阀

HXN5 型内燃机车上设有自动排水阀和手动排水阀。自动排水阀的作用是保护柴油机冷却系统，防止冷却水冻结。如果温度降到 4.4°C（40°F），又当柴油机自动启动系统故障、固定电源故障或操作人员启动系统故障等原因而不能工作时，柴油机冷却水将自动排至排污箱。自动排水阀的工作原理是利用热敏元件的热胀冷缩来控制阀上的一个弹簧承载活塞运动，从而达到自动排水功能，其具体结构如图 3-8-17 所示。手动排水阀是用人工将冷却系统中的水排掉。自动放水阀和手动放水阀一起安装在设备安装架上，位于机车的冷却室与散热器室之间，排水阀安装如图 3-8-18 所示。

图 3-8-17　自动排水阀

图 3-8-18　排水阀安装

三、柴油机内部冷却水循环

GEVO16 型柴油机设置一台水泵，担负着输送柴油机的冷却水和机油的冷却水功能。其中柴油机冷却水的流向是：高温水从柴油机出水总管经机车管路进入主散热器，进行冷却后分成两路。一路直接经由柴油机水泵进入柴油机；另一路通过管路进入分散热器进行冷却后再次分成两路。一路经由四通换向阀进入机油冷却器，对机油冷却后进入柴油机水泵，一路再经分散热器进一步冷却后经由四通换向阀进入柴油机中冷器，然后进入柴油机水泵。经水泵提升压力后，冷却水进入柴油机冷却系统。

从水泵出来的冷却水流经前端盖组件后分成两路，一路进入机体 V 形角内的纵向通长的冷却水腔，由机体各个气缸的出水口经加强套流入气缸水套。冷却气缸套后再向上去冷却气缸盖，然后由各个气缸盖上部的出水口过渡接管汇入柴油机出水总管，如图 3-8-19 所示。另一路进入增压器，对增压器进行冷却后进入柴油机出水总管，由此返回发动机冷却系统。相关流程图见图 3-8-20。

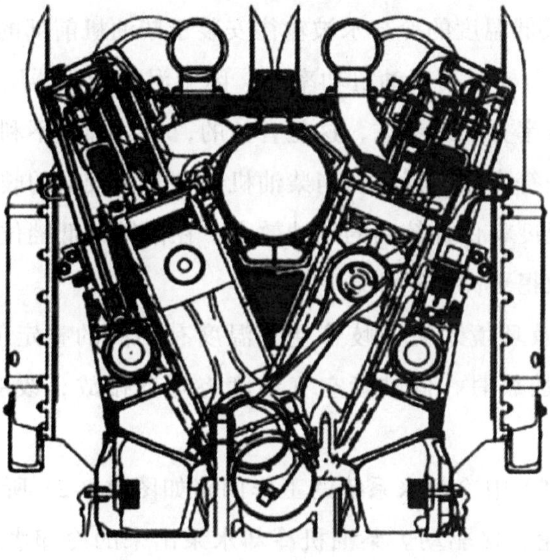

图 3-8-19　冷却水流道

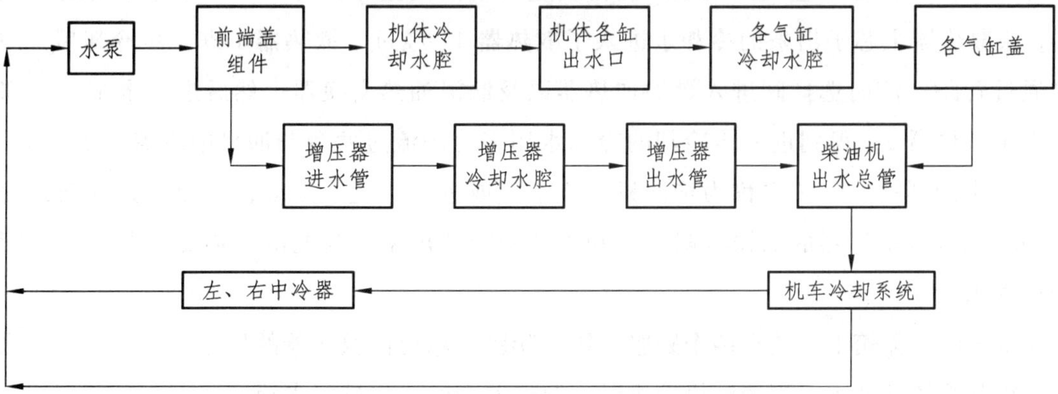

图 3-8-20　冷却水系统方框图

四、机车冷却水循环回路

在 HXN5 型内燃机车中，为了优化机车的排放、功率以及燃油效率，对冷却系统回路加装了流向控制阀，以控制冷却水系统的冷却模式。冷却模式分为排放模式、热机模式。排放模式（模式 1）：冷却水系统为优化排放而对中冷器提供最大冷却能力。热机模式（模式 2）：冷却水系统为优化功率和燃油效率而对柴油机提供最大冷却能力。根据冷却水的几个设置点温度、空气歧管温度及柴油机滑油温度，机车冷却控制系统将冷却系统转换到排放模式或者热机模式下运行。设置点温度的设置确保可最大限度地保护柴油机，同时使模式间的循环操作最小化。

（一）排放模式及循环回路

为了达到柴油机排放标准，需要机车精确监测和控制歧管空气温度，因此在排放模式（模式 1），从散热器出来的最低温度的冷却水被输往安装于柴油机前部的中冷器，以调节进气歧管空气温度（MAT）。当需要提高柴油机功率时，因为涡轮增压器压缩了更多的空气，歧管空气温度升高。从燃油效率方面来考虑，这是有益的，但对排放不利。因此，冷却系统必须降低歧管空气温度以保证符合排放标准。当柴油机惰转时，较低的歧管空气温度并不是最佳工况。较高的歧管空气温度将保证较高的燃油效率。在惰转或低挡位工况条件下，水温有助于提高歧管空气温度，取得更高的燃油效率。

综上所述，对机车及环境来说，歧管空气温度有不同的整定值。机车惰转时高歧管空气温度最佳。当机车加载时，低歧管空气温度将降低排放，改变燃烧特性以达到功率最优化。

在排放模式（模式 1）中冷却水系统的工作回路如图 3-8-21 所示。一台单级离心式水泵由柴油机曲轴通过齿轮直接驱动。柴油机冷却水泵出来的冷却水进入柴油机，经过对柴油机冷却后，一部分水直接回到水泵前再次进入柴油机循环，另一部分冷却水则进入主散热器，从散热器主芯子出来的冷却水进入子散热器 1。经过子散热器 1 进一步冷却后，一部分水通过管路、流向选择阀进入燃油加热器以及润滑油热交换器，然后进入水泵；一部分水进入子散热器 2，得到进一步冷却的冷却水用来冷却流过两台柴油机中冷器的增压空气，降低流过中冷器的空气（也称为柴油机燃烧空气或进气空气）温度，从而达到降低柴油机排放和增强涡轮增压器的喘振极限。冷却水从中冷器出来后与润滑油热交换器方向的管路汇合进入水泵。

在空气滤清器箱上方装有两个膨胀水箱，膨胀水箱提供散热器的排气、冷却水的膨胀和柴油机冷却系统的补水。当柴油机停机时，散热器中的水将排回水箱。

两台 90 kW 交流电动机驱动的冷却风扇给散热器提供冷却。流经散热器的对流空气，必要时可通过微机自动控制安装在散热器上部的百叶窗进行调节。柴油机水温由安装在柴油机进水管路中的水温传感器传送，并通过改变两台冷却风扇的转速和百叶窗的开关来控制。柴油机进水温度（EWIT）传感器也用于监测机车在隧道中运行和其他异常高温环境下运行的水温。如果柴油机水温太高，达到 110°C，柴油机将降功率。如果水温继续上升，达到 115.6°C，则柴油机将怠速运行。

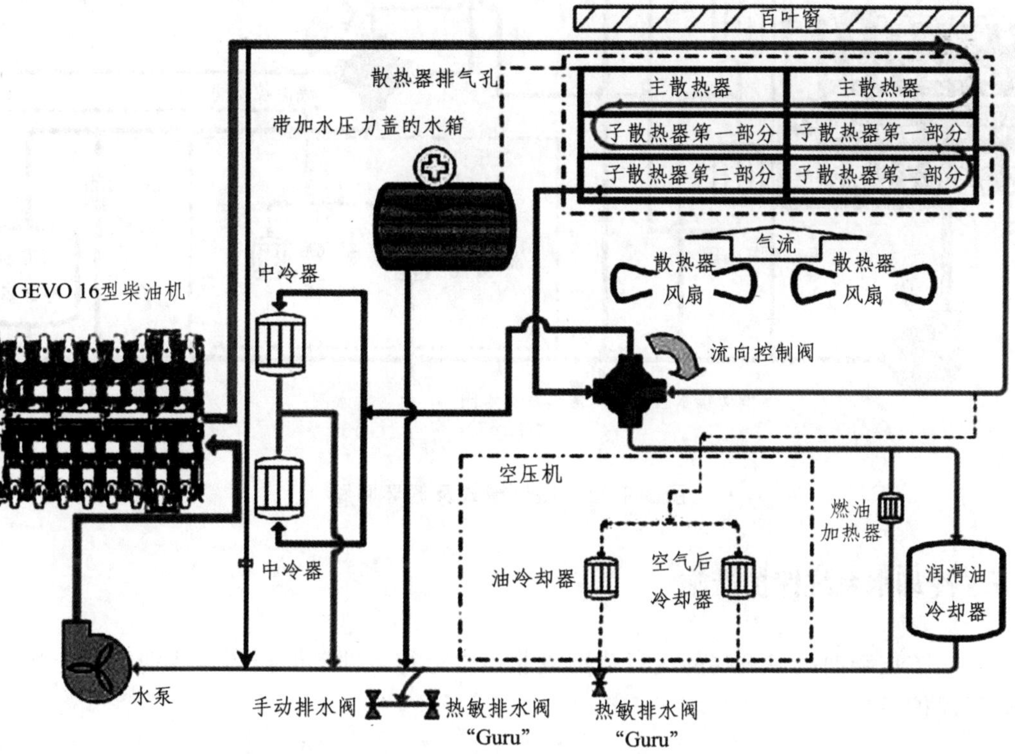

图 3-8-21　排放模式及循环回路

（二）热机模式及循环回路

热机控制模式（模式 2）将最低温度冷却水（从子冷却器 2 出来的水）输送至润滑油冷却器，以防止柴油机过热。在这种模式中，最低温度的水快速冷却柴油机润滑油，润滑油温度越低，柴油机部件冷却越快。

热机模式（模式 2）的工作回路如图 3-8-22 所示，只是从子散热器 1 出来的冷却水通过流向选择阀进入了柴油机中冷器，而从子散热器 2 出来的最低温度冷却水通过流向选择阀进入燃油加热器以及润滑油热交换器，从而达到对润滑油的强劲冷却，达到保护热机模式下的柴油机安全运行。

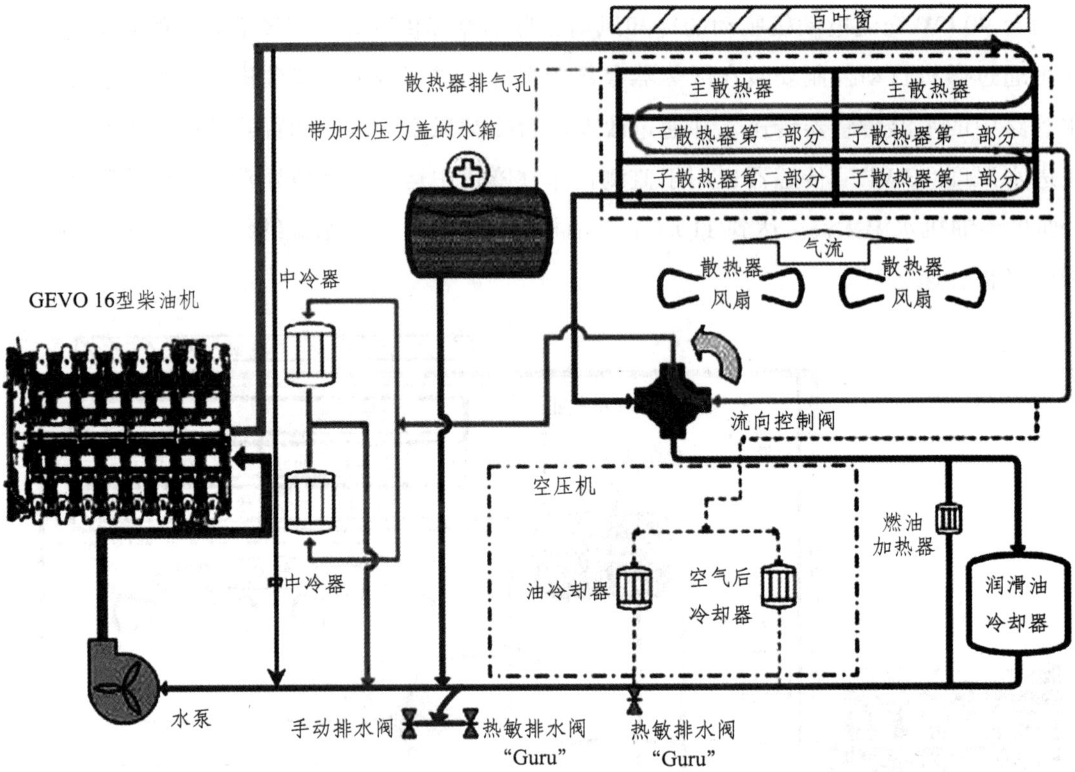

图 3-8-22　热机模式及循环回路

五、冷却水系统保护措施

为了能防止柴油机在极端的运行范围或非正常运行条件下的损坏，特别针对冷却系统设置了以下保护措施。

（一）低水压保护措施

柴油机管理系统软件（EMS）利用水压信息（由柴油机进水压力传感器 EWIP 提供），防止低水压对柴油机造成的损坏。表 3-8-6 列出对应每一柴油机转速下的水压极限值。

表 3-8-6　柴油机转速下的水压极限值

柴油机转速/（r/min）	水压限制/kPa
335	不动作
440	25.72
580	37.09
888	62.05
925	65.08
995	70.74
1 050	75.22

（二）柴油机润滑油高温保护措施

当柴油机进口润滑油温度过热（由柴油机润滑油进口温度传感器测量）时，降低柴油机进水温度，有助于冷却润滑油和柴油机。如果润滑油进口温度 > 88°C，柴油机管理系统会逐渐提高柴油机转速，以增加从润滑油向冷却水的热量传递。如果柴油机进水温度 > 91°C，柴油机管理系统将调整其总功率，防止润滑油过热，如表 3-8-7 所示。如果进水温度长时间（24 h 持续 8 挡）超过 85 °C，进水温度设定值要降低到 85 °C，确保润滑油获得充分冷却。

表 3-8-7　柴油机润滑油进口温度设定值超温对策

柴油机润滑油进口温度	柴油机转速	柴油机总功率
低于 88°C	正常	正常
88 ~ 91°C	按比例递增（EMS 控制）	正常
高于 91°C	按比例递增（由 EMS 控制）	UMES 降低总功率

（三）高水温保护措施

当柴油机进水温度过高（由柴油机进水温度传感器测量）时，会降低柴油机有用功率，避免其损坏。同时，发动机转速将达到 1 050 r/min，以便使散热器风扇以最高转速运行，达到尽可能高的冷却能力。

（四）冷却失效保护措施

冷却系统相关部件故障时，如散热器风扇不转，柴油机会被限制在 2 挡以下运行，这种措施可预先防止柴油机过热。

【任务检查】

表 3-8-8　冷却水及预热系统——任务检查单

任务编号	3-8	任务名称	冷却水及预热系统认知	
序号	检查内容		是	否
1	能说明柴油机冷却水及预热系统的任务和工作要求			
2	能掌握 16V280ZJ 型、GEVO16 型柴油机冷却水及预热系统的基本组成			
3	能说明高低温冷却水泵、膨胀水箱、冷却风扇、散热器、温控阀、预热锅炉的工作原理			
4	能掌握冷却水系统的运用与保养知识			

【任务训练】

一、填空题

1. 在气缸盖底面外缘四周，有四个进水孔，通过（　　）与机体水腔出水孔相连，使从机体流来的水进入气缸盖水腔。

2. 柴油机冷却水应具有良好的防垢性，必须采用（　　）水。

3. DF_{8B} 型机车冷却水水质过软，对机车冷却水系统（　　）过大。

4. 机车液压系统通过（　　）温度来控制冷却风扇转速，进而稳定机车油、水温度。

5. DF_{8B} 型机车冷却水系统主要由（　　）、（　　）、（　　）、（　　）及各种阀门、仪表、管路等组成。

二、选择题

1. 机车膨胀水箱处于冷却水系统的（　　）。

A. 最高位　　B. 最低位　　C. 末端

2. 当低温冷却水温度下降到（　　）°C 时，冷却风扇进入调速阶段，直至停转。

A. 70 ~ 60　　B. 65 ~ 55　　C. 60 ~ 50

3. 柴油机膨胀水箱的水位应在水表（　　）处。

A. 1/3　　B. 2/3　　C. 1/2　　D. 3/4

4. 柴油机低温冷却水系统主要冷却对象是（　　）。

A. 机油　　B. 气缸盖　　C. 气缸　　D. 中冷器

5. 柴油机高温冷却水系统主要冷却对象是（　　）。

A. 中冷器　　B. 气缸、气缸盖　　C. 机油　　D. 静液压油

三、判断题

1. DF_{8B} 型机车电气室及动力室百叶窗的开启为自动控制。（　　）

2. 机车百叶窗过滤网运用中易吸附灰尘，所以应根据本地区的环境条件定期进行清扫。（　　）

3. 不论采用何种加水方法，在柴油机启动后，都必须注意膨胀水箱的水位。（　　）

4. 高温冷却水在燃油预热器的管内流过，燃油在预热器内腔的管外流过，完成油、水之间的热交换。（　　）

5. 冷却柴油机的增压空气，就能提高柴油机的进气密度，加大进气量。（　　）

四、简答题

1. 说明柴油机冷却水及预热系统的任务和工作要求。

2. 简述 16V280ZJ 型柴油机冷却水及预热系统的基本组成。

3. 说明 16V280ZJ 型柴油机冷却水泵的工作原理。

4. 分别写出 16V280ZJ 型柴油机高、低温冷却水系统流程图。

5. 简述 GEVO16 型柴油机冷却水系统的主要构成部件。

6. 简述 GEVO16 型柴油机冷却水循环工作原理。

7. 简述 HXN5 型内燃机车冷却水循环通路。

8. 简述 GEVO16 型柴油机温度过低时，冷却水系统的保护措施。

9. GEVO16 型柴油机冷却水压力低于标准值时，机车有哪些保护措施？

10. GEVO16 型柴油机冷却水温度过高时，机车有哪些保护措施？

项目4　内燃机车柴油机运用保养知识认知

任务4-1　柴油机日常运用知识认知

【任务描述】

正确合理地运用柴油机才能减少故障的发生，延长柴油机的使用寿命，更大限度地发挥柴油机的使用效能。作为机车乘务员和机车检查人员，要掌握机车柴油机的有关参数、熟知运用规章要求，能够规范合理操作。

【任务目标】

- 能掌握柴油机运用中的有关数据；
- 能掌握柴油机启动前的准备工作内容；
- 能掌握柴油机的启动步骤；
- 能掌握柴油机的加、减载操作步骤；
- 能掌握柴油机的停机操作步骤。

【任务学习】

任务4-1-1　16V280ZJ型柴油机的日常运用知识认知

一、柴油机运用中的有关数据

16V280ZJ（原型机）型柴油机装于DF_8内燃机车，其装车功率为3 310 kW。而16V280ZJA（A型机）型柴油机装于DF_9型及DF_{11}型内燃机车，其装车功率为3 610 kW。有关技术数据要求如下。

（一）温　度

启动时油、水温度	一般为30 °C，应＞20 °C
加载时油、水温度	应＞40 °C
运转时油、水温度	一般为70～80 °C，应＜88 °C
正常停机时油、水温度	一般为50～60 °C

运转时最高水温（水温继电器动作卸载温度）　88 °C

3 310 kW（原型机）、3 610 kW（A 型机）运转时，气缸盖出口排气温度　≤520 °C

3 310 kW（原型机）、3 610 kW（A 型机）运转时，增压器透平进口燃气温度　≤630 °C

（二）压　力

燃油压力　满载≥0.15 MPa，空载≤0.35 MPa

启动时机油压力　≥50 kPa

1 000 r/min 运转时主机油泵出口压力　$0.8^{+0.05}_{0}$ MPa

1 000 r/min 运转主油道进口机油压力　≥0.48 MPa

720 r/min 以上带载运转时最低机油压力（油压保护继电器动作卸载油压）　0.28 MPa

运转时最低机油压力（油压继电器动作停机油压）　80 kPa

增压器进口机油压力　0.25 ~ 0.4 MPa

曲轴箱最高压力（差式压力计动作停机压力）　0.6 kPa

3 310 kW（原型机）运转时最高爆发压力　13.24 MPa

3 610 kW（A 型机）运转时最高爆发压力　13.24 MPa

400 r/min 空载时压缩压力　2.65 ~ 2.95 MPa

注：从 DF_8-0110 号内燃机车起，柴油机机油油压保护继电器的测压点从主油道机油进口处移至增压器机油进口处，其数据变更如下。

720 r/min 带载运转时增压器机油进口处最低压力（油压保护继电器动作卸载油压）　0.2 MPa

运转时增压器机油进口处最低压力（油压保护继电器动作停机油压）　60 kPa

（三）转　速

柴油机正常工作转速　400 ~ 1 000 r/min

超速停机转速（超速停车装置或超速保护装置动作停机转速）　1 120 ~ 1 140 r/min

3310 kW 运转时增压器转速（VTC-254）　≤279 000 r/min

（四）油水位

柴油机油底壳机油油位应在油标尺上、下刻线中间。

联合调节器油位，静态时，应在油表中线附近；运转时，应在中线上下 5 mm 范围之内。

膨胀水箱水位，要保持在水表 2/3 处。

二、安全常识

严格遵守安全规则，认真执行防范措施，可以避免大多数事故的发生，现将一般性安全预防措施简述如下：

（1）所有旋转零件的外部都必须牢固地安装防护罩。

（2）上岗工作时须穿工作服和戴工作帽。在某些场合，视需要穿防护鞋和戴防护眼镜或其他防护用品。

（3）当柴油机在封闭室内运转时，为防止听力受损，应戴护耳器或在耳孔塞入消音棉。

（4）擦净溢出的机油、燃油或冷却水，废油应作安全处理和妥善存放。

（5）在启动前，柴油机上不准留有工具、零件、抹布以及其他杂物，尤其在旋转零件和喷油泵操作拉杆的周围要特别引起注意。

（6）柴油机刚停机时，注意不要被热的冷却水、机油以及受热的零件烫伤。

（7）不得擅自取掉铅封或任意对柴油机进行调整。

（8）不要试图修理不懂的机件。若要修理，则必须遵照维修说明或听从内行指导；更换或修理损坏的重要机件，应使用合适的工具。

（9）严防柴油机发生“飞车”或“水锤”事故；确保保护装置动作可靠；注意检查机油润滑情况。

（10）定期检查电器线路和接头的绝缘和紧固情况，遵守电器安全操作规范。

（11）注意防火，加注燃油时不准吸烟；柴油机附近不准存放易燃物品，应备有灭火器。

三、启动前的准备

柴油机在启动前，应按表 4-1-1 做检查和准备工作。

表 4-1-1　柴油机启动前的检查、准备工作项目

<table>
<tr><th colspan="2">工作项目</th><th>启用或长期存放后启动</th><th>短期存放（停机 24 h 以上）启动</th><th>日常运用正常启动</th></tr>
<tr><td colspan="2">检查重要螺栓、螺母紧固和接头泄漏情况</td><td>Δ</td><td>Δ</td><td>Δ</td></tr>
<tr><td colspan="2">手动盘车检查</td><td>Δ</td><td></td><td></td></tr>
<tr><td colspan="2">甩车检查</td><td>Δ</td><td>Δ</td><td></td></tr>
<tr><td colspan="2">打开稳压箱放水阀检查</td><td>Δ</td><td>Δ</td><td>Δ</td></tr>
<tr><td colspan="2">打开各窥视孔盖，检查柴油机和增压器内部情况</td><td>Δ</td><td></td><td></td></tr>
<tr><td rowspan="4">燃油系统</td><td>加注燃油，检查燃油箱油位</td><td>Δ</td><td>Δ</td><td>Δ</td></tr>
<tr><td>排出燃油滤清器内空气</td><td>Δ</td><td>Δ</td><td></td></tr>
<tr><td>将各阀门放置在规定位置</td><td>Δ</td><td></td><td></td></tr>
<tr><td>检查喷油泵齿条、夹头、拉杆是否灵活良好</td><td>Δ</td><td>Δ</td><td>Δ</td></tr>
</table>

续表

工作项目		启用或长期存放后启动	短期存放（停机 24 h 以上）启动	日常运用正常启动
润滑油系统	向油底壳添加机油，检查油位	Δ	Δ	Δ
	检查联合调解器油位	Δ	Δ	Δ
	向各润滑部位加注润滑油	Δ		
冷却水系统	向膨胀水箱添补冷却水，检查水位	Δ	Δ	Δ
	排除水系统中的空气	Δ	Δ	
	冷却水温度>20°C	Δ	Δ	Δ

注：表中符号Δ表示应执行项目。

四、启　动

启动前的准备工作就绪后，打开稳压箱排污阀，放出污物。此时，油水温度应达到 20°C 以上，低于此温度时，用预热锅炉进行预热。柴油机盘车机构行程开关、电磁联锁、各保护装置应处在正常状态。完成上述工作之后便可启动。柴油机启动时，应倾听柴油机的工作音响，注意观察，发现有异音或异常现象，应立即停机，查找原因。在故障未排除之前，不应启动，启动之后，使柴油机在 400 r/min 下惰转，并作如下检查：打开冷却水和燃油系统的放气阀，排除管路中的空气，关闭稳压箱的排污阀；观察油位和水位是否正常，各系统的管路是否泄漏；检查各缸喷油泵齿条、夹头、拉杆等；细听各缸发火是否均匀；观察柴油机转速表上的转速是否稳定，巡视柴油机各部等。空转运行 3 ~ 5 min，观察各种仪表须符合操作要求数据。确认各部工作正常，柴油机启动阶段结束。

五、升速、降速

柴油机在不加载荷的情况下，转速在 400 r/min 到 1 000 r/min 的范围内，可无级平稳地任意升降。根据需要来调节柴油机空载时的转速，用以检查联合调节器调节柴油机转速升降的功能及波动情况；检查各油水系统压力是否正常和是否泄漏；也可使柴油机进行空载预热等。但空载低速运转时间不宜长期持续，以免燃烧室和增压器内引起结炭、结焦。

六、加载、减载

柴油机油、水温度低于 40 °C 时，柴油机不得加载。此时，应将柴油机转速升至 600 ~ 800 r/min，进行空载预热。

柴油机在各转速的功率已在水阻试验时调整好，在运用中严禁擅自调整。在操作上，转速和负荷的提高或降低应逐渐而又均匀。一般，柴油机从空载加载至满负荷，或从满负荷减载至空负荷，其时间不少于 30 s。在非特殊情况下，不允许突加或突减柴油机的负荷和转速。对于新机或大修后初期使用的柴油机，应适当地降低一些转速和功率，使其充分磨合。

柴油机带载运行时，需留意观察柴油机的运行状态，监视仪表显示的读数应在要求范围之内；查看排气烟色和呼吸口冒气情况；倾听柴油机和增压器的音响；注意油位、水位及油水系统有无泄漏等。经常对柴油机作巡视检查，如发现有可能造成事故的迹象时，应迅速采取有效措施，也可使柴油机停机，甚至紧急停机，避免事故扩大而造成重大事故。

柴油机的卸载，不仅有人为操作中的正常卸载，也可能由于各保护继电器的动作使柴油机自动卸载。例如，有柴油机高温水水温保护、柴油机机油油压保护、同步牵引发电机过流保护、主电路接地保护、机车空转保护。当保护系统发生动作时，应注视哪个指示灯亮红灯，并及时分析原因，采取有效措施或排除故障，恢复柴油机运行功能。

七、停　机

（一）正常停机

缓慢地降低柴油机的负载，待机油、冷却水温度降至 50 ~ 60 °C，让柴油机空转 1 ~ 2 min 后，才可停机。在寒冷季节停机时，应注意保温，油水温度不宜低于 20°C。

（二）非正常停机

在紧急情况下，人为采取紧急停机的措施：立即断开燃油泵开关；用力敲打超速停车装置的紧急停车按钮，切断对柴油机气缸的燃油供给，使柴油机立即停止工作。

柴油机的保护装置动作，也能引起柴油机紧急停机。如柴油机超速保护、停机机油油压继电器动作、曲轴箱压力保护（差示压力计）等，都能自动急速地切断对柴油机的供油或供气，迫使柴油机立即停止工作。

不论是人为或保护装置动作而实施的紧急停机，为了保证柴油机运动部件和增压器轴承有一定的润滑，应立即开启启动机油泵，向柴油机机油系统供机油 1 ~ 2 min。如在无法供油的情况下，也应立刻盘车 2 ~ 3 圈。

在非正常停机后，必须仔细查找引起停机的原因，排除故障，检查柴油机和电器各部分，确认状态正常后，方可复原保护装置。

人为按紧急停车按钮或超速停车装置动作，都应用力提起其旁的复原手柄，使超速停车装置复位。松手后，运动手柄感到轻松自如，说明已复位。

观察柴油机两侧进气管路处的超速保护装置——超速保护风门，如其电磁阀动作，则其操作杆和连杆上的滚轮轴承脱开，操作杆倒下，说明风门已关闭。为使超速风门复原，应扭转操作杆手柄至水平，使连杆上的滚轮稳妥地贴靠在操作杆的直角平面内保持稳定，即为复原状态。

非紧急情况下，禁止使用超速停车装置的紧急停车按钮迫使柴油机停机。

八、停　放

（一）短期停放

一般不做特殊处理，在冬季，注意油、水温度，防止柴油机被冻裂。

（二）较长时期室外停放

（1）需将柴油机和冷却水系统的油、水放净，并将所有排油、排水阀置于开启位置。
（2）放出燃油滤清器内的燃油。
（3）用塑料布将增压器排气口和柴油机呼吸口封闭，防止雨水和异物落入。

（三）更长时期的停放

须对柴油机进行封存处理。

任务 4-1-2　GEVO16 型柴油机的日常运用知识认知

一、柴油机主要技术参数

1. 转　速

额定转速：1 050 r/min
最低怠速：330 r/min
额定转速时活塞平均速度：11.2 m/s
启动着火转速：40 r/min

2. 功率及燃油消耗率

柴油机在不同海拔高度下的额定功率及燃油消耗率如表 4-1-2 所示。

表 4-1-2　柴油机在不同海拔高度下的额定功率及燃油消耗率

海拔高度/m	环境温度/°C	功率/kW	燃油消耗率排放优先模式/（g/kW·h）	燃油消耗率油耗优先模式/（g/kW·h）
UIC（0 m）	25	4 660	214×(1±3%)	200×(1±3%)
0	45	4 480	—	200×(1±3%)
700	40	4 550	—	206×(1±3%)
2 500	23	4 660	—	204×(1±3%)

注：① 柴油机运行模式（排放优先和油耗优先）可以手动切换；
② 燃油低热值为 42 000 kJ/kg；
③ 额定功率能随海拔高度变化自动修正。

在 UIC 标准大气条件下：
① 油耗优先模式下 80%额定功率（牵引特性）时的燃油消耗率：198 × (1±3%)g/kWh

② 排放优先模式下 80%额定功率（牵引特性）时的燃油消耗率：214 × (1±3%)g/kWh

③ 最低工作转速时的燃油消耗量：18.5 × (1±3%)kg/h

注：最低工作转速（440 r/min）时柴油机只考虑下列载荷：

a. 控制系统消耗电能；

b. 轴驱动的辅助载荷；

c. 柴油机上安装的各种泵。

3. 润滑油消耗率

小于燃油消耗率的 0.35%。

4. 扭　矩

标定功率标定转速时的扭矩：42 384 N · m

启动扭矩：8 000 N · m

5. 压　力

在 UIC 标准大气条件下：

额定功率时的最大平均爆发压力：19.5 MPa

各缸间爆发压力差不大于：1 MPa

额定功率时的平均有效压力：2.12 MPa

最低工作转速的压缩压力：5.1 MPa

各缸压缩压力差：≤0.25 MPa

6. 冷却水

在 UIC 条件下，柴油机额定功率时：

柴油机正常进口水温（受控）：60 ~ 110 °C

正常工作压力：高于环境压力 310 kPa

7. 机　油

在 UIC 条件下：

柴油机进口润滑油温度（受控）：74 ~ 91 °C

柴油机出口润滑油温度（受控）：83 ~ 102 °C

润滑油压力：

柴油机转速 440 r/min 时：200 kPa，油温 82 °C 时

柴油机转速 1050 r/min 时：650 kPa，油温 82 °C 时

8. 排　气

在 UIC 标准条件下，额定功率时的排气温度值：

涡轮前：575 × (1 ± 5%)°C

涡轮后：420 × (1 ± 5%)°C

各缸出口：515 × (1 ± 5%)°C

9. 最低启动水温和油温

最低启动水温和油温：　5 °C

10. 冷却风扇

型号：　5GYA30

形式：　轴流式，与交流驱动电机一体

风扇直径：　ϕ1 829 mm

额定空气体积流量：　1 923 m^3/min，海拔 2 500 m，温度 40°C

依照冷却要求，风扇采用关闭，1/4，1/2，全速 4 级速度控制，全速标称速度与柴油机速度相同。

二、GEVO16 型柴油机运行时相关技术参数

（1）司控器主手柄位置对应转速及功率如表 4-1-3 所示。

表 4-1-3　司控器主手柄位置对应转速及功率

司控器手柄位	转速/（r/min）	功率/kW
Idle	440	0
1	440 ± 5	335 ± 7
2	580 ± 5	634 ± 12
3	888 ± 5	1 081 ± 22
4	888 ± 5	1 678 ± 33
5	995 ± 10	2 349 ± 47
6	995 ± 10	3 020 ± 60
7	995 ± 10	3 766 ± 75
8	1 050 ± 10	4 660 ± 92

（2）柴油机各性能参数如表 4-1-4 所示。

表 4-1-4　柴油机各性能参数

项　点	各性能参数	备　注
转速/（r/min）	1 045 ~ 1 055	
功率/kW	4 569 ~ 4 753	
燃油消耗率/（g/kW · h）	200 ~ 213.5（0°C 以下） 202 ~ 213.5（0°C 以上）	燃油模式
柴油机末端油压/MPa	0.56 ~ 0.77	

续表

项　点	各性能参数	备　注
稳压箱空气压力/kPa	257～305	
稳压箱空气温度/°C	57～63	
左右涡轮进口温度/°C	520～586	
左右透平温差/°C	≤19	
左右增压器转速/（r/min）	23 000～25 500	
燃油末端压力/kPa	420～640	
机油进口温度/°C	66～88	
冷却水进口温度/°C	66～83	
左右压气机出口温度/°C	187～210	仅供参考不予考核
曲轴箱压力/Pa	－2 250～－500	

三、GEVO16 型柴油机控制保护

冷却水压力低保护：　75 kPa（1 050 r/min），转为怠速
25 kPa（440 r/min），转为怠速

润滑油压力低保护：　482 kPa（1 050 r/min），转为怠速
116 kPa（440 r/min），停机

冷机状态保护：　柴油机入口润滑油温度小于 60 °C，报警

热机状态保护：

柴油机入口油温：　91°C 时，降功
110°C 时，转为怠速

柴油机入口冷却水温度：　110°C 时，降功

涡轮进口废气温度：　718°C 时，降功

增压器喘振保护：　1 min 内发生 3 次，降功

增压器超速保护（油耗优先模式）：　27 000 r/min，降功

柴油机超速保护：　1 150 r/min，停机

曲轴箱过压保护：
当曲轴箱压力>0 Pa，持续 10 s 或>498 Pa，持续 0.5 s 时，柴油机停机

柴油机过载保护：　在 1 050 r/min 时，供油量超过 5%，降功

四、GEVO16 型柴油机诊断功能

（1）传感器状态：对于每一个柴油机反馈装置，每一个超范围值（高或低）即认为一个

诊断事件。其引起的结果从“仅作事件记录”到“柴油机停机”。曲轴速度传感器和滑油压力传感器均有冗余。

（2）柴油机控制器（ECU）状态监测（硬件和软件）：柴油机控制系统连续检查网络状态，ECU 在初始化时进行自检。发生的故障会被记录并传到机车控制系统。严重的故障会导致 ECU 关闭并停机。

（3）高压油泵电磁线圈状态：ECU 诊断高压油泵电磁线圈的开路和短路情况，并向事件记录簿发送故障信息。

（4）燃油压力低：ECU 诊断燃油压力低的情况，并向事件记录簿发送故障信息。

五、GEVO16 型柴油机启动前准备及启动步骤

（一）登乘前作业

登乘机车前请遵循以下步骤：

（1）检查是否有断裂、磨损、松动或拖拽的部件，如制动链条、闸瓦、轮对和端盖等。

（2）检查管路是否有泄漏。

（3）将所有空气排放阀和切断阀置于正确位置。

（4）确保列车管塞门置于正确位置。

（5）检查重联风管和重联线的连接是否正确。

（6）检查燃油箱油表的燃油位。

（7）确保每台机车的无火回送开关在正确的位置。

警告：机车与蓄电池充电器连接或断开连接时，要确保连接前蓄电池充电器关闭。否则可能会引起人身伤害和设备损坏。

（8）如果蓄电池充电器与机车处于连接状态，确保先关闭蓄电池充电器再断开连接。

（二）登乘后作业

登乘机车后请遵循以下步骤：

（1）如果柴油机已停机，将编组中所有机车运动部件和电气元件上的抹布和工具等杂物去除。

（2）检查编组中所有机车的柴油机机油油位。当柴油机停机时，油位在油标尺上应指示为满。油尺位于柴油机一侧，标有 LOW（加油）和 FULL（满）。

警告：维修空气压缩机时，断开柴油机控制（EC）面板上的本机控制断路器（LCCB），避免空气压缩机电机启动。电机驱动的空气压缩机表面很热，可以在柴油机运行中的任何时候运行。在这些条件下维修空气压缩机，可导致严重的人身伤害。

（3）检查空气压缩机润滑油油位。

（4）检查冷却水水位，确保放水阀关闭。

（5）确保空气压缩机切断阀接通。

（6）确保电子空气制动设置正确。

（7）将柴油机控制（EC）面板上的柴油机控制开关转至启动位。

（8）正确放置主操纵台上的前头灯开关（向前牵引）或辅助操纵台上的后头灯开关（向后牵引）。

（9）确保挡位手柄在惰转位，换向器手柄居中。

（三）启动柴油机

（1）在启动柴油机前，确保已经完成登乘前作业和登乘后作业中的操作。

注意：机车在蓄电池维修闸刀（MBD）断开的情况下无法启动。闸刀断开时机车断电。

（2）闭合柴油机控制面板下电气柜 1 内的蓄电池闸刀。

（3）将主操纵台和柴油机控制面板上启动柴油机所需的相应断路器闭合。按标签和所有铁路规章进行相应设置。

注意：启动时，确保柴油机控制面板上的电子空气制动断路器闭合，可能出现惩罚制动。将自动制动手柄置于抑制（SUP）位并保持 1 s，然后将手柄回到缓解位。

（4）检查显示器屏幕是否有状态/司机信息。当信息框显示柴油机曲轴不能转动或柴油机不能启机时，可能需要进行检修。

（5）确认柴油机控制面板上的柴油机控制开关在启动位。

注意：当启动编组中多台机车的柴油机时，一次启动一台柴油机。每次将一台机车上的控制断路器闭合。当所有柴油机启动后，只将本务机车的控制断路器闭合，其他机车断开。不要反复启动柴油机，以免造成蓄电池放电过度。如果机车曲轴不转动，检查显示器是否显示故障消息。此机车配备有柴油机预润滑功能。启动柴油机所需的时间可能比没有此功能的机车稍微长一些。

（6）按下柴油机启动按钮，直到主屏上显示柴油机启动界面为止。当柴油机运转后，启动界面会自动消失。柴油机启动的动作顺序如下：

① 按下柴油机启动按钮时，燃油泵立即启动，启机警告铃（位于高压柜/电气室内）响。

② 在按下柴油机起动按钮后五到十秒内，如果控制系统要求预润滑，预润滑泵开始转动。

③ 如果 BCCB 被重置或机车停机时间到达 30 min，柴油机将进行预润滑。如果预润滑期间不能建立足够的机油压力，乘务员可以看到消息“AESS 被禁用”。即使出现此消息，柴油机仍可以启动。柴油机预润滑的时间为 2 ~ 4 min。

④ 柴油机预润滑完成后柴油机曲轴将转动。

⑤ 如果在 40 ~ 60 s 内仍未建立正常的柴油机机油压力，控制系统将记录限制性故障，柴油机不会启机，需要进行检修。

（7）当柴油机启动后，重新检查机油油位。如果柴油机处于惰转状态，润滑油油尺上应显示 FULL。

【任务检查】

表 4-1-5　柴油机日常运用知识——任务检查单

任务编号	4-1	任务名称	柴油机日常运用知识认知	
序号	检查内容		是	否
1	能说明 16V280ZJ 型、GEVO16 型柴油机运用中的有关参数			
2	能说明 16V280ZJ 型、GEVO16 型柴油机启动前的准备工作内容			
3	能说明 16V280ZJ 型、GEVO16 型柴油机的启动步骤			
4	能说明 16V280ZJ 型、GEVO16 型柴油机的加、减载操作步骤			
5	能说明 16V280ZJ 型、GEVO16 型柴油机的停机操作步骤			
6	能说明 16V280ZJ 型柴油机的非正常停机后的操作步骤			

【任务训练】

一、填空题

1. 在启动柴油机前，须打开（　　）放气管上的塞门，泵油放净燃油中的空气，并关闭塞门，然后才启动柴油机。

2. 柴油机启机前，检查系统各部件、橡胶软管、（　　）等，应无异常或松动现象。

3. 日常运用中，应经常检查（　　）的法兰螺栓和叉头盖螺栓及平衡块是否松动。

4. DF_{8B} 型机车注入燃油时，宜打开另一侧的加油口，以减少油箱里的（　　）。

5. DF_{8B} 型机车液压系统的液压泵油封处是否泄漏，可从后变速箱油位是否（　　）来判断。

二、选择题

1. 柴油机调速试验要求：当柴油机的负荷为最大运用功率时，转速在（　　）r/min 时，突卸负荷至零，超速停车装置不应动作。

A. 1 000　　B. 1 050　　C. 1 100

2. DF_{8B} 型机车柴油机启动前，应确认动力室仪表油，水温度应在（　　）°C 以上。

A. 20　　B. 30　　C. 40

3. DF_{8B} 型机车当油、水温度大于（　　）°C，且柴油机及机车各部运转正常时，可逐渐升速或加载。

A. 20　　B. 30　　C. 40

4. 柴油机启机前，盘车机构应脱开，(　　) 应闭合。

A. 自动开关　　B. 转换开关　　C. 联锁开关

5. DF_{8B} 型机车燃油箱容量为（　　）L。

A. 8 500　　B. 9 000　　C. 9 500

三、判断题

1. 柴油机超速停车装置的技术要求：当用手按压停车按钮时，停车杆应能落下。(　　)

2. 机车电气系统故障也会造成柴油机功率不足。(　　)

3. 机车在严寒冬天运行，燃油不需要预热，因为燃油黏度大有利于燃烧。(　　)

4. 柴油机日常检查时，需对各管路仔细检查，防止泄漏事故发生。(　　)

5. 柴油机检查时，发现冷却水泵漏水，每分钟小于 3 滴，柴油机可继续使用。(　　)

四、简答题

1. 说明 16V280ZJ 型柴油机运用中的有关参数。

2. 说明 16V280ZJ 型柴油机启动前的准备工作。

3. 简述 16V280ZJ 型柴油机的启动步骤。

4. 简述 16V280ZJ 型柴油机的加、减载操作步骤。

5. 简述 16V280ZJ 型柴油机停机操作步骤。

6. 说明 16V280ZJ 型柴油机的非正常停机后的操作步骤。

任务 4-2　柴油机日常维护保养知识认知

【任务描述】

柴油机的运用和维护保养是密不可分的，维护保养是为了更好地运用，减少故障的发生，充分发挥柴油机的效能，延长柴油机的使用寿命。作为机车乘务员和机车检修人员，要熟知柴油机的检查项目和要求，熟知柴油机日常保养方法，了解柴油机封存和启封的要求。

【任务目标】

- 能掌握柴油机每日检查项目和要求；
- 能掌握柴油机每周检查项目和要求；
- 能掌握柴油机各润滑部位和给油周期；

- 能掌握柴油机维护保养的规定；
- 能了解柴油机封存和启封的要求。

【任务学习】

任务 4-2-1　16V280ZJ 型柴油机的日常维护保养

一、16V280ZJ 型柴油机日常维护保养

1. 连接箱及附近检查

检查方法：目视、手检、锤检。

（1）柴油机输出端连接箱安装螺栓紧固。

（2）接线盒安装牢固，接线无松脱、烧损、破损。

（3）柴油机排水阀关闭严密。

（4）主发电机减振垫及定位销良好。

（5）柴油机弹性支承状态良好，各螺栓紧固。

2. 后增压器

检查方法：目视、手检、锤检。

（1）排气烟筒无破损，隔热层良好。

（2）各工艺堵、排水堵无松动、丢失、泄漏。

（3）各安装螺母紧固。

（4）进出油、水管无裂纹。

3. 增压器机油滤清器

检查方法：目视、手检、锤检。

（1）滤清器安装螺母紧固，安全阀及铅封良好。

（2）滤清器端盖及进出油管无松动、漏油。

4. 油压继电器

检查方法：目视、手检。

（1）油压继电器及接线盒安装牢固，接线无松脱、破损。

（2）橡胶减振器无破损、丢失。

（3）各油管接头无松动，软管无老化、漏油。

5. 柴油机 5～8 缸上部

检查方法：目视、手检、锤检。

（1）中冷器安装螺栓紧固，中冷器体无裂纹。

（2）出水管法兰螺母紧固，无漏水。

（3）热水集流管各法兰垫无泄漏。
（4）各出水支管无泄漏。
（5）各进气支管法兰垫无泄漏，工艺堵无松动、丢失。
（6）各排气支管无泄漏，各波纹管无裂损，卡子紧固，隔热层防护网良好。

6. 柴油机 5～8 缸中部

检查方法：目视、手检、锤检、鼻嗅。
（1）各摇臂箱罩盖手轮紧固，无漏油。
（2）打开摇臂箱盖检查内部。
① 摇臂及横臂调整螺栓紧固。
② 喷油器压块螺母紧固。
③ 摇臂、横臂无断裂。
④ 横臂导杆无断裂，横臂无偏移。
⑤ 气阀弹簧无断裂，阀杆锁夹与套无脱落。
⑥ 进气阀间隙：0.4～0.45 mm；排气阀间隙：0.5～0.55 mm。
⑦ 进、排气阀挺杆无弯曲，挺杆座与摇臂球头吻合良好。
⑧ 摇臂座及摇臂箱安装螺栓紧固。机体无裂纹，合口螺母紧固。
⑨ 喷油器上体无燃油泄漏。
（3）示功阀关闭应严密。
注：手轮式示功阀手轮完好，阀座无泄漏。
（4）各挺杆套螺母无松脱、漏油。
（5）喷油器导管无漏油。
（6）高压油管无裂漏，接头无松漏。
（7）喷油泵安装螺栓无松动，座垫及出油阀盖无漏油。
（8）喷油泵柱塞套定位螺钉及供油齿条定位螺钉铅封完好，螺钉无松动。
（9）停机状态时供油齿条应在“0”刻度。
（10）供油齿条夹头销与拨叉座吻合良好。
（11）供油齿条无卡滞，限油止挡及螺母无松动。
（12）供油拉杆无变形，夹头销座螺栓无松动。
（13）夹头销花螺母开口销齐全完好。
（14）燃油总管三通接头及各回油管无漏油。

7. 柴油机 5～8 缸下部

检查方法：目视、手检、锤检。
（1）凸轮轴检查孔盖严密无泄漏。
（2）凸轮轴箱内部检查。
① 各滚轮、凸轮无拉伤、缺陷，油润良好。
② 凸轮轴及各段法兰无裂纹，法兰螺栓无松动。

③ 轴承润滑油管接头无松动、漏油，轴承无烧损、变色。

④ 凸轮轴箱内部无异物。

（3）进水支管无漏水。

（4）曲轴箱盖严密无泄漏。

（5）曲轴箱内部检查。

① 滤油网完整，上部无异物。

② 主轴承座各部位无裂纹，主轴承无烧损。

③ 连杆大端盖螺栓无异状，连杆大端无裂纹。

④ 连杆大端应有横动量，大端轴承无烧损。

⑤ 主轴承盖无裂纹，螺栓无异状，开口销完好。

⑥ 气缸水套下部水封无漏水。

⑦ 各主轴承下盖螺栓无松动。

8. 燃油泵组

检查方法：手检、锤检。

（1）泵组安装螺栓无松动。

（2）联轴器完好，橡胶件无老化变形。

9. 燃油粗滤器

检查方法：手检、锤检。

（1）安装螺栓无松动。

（2）转换阀手柄应在下垂位，三通标志正确。

（3）上盖及三通转换阀芯轴无泄漏。

（4）各管接头及放油堵无松漏。

（5）逆止阀、安全阀无泄漏。

（6）来油阀在全开位。

10. 柴油机 4～1 缸上、中、下部

参照第 5、6、7 项。

增检：柴油机弹性支承状态良好，各螺栓紧固。

11. 机油离心精滤器

（1）安装螺母紧固。

（2）上盖无泄漏，手轮无松动。

12. 前增压器

参照第 2 项。

13. 联合调节器及附近

检查方法：目视、手检、锤检。

（1）联合调节器体无裂漏，加油口盖严密，滤尘网无破损。
（2）故障调节孔盖、调节杆孔盖无松动。
（3）油表无漏油，油脂清洁，油位在 1/2 左右。
（4）补偿油泵油位在 1/2 左右。
（5）补偿针阀螺堵无松动。
（6）功率伺服器安装螺母紧固，无泄漏，指示正确。
（7）电磁联锁安装螺母紧固，线圈无烧损，接线无松脱、破损。
（8）电磁联锁铁心动作灵活，故障螺钉良好。
（9）传动箱透视玻璃良好无漏油。
（10）放油堵无松漏，针阀螺堵无松漏。
（11）紧急停车按钮铅封良好。
（12）复原手柄在恢复位，紧急停车杠杆各销连接良好，调整螺栓紧固，防缓铁片良好。
（13）摇臂、弹性拉杆、转轴、调节杆、横拉杆各销良好，锁紧螺母紧固。
（14）柴油机转速表安装牢固，传动轴、胶套无破损。
（15）转速表传感器安装牢固，线无松脱、破损。指示正确，检验日期不超过 6 个月。

14. 高、低温水泵及附近

检查方法：目视、手检、锤检。
（1）水泵安装座螺栓紧固。
（2）进出口管螺母紧固。
（3）水泵法兰无漏水，放水堵无松漏，胶管无老化裂漏。
（4）水泵轴承油管无松动、泄漏。
（5）水泵油封无漏油，水封无漏水，接水管无堵塞，滴水每分钟不超过 5 滴。
（6）水泵传感器安装良好。
（7）主油道机油回油管连接法兰螺母紧固，螺栓无断裂。
（8）卡箍紧固，胶管无老化、裂漏。
（9）温度传感器安装良好。

15. 膨胀水箱

检查方法：目视、手检、锤检。
（1）水表清洁无漏水，水质纯净，水位在 2/3 以上。
（2）水表上下截止阀在全开位。
（3）排水阀作用良好，关闭严密，不漏水。
（4）水表防护杆及照明灯良好。
（5）水箱安装螺母紧固，水箱体无裂纹。
（6）溢水管无松动。

16. 水箱下部

检查方法：目视、手检、锤检。

（1）柴油机自由端联轴器螺母紧固，油堵无松动、丢失。

（2）柴油机上水阀关闭。

（3）各油水管路法兰、接头无松动、泄漏。

17. 散热器

检查方法：目视、手检。

（1）各单节安装牢固。

（2）各单节及进出水管法兰垫、橡胶无漏水。

18. 静液压油箱

检查方法：目视、手检、锤检。

（1）油箱安装螺母紧固，环带无裂损。

（2）油管接头及加油、放油堵无松漏。

（3）磁性滤清器良好，油表清晰无漏油，油位在两刻线之间。

（4）温度表良好，指示正确。

19. 前、后变速箱

（1）通风机传动尼龙绳束无断损，罩盖锁闭良好，防护铁丝无断裂；通风机传动轴承油堵无松脱。

（2）前变速箱安装螺栓紧固，箱体合口螺母紧固，端盖螺栓紧固，无渗油。

（3）检查孔盖螺栓紧固，吊环紧固，透气孔盖板螺栓紧固，无渗油。

（4）运用状态箱体温度不大于 70 °C。

（5）油尺、油脂良好，油位在两刻线间。

20. 静液压泵及附近

检查方法：目视、手检、锤检。

（1）静液压泵安全阀各管接头无松动、漏油。

（2）温度控制阀安装螺母紧固，调节螺钉无松动。

21. 机油热交换器及附近

检查方法：目视、手检、锤检。

（1）机油热交换器安装螺母紧固。

（2）油、水进出管无泄漏。

（3）放水阀无松动漏水。

（4）放油塞门关闭严密，各部无漏油。

22. 散热器 V 形夹角内部

检查方法：目视、手检、锤检。

（1）检查孔盖严密、锁闭良好。

（2）冷却风扇片无变形、断裂，支架无脱焊，内部清洁无异物。

（3）静液压马达安装螺母紧固，各油管接头无松动，胶管无破损。

（4）散热器各油管接头无松动、漏泄。

23. 机油滤清器及附近

检查方法：目视、手检、锤检。

（1）散热器各排水阀在关闭位、无漏水。

（2）滤清器盖螺栓紧固。

（3）盖及进出油水管法兰垫无泄漏。

（4）机油压力表管接头无松漏、指针显示正确。

（5）滤清器转动手柄无松脱，转动良好。

（6）回油阀关闭严密。

24. 启动机油泵组

检查方法：目视、手检、锤检。

（1）泵组安装螺栓紧固。

（2）联轴器良好，转动灵活，无异音，止钉无松动、丢失。

（3）泵体及管路无泄漏，电机接线无松脱、破损。

（4）逆止阀夹板螺母紧固，管接头无松漏。

25. 差式压力计及附近

检查方法：目视、手检、锤检。

（1）差式压力计安装牢固，管接头无松脱，通大气胶管连接良好，无老化、破损。

（2）接线无松脱，触针无锈蚀，液面高度应在零刻线。

（3）通气孔无堵塞，清洗堵紧固，无泄漏。

（4）水温继电器安装牢固，动作值 88 °C，微调旋钮漆封无移位，接线良好。

（5）柴油机上水阀应在关闭位。

26. 油气分离器及附近

检查方法：目视、手检、锤检。

（1）波纹管无裂纹，各连接法兰螺母紧固，密封垫严密无泄漏。

（2）体管无裂纹，工艺堵紧固、无丢失。

（3）机油管各法兰螺母紧固，密封垫严密无泄漏，胶管无老化破损，卡子紧固。

27. 燃油精滤器及附近

检查方法：目视、手检、锤检。

（1）安装螺母紧固，管接头无松漏。

（2）排油阀、排气阀应在关闭位。

（3）控制拉杆装置、横拉杆叉部无裂断，调节杆螺母紧固。

（4）左右转臂安装螺母紧固，各穿销、开口销良好。

28. 柴油机 9～12 缸上、中部

参照第 5、6 项。

增检：增压器冷却水管排气阀关闭严密，无泄漏。

29. 柴油机 9～12 缸下部

（1）参照第 7 项。

（2）增检：

① 机油离心精滤器，参照第 11 项。

② 辅助机油泵安装螺母紧固，接线无松脱，管接头无松漏。

③ 预热锅炉燃油泵安装螺母紧固，接线无松脱，管接头无松漏。

30. 柴油机 13～16 缸上、中部

参照第 5、6 项。

31. 柴油机 13～16 缸下部

（1）参照第 7 项。

（2）增检：

① 工作风缸安装螺母紧固、腰带良好，管接头无松漏。

② 燃油预热器安装螺母紧固、油水管接头无松漏、水阀在关闭位。

③ 稳压箱排污阀（排污后关闭）。

④ 柴油机放水阀应关闭、堵无松脱。

二、柴油机封存和启封

柴油机试验完（或组装完）的封存和启用按以下要求：

（一）柴油机停用一个月以内时

（1）放净柴油机中的全部冷却水，封盖各管路的进出口，每三天盘动曲轴两圈。

（2）存放在湿度 45%～65%的清洁通风的厂房内。

（二）柴油机较长时间的封存

（1）用循环油泵将封存用机油打入柴油机润滑系统 15～20 min，并不断盘动曲轴。

（2）将 95%的燃油和 5%防锈油的混合油送入燃油系统，使柴油机在 400 r/min 下运行 5 min。

（3）排净油底壳里的机油。

（4）应将脱水处理（即润滑油加热至 110°C，1～2 h）的滑油涂刷在所有运动件表面。

（5）用油枪从喷油器安装孔向每个气缸壁均匀地喷入 300 ~ 350 cm^3 封存用的机油或防锈油。

（6）外部各加工表面在擦洗干净后，涂刷无水凡士林。

（7）在调速器内注满调速器油。

（8）封存机油、燃油、水、气各管路的管口。

（9）柴油应存放在室温 5 ~ 30 °C、湿度 45% ~ 65%的清洁通风的厂房内。

（三）柴油机的启封

（1）取下各种封口用包装。

（2）用 50 ~ 60 °C 的热水循环预热柴油机的高低温水系统，水温升高至 90 °C 时将水放出，再灌入柴油机正常使用的冷却水预热至 40 °C 以上。

（3）放出油底壳内的封存用油。泵入 40 °C 以上机油，盘车 5 ~ 10 min 后，再将这些机油放掉。清洗油底壳，将新机油加入柴油机中。

（4）进行启机前的全面检查，然后甩车备用。

任务 4-2-2　GEVO16 型柴油机的日常维护保养

一、柴油机日常检查

1. 柴油机左侧检查

采用方法：目视、手检。

（1）天棚盖定位销无脱槽，顶盖锁紧装置在闭合位。风笛来风管接头无松漏。

（2）柴油机连接箱无松漏，螺丝防缓标记无位移；R1 ~ R8 缸各动力组无泄漏，减压塞作用良好，点喷数据线束无破损、接磨。

（3）喷油泵电磁阀接线牢固无破损，燃油进/回油管、喷油器回油管无泄漏，高压油管上、下座无裂漏。

（4）排气总管无泄漏，卡子无松脱，稳压箱接口螺丝齐全，防缓标记无位移。

（5）盘车机构端盖螺丝无松缓，柴油机扭杆无裂纹，安装螺丝防缓标记无位移。

（6）燃油箱测试孔完好，无堵塞。地板接线盒插头无松脱。

（7）柴油机座弹性支承螺栓防缓标记无位移。

（8）灭火器放置牢固，各部完好，铅封无破损，校验不超期。

（9）增压器出水管无泄漏，底座焊波无裂纹，安装螺栓无松动，引射管卡子无松脱，传感器安装牢固无松动。

（10）中冷器各安装螺丝无松动，进出水管及滴漏孔无泄漏。

（11）主机油泵安装牢固无泄漏，油管卡子无裂损，螺丝防缓标记无位移。

（12）燃油精滤器安装牢固，端盖、油管接头无泄漏，排气阀、回油阀关闭严密无泄漏。

（13）机油滤清器端盖螺栓防缓标记无位移，进出油管法兰接口无泄漏，回油阀位置正确（右侧检查）。

（14）外观检查 6A 系统摄像头、烟雾报警装置应完整、齐全、状态良好。可见部位连线应无破损、连接可靠。

（15）检查燃油、机油系统防火装置作用良好，部件齐全。

（16）检查燃油、机油、冷却水系统管路安装牢固、无裂漏。

2. 燃烧空气室检查

采用方法：目视、手检。

（1）“V”形滤网无变形、堵塞。

（2）旋风筒式滤清器无破损堵塞，卡子安装牢固，排尘风道接口胶垫无老化、破损。

（3）内部清洁无异物，冬、夏季门位置正确（冬开夏关），接口胶垫无丢失、破损，门锁闭良好。

（4）袋式空气滤清器表面无堵塞，纤维无破损，卡带安装牢固。

（5）机油热交换器油管、水管卡子无裂损，法兰接口无泄漏，螺丝防缓标记无位移。

3. 冷却室左侧检查

采用方法：目视、手检。

（1）“V”形滤网无变形、堵塞；冷却风扇叶片无裂纹。

（2）冷却室防护网安装螺丝牢固，防护网无破损，空气散热管卡子螺丝防缓标记无位移，散热片无倒伏。

（3）空气压缩机组安装螺栓防缓标记无位移。进气道波纹软管无破损，连接口无泄漏，进气滤芯压力指示器无变色，外罩锁闭良好；电机联轴器减振胶垫无老化、破损，联轴器合口内螺帽螺丝无松动丢失；后冷却器水管、风管接头无泄漏；油气、水汽分离器水管、风管接头无泄漏。

（4）自动排水阀安装牢固，无渗漏，手动截止阀在开放位。

（5）自动百叶窗电磁阀、水流控制电磁阀、总风缸排泄电磁阀各管接头无松漏，各塞门在开放位置。

（6）灭火器放置牢固，各部完好，铅封无破损，校验不超期。

4. 冷却室右侧检查

采用方法：目视、手检。

（1）撒砂电磁阀、总风压力传感器风管接头无松漏，塞门在开放位。

（2）空气压缩机检查同左侧。空压机油缸加油口盖关闭严密，油位在绿区；热机阀安装牢固，连通管无松动；安全阀无泄漏。空压机轴承加油堵及罩盖齐全完好。

（3）冷却间防护网安装螺丝齐全，防护网无破损。

（4）牵引电机通风机旋风筒式滤清器外部清洁无异物。

（5）散热器风扇电机轴承加油堵及罩盖齐全完好。

5. 柴油机室右侧检查

采用方法：目视、手检。

（1）燃油粗滤器、燃油加热器、燃油温度控制阀安装牢固，各油管接头无松漏；燃油泵安装牢固，各管路状态良好，无漏泄。燃油系统各管路、管卡无松动，软管无老化、破损，接头无泄漏；预润滑泵安装牢固，油管接头无松漏。

（2）水箱水位在规定范围内。表管清洁无破损，水表止回阀在开放位，排水阀在关闭位，注水管路及膨胀水箱压力口盖状态良好。旗形排气阀、上水阀关闭严密无泄漏。机油滤清器检查同左侧，回油阀在关闭位。

（3）柴油机端盖各油水管路、连接法兰无泄漏。管卡子无松动。

（4）增压器无裂漏，检查同左侧。

（5）中冷器检查同左侧。

（6）油气分离器安装带及卡子牢固，油气分离器体无裂损，排气胶套无老化破损，上排放管及下回油管无泄漏。

（7）主机油泵检查同左侧。

（8）自动排水阀和手动排水阀无泄漏。

（9）机油油尺齐全，油位符合标准，加油口盖作用良好。

（10）燃油调节阀、燃油压力传感器、快拆接头安装牢固，备帽、接线无松脱，管路无泄漏。

（11）燃油回油阀在规定位置。

（12）天棚盖定位销无脱槽，顶盖锁紧装置闭合位。

（13）L1 ~ L8 缸各动力组无泄漏，减压塞作用良好。点喷数据线束无破损、接磨。

（14）外观检查 6A 系统摄像头、烟雾报警装置应完整、齐全、状态良好。可见部位连线应无破损、连接可靠。

（15）检查燃油、机油系统防火装置作用良好，部件齐全。

（16）检查燃油、机油、冷却水系统管路安装牢固、无裂漏。

6. 进、排气系统检查

（1）检查进、排气系统各部件安装牢固，无裂损、漏烟处所。

（2）检查进、排气系统各密封垫片作用良好，安装位置正确。

二、柴油机定期维护保养的规定

1. 柴油机定期维护内容

（1）检查气门间隙，符合技术要求。进气门为（0.45 ± 0.05）mm，排气门为（0.95 ± 0.05）mm。

（2）各缸摇臂压球不许有裂纹、掉块。

（3）各油水管路及阀门状态良好，不许有泄漏。

（4）各紧固件不许有松缓。

（5）摇臂箱盖密封胶圈完好，不许有漏油。各缸缸号清晰，序号正确。

（6）排气总管、支管不许有破损、漏烟，总管垫不许窜出。

（7）柴油机机体可视部分不许有裂损。

（8）曲轴箱检查孔盖安装牢固。

（9）机体安装座支架不许有裂纹。

（10）柴油机加油口安装牢固，油尺和加油口盖不许破损。

（11）柴油机外部不许有漏油、漏水。

（12）曲轴箱压力传感器安装牢固，不许渗油。

（13）防火板安装牢固、部件齐全，不许有变形、破损。

（14）增压器座、消音器座不许有裂损，安装牢固；压气机叶轮部位不许有裂损、扫膛。

（15）油气分离器及连接管路安装牢固，不许泄漏；引射管不许有接磨、破损，胶管不许有老化、龟裂。

（16）中冷器安装牢固、不许泄漏，漏泄孔畅通。

（17）喷油泵连接导线不许有接磨、破损。

（18）盘车检查缸套、活塞、连杆、曲轴可见部位不许有拉伤、磨损、变形等。

（19）高压油管状态良好，燃油压力在规定范围内。

（20）润滑油取样化验，根据化验结果执行相关规定，更新润滑油。

（21）冷却液取样化验，符合技术要求。

2. 机车辅助系统定期检修

（1）燃油各管路接头及法兰紧固，不许有泄漏。

（2）燃油管路各软管不许有泄漏，扣压胶管不许有破损。

（3）燃油泵安装牢固。

（4）燃油热交换器安装牢固，不许有泄漏，支架不许有裂纹，端盖螺栓不许有松缓。

（5）燃油滤清器安装牢固，不许有泄漏。

（6）更新燃油精滤器滤芯、O 形圈，清洁滤清器体。更新燃油粗滤器。

（7）燃油、机油系统各阀、管路、表管、接头等状态良好，不许有抗劲、接磨、损伤和泄漏。

（8）主机油泵安装牢固，不许有泄漏。

（9）更新机油滤清器滤芯、O 形圈，清洁滤清器体；机油滤清器安装牢固，端盖螺栓不许有松缓，不许泄漏。

（10）机油热交换器安装牢固，支架不许有裂纹。端盖安装螺栓不许松缓。

（11）机油预润滑泵安装牢固，不许泄漏。

（12）冷却风扇各部安装牢固，启动时转动灵活，不许有异音。

（13）水泵安装牢固，水泵端盖安装螺栓不许松缓，不许泄漏。

（14）柴油机进、出水总管安装牢固，支架不许有裂纹，管路不许泄漏。

（15）水箱及水表安装牢固，不许泄漏。

（16）水泵、管路及接头、法兰不许有泄漏，安装螺栓及卡子紧固。

（17）水管路软连接及扣压胶管不许有老化、破损、泄漏。

（18）百叶窗驱动风缸安装牢固，不许有漏风，叶片完整，轴转动灵活。百叶窗叶片不许有裂纹，转动灵活，百叶窗开启关闭灵活可靠。

（19）散热间冷却系统各管路、接头安装牢固，不许有泄漏。

（20）散热器安装牢固，清除散热器表面异物。

（21）通风道支架及卡子安装牢固，不许有裂纹，通风筒不许有破损。

（22）惯性空气滤清器、外部防护网安装牢固，不许有破损。

（23）柴油机进气滤清器安装支架、罩、网安装牢固，不许有破损。

（24）更新袋式空气滤清器。

（25）反转冷却风扇对散热器进行吹扫。根据需要对散热器进行下车清扫。

【任务检查】

表 4-2-1　柴油机日常保养知识——任务检查单

任务编号	4-2	任务名称	柴油机日常保养知识认知	
序号	检查内容		是	否
1	能说明 16V280ZJ 型、GEVO16 型柴油机每日检查项目和要求			
2	能说明 16V280ZJ 型、GEVO16 型柴油机每周检查项目和要求			
3	能说明 16V280ZJ 型、GEVO16 型柴油机各润滑部位和给油周期			
4	能说明 16V280ZJ 型、GEVO16 型柴油机日常保养的项目内容和要求			
5	能说明 16V280ZJ 型、GEVO16 型柴油机小、辅修的项目内容和要求			
6	能说明 16V280ZJ 型、GEVO16 型柴油机运行中修、大修的项目内容和要求			
7	能说明 16V280ZJ 型、GEVO16 型柴油机封存和启封的要求			

【任务训练】

一、填空题

1. 16V280ZJ 型柴油机标定转速为（　　　）r/min。

2. 16V280ZJ 型柴油机最低空载稳定转速为（　　　）r/min。

3. 柴油机出口油温正常为 65～75°C，最高为（　　）°C。

4. 柴油机更换了曲轴、凸轮轴、两个及以上的（　　）、连杆、气缸套时均须进行空载、负载磨合试验。

5. 机车在负载工况下，如果柴油机机油出口温度或高温水系统出口温度高于 88°C，则主发电机功率降至挡位允许功率的（　　）。

二、选择题

1. 给柴油机加减载时，一般柴油机从空载加载至满负荷，或从满负荷减载至空载，其时间不少于（　　）s。

A. 20　　B. 30　　C. 40

2. 运用中如果散热器之间的温度相差过大，应分析判断，需要更换温度（　　）的散热器。

A. 过高　　B. 过低　　C. 适中

3. 柴油机启机时，油、水温度不得低于（　　）°C；加载时，油、水温度不得低于（　　）°C。

A. 20　　B. 30　　C. 30　　D. 40

E. 50　　F. 60

4. 运转中柴油机最高允许油、水温度为（　　）°C。

A. 70　　B.80　　C. 88　　D. 100

5. 正常情况停机时油、水温度应在（　　）°C。

A. 40 ~ 50　　B. 50 ~ 60　　C. 60 ~ 70　　D. 70-80

三、判断题

1. 柴油机空载低速运转时间不宜太长，以免在燃烧室和增压器内引起结炭、结焦。（　　）

2. 不论是人为或保护装置动作而实施的紧急停机，都应立即使启动机油泵投入工作。（　　）

3. 柴油机在运行中突然停机，多是因保护系统动作而引起的。（　　）

4. 柴油机在线路上出现突然停机时，司机首先应去动力室查找故障。（　　）

5. 维修后的内燃机车运行时，应对柴油机各参数进行监控。（　　）

四、简答题

1. 16V280ZJ 型柴油机检查需要检查哪些部件？如何检查？

2. 什么情况下柴油机需要封存？柴油机封存一般分哪几个方面？

项目 5　内燃机车柴油机常见故障分析及处理知识认知

任务 5-1　柴油机故障常识认知

【任务描述】

内燃机车运用时，柴油机不可避免地会出现一些不正常现象，影响机车正常运行。如果你是一名机车乘务员或机车检查人员，要掌握柴油机产生故障的可能原因，并熟悉柴油机故障现象及分析判断故障的常用方法，为柴油机故障处理打下基础。

【任务目标】

- 能掌握柴油机产生故障的可能原因；
- 能判断哪些不正常现象属于柴油机故障；
- 能分析判断故障的常用方法。

【任务学习】

一、柴油机故障产生的原因

柴油机是由许多零部件组装而成的。在运行时，若其中一个或部分零件工作不正常造成有关零部件间工作不协调，不能完成规定的功能，甚至损坏而不能进行工作，这时称为柴油机发生了故障。

导致柴油机发生故障的因素很多，主要有：

（一）人为性故障

人为性故障是由于有关人员未按操作规程操作或维护、保养不当造成的。

1. 违章操作

（1）新组装的柴油机或刚更换过活塞、活塞环、气缸套、轴承等零件的柴油机，启动后立即在高负荷下运行，而未按规定进行必要磨合，造成零件严重磨损，甚至发生活塞卡住、气缸套拉伤、轴承烧损等严重事故。

（2）机油量不足，使润滑条件恶化，又不能把摩擦副产生的热量很快带走，造成零件严重磨损，甚至导致活塞与气缸套咬死或使轴与轴瓦干磨烧损。

（3）冷却水量不足，使受热零件温度过高而烧损。当柴油机运转过程中发现缺水时，又直接加入冷水，使受热零件骤然受冷而产生变形或裂纹。

（4）柴油机冷机启动，机油和水的温度还未达到规定温度，立即提升到高负荷运行，造成零部件严重磨损，而引起一系列故障。

（5）寒冷天气，夜间停机时未放冷却水而引起零部件冻裂。

（6）长时间超负荷、超转速运行及发生飞车事故，造成零件严重磨损和损坏。

（7）高速带负荷时突然停车，各零部件温度仍很高，而冷却水停止循环，零部件易受损坏。

（8）运行中冷却水和机油温度维持过低，或机油温度过高、油压过低，加快零件磨损。

2. 使用维护保养不良

（1）不及时添加机油和定期更换机油，造成机油量不足或机油污染变质而失去要求的润滑性能；不及时清洗机油滤清器，造成机油流通阻力增加，使流量减小，润滑条件恶化引起零部件严重磨损，如烧损增压器轴承等。

（2）不及时清洗空气滤清器，导致空气流通阻力增加，进气量减小，使柴油机工作性能不良，排气温高或功率不足。

（3）不按时清洗燃油滤清器，使燃油系统流通阻力增加，供油量不足，造成柴油机工作不正常，同时还会使杂质随燃油进入各精密偶件，破坏其正常工作。

（4）不定期检查和调整气门间隙，因气门间隙过大造成配气机构加速磨损；间隙过小造成气门与气门座密封性差，致使排气门经常处于高温下工作，引起散热不良，易产生气门与气门导套咬死现象。

（5）柴油机在使用过程中不及时观察、检查、排除故障隐患，如气缸盖排气管紧固螺栓松动未及时拧紧，导致垫片烧损。

（二）自然性故障

自然性故障是由于环境条件恶化、材料缺陷及安装不合理等造成的。

1. 环境条件恶化

（1）柴油机在过高的气温条件下工作，气缸盖排气温度过高，使工作条件恶劣，波纹管和涡轮进气壳过热发红，影响零件的工作可靠性。

（2）柴油机在组装过程中，环境不清洁，使杂质进入机油、冷却水、燃油系统，影响工作可靠性。

（3）柴油机经常处在风沙环境中工作，会加速气缸套磨损等。

2. 柴油机零件不合格

由于零件的材质加工精度不符合设计要求，使用时没有进行严格的检查而被装到柴油机上，有的是属于零件内在缺陷，检查时未能发现，在使用过程中暴露出来，造成柴油机故障。常见的问题有：

（1）零件在加工制造时，没有消除内应力，结果引起零件变形、丧失原来加工精度和配合关系，造成气缸盖翘曲变形。

（2）零件加工精度不合格，如主轴孔、凸轮轴孔同轴度不合格，使工作时产生偏磨现象，甚至造成烧瓦事故。或者由于圆角小，造成应力集中，引起损坏。

（3）气缸盖、机体等铸件，有缩松、砂眼、细小裂纹等铸造缺陷，检查时未能发现，装到柴油机上运转期短也未暴露，而使用一段时期后才暴露出来，造成零部件损坏。

（4）原材料不合格，如轴瓦板材有合金层脱壳等缺陷，或是铝合金层过薄或过厚，会产生剥离、烧瓦等故障。

3. 柴油机装配和调整错误

柴油机的装配有严格要求，所有配合部位均有规定要求，否则会引起故障。常遇到的问题有：

（1）活塞环与气缸套配合间隙不符合要求，活塞环开口位置没有互相错开 120°安装，第三道气环（锥面环）、刮油环的安装方向装错等，造成活塞漏气和窜油现象。

（2）定时齿轮啮合关系错误，造成供油时间不正确，使燃烧恶化、功率不足、启动困难等。

（3）气门间隙调整不符合规定要求，造成气门关闭不严，或加速配气零件的磨损。

（4）柴油机组装时，波纹管结合组反向安装，即导流管翻边侧没有迎着气流方向，造成导流管脱落，打坏增压器等。

（5）主轴瓦、连杆瓦装配位置错误或颠倒，配合间隙及扭紧力矩不符合规定要求，造成烧瓦、严重磨损，甚至恶性事故。

（三）二次故障（又称从属故障）

二次故障（又称从属故障）是由于其他部分的故障而造成的故障，如由于连杆齿形部位断裂，使连接螺栓断裂，连杆盖脱离，导致曲轴弯曲变形或机体被击破。

二、柴油机故障现象及分析

（一）柴油机故障现象

柴油机故障是多方面因素造成的。不同故障表现出不同的现象，通常遇到的柴油机异常现象主要有如下几方面：

（1）动作异常：如柴油机启动困难或启动后转速不稳，自行停车等。

（2）声音异常：如有不正常的敲击声、放炮声、吹嘘声等。

（3）外观异常：柴油机漏油，漏水，漏气，排黑烟、白烟、蓝烟，柴油机摇摆，连接件松动等。

（4）温度异常：如机油、冷却水、废气的温度过高或过低，多缸柴油机各缸排气温度温差过大。

（5）气味异常：如发生橡胶、绝缘材料的“焦臭味”，以及柴油、机油蒸发的“油气味”。

（6）消耗异常：柴油、机油、冷却水的消耗过量；或者应当消耗的，不仅未消耗，反而增多，如油底壳的机油面自行升高。

（二）柴油机故障分析

故障现象是故障存在的表露形式、故障因素的反映，也是分析判断故障的依据和基础。例如，柴油机振动大，是故障现象，表露出来，故障才被发现并及时排除。由此可见及时发现故障现象的重要性。但是，仅仅掌握故障现象，还不能有效地诊断和排除故障。因为，一种故障，可能会表现为好几种异常现象，而一种异常现象又可能由几种故障造成。例如，中冷器漏水，既可表现为柴油机甩车时示功阀阀孔有水雾喷出，又可从稳压箱放水阀打开时有水滴出，还可表现为柴油机工作时冒白烟等。而柴油机冒白烟这种现象，可能是由于中冷器漏水，也可能是气缸套裂纹漏水，还可能因柴油中有水等多种故障所造成。发现柴油机工作中的异常现象后，就要认真分析故障原因。只有正确分析了原因，才能正确查找故障部位，从而排除故障，使柴油机正常运转。

分析故障的一般原则是：首先必须全面掌握情况，了解柴油机发现故障前的使用、保养、维修情况以及柴油机的负荷、工作温度、仪表指示情况；发现故障的全过程；故障的伴随现象；柴油机的新、旧程度和技术状态等。然后，结合构造，联系原理，考虑引发故障的所有因素（尤其是从属故障），再根据具体情况进行具体分析，逐步缩小分析范围，初步确定出最可能的故障因素。最后本着先易后难、先外后内、系统故障分类、推理检查的原则，着手检查，排除故障。

机车乘务员和试验人员在长期使用柴油机的实践中，积累了丰富的经验，能够及时准确地找出故障原因，常用的方法有如下几种：

（1）观察法：依靠人的视觉，观察柴油机的外表状况，油、水等的消耗，仪表指示读数等方面是否有异常现象。

（2）触摸法：用于触摸柴油机外部与故障有关的部位，根据触摸的感觉，判断有关部件工作状态和故障来源。

（3）听诊法：凭听觉，判断柴油机工作时发出的声响有无异常，鉴别故障产生的来源和性质。

（4）隔断法：就是在检查故障时，暂时隔断（停止）柴油机某一部分的工作，观察现象的变化，便于判断故障的来源和部位。

（5）验证法：当怀疑柴油机某一部位有故障但又不能肯定时，可改变局部范围内技术状态，观察对柴油机工作性能影响，从而对故障源做出判断。

正确分析和判别柴油机故障的原因，是一项重要而细致的工作，不应在未弄清故障原因之前随意拆卸柴油机，这样不但不能消除故障，反而可能在重装时造成新的故障。

随着科学技术进步，为查明故障原因，国内外从 20 世纪 60 年代起已采用故障预测系统来监视柴油机状态，例如通过对润滑油的分析来判断故障。20 世纪 70 年代，铁路有关科研部门和部分机务段，对内燃机车柴油机采用了光谱分析诊断技术进行故障预测，通过分析机油中的硅、铁、铜、铝、铬等元素含量的变化情况，可以早期发现柴油机内部的哪些零部件有异常磨耗，以便及时维修和更换零件，保证柴油机正常运行。另外，更重要的是通过光谱分析诊断技术，可以查明某元素增多的根源，以便在今后工作中防止和尽量减小该元素带来的危害。例如，以前内燃机车使用的是增压柴油机机油，经光谱分析检查，硅含量仅为百万分之几（硅元素掺入机油会破坏润滑，加剧柴油机运动件摩擦副的磨耗）。某机务段发现柴油机运用过程中机油中硅元素浓度逐渐增大，为了查明原因，将中修前和中修后的机油，抽样进行光谱分析，发现中修后硅含量比中修前高，说明可能是柴油机在解体、修理、组装、试验各个环节中工作环境不清洁所造成的。为此，该段在清洗上采取措施，添置了柴油机内部清洗设备，并注意清洗零件不落地，清洗后零件加罩，并加强了滤清装置的保养，使柴油机的清洁状态有了明显好转。随着我国内燃机车台数不断增多，迫切需要通过各种途径使内燃机车保持良好的技术状态。因而，今后推广采用光谱分析技术，前景是广阔的，经济效果也是明显的。

任务 5-2　16V280ZJ 型柴油机常见故障判断及处理方法认知

【任务描述】

柴油机在启动前、启动过程中、运转时都不可避免地出现一些故障现象。如果你是一名机车乘务员或机车检查人员，遇到故障情况，应该能够分析出故障原因，找到故障位置，排除故障或采取应急措施，确保柴油机正常工作。

【任务目标】

- 能分析甩车时，示功阀喷水、喷机油、喷火的原因，找到故障位置，并采取措施、排除故障；
- 能分柴油机启动困难的原因，找到故障位置，并采取措施排除故障；
- 能掌握柴油机运转时，烟色、压力、温度、声音异常的原因，判断故障位置，及时采取应急措施或排除故障；

● 能掌握柴油机运转时，其他常见异常现象的原因，判断故障位置，及时采取应急措施或排除故障。

【任务学习】

任务 5-2-1　16V280ZJ 型柴油机甩车时常见故障判断及处理方法认知

柴油机启动前需进行甩车，甩车的目的是为了把燃烧室内积存的水、机油、燃油等排出，而且甩车能发现气缸内或运动件是否有异常（如异音等），以保证柴油机的正常启动运行。甩车时，应观察示功阀中是否有雾气喷出，并根据喷出物的性质、气缸个数来判断是否为正常现象。

一、甩车时示功阀喷机油

示功阀有机油油雾喷出，说明燃烧室有机油。机油进入燃烧室参加燃烧后，不仅会使机油的消耗量增大，而且还会使燃烧室零部件、增压器喷嘴环、涡轮等严重结炭，造成燃烧恶化、排温升高和机件磨损加剧等不良后果。当气缸内的机油积存到一定程度时，还会发生“油锤”事故。

若导致机油进入燃烧室的某些故障，由于甩车时曲轴旋转的圈数较少，未能发现，要在柴油机运行时才能反映出来，此类故障将另做分析。现仅介绍甩车时容易发现的几种故障现象。

（1）从气缸盖中拆装喷油器时，气缸盖上部积存的机油就会顺着喷油器安装套管流进燃烧室。对于这种情况，只要适当延长甩车时间或者增加甩车次数，即可清除燃烧室内的机油。

（2）安装喷油器时，喷油器体上的 O 形密封圈没装或损坏，而且喷油器与气缸盖安装座面之间的密封铜垫也损坏或未安装，机油就会顺着喷油器安装孔流进燃烧室。

（3）气门杆与导管之间的间隙过大，机油顺着气门杆流进燃烧室。

（4）活塞顶与活塞体之间的 O 形密封圈损坏，活塞冷却油腔里的机油会从两者结合处的缝隙里漏出，并沿着气缸壁上窜进燃烧室。

（5）活塞顶产生裂纹，活塞冷却油腔里的机油通过活塞顶面窜进燃烧室。

（6）活塞销的油堵松动或者脱落，机油从活塞销中窜到气缸壁上进入燃烧室。如果活塞销堵脱落而拉伤了气缸套，则窜出的机油更容易沿着气缸套拉伤的沟槽进入燃烧室。

以上情况，一般都发生于个别气缸中，可采用如下步骤判别：重新起动辅助机油泵，然后再甩一次车，如果仍有机油喷出，应打开曲轴箱观察孔盖，检查对应于活塞销两端的气缸套内壁上，是否有纵向拉伤的沟槽；打开气缸盖罩，检查气门与导管的间隙。如果都正常，很可能是活塞发生了问题，应拆出检查处理。

二、甩车时示功阀喷水

甩车时有水雾从示功阀喷出，说明水进入了燃烧室，因此要认真查找进水的原因，否则在柴油机运行时有可能引起“水锤”，产生严重后果。示功阀喷水的原因有如下几方面：

（1）气缸盖底面或进、排气道有砂眼、裂纹。

（2）气缸套有砂眼或裂纹。

（3）气缸盖中央的喷油器安装套管下端与气缸盖的贴合面的密封铜垫失效，或者压紧套管的内花键螺母松动，水从气缸盖与喷油器安装套管的上述贴合面流进燃烧室。因此，在运用中一般应在更换喷油器时，也将压紧喷油器安装套管的内花键螺母紧固一次。

（4）中冷器漏水并进入稳压箱，甩车时因气缸进气把水引入燃烧室。

（5）机体 V 形夹角的空气腔和水腔之间的工艺孔盖板的密封垫损坏，水流进机体的空气腔。由于空气腔与稳压箱相通，当气缸进气时，把水引入燃烧室。

（6）前稳压箱中的水管有砂眼或裂纹，水漏进稳压箱，当气缸进气时，把水引入燃烧室。

（7）增压器排气壳内腔有砂眼或裂纹，水会从排气壳经排气管倒灌入燃烧室。

（8）如果机车停在露天，又遇到大雨，柴油机停机时，雨水会从排烟管顶上的百叶窗经烟管、增压器排气壳、排气管等进入燃烧室。

上述气缸盖或者气缸套的故障会在柴油机运行时，使燃气窜入冷却水，从而出现膨胀水箱水位波动或者水位有过分升高现象（因水的热胀冷缩原理，柴油机运行一段时间后由于水温的升高，使膨胀水箱的水位稍有上升约为 10 mm，这是正常的）。在停机时，膨胀水箱水位突升甚至溢水，判断燃气是否窜入了冷却水系统。可以采用如下方法检查：在柴油机运行时，气缸把喷油泵齿条拉到停油位，观察膨胀水箱水位的变动情况。若检查到某个气缸时，见到膨胀水箱的水位已稳定或回落，则说明该缸气缸盖或气缸套出现故障，应拆下检查更换。

如果发现有几个气缸同时喷水，除考虑是否遇到过上述雨水漏入排烟道的情况外，还应考虑是否是增压器排气壳、中冷器、稳压箱和机体 V 形夹角内空气腔的工艺盖板垫片等处漏水的缘故。若漏水较严重，会在柴油机运行时出现膨胀水箱的水位过快下降的现象。除增压器排气壳外，其余部分漏水时，打开柴油机输出端机体空气腔的放水阀，就有水流出。

三、甩车时示功阀喷火

甩车时如果示功阀喷火，说明燃烧室内有柴油。一般甩车时，燃油泵是不工作的，控制拉杆也应在停油位，喷油泵是不供油的。如果有供油，主要是以下原因引起的。

1. 调速器工作，推动了供油拉杆

引起调速器工作的原因是调速器的停车阀处在工作位，当曲轴旋转时，调速器也就工作了。此时，调速器的齿轮泵打出高压油进入动力活塞下方，使动力活塞上移，从而推动了控制拉杆，最终使喷油泵处于供油位。使停车阀处在工作位的原因如下：

（1）停车阀的阀芯被卡在工作位弹不起来。

（2）电磁联锁上部的顶丝太长或顶丝被旋下，顶住了停车阀阀芯，或者电磁联锁铁心上

部被异物垫住。

上述故障存在，还会出现运行中的柴油机不能停机的现象。

2. 控制拉杆调整不当，使喷油泵处在工作位

（1）左右两排拉杆在运行时，一排推、一排拉。如果左、右两排拉杆转轴的转臂调整不对称，可能使一排拉杆在停油位，而另一排拉杆仍在供油位。

（2）个别气缸的喷油泵齿条刻线调整过大，使停机后仍处在供油位。

一般是在额定工况下调整柴油机的各缸平衡。此时，若某缸喷油泵的齿条刻线偏大，超过各缸喷油泵齿条刻线允许的偏差值 0.7 刻线的要求，便有可能在停机时该喷油泵的刻线没回到 – 2 刻线的情况。

（3）控制拉杆上的夹头销没有插进喷油泵齿条的拨叉座内，使喷油泵处在供油位。这种情况是非常危险的，当启动柴油机运行时，极易造成柴油机飞车。假如有一个夹头销没插进拨叉内，而置于拨叉座外侧（远离喷油泵一侧）。在运行时，这一喷油泵的供油大于其他 15 个泵。但需满负荷时，由于拨叉座外侧法兰挡住了夹头销，使控制拉杆达不到最大供油刻线，造成柴油机功率不足。当卸载降速时，其他 15 个喷油泵齿条拉回到较小供油刻线，而这一个喷油泵的齿条拉不回，仍处在最大的供油位。另一种情况是一个夹头销置于喷油泵齿条的拨叉座内侧（齿条上）。在运行时，这一个喷油泵可能不供油，只有其他 15 个气缸工作，可能造成 15 个气缸过载或者使柴油机功率不足。当卸载降速时，这一个喷油泵齿条拨叉座的内侧法兰挡住该处的夹头销，使整个拉杆系统不能回到停油位，此时其他 15 个喷油泵仍处在较大的供油位。

3. 前次停机后，燃烧室内仍积存燃油

此种情况多为柴油机长时间空载低速运行，而喷油器的喷雾质量又极差造成的。凡是上述种种原因造成甩车时示功阀喷火，都会影响柴油机的正常运用，如敲缸、停不了机等。判断造成甩车时示功阀喷火的原因，可按如下方法：在甩车时看控制拉杆是否移动，如果拉杆移动，则说明是调速器工作引起的；如果一排气缸喷火，另一排气缸不喷火，说明左、右排控制拉杆调整得不均匀，应重新调整；如果个别气缸喷火，则应检查喷火气缸的喷油泵齿条刻线调整得是否过大，或是夹头销没插进齿条的拨叉座内。

【任务检查】

表 5-2-1　柴油机甩车时的故障判断及处理知识——任务检查单

任务编号	5-2-1	任务名称	柴油机甩车时的故障判断及处理知识认知	
序号	检查内容		是	否
1	能分析甩车时，示功阀喷水的原因，找到故障位置，并采取措施排除故障			
2	能分析甩车时，示功阀喷机油的原因，找到故障位置，并采取措施排除故障			
3	能分析甩车时，示功阀喷火的原因，找到故障位置，并采取措施排除故障			

【任务训练】

一、填空题

1. 若机车停用时间较长，在启动柴油机前，应打开（　　）进行甩车，以排除气缸内积存的油和水，防止“水锤”事故的发生。

2. 活塞、活塞环磨损超限严重，由于严重漏气，会引起（ ）压力过低，使柴油机不易发火。

3. 机油温度在（　　）以下不启动柴油机；（　　）以下不带负荷运转。

4. 柴油机甩车时，示功阀有（　　　　）喷出，说明燃烧室有机油。

5. 甩车时，示功阀有（　　　）喷出，说明水进入了燃烧室。

二、选择题

1. 16V280ZJ 型柴油机的几何压缩比为（　　）。

A. 12　　B. 12.3　　C. 12.5　　D. 12.7

2. 16V280ZJ 型柴油机的启机油水温度不低于（　　）°C，加载油水温度不低于（　　）°C。

A. 20　　B. 25　　C. 40　　D. 45

3. 下列哪项原因可能造成甩车时示功阀喷水？（　　）

A. 中冷器漏水　　B. 膨胀水箱内水压过高　　C. 柴油机出水支管漏水

4. 下列哪项原因可能造成甩车时示功阀喷机油？（　　）

A. 各缸间的机油管泄漏　　B. 增压器压气机漏油　　C. 油底壳机油过多

5. 下列哪项原因可能造成甩车时示功阀喷火？（　　）

A. 喷油器二次喷射　　B. 燃油泵压力过高　　C. 调压阀调整压力过高

三、判断题

1. 气门驱动机构发生故障，造成气缸打不开，关不严，使气缸进排气不畅而影响柴油机功率。（　　）

2. 若机车停放时间较长未用，在启机后应打开示功阀进行甩车。（　　）

3. 中冷器出现漏水现象后，可能造成甩车时示功阀喷水。（　　）

4. 喷油器器体开裂，可能会造成过多燃油进入燃烧室。（　　）

5. 机车停留在露天时间过长时，可能会造成甩车时示功阀喷水。（　　）

四、简答题

1. 简述 16V280ZJ 型柴油机甩车时示功阀喷水的原因。

2. 简述 16V280ZJ 型柴油机甩车时示功阀喷火的原因。

3. 简述 16V280ZJ 型柴油机甩车时示功阀喷机油的原因。

任务 5-2-2　16V280ZJ 型柴油机启动时的故障判断及处理知识认知

柴油机甩车后，可按启动步骤进行柴油机启动，在启动柴油机过程中会出现一些相应的故障，下面进行分析讲解。

一、启动困难

（1）柴油机启动时，曲轴已旋转，而气缸内长时间不发火，造成启动失败。其原因如下：

① 燃油箱油位太低，使燃油泵吸油管的吸油口吸不到油。因此，在启动柴油机前，应首先检查燃油箱油位，保证燃油泵不吸空。

② 燃油泵出现故障。出现这种情况有两种可能：其一是燃油泵电机不转，则应查找造成电机不转的原因，排除电机电器等故障；其二是燃油泵本身出现故障，燃油压力建立不起来而不能正常向柴油机供油，应查找燃油泵故障并排除。

③ 燃油管路中的逆止阀位置错误。这种情况一般是在拆下逆止阀检修后，第一次启动时出现。

④ 燃油管路中的安全阀及柴油机上燃油回油总管的调压阀等阀芯卡在全开位，或是调压弹簧折断、阀芯磨损严重泄漏等原因，造成燃油压力太低。

⑤ 燃油滤清器的滤芯过脏、阻力太大。此时，应更换滤芯。

⑥ 燃油压力建立的过程中管路内有空气，在管路内形成气塞，造成柴油机启动困难。为避免这种现象，燃油泵启动后，打开燃油精滤器上的放气阀进行放气，直到放出燃油为止。

上述各种原因的存在，会显示出燃油末端压力太低，甚至没有压力的现象，使喷油泵无法得到足够的燃油供给气缸，而造成柴油机启动困难。所以启动柴油机前，必须保证燃油末端压力达到技术条件规定的 0.15 ~ 0.35 MPa，否则应先查找并处理燃油供给系统故障后才能启动柴油机。

⑦ 调速器故障造成启动失败。如果存在调速器油位太低、内部齿轮泵拉伤、间隙太大或内部油路泄漏严重等原因，就不能建立起高压油来推动动力活塞，使得控制拉杆不能移动，喷油泵不供油。另外，若电磁联锁的滑阀阀芯太短、太细，无法关闭动力活塞的下方油腔，同样不能推动动力活塞。还有，由于电磁联锁线圈或电路的故障，使线圈不能得电，铁心不能吸合，也不能关闭动力活塞的下方油腔，同样不能使动力活塞推动控制拉杆让喷油泵供油。

⑧ 调控传动装置发生故障。由于传动轴断裂或传动齿轮断齿较多等原因，而不能带动调速器工作。

⑨ 控制拉杆卡在停机位推不动。其原因是超速停车装置的复原手柄没拉起，或者有的喷油泵柱塞卡死在停机位以及拉杆被异物卡住等。

如果启动柴油机时拉杆不移动，可以释放启动按钮并停掉燃油泵，用扳手扳动调速器传动轴连接臂。若能扳动，则需检查调速器或调控传动装置是否有故障，如果扳不动，则需检查控制拉杆、超速停车装置的复原手柄及喷油泵齿条等是否卡滞。

⑩ 当超速保护装置的风门处在关闭状态时，使空气无法进入气缸内，应该把风门操纵杆扳到水平位置并用连杆顶好。

⑪ 增压器空气进口处的空气滤清器过脏或被异物堵死，造成进气不畅。

⑫ 多次启动失败，使气缸内喷入过多的燃油，而启动时自然进气量又较少，因此更难发火，应该重新甩车后再启动。

⑬ 配气相位调整错误。如果齿轮传动系统发生故障，使配气相位和喷油定时都发生错误，柴油机不可能有规律地运行，同样也不能顺利启动。

⑭ 活塞、活塞环与气缸套磨损超限或发生故障。由于严重漏气，使压缩压力太低而不易发火。

⑮ 油水温度太低，没有达到20°C以上。在寒冷的季节里，如果油水温度太低，活塞、气缸套等温度也低，它们之间的间隙就较大，容易漏气，使压缩压力太低而不易发火。因此启动柴油时，必须达到技术条件规定的油水温度。

⑯ 柴油机曲轴转速太低，没有达到最低着火转速。这种故障皆因启动电机的转速太低引起。应查找启动电机的有关电气系统及蓄电池等故障。

（2）启动时，柴油机发火，但是松开启动按钮后柴油机又自动停机。这种情况的发生，多数是因机油压力太低，使停机油压继电保护器触头不能闭合，造成电磁联锁断电，调速器不工作所致。其原因如下：

① 启动时，过早松开了起动按钮，使机油压力未能达到停机油压继电器的闭合压力。

② 柴油机油底壳的油位太低或者机油稀释，使主油道的进油压力达不到停机油压继电器的闭合压力。油底壳的油位应在油标尺上下刻线之间，如果低于下刻线，极容易造成机油泵的吸油口吸空。另外，如果机车在运行中，当上下坡道或有大的冲动时，由于机油的晃动，更容易发生机油泵吸空，造成柴油机自动停机。

③ 机油泵故障、机油泵安全阀的阀芯卡在开启位或调压弹簧折断等，都会使机油压力太低而不能使停机油压继电器闭合。

④ 电磁联锁突然失电或线圈烧损断线等。柴油机运行时若发生上述故障，会使柴油机自动停机。

二、启动柴油机时，有漏气声

启动柴油机时，当曲轴已旋转而气缸内还未发火时，若听到有规律的“呲呲”声，说明有的气缸燃烧室漏气。如果一时听不准，可以关闭所有示功阀进行甩车（即停掉燃油泵），以找准漏气部位进行处理。产生漏气的原因如下：

（1）气缸盖的4个紧固螺柱中，个别的伸长量不够，造成气缸盖受力不均发生歪斜而使燃烧室漏气。

（2）气缸盖与气缸套之间的调整垫片不平或有异物垫住，造成燃烧室漏气。凡是燃烧室漏气，都会造成压缩压力不足而影响柴油机的正常运行和功率，所以发现漏气应及时处理。

（3）气缸盖排气口与排气管之间，或排气管与波纹管之间的密封垫片损坏，造成漏气。

如果排气管的密封垫片损坏，或者排气管的安装螺钉松动，当柴油机启动发火时，会发出很响的“啪啪”声，同时会有大量的烟和火从气缸盖排气口与排气管等损坏的连接处喷出，不仅容易振坏排气管和其他零件，同时也很不安全。

【任务检查】

表 5-2-2　柴油机启动时的故障判断及处理知识——任务检查单

任务编号	5-2-2	任务名称	柴油机启动时的故障判断及处理知识认知	
序号	检查内容		是	否
1	能分析柴油机启动困难的原因，能排查、判断故障位置，能掌握排除故障的方法			
2	能分析柴油机发火，但是松开启动按钮后柴油机又自动停机的原因，能排查、判断故障位置，能掌握排除故障的方法			
3	能分析柴油机启动时，有漏气声的原因，能排查、判断故障位置，掌握排除故障的方法			

【任务训练】

一、填空题

1. 燃油滤清器的（　　）、阻力过大也会造成柴油机启动时不易发火。

2. 当油、水温度低于（　　）时，柴油机不准启动；当油、水温度低于（　　）时，柴油机不准上负载。

二、选择题

1. 启动柴油机时供油拉杆不移动，原因为（　　）。

A. 高压油管断裂　　B. 喷油器故障　　C. 个别喷油泵齿条卡死

2. 柴油机在低温启动时，排气颜色是（　　）。

A. 黑色　　B. 蓝色　　C. 灰色　　D. 白色

3. 在热机状态下正常负载运转时，出现（　　）是烧机油导致的。

A. 白烟　　B. 蓝烟　　C. 黑烟　　D. 白色烟气

4. 在热机状态下正常负载运转时，出现（　　）是水蒸气燃烧所致。

A. 白烟　　B. 蓝烟　　C. 黑烟　　D. 白色烟气

5. 柴油机在高负荷工况下不完全燃烧，排气呈（　　）。

A. 白烟　　B. 蓝烟　　C. 黑烟　　D. 白色烟气

三、判断题

1. 若机油滤清器阻力增长过快，则表明柴油机某些零部件异常磨损。（　　）

2. 机油出现乳化现象，将会影响柴油机的启动。（　　）

3. 柴油机启动时，机油压力建立缓慢，可能是由于机油温度低造成的。（　　）

4. 柴油机启动时，燃油压力建立缓慢，可能是由于安全阀出现故障造成的。(　　)

5. 柴油机启动时，蓄电池电压过低，将会造成柴油机曲轴转速不足。(　　)

四、简答题

1. 试述造成柴油机启动困难的原因，并做出分析。

2. 简述哪些故障可能造成柴油机产生异音。

任务 5-2-3　16V280ZJ 型柴油机运转时的故障判断及处理知识认知

内燃机车在运用途中会出现柴油机的故障，当柴油机故障发生时，往往会影响机车的正常运用。下面将对柴油机在运用中发生的常见故障的判断及处理方法进行介绍。

一、柴油机功率不足

柴油机运行时，在各个转速下都应达到该转速的相应功率，而且排气温度等参数都应在限制值范围之内，否则就认为柴油机功率不足。导致柴油机功率不足主要有如下原因：

（1）燃油压力太低，不能充满喷油泵低压油腔，使喷油泵供油不足。

（2）喷油泵或喷油器发生故障。

① 喷油泵柱塞卡死，柱塞套和出油阀体裂纹或柱塞弹簧折断，造成个别气缸不工作或功率不足。

② 喷油泵下体滚轮、衬套等损坏，造成喷油泵供油不正常。

③ 喷油器体和支座板等出现裂纹，高压油管和进油管等接头处损坏，以及高压油管本身裂损等原因所形成的燃油大量泄漏，造成个别气缸功率不足。

以上故障使得个别气缸功率下降或不工作，从而造成整机功率不足。这些故障现象都比较直观。比如，喷油泵的柱塞套和出油阀的裂纹，会使燃油从喷油泵的上部出油阀接头四周喷出；柱塞套出现裂纹时，也会从喷油泵齿条处喷出大量燃油；如果齿条处有燃油渗出，一般是柱塞套与壳体之间的密封垫不严密所致；如果柱塞卡死，则齿条推不动；喷油器体和支座板产生裂纹或进油管接头与喷油器连接处的密封垫损坏时，会有大量的燃油从喷油器回油管中流出。喷油泵下体故障或柱塞弹簧折断，虽然不能直接发现，但是可以听到异常的金属敲击声。若用手摸高压油管，其脉冲较弱或无规律。用手推喷油泵齿条时，可听到气缸内无规律的爆发声。

（3）控制拉杆装置出现故障。

① 供油止挡调定功率偏低。

② 控制拉杆的连板与转臂相碰，造成拉杆到不了最大供油位。连板的一头与转臂连接，另一头与左（或右）拉杆连接，为避免与二者的头部相碰，连板的两头分别开出不同深度的槽。正确的装配关系是：槽深的一头与转臂相连，槽浅的一头与拉杆相连。若反过来装，工

作时，转臂的头部就会与连板槽的底部相碰，使拉杆拉不到最大供油位。

③ 左右排拉杆的位置调定不当，会产生两排喷油泵供油量的明显差异，使供油量小的一排不能达到要求的功率，由此而造成柴油机的功率不足。此时，供油量大的一排会出现排温过高的现象。正确的调整方法可按之前所学的“控制拉杆装置的安装与调整”的要求来保证两排喷油泵供油量的均匀性。

④ 控制拉杆被喷油泵齿条或其他异物卡死在某一位置，推不到相应功率的供油刻线。在这种情况下，可先检查是否有异物卡死拉杆，这些异物甚至可能是检查和处理柴油机故障时遗留下的工具或其他杂物。之后，应检查是否有犯卡的喷油泵。对于运用中的柴油机，应把犯卡泵的齿条拨叉座里的夹头销拨出旋转 90°，卡在夹头座的凹槽里，以防影响整个拉杆系统的正常工作。否则，由于拉杆被卡死在某一供油位，会造成降速卸载时飞车的严重事故。

（4）调速器故障。

① 调速器的功率滑阀与滑阀套卡滞。此故障也容易造成柴油机功率不稳或不足。

② 功率电阻开焊、短路或者油马达不灵活，卡死在减载位。

如果柴油机功率不足，拉杆系统又没有故障，供油齿条刻线却拉不出来，一般是调速器或机车电气故障所致。

（5）增压器及空气进气系统故障。

① 增压器发生故障，如轴承损坏、压气机沾污、涡轮部分严重积炭、压气机及涡轮叶片与罩壳碰擦或被异物打坏等，都会使增压器无法正常运行，使柴油机进气压力下降而造成功率不足。

增压器如果发生故障，运行时将会有明显的振动和异音。

② 增压器与中冷器之间两根进气管路上的两个超速保护装置风门，其中有一个在关闭状态，此时操纵杆呈铅垂状（若两个风门都在关闭位，柴油机将自动停机）。由于在风门关闭状态下，风门两边的压差很大而无法扳动风门，故只有在停机后才能人工恢复。

③ 空气滤清器太脏，堵塞严重，或者进气管上的帆布套松弛，被吸瘪，造成进气真空度过大。

④ 增压器压气机出口至气缸之间的通道空气泄漏严重。特别是增压器与中冷器之间进气管的橡胶软管破损或卡箍松动时，漏气更加严重。

⑤ 中冷器空气腔因沾污堵塞，冷却效率太低，或者中冷水温度太高，造成气缸进气量不足。

⑥ 大气条件的影响。如高温低气压天气，或在高原地区运行，均会降低柴油机功率。当出现空气量不足而导致柴油机功率不足的情况时，往往会伴有柴油机排气温度高、冒黑烟等现象。此时除检查增压器及进气管路系统外，还应注意中冷水的温度是否过高。如果水温高，还将伴有机油温度高的现象。在中冷水温过高的情况下，应检查水泵出口压力和冷却系统的冷却风扇转速等是否正常，并检查冷却单节是否有大面积的倒片或被异物堵塞等不良状态。

（6）喷油提前角调整偏小，或者传动齿轮发生故障而形成喷油提前角过小，使燃烧不良，造成柴油机功率不足。

（7）气门驱动机构发生故障，造成气门打不开，关不死。如摇臂座螺柱断，摇臂、横臂调整螺钉松动或折断，横臂跳转或横臂导杆折断等原因，都会影响气门开度不足甚至打不开，使气缸进排气不畅而影响柴油机功率。

（8）活塞与气缸套之间间隙过大，活塞环卡在环槽里或活塞环折断等原因，造成气缸严重漏气，使压缩压力不足而影响功率。检查气缸是否严重漏气，可采用手柄在“0”位测量各缸压缩压力的方法来判断。

（9）柴油机转速偏低，没达到相应功率的转速要求。

（10）机车电气系统故障也会造成柴油机功率不足。如励磁整流元件发生击穿短路，造成励磁机相间短路等。

二、柴油机冒黑烟

燃料在极端缺氧的情况下燃烧时，一部分碳元素会形成碳粒子，它随废气一同从烟道排出，便形成黑烟。柴油机冒黑烟是燃烧不良的一种现象，其产生的原因是：

1. 柴油机超载

（1）柴油机整定功率过高。

（2）柴油机的主要运动件发生故障，如大面积的拉缸甚至抱缸、轴瓦烧损等，造成柴油机的功耗过大。

（3）各个气缸的喷油泵供油量不均匀，或者出现喷油泵柱塞卡死、齿条与齿圈啮合松动等故障，造成个别气缸不工作，其他气缸超载。

（4）在高海拔地区运行，又不进行功率修正，会导致超载而冒黑烟。

2. 燃油系统故障

（1）喷油器雾化不良、滴油等，使燃油不能与空气充分混合燃烧。

（2）喷油器喷射压力过低或调压弹簧折断、调节螺钉松出等。

（3）喷油提前角调整偏小或凸轮轴传动齿轮发生故障，造成喷油定时错误。

3. 进气系统故障

（1）空气滤清器沾污、堵塞严重，或进气管路的帆布套松弛吸瘪，造成进气阻力太大。

（2）进气管路上的超速保护装置有一个风门在关闭位。

（3）增压器压气机出口至气缸进口之间的管路上空气泄漏严重。

（4）增压器发生故障或严重积炭，造成压气机效率下降，甚至会出现增压器喘振。

（5）中冷器沾污，造成冷却效率下降或中冷水温度过高，使进气温度升高，空气密度降低。

4. 压缩压力偏低

（1）柴油机组装时压缩比调整得过小。

（2）活塞、活塞环及气缸套磨损超限，或者活塞环折断、卡死在环槽中及各活塞环开口位置未错开，由此导致燃烧室漏气。

（3）气缸盖与气缸套结合面之间漏气。

（4）气门驱动机构的故障会使气门开关不当而影响进气，或者因气门关不严而造成漏气，如气门弹簧折断、气门导管卡滞、气门阀面剥离和损伤等均会造成燃烧室漏气。

柴油机冒黑烟，往往伴随着柴油机排气温度升高，有时又会与柴油机功率不足同时发生。所以，当发现柴油机冒黑烟时，应结合其他故障现象一起分析判断并处理。

三、柴油机冒蓝烟

由于机油窜入燃烧室，一部分没燃烧的机油微粒形成蒸气，随废气排入大气，便形成蓝烟。机油窜入燃烧室的原因，除了在“甩车时示功阀喷机油”部分已介绍的外，还有如下一些甩车时不易发现的原因。

（1）气环或油环的工作位装反。活塞上的第三道气环横截面呈锥形，油环的横截面上有刮油刃口。如果把第三道气环或油环的上下面装反，气缸壁上的机油会被刮入燃烧室。

（2）活塞环磨损过限、弹力消失或折断，导致气缸壁上的机油刮不净而进入燃烧室。

上述活塞环的故障还会使燃油流进曲轴箱而稀释机油，使燃气窜入曲轴箱而增大曲轴箱压力。因此在判断故障时可以根据几种现象一起分析。

（3）由于增压器的压气机端油封漏油，使机油顺着压气机出气壳、中冷器和稳压箱进入燃烧室。该故障是由增压器自身原因或增压器进油管路上的调压阀的压力调整值超过规定值引起的。当压气机端油封漏油时，有时可见到机油从进气管与橡胶管连接处渗出。

四、柴油机冒白烟

排气冒白烟说明有水进入了燃烧室，水在高温下变成白色蒸汽，随废气排出便形成白烟。其原因在“甩车时示功阀喷水”部分已有介绍，此外如下原因也会造成排气冒白烟。

（1）燃油中有水。如燃油箱中有水沉入底部，吸油时把水一起吸入燃油管中，使喷入气缸的 燃油中含有水分。在这种情况下，柴油机的功率可能不稳或功率不足。可打开燃油箱下部的阀门或盖板检查燃油中的含水情况。

（2）如果柴油机的油水温度过低，而喷入气缸的燃油又较多，使燃油不能完全燃烧，造成排气冒白烟。

五、排气温度过高造成排气管发红

柴油机装车运行时，由于没有仪器来显示气缸的排气温度，所以一般采用观察排气管的颜色是否发红来判断。所谓发红，是指晴天机车处于室外，此时可见度良好，能见到排气管裸露处呈暗红色，或者可见度较差的情况下能看到排气管裸露处呈发亮的红色。造成柴油机排气温度高，排气管发红的原因有如下几个方面：

（1）喷油器的喷射压力太低或喷油器雾化不良，使燃油不能充分燃烧，后燃严重。

（2）喷油提前角偏小，后燃严重。

（3）增压器故障，造成进气压力太低，使气缸内空气量太少，燃油不能迅速燃烧，后燃严重。

（4）增压器压气机出口至燃烧室之间漏气严重，造成进入气缸的空气量太少，使燃烧不充分。

（5）中冷器气腔沾污，使冷却能力下降，或者中冷水温度太高，造成气缸进气温度过高，空气密度降低，燃油在气缸内不能充分燃烧，排温增高。

（6）进气管路中的超速保护装置有一个风门呈关闭位，最明显的现象是功率不足和冒黑烟，导致排温升高。

（7）空气滤清器沾污严重或进气口堵塞，使进气阻力增大，燃烧不充分，排温升高。

（8）排烟道出口百叶窗不灵活，打开不畅或打不开，使排气背压太大，造成气缸扫气不畅，燃烧不良，排温升高。

（9）柴油机燃烧室漏气使压缩压力太低，或者气门驱动机构发生故障，造成进排气不畅，均会导致燃烧不良，排温升高。

（10）组装时压力值调整不当，使气缸压缩比过小，造成压缩压力太低。

（11）柴油机超负荷运行。

（12）个别气缸的喷油泵供油量调整不当，使供油量过大，燃烧不充分。在这种情况下有明显的敲缸声。柴油机的排气温度太高，会使零部件的热负荷增大，将影响燃烧室零部件和增压器的使用寿命和可靠性。因此，当发现有排气管发红现象时，应认真查找原因和处理。

六、柴油机发出异常敲击声

1. 敲　缸

柴油机正常运行时，各气缸的爆发声清脆柔和，而且均匀。如果柴油机发出较大的类似金属敲击声，一般称之为敲缸。其原因有如下几个方面：

（1）喷油定时不对。如果喷油提前角调整过大，会使柴油机工作粗暴，声音不柔和。但是，如果喷油提前角调整过小，后燃现象严重，甚至气缸里烧不尽的燃油进入排气管里燃烧。

（2）各缸喷油泵的喷油量相差太大。柴油机的各缸平衡一般是在最大运用负荷时调整的，在低负荷下若各缸喷油泵的供油量相差较多，喷油泵齿条刻线大的就产生明显的敲缸声，而齿条刻线小的，可能一次循环供油量过小，泵油压力不能达到喷油器的开启压力，经几个循环后油量增多，当达到喷油器的开启压力时，便形成一次喷油，并产生一次敲缸声。

（3）喷油器雾化质量太差、滴油，以及喷射压力太低，易使气缸内喷入燃油量过多而敲缸。

（4）由于排气横臂跳转、折断或导向杆折断等原因，使排气门不能开启，导致气缸里未完全燃烧的燃油和废气一同在进气门开启时倒流进稳压箱，并与新鲜空气混合后燃烧，便形成稳压箱内的爆发声。

（5）当油水温度太低，或者在高温低气压的天气时，由于燃料在气缸内不能迅速燃烧，也会发出敲缸声。

以上都是由燃烧不正常产生的敲缸。可用逐个将喷油泵齿条推至 –2 刻线以下的方法来判断是哪一个气缸出现敲缸。下面介绍的敲缸是由金属的非正常撞击发出的。

（6）活塞与缸套的配合间隙过大，活塞在缸套中摇摆撞击。

（7）进、排气门间隙过大，低速运行时有明显的金属敲击声。

2. 柴油机其他部位的异常敲击声

（1）传动齿轮系统发生故障，如齿轮的齿面粗糙和断齿，滚动轴承损坏，安装惰轮轴的钢套与机体之间松动等，均会从齿轮箱发出异常的金属敲击声。

（2）弹性联轴节的簧片折断，柴油机在低速空转或变速时，输出端能听到明显的金属敲击声。

（3）若有损坏的零件碎片飞进增压器涡轮进气壳，或者波纹管方向装反造成衬套脱落而进入增压器涡轮进气壳，都会打坏增压器，发出很大的金属撞击声。

凡是听到柴油机发出异常的金属撞击声，应同时观察柴油机的功率、油压、水压等是否有变化，如果发生异常变化，应及时降速减载，不可勉强维持运行，以免造成柴油机的重大事故。

七、柴油机游车

柴油机不能稳定在给定的转速下工作，如果是在带负载的情况下，会造成功率不稳。产生游车的原因如下：

（1）调速器中的匀速盘由驱动盘、从动盘、扭簧、扭簧座和轴承组成。如果扭簧和轴承安装调整不当，会使柴油机转速波动，引起游车。

（2）调速器的缓冲弹簧刚度偏大或偏小，补偿针阀的开度不当，储气筒漏气及液面过高或过低，补偿活塞处泄漏过大等原因，使滑阀响应跟踪迟缓而造成游车。

（3）调速器的油太脏或油位太低，容易造成卡滞或油压波动而导致游车。

（4）调速器的加工组装质量不良，造成机械卡滞而游车。

（5）控制拉杆系统的摇臂、转臂、连板、销轴等间隙过大，或滚轮、喷油泵齿条阻滞，使转速响应缓慢，从而导致游车。

（6）调控传动组成的齿轮齿隙过大或啮合不良等，使调速器转速波动而导致游车。

柴油机运行时发生游车，若为调速器的原因，可先采用调整补偿针阀的开度或向储气筒补油（液面应在距储气筒顶面 30 mm 左右）的办法来处理。如不是这两方面的原因，则再找别的原因。若调速器经过检修，应重新上试验台进行调整。

八、柴油机转速失控

转速失控的原因有：

（1）步进电机的驱动电源及司机控制器的电气线路故障。

（2）步进电机的四根接线中个别线头松脱断路。

（3）步进电机轴承阻滞，步进电机主轴上的锥齿轮与螺杆上的从动主齿轮啮合间隙过大或过小，或者齿轮磨损、有毛刺和垂直度不合格等，引起的齿轮卡滞。

（4）从动锥齿轮上的最高或最低转速调整螺钉与最高或最低转速限止螺钉卡滞。

在柴油机转速无法升降的情况下卸载，必须先把司机控制器主手柄回到“1”位，再把功率慢慢降下来，然后才可以把控制器主手柄回到零位，切不可在高负荷时把控制器主手柄直接回到零位，以防因高转速时突然卸载造成柴油机飞车。

如果故障是电气故障造成的，为了能升降速，可以关掉驱动电源开关，使步进电机断电，然后用手拧步进电机上的调速旋扭。顺时针旋，柴油机转速下降；逆时针旋，柴油机转速上升。手动时，要注意观察柴油机的转速表，防止调反。如果步进电机旋钮丢失，也可以打开调速器罩盖，直接扭动从动锥齿轮。

九、柴油机自动停机

柴油机在运行中突然停机，多是因保护系统动作引起的。造成保护系统动作的原因，有些是柴油机本身发生故障，有些则是保护系统误动作。不论什么原因造成停机，都应该认真检查柴油机状态和监视仪表示值。若未发现异状，才可重新启动，并注意观察柴油机运行情况。

柴油机自动停机的原因具体有以下几个方面：

（1）机油压力低于停机油压继电器的释放值（70 ± 10）kPa，使停机油压继电器动作。这主要由机油油位太低、机油稀释、机油泵及安全阀或传动齿轮等故障引起。

（2）差示压力计动作。

当曲轴箱里正压力值超过 0.6 kPa 时，差示压力计通大气端液面上升导通电路，使电磁联锁线圈断电而造成停机。引起曲轴箱压力升高的原因有如下几个主要方面：

① 拉缸。活塞、活塞环、气缸套等磨损过限，活塞环弹力消失、折断或开口没错开，使燃气窜入曲轴箱。

② 曲轴箱的呼吸口堵塞。

③ 柴油机抱缸或轴承烧损。当发生这类故障时，若高热的燃气点燃曲轴箱内油雾，会产生很大的压力，不仅差示压力计动作，而且曲轴箱的防爆阀也会动作。在这种情况下，不要急于打开曲轴箱检查孔盖，以防止曲轴箱里的燃气接触新鲜空气而发生火灾。

④ 差示压力计通大气一端接通动力室，柴油机运行时，若冷却风扇高速运转，而动力室的百叶窗又关闭着，此时如果动力室与冷却室之间的隔门被打开，就会造成动力室的很大负压，极易使差示压力计动作。

为了防止差示压力计误动作，应把差示压力计通大气一端的接管接在车体外边，一般接在机车下部。

（3）超速停车（保护）装置动作。

① 超速停车装置动作。

② 超速保护装置的风门关闭。

这两种保护装置动作，一般是由于柴油机瞬间转速超过 1 120 ~ 1 140 r/min 所致。应查找引起超速的原因并处理。另外，如果风门操纵杆没有很好地被连杆上的小轴承顶好，就有被振动脱开的可能而关闭风门，造成停机。

（4）调控传动总成出现故障或调速器不工作。

① 调控传动轴断或传动齿轮打坏。

② 调速器的电磁联锁突然失电，电磁联锁线圈断线或烧损等。

③ 调速器泄漏严重。当调速器里的油漏光时造成油压消失，调速器不工作。

（5）燃油无压力，喷油泵无供油。

① 燃油箱中燃油用尽、油位太低或吸油口被异物堵塞，油吸不进。

② 运行中燃油泵发生故障，又没及时更换到另一台燃油泵。

在柴油机运行时，若发现燃油压力表显示压力下降过快或波动较大时，应及时查找原因并采取相应措施，以防止柴油机自动停机。

十、柴油机停不了机

运行中的柴油机不能停机，多因调速器没停止工作造成，或者因喷油泵仍处在供油位所致。

（1）调速器的停车阀卡在工作位，动力活塞下方的压力油排不出。遇到这种情况，可以人为击打紧急停车按钮，迫使控制拉杆将喷油泵齿条拉至停油位，同时使超速停车装置的停车杆与行程开关的触头脱开，由机车控制回路使超速保护装置的电磁铁得电吸合，迫使风门关闭。

（2）调速器的电磁联锁未能断电。应排除故障使其断电，让阀芯跳起。

（3）机车控制回路的起动接触器 QC 未断开。

（4）喷油泵齿条没有拉回到 – 2 刻线。应重新调整弹性拉杆，使每个喷油泵齿条在停机时都回到 – 2 刻线。

十一、柴油机飞车

柴油机飞车一般在突降手柄位或突然卸载时发生，此时柴油机转速突升而又失控。转速失控的原因大致如下：

（1）控制拉杆被异物卡滞在喷油泵较大的供油位。

（2）控制拉杆上的夹头销没有插在喷油泵齿条的拨叉座内，或者在处理故障时没有把夹头销拉出旋转 90°卡进弹性夹头后端的凹槽里。

（3）如果喷油泵卡泵数量较多，就可能在降速卸载时使拉杆不能及时拉回。

（4）控制拉杆系统的滚轮、销轴不灵活，使拉杆阻滞。

（5）调速器的转速调节系统中的滑阀、柱塞卡滞，使动力活塞下方的压力油不能迅速排出，造成控制拉杆不能及时拉固。

（6）调速器最高转速限止螺钉与从动锥齿轮的螺钉卡住，使转速降不下来，突然卸载时造成飞车。

为避免柴油机的超速飞车，在操作时应尽量做到柴油机转速的平稳过渡。柴油机一旦飞车，超速停车装置和超速保护装置就会动作，迫使柴油机停机。也可以用手击打紧急停车按钮，实现停机。

发生飞车后，必须全面检查柴油机，打开曲轴箱观察孔盖，检查轴瓦、缸套、连杆螺钉刻线等情况，打开凸轮轴观察孔盖检查凸轮轴、轴承，打开气缸盖罩检查气门、挺杆等。同时，应该检查机车辅助装置的通风机转子、尼龙传动轴等。确认没问题后，拉起超速停车装置的复原手柄，打开进气管路上超速保护装置的风门并用连杆顶好操纵杆，再用扳手扳动控制位杆，看其是否灵活，如有阻滞现象，应找出原因并消除。待一切正常后，才可以启动柴油机。

十二、增压器故障

1. 增压器喘振

增压器喘振多是由于增压器与柴油机匹配不当，造成柴油机进气阻塞而发生的。

（1）大气温度的影响。若在高温情况下调整的柴油机牵引特性曲线比较靠近喘振线，则在高寒地区运用时就容易发生喘振。经过台架匹配试验的柴油机一般不会发生上述情况。

（2）柴油机突卸负荷或突降手柄位。此时，由于柴油机需要的空气量大大减少，但增压器转速却不能很快跟随下降，因此易造成喘振。

（3）如果增压器的压气机沾污，就会增加流道阻力，使部分空气进不去而回旋于压气机叶片之间，便会造成喘振。

（4）进气阻力过大。如空气滤清器、中冷器沾污，或者进气管道上的帆布套过分吸瘪，甚至超速保护装置的风门突然关闭，都会引起喘振。

（5）柴油机气门驱动机构发生故障，使气缸进气不畅，也易引起喘振。

（6）装在同一台柴油机上的两台增压器性能参数相差较大，也会引起喘振。

（7）中冷水温过高或中冷器冷却效率太低，使燃烧不良，排温升高，造成增压器转速过高，也会引起喘振。

凡发生增压器喘振，应慢慢减少柴油机负荷至增压器不再喘振为止。

2. 增压器漏油

（1）如果压气机端的轴承密封盖或主轴上的活塞环组装不好或损坏，会使油封漏油。

（2）涡轮端的轴承密封盖或装在主轴上的活塞环组装不好或损坏，易使油封漏油。

（3）增压器的进油压力过高（正常压力为 0.25 ~ 0.40 MPa），会损坏油封而漏油。

3. 增压器转子固死

（1）增压器缺油或进油压力过低，引起轴承烧损或者转子轴弯曲，导致导风轮及涡轮叶片与罩壳碰擦甚至打坏，而使动平衡破坏，造成转子无法转动。

（2）若有异物从增压器的压气机进气口或涡轮进气口进入增压器，会打坏增压器转子而使转子无法转动。

（3）由于增压器的特别严重漏油而导致了严重结炭，会造成增压器转子固死。

十三、机油压力低

柴油机运行中的机油压力应符合有关技术要求。如果机油压力过低，柴油机将自动卸载或停机。造成机油压力低的原因有如下几个方面：

（1）机油泵故障或传动齿轮故障，或者机油泵安全阀泄漏，造成机油压力下降或波动。

（2）由于油底壳的油位太低（低于油尺下刻线），在机车运行时，因坡道或机车运行中的冲动和晃动，会造成机油泵在吸口处吸空。

（3）机油滤清器过脏、堵塞严重，使主油道进油压力过低。

（4）轴瓦磨损严重，或轴瓦发生大面积的剥离损坏，造成间隙过大，机油压力降低。

（5）机油稀释，其密度和黏度降低而导致机油压力降低。造成机油稀释的原因如下：

① 喷油器雾化质量差，导致喷入气缸内的燃油不能完全燃烧，烧不尽的燃油流入曲轴箱。

② 喷油器与气缸盖内喷油器套管之间的密封铜垫损坏或未装，使喷油器的回油流入气缸，因烧不尽而流入曲轴箱。

③ 各缸喷油泵的喷油量相差悬殊，当柴油机空载运行时，油量过大或过小都会导致燃烧不完全，剩余的燃油会流入曲轴箱。

④ 柴油机长期在低速空载下运行会导致燃烧不完全，过多的燃油因烧不尽而流入曲轴箱。

⑤ 活塞与缸套的间隙过大或活塞环发生故障及缸套拉伤等都容易使气缸内没烧尽的燃油流入曲轴箱。

十四、机油乳化

如果柴油机运行时有大量的水蒸气从呼吸口冒出，说明机油中含有较多水分，如不及时查找原因并处理，会使机油变成乳黄色，这说明机油已乳化，不能使用。水进入机油中的主要途径如下：

（1）机油热交换器的铜管裂纹，油水互窜。

（2）气缸套与机体下定位面的三道橡胶密封圈损坏，使机体水腔的水漏入油底壳。

（3）冷却水泵的水封和油封损坏，使水泵的水流入油底壳。

（4）燃烧室有水。

若发现机油内有水，应打开曲轴箱观察孔盖，检查气缸套下沿外侧是否有水迹；打开齿轮箱盖板，检查水泵靠齿轮端是否有水迹；对机油热交换器进行泵水检查；若是燃烧室有水，则根据甩车时的现象进行判断处理。

十五、柴油机呼吸口（油气分离器）冒烟、机油和水蒸气

柴油机运行时因温度较高，曲轴箱里会产生一些油气，另外因燃料在气缸内做功爆发及活塞的往复运动，使曲轴箱内的压力稍大于大气压力，因此就有少量的油气从呼吸口排出，这种现象是正常的。如果有大量的油烟、机油油雾或水蒸气从呼吸口排出，则说明柴油机出现故障。

故障原因有如下几个方面：

（1）活塞环故障或活塞与缸套间隙过大，或严重拉缸等，都会导致大量燃气窜入曲轴箱而从呼吸口冒出。

（2）柴油机轴承烧损或抱缸，会有大量油烟从呼吸口冒出，同时差示压力计和曲轴箱防爆阀都会动作。

（3）油底壳油位太高（超过油底壳的滤网），会有大量机油进入油气分离器，因不能迅速流回油底壳而从呼吸口喷出。

（4）当曲轴箱正压力太高时，冒出的油气会把油气分离器中没流回油底壳的机油带出呼吸口。

（5）曲轴箱中有较多的水时，水蒸气就会从呼吸口中冒出。

十六、喷油泵故障判断

（1）如果喷油泵出油阀接头体的周围有燃油渗出，表明出油阀与柱塞套之间密封不良，高压油窜出，冲坏出油阀接头体上的 O 形橡胶圈。如果燃油成喷射状向外喷出，则表明柱塞套裂纹、出油阀体裂纹或出油阀压板松动。

（2）喷油泵齿条窜出燃油，表明柱塞套裂纹或柱塞套下部密封铜垫失效。

（3）喷油泵齿条窜出机油，表明喷油泵下体内的 O 形密封圈磨损。

（4）如果个别气缸排温很高，而爆发压力下降，说明该缸的喷油定时不对，多为喷油泵下体推杆滚轮发生故障（如滚轮衬套碎裂等）。

（5）个别气缸的高压油管脉冲减弱或无规律，大多是因柱塞弹簧或出油阀弹簧折断。若是柱塞卡死所致，则齿条也会推不动。

十七、喷油器故障判断

（1）若喷油器回油管的回油成线状流出，表明喷油器体或支座板裂纹，或者是由于安装进油管时未装密封垫圈或密封垫圈压坏等。

（2）若喷油器回油管中有燃气窜出，表明喷油器的压紧螺帽与气缸盖的套管之间的密封垫圈未装或密封垫圈损坏。

（3）如果喷油器回油管中有机油窜出，表明喷油器体上的 O 形密封圈没装或损坏。

（4）若高压油管的脉冲很弱而喷油泵工作正常，可能是由于喷油器的故障使喷油压力过低的缘故。在这种情况下往往伴有敲缸声。

十八、气门驱动机构故障判断

（1）柴油机运行时，若气缸盖罩严重晃动，并有大量机油泄漏，但紧固罩盖的手轮并没有松动，一般是由于摇臂座的安装螺柱折断。

（2）如果气门间隙远大于规定值，应顺序检查摇臂和横臂的调整螺钉是否松动，拆下摇臂座检查挺杆是否弯曲变形，气门杆与导管是否卡滞，阀座是否松动，是否是气门锁夹折断或锁夹落进弹簧上座孔内过多（此时气门未被夹牢，容易掉入气缸内）。不论发生哪种情况，在未查清原因之前，不可随意把气门间隙调小，否则当发生气门脱落的故障时，就会造成气门与活塞顶相撞的重大事故。

十九、配气惰轮轴承烧损的判断处理

当柴油机呼吸口有大量的油烟排出，甚至曲轴箱的防爆盖也动作时，除了前面所述的一些原因外，还可能是由于配气惰轮轴承烧损引起的。当该轴承烧损时，产生的高温使机油挥发，使齿轮箱和曲轴箱压力增高而发生上述情况。若打开齿轮箱盖板，发现配气惰轮轴轴承变成蓝色，便说明惰轮轴承烧损。造成惰轮轴承烧损的原因大致有如下几种原因：

（1）柴油机主油道机油压力太低或进入惰轮轴的油路不畅通，造成轴承因缺油而润滑不良。

（2）轴承被拉伤或惰轮轴与轴承（铜套）之间的配合间隙过小而造成润滑不良。

一旦惰轮轴承烧损，往往会与惰轮轴咬合在一起，由于齿轮孔的内外侧轴承均有止推面，齿轮轴就很难连轴承一起从齿轮孔中拉出。可采用如下处理方法：

用一个 M24 的长螺柱旋入惰轮轴端面上的 M24 螺孔中，螺柱的另一端套上一块带孔的厚钢板。钢板与机体之间垫上一个孔径比惰轮轴安装法兰稍大的钢环（环的内径不可过大，以防压坏机体前端板），然后在螺柱上拧上一个螺母，并用扳手把螺母拧紧，使螺柱有一个向外的拉力。同时，打开机体前端板上的一个工艺窥测孔的堵，将一根铜棒伸到大齿轮上，用大锤击打铜棒，一边打一边拧紧螺母，直到把小齿轮内侧的轴承止推面击打出裂纹并脱落，这样惰轮轴才能与烧熔在一起的轴承被同时拉出。拉惰轮轴时要防止脱落的止推面掉入齿轮箱下部的盲槽中，以免不能取出。

二十、冷却水温度高

柴油机运行时水温一般控制在 70 ~ 80°C，最高不得超过 88°C。如果水温大于 88°C，水温继电器将动作，造成柴油机卸载。影响水温升高的原因，除了柴油机本身的原因外，主要是机车冷却系统的原因。

（1）由于机车水系统中有空气未排出而形成气塞，使散热器的水腔不畅通，导致冷却效果降低，或因冷却水少而形成水蒸气，使温度升高。

机车上水时，应打开冷却水系统的所有放气阀及柴油机左右两侧的放气阀，直到放出的水无断续现象、水流稳定为止。当膨胀水箱的水位低于 2/3 水表位时，应给予补水。

（2）冷却单节沾污严重或倒片过多，造成冷却能力不够，使水温升高。

（3）冷却风扇转速太低甚至因故不转。其原因可能是：温控阀动作不灵关不严，安全阀泄漏，静液压油箱内缺油和静液压马达故障等，造成静液压马达不转。

（4）机车冷却管路系统中的阀门开闭不对，使冷却水循环不畅。

（5）水温继电器误动作。主要是水温继电器的故障或电气线路故障等引起的。

（6）柴油机冷却水泵发生故障，造成冷却水压力低、流量少。

（7）燃烧室部件发生故障，如气缸盖、气缸套有砂眼等，使燃气窜入水腔。

造成柴油机卸载，主要应查找机车冷却系统故障。若水温高的同时膨胀水箱水位又波动，则应查找柴油机各缸的情况。若冷却水压力低，应先进行放气直至水流稳定为止。如果水压仍很低时，则应检查冷却水泵是否异常。

【任务检查】

表 5-2-3　柴油机运转时的故障判断及处理知识——任务检查单

任务编号	5-2-3	任务名称	柴油机运转时的故障判断及处理知识认知	
序号	检查内容		是	否
1	能分析柴油机冒黑烟、蓝烟、白烟的原因，判断故障位置及处理方法			
2	能分析燃油压力高、低、波动大的原因，判断故障位置及处理方法			
3	能分析机油压力高、低、波动大的原因，判断故障位置及处理方法			
4	能分析差示压力计动作的原因，判断故障位置及处理方法			
5	能分析机油温度高、冷却水温高的原因，判断故障位置及处理方法			
6	能分析排气总管发红的原因，判断故障位置及处理方法			
7	能分析柴油机敲缸的原因，判断故障位置及处理方法			
8	能分析冷却风扇转速低的原因，判断故障位置及处理方法			
9	能分析机油稀释、机油乳化的原因，判断故障位置及处理方法			
10	能分析膨胀水箱水位波动大、停机时水位下降严重的原因，判断故障位置及处理方法			
11	能分析柴油机功率不足的原因，判断故障位置及处理方法			
12	能分析柴油机自动停机、不能停机的原因，判断故障位置及处理方法			
13	能分析柴油机转速失控的原因，判断故障位置及处理方法			
14	能分析柴油机游车、飞车的原因，判断故障位置及处理方法			

【任务训练】

一、填空题

1. 活塞环故障或（　　）间隙过大，有严重拉缸等，都会导致大量燃气窜入曲轴箱而从油气分离器呼吸口冒出。

2. 16V280ZJ 型柴油机极限转速为（　　　　）。

3. 在柴油机标定工况下，柴油机进口油温为（　　　），出口油温约为（　　　），出口最高温度不得超过（　　　）。

4. 柴油机停机前油温应降到（　　　）。

5. 当柴油机冷却水温度达到（　　　），水温继电器动作，柴油机自动停机。

二、选择题

1. 柴油机运转中发生敲缸的主要原因是（　　）。

A. 机油温度过高　　B. 联合调节器油马达不灵活　　C. 喷油器雾化质量太差，滴油

2. 柴油机运转中因燃油系统故障造成柴油机功率不足的原因为(　　)或喷油器发生故障。

A. 水泵　　B. 机油泵　　C. 喷油泵

3. 如果柴油机功率不足，拉杆系统又没有故障，供油齿条刻线却拉不出来，一般是(　　)或机车电气故障所致。

A. 喷油器　　B. 调速器　　C. 控制器

4. 运转中水温继电器动作保护使柴油机自动卸载温度为（　　）°C。

A. 70　　B. 80　　C. 88　　D. 100

5. 机车运行过程中，突然出现机油压力低停机状况，可能是由于（　　）。

A. 机油乳化　　B. 机油稀释　　C. 机油管路泄漏

三、判断题

1. 由于排气横臂跳转，使排气门处于常开状态，柴油机功率明显下降。(　　)

2. 当柴油机活塞销的油堵松动，机油从活塞销窜到气缸壁上，但由于活塞环的作用，机油不能进入燃烧室。(　　)

3. 当柴油机超速时，超速停车装置通过控制拉杆装置将喷油泵齿条拉至供油位，迫使柴油机停机。(　　)

4. 柴油机运行中，冷却水温升高速度过快，可能是由于百叶窗未开启造成的。(　　)

5. 若运行途中，遇到柴油机突然停机状况，应先闭合辅助机油泵开关。(　　)

四、简答题

1. 试分析柴油机冷却水温超高的原因，并写出处理办法。

2. 运行中，造成柴油机冒黑烟的原因有哪些？

3. 运行中，造成柴油机冒蓝烟的原因有哪些？

4. 运行中，造成柴油机冒白烟的原因有哪些？
5. 机车运行中，突然发生燃油压力不足现象，请分析原因并写出应急处理方法。
6. 请分析机车运行过程中出现曲轴箱压力超高的原因。

任务 5-3　GEVO16 型柴油机常见故障判断及处理方法认知

【任务描述】

柴油机在启动前、启动过程中、运转时都不可避免地出现一些故障现象。如果你是一名机车乘务员或机车检查人员，遇到故障情况，应该能够分析出故障原因，找到故障位置，排除故障或采取应急措施，确保柴油机正常工作。

【任务目标】

● 能掌握柴油机冷却水系统常见故障的原因，判断故障位置，及时采取应急措施或排除故障；

● 能掌握柴油机进、排气系统常见故障的原因，判断故障位置，及时采取应急措施或排除故障；

● 能掌握柴油机燃油系统常见故障的原因，判断故障位置，及时采取应急措施或排除故障；

● 能掌握柴油机机油系统常见故障的原因，判断故障位置，及时采取应急措施或排除故障；

● 能掌握柴油机其他类型常见故障的原因，判断故障位置，及时采取应急措施或排除故障。

【任务学习】

任务 5-3-1　冷却水系统常见故障判断及处理

一、HXN5 型机车冷却风扇故障处理方法

（一）故障现象

故障代码分析时，频繁出现以下提示：

02-6006 冷却风扇伏特赫兹超出规定。

02-6006 冷却风扇控制器输出不平衡。

02-6029 由于瞬间过流导致冷却风扇断开。

（二）故障判断方法

（1）显示器登录二级界面，按顺序按显示器按钮→开关→闭合自负荷开关→司机控制器手柄提 8 挡。

（2）显示器登录二级界面，按顺序按显示器按钮→更多菜单→机车监控器→辅助设备电气→跳波器→查看冷却风扇控制器三相输出电流是否均衡。

① 检查冷却风扇控制器 RFC 状态是否良好。

② 检查冷却风扇电机接线端子。

③ 检查冷却风扇电机状态是否良好，测量冷却风扇电机三相阻值及绝缘电阻，校验冷却风扇电机线路。

（三）处理方法

（1）根据检查结果，更换相应的电器部件。

启机自负荷试验，显示器登录二级界面，按顺序按显示器按钮→更多菜单→机车监控器→辅助设备电气→跳波器→查看冷却风扇电机控制器三相输出电流良好。

（2）以上没有故障，根据故障记录进行分析查找。

二、HXN5 型机车水压低故障处理方法

（一）故障现象

（1）机车运行中显示器屏幕下部信息栏提示“水压低、牵引受限”。

（2）故障代码分析时，频繁出现以下提示：

01-0172 冷却水压<下限（柴油机转速的函数）。

（二）故障判断方法

1. 电器部

（1）显示器登录二级界面，按顺序按显示器按钮→开关→闭合自负荷开关→司机控制器手柄提 8 挡，按顺序按显示器按钮→更多菜单→机车监控器→柴油机功能→柴油机监控→查看柴油机水压（见表 5-3-1）。

表 5-3-1　柴油机转速及水压极限值

柴油机转速/（r/min）	水压极限值/kPa
335	不动作
440	25.72
580	37.09
888	62.05
925	65.08
995	70.74
1 050	75.22

（2）查看冷却水压力如果小于 75.22 kPa，检查水压传感器相关部件。

（3）检查水压传感器及连接器、校验传感器线路，测量水压传感器线路阻值（大于 2 Ω 时更换线路），检查 ECU 及插头状态。

2. 柴油机部

（1）检查水表水位是否正常，如缺水，检查水管路是否泄漏，水系统自动排水阀是否漏水。

（2）检查冷却水泵是否故障。

（三）处理方法

1. 电器部

（1）根据检查结果，更换相应的水压传感器或连接器、处理或更换传感器线路。

（2）更换 ECU 或插头，更换 ECU 要进行“重载”。

（3）重新启机自负荷试验 8 挡，显示器登录二级界面，按顺序按显示器按钮→更多菜单→机车监控器→柴油机功能→柴油机监控→查看柴油机水压应大于 75.22 kPa 以上，走车试验良好。

2. 柴油机部

根据检查结果，更换不良部件。

三、HXN5 型机车油、水温度高的处理方法

（一）故障现象

显示器提示机车油温或水温高，机车功率不足或受限。

（二）故障判断方法

（1）散热器百叶窗电磁阀故障或塞门关闭，百叶窗不能开放；

（2）传感器故障；

（3）机油热交换器冷却效果差或热交换器内有空气；

（4）冷却水泵故障；

（5）散热器冷却效果差；

（6）柴油机控制单元 ECU 故障。

（三）处理方法

根据检查结果，更换不良部件。

四、HXN5 型机车空压机散热器及前后冷却水管路冻结处理方法

（一）故障现象

空压机散热器及前后冷却水管路冻结。

（二）故障原因

空压机散热器内有空气。

（三）检查处理方法

冬季检查空压机散热器及两端冷却水管不热。入暖库排净冷却水，解冻后重新补水，启机后检查管路热即可。注意：换水时要将冷却水排净后再上水；水位低，需补水时，先将地面上水管充满水后再与机车补水管连接，防止管路中的空气进入水循环系统。

五、HXN5 型机车膨胀水箱水表水位启机和停机时水位不变化的处理方法

（一）故障现象

膨胀水箱水表水位启机和停机时水位不变化。

（二）故障判断方法

膨胀水箱水位启机后水位应下降到惰转位、满水位和最低水位之间，如果水位不发生变化，原因为水表下部的进水孔被水垢或悬浮物堵塞。

（三）处理方法

放水后将水表拆下，清洗水表和进水孔，不得盲目认为水多而放水，导致水系统缺水而造成低水压报警。

六、HXN5 机车柴油机水系统缺水的处理方法

（一）故障现象

机车到站后，每次都进行补水。

（二）故障判断方法

（1）检查柴油机机体稳压箱下方工艺堵是否泄漏；
（2）检查水泵水封是否泄漏；
（3）检查散热器或散热器水管法兰是否漏水；
（4）检查水系统自动排水阀是否漏水。

（三）处理方法

根据检查结果，更换不良部件。

七、HXN5 机车散热器百叶窗不关闭的处理方法

（一）故障现象

机车启机状态下总风缸风压在 800 kPa 以上，观察冷却单节上部百叶窗是否关闭。正常启机状态下且冷却风扇未启动时，百叶窗应关闭。

（二）故障判断方法

进行百叶窗自测试，检查百叶窗动作是否正常。步骤如下：

（1）显示器进入二级界面，进入“更多菜单”界面，然后再进入“机车测试”界面，如图 5-3-1 所示。

图 5-3-1　“机车测试”按钮

（2）进入“自测试”界面，如图 5-3-2 所示。

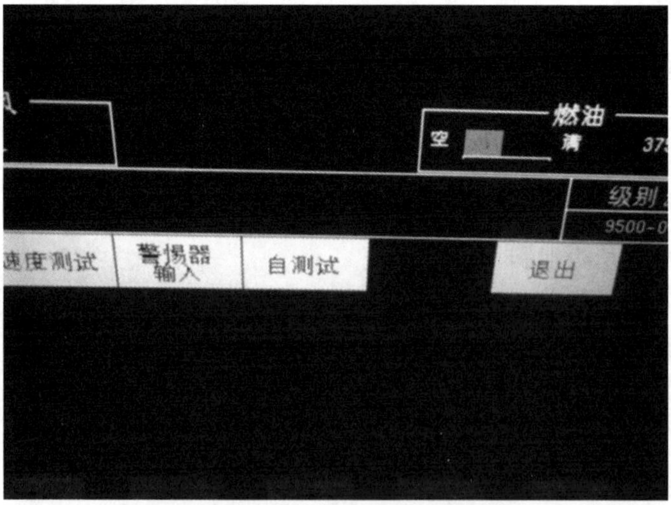

图 5-3-2　“自测试”按钮

（3）点击屏幕左侧下部箭头，将屏幕光标移至“柴油机”栏，如图 5-3-3 所示。

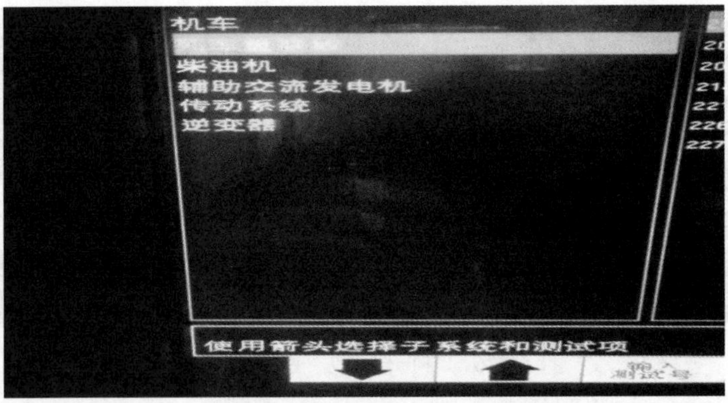

图 5-3-3　“柴油机”栏

（4）点击屏幕右侧下部箭头，将屏幕光标移至“散热器百叶窗（SMV1，SMV2）”栏，如图 5-3-4 所示。

图 5-3-4　“散热器百叶窗”栏

（5）点击“开始测试”按钮，如图 5-3-5 所示。

图 5-3-5　“开始测试”按钮

（6）点击“打开”和“关闭”按钮，查看百叶窗是否随着动作，如图 5-3-6 所示。

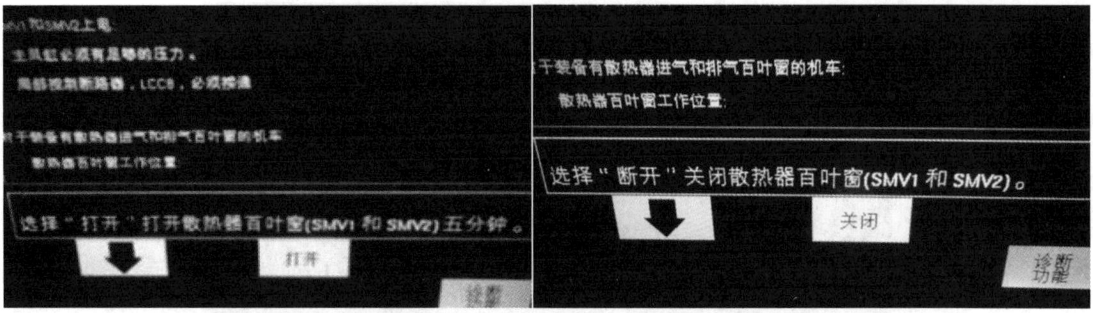

图 5-3-6 “打开”或“关闭”按钮

（7）测试完毕后点击“退出”按钮，退出自测试，如图 5-3-7 所示。

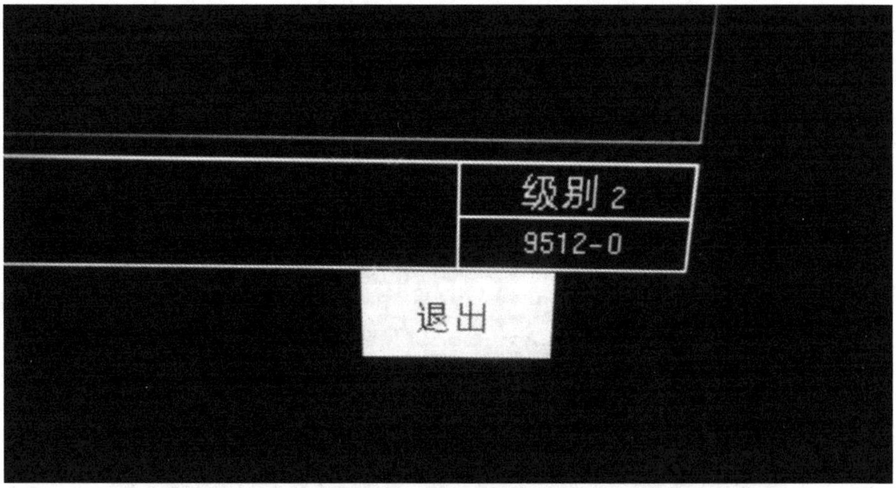

图 5-3-7 “退出”按钮

（三）处理方法

（1）4 个百叶窗全部无法关闭，则先检查百叶窗电磁阀是否动作，如不动作，则需检查电线路及电磁阀是否不良。如动作正常，检查百叶窗风管及风缸是否有漏风现象。

（2）如果有部分无法关闭，检查与之相连的风管路、百叶窗风缸及拉杆连接穿销。

八、HXN5 型机车冷却单节漏水处理方法

（一）故障现象

散热器下方警告孔漏水。

（二）故障判断方法

（1）判断单节漏水的大致部位，是 A 侧还是 B 侧。

（2）打开漏水部位附近的端盖，检查管箍及相关管路（如排气管等）是否漏水，如管箍漏水，则更换管箍。

（3）检查管路及管箍无漏水，则判断为单节漏水。

（三）故障处理方法

根据检查结果，更换不良配件。

任务 5-3-2　进、排气系统常见故障及处理

一、HXN5 型机车进气压力低故障处理方法

（一）故障现象

（1）机车运行中显示器屏幕下部信息栏提示“进气压力低、牵引受限”。

（2）故障代码分析时，频繁出现以下提示：

01-0030 进气压力低。

（二）故障判断方法

（1）显示器登录二级界面，按顺序按显示器按钮→开关→闭合自负荷开关。

（2）自负荷试验，司机控制器手柄 8 挡位。

① 显示器登录二级界面，按顺序按显示器按钮→更多菜单→机车监控器→柴油机监控→查看进气压力（见表 5-3-2）。

表 5-3-2　柴油机转速及进气压力限值

柴油机转速/（r/min）	进气压力限值/kPa
335	不动作
440	138
580	138
888	207
925	207
995	345
1 050	345

② 查看进气压力如果小于 345 kPa，检查进气压力传感器相关部件。

③ 检查进气压力传感器及连接器、校验传感器线路，测量进气压力传感器线路阻值（大于 2 Ω时更换线路），检查 ECU 及插头状态。

（三）处理方法

（1）根据检查结果，更换相应的进气压力传感器或连接器、处理或更换传感器线路。
（2）更换 ECU 或插头，更换 ECU 要进行“重载”。
（3）重新启机自负荷试验 8 挡，查看显示器进气压力应大于 345 kPa，走车试验良好。
（4）以上没有故障，检查柴油机系统部件。

二、HXN5 型机车增压器故障检查处理方法

（一）故障现象

（1）COP（曲轴箱压力）超高造成报警；
（2）发生任何与增压器有关的故障报警（如增压器温度、压力、转速等）；
（3）出现润滑油低油压报警；
（4）发现润滑油中混入水或柴油时；
（5）润滑油中金属含量超出允许范围。

（二）故障判断方法

（1）将柴油机进气滤清器门打开，如图 5-3-8 所示。

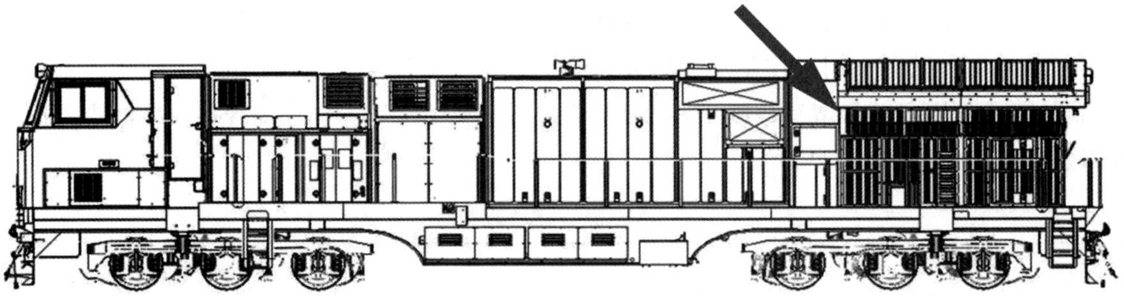

图 5-3-8　柴油机进气滤清器门

（2）抽出第 2 及第 5 位的袋式滤清器，如图 5-3-9 所示。

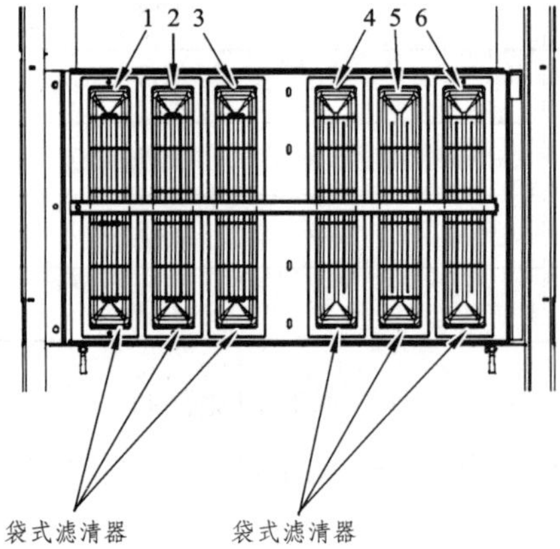

图 5-3-9　袋式滤清器

（3）用强光手电从下部向里侧观察，可以清晰地看到大部分“压气机轮”，即可判断压气端是否异常，如图 5-3-10 所示。

图 5-3-10　压气机轮

（4）故障判断，如图 5-3-11 所示。

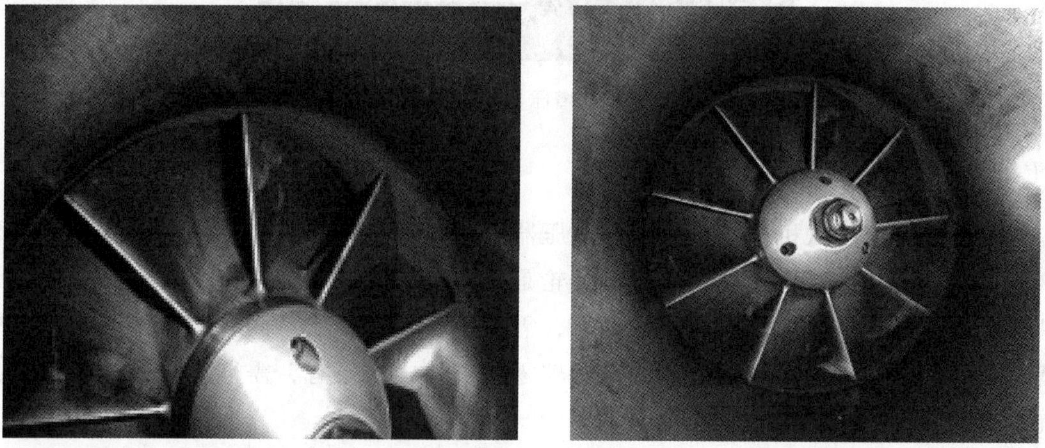

正常情况　　正常情况

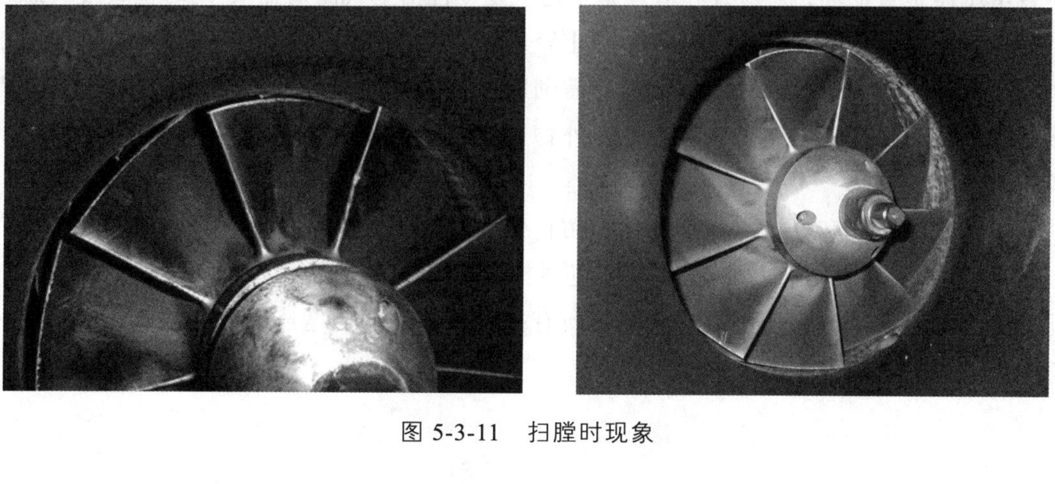

图 5-3-11　扫膛时现象

（5）如发现增压器扫膛，或轻微扫膛无法判断时，拆掉该机车上增压器空气进气端橡胶管件（见图 5-3-12），检查压气机叶轮有无扫膛的痕迹，同时检查所有叶片是否完好无损。用手转动转子轴并检查轴系是否运转正常，有无异常声音，如果转动不灵活，或有异常响声，需更换新的增压器。同时对整个进气道进行检查，确保没有任何异物停留在进气道内。

图 5-3-12　增压器进气端橡胶管

（三）处理方法

（1）当怀疑或确认机车上其中一台增压器是压气机端外物撞击所致的损坏，需立即检查该机车上的另外一台增压器的压气机叶轮是否完好，并手动转动转子系统，检查转子系统是否运转良好，有无异常响声，如果有，需更换新的增压器；同时检查进气道和空气过滤器有无损坏，有无异物和损坏后的增压器零件碎片，如果有，需彻底清理整个进气道和空气过滤器。

（2）任何原因造成的严重的增压器压气机叶轮或壳体的损坏，需同时检查同机车上的另外一台增压器是否损坏，并检查和清理整个进气道（包括空气滤清器），同时检查废气总管是否有异物痕迹，清理增压器零件碎片，防止碎片停留在进气道内造成新的增压器损坏。

（3）因任何原因更换空气滤清器时，需彻底检查整个进气道有无异物进入或撞击，焊接连接是否完好，螺栓连接是否完好，如有外物进入或焊接及螺栓连接问题，应及时清理解决并检查增压器。

（4）检查增压器和更换空气过滤时，防止任何外物进入或留在进气道内。

（5）柴油机发生过任何与动力总成、进排气阀、排气管有关的零件损坏时，进行压气机叶轮和转轴检查的同时，还需检查柴油机所有排气管路和两台增压的废气进气端有无损坏和被撞击的痕迹。

三、HXN5 型机车增压器转速传感器漏油处理方法

（一）故障现象

增压器转速传感器安装座（见图 5-3-13）处漏机油。

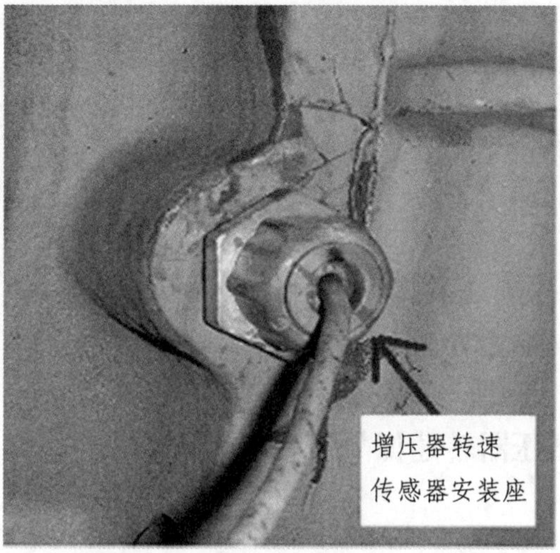

图 5-3-13　增压器转速传感器安装座

（二）处理方法

（1）用叉口扳手拆下增压器转速传感器安装座；

（2）将增压器转速传感器拆卸专用工具插入传感器安装孔内（见图 5-3-14）；

（3）用专用工具逆时针松开增压器转速传感器，仅需松开 2～3 圈即可；

（4）用专用工具紧固增压器转速传感器，然后自负荷试验是否仍泄漏，如仍然漏机油，则需更换传感器。

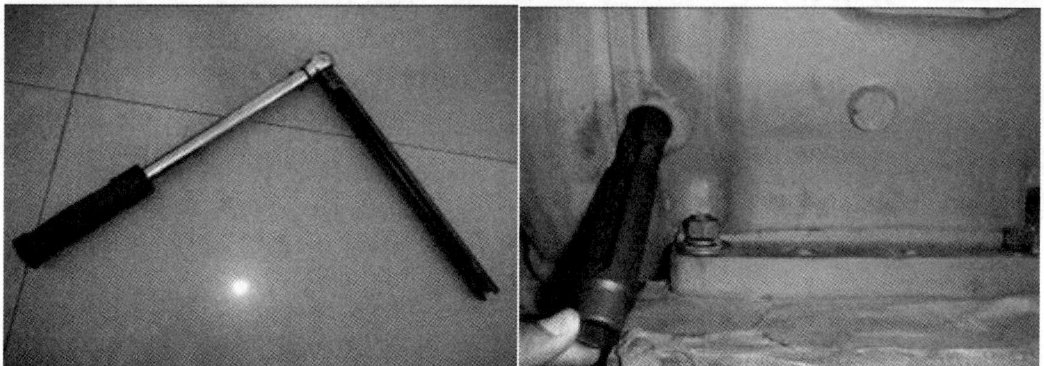

图 5-3-14　拆卸专用工具

四、HXN5 机车柴油机单侧增压器窜火的处理方法

（一）故障现象

柴油机加载 6 挡以上，单侧增压器窜火。

（二）故障判断方法

（1）逐缸甩缸查找是否某缸喷油器雾化不良；

（2）将喷油泵电磁阀接线拆下，手触高压油管检查各缸，如发现有脉冲者，则为喷油泵故障。

（三）处理方法

根据检查结果，更换不良部件。

五、HXN5 型机车增压器转速低故障处理方法

（一）故障现象

在分析故障代码时，频繁出现以下提示：

01-8173 增压器转速低于下限。

（二）故障判断方法

（1）显示器登录二级界面，按顺序按显示器按钮→开关→闭合自负荷开关→手柄提 8 挡。

（2）显示器登录二级界面，按顺序按显示器按钮→更多菜单→机车监控器→柴油机功能→柴油机监控→检查增压器转速。

① 检查增压器转速传感器、插头及连线状态。

② 检查柴油机控制单元 ECU 插头及连线状态。

③ 校验增压器转速传感器连线。

（三）处理方法

（1）根据检查结果，更换相应的电器部件，显示器登录二级界面，按顺序按显示器按钮→更多菜单→机车监控器→柴油机功能→柴油机监控→检查增压器转速良好。

（2）以上没有故障，根据故障记录进行分析查找，检查增压器状态。

六、HXN5 型机车气门锁夹脱落处理方法

（一）故障现象

气门锁夹脱落，横臂窜位，摇臂窜出。

（二）故障判断方法

（1）打开摇臂箱盖，检查摇臂箱内部件可见部分情况。
（2）打开凸轮轴箱盖检查凸轮轴、进排气推杆、喷油泵下体状态。
（3）打开曲轴箱盖，检查活塞、缸套、连杆等部件可见部分状态。

（三）故障处理方法

吊短动力组，检查活塞顶部及缸套是否损坏，如损坏，更换长动力组，如良好，更换短动力组，如图 5-3-15 所示。

图 5-3-15　故障处理

任务 5-3-3　燃油系统常见故障及处理

一、HXN5 型机车燃油箱通气孔冒燃气的处理方法

（一）故障现象

燃油箱通气孔冒燃气。

（二）故障判断方法

燃油箱通气孔冒燃气的原因为，喷油器座孔密封铜垫破损，造成燃气通过燃油回油管进入燃油箱，从通气孔冒出。机车左侧燃油箱通气孔冒燃气的原因为，柴油机左侧某缸喷油器密封铜垫破损，逐个缸拆开喷油器回油管接头，发现有燃气排出时，为该缸故障。或用点温仪测量喷油器回油管空心螺钉，如某缸温度较其他缸明显超高，则为该缸故障。

（三）处理方法

根据检查结果，将故障喷油器拆下后更换密封铜垫。

二、HXN5 型机车燃油压力低的处理方法

（一）故障现象

燃油压力低时，机车会发生功率受限或停机。

（二）故障判断方法

检查燃油泵是否转动；检查燃油管路有无泄漏处所；开放燃油精滤器放气阀，检查有无空气排出；调整燃油压力调节阀，能否调整至 620 kPa；拆解燃油粗、精滤清器检查，检查滤芯是否破损和堵塞；拆解 AMOT 阀，检查阀杆焊点是否开焊。

（三）处理方法

根据检查结果，更换不良部件。

三、HXN5 型机车燃油箱燃油温度低的处理方法

（一）故障现象

冬季燃油低烧，测量油箱温度，如低于 10 °C，则视为油箱温度低。

（二）故障判断方法

（1）检查燃油系统冬夏季转换阀位置是否正确；
（2）拆下燃油加热器，检查是否堵塞，导致燃油回油温度低；
（3）检查燃油温度调节阀是否故障；
（4）调查机车是否长时间惰转运行，燃油回油量偏少。

（三）处理方法

根据检查结果，更换不良部件。

四、HXN5 型机车智能显示器提示燃油压力低的故障处理方法

（一）故障现象

（1）故障代码提示：燃油压力<30 psig（270 kPa）；
（2）机车功率低；
（3）柴油机运行中突然停机，无法启动。

（二）故障判断方法

（1）检查燃油泵及管路状态；
（2）检查燃油滤清器状态，化验燃油中是否有水；
（3）燃油温度调节阀内部是否破损；
（4）检查 ECU 工作状态。

（三）处理方法

根据检查结果，更换不良部件。

五、HXN5 型机车高压油管漏油处理方法

（一）故障现象

（1）高压油管与喷油泵连接处漏油。

（2）高压油管与导管连接帽处漏油。

（3）高压油管安装座处漏油。

（二）故障判断处理方法

（1）检查高压油管与喷油泵连接螺帽紧固状态。

（2）如连接螺帽无松缓，检查喷油泵体螺纹状态，螺纹不良时更换喷油泵。不允许只更换密封胶圈。

（3）高压油管与导管连接帽处漏油。

检查高压油管与导管连接帽紧固力矩，如无松动，必须更换高压油管。

（4）高压油管安装座处漏油。

检查高压油管与导管连接帽紧固力矩，更换高压油管及喷油器，检查喷油器与导管密封面是否有拉伤及裂纹，如图 5-3-16 所示。

图 5-3-16　高压油管

任务 5–3–4　机油系统常见故障及处理

一、HXN5 型机车机油压力低故障处理方法

（一）故障现象

（1）机车运行中显示器屏幕下部信息栏提示“停机、请勿尝试启机”。

（2）故障代码分析时，频繁出现以下提示：

01-6062 润滑油压力<启动压力（启动压力是柴油机转速的）。

01-6034 润滑油压力<开启压力（开启压力是柴油机转速的）。

01-8111 柴油机润滑油压力低于下限。

01-0066 柴油机不运转。

（二）故障判断方法

1. 电器部

（1）显示器登录二级界面，按顺序按显示器按钮→更多菜单→机车监控器→柴油机功能→柴油机监控→检查滑油压力是否正常。

（2）标准：机油压力在转速 440 r/min 时应大于 200 kPa，在转速 1 050 r/min 时应大于 650 kPa（油温 82 °C 时），如果不符合标准，检查机油压力传感器等相关部件。

（3）检查机油压力传感器及连接器→校验传感器线路及插头→测量机油压力传感器线路阻值（大于 2 Ω应更换线路）→检查 ECU 及插头状态。

2. 柴油机部

（1）检查油底壳机油量是否符合要求；

（2）接取机油样，化验机油，如黏度低于 12.50 Pa · s，则稀释；

（3）检查机油粗滤器滤芯，是否有破损堵塞现象；

（4）检查主机油泵，是否有破损故障。

（三）处理方法

1. 电器部

（1）根据检查结果，更换故障的机油压力传感器或连接器、处理或更换传感器线路及插头。

（2）更换 ECU 或插头，更换 ECU 要进行“重载”。

（3）解锁柴油机，重新启机自负荷试验，显示器登录二级界面，按顺序按显示器按钮→更多菜单→机车监控器→柴油机功能→柴油机监控→检查滑油压力。油温 82 °C 时，显示器机油压力在转速 440 r/min 时应大于 200 kPa，在转速 1 050 r/min 时应大于 650 kPa，没有机油压力低停机现象。

2. 柴油机部

（1）根据检查结果，更换不良部件。

（2）同电器部（3），解锁柴油机后方能重新启动。

二、HXN5 型机车燃油、机油、冷却水互窜的处理方法

（一）故障现象

（1）水箱有油；

（2）燃油箱有水；

（3）油底壳内有水。

（二）故障判断方法

（1）检查气缸盖喷油器水腔套密封胶圈是否破损，压块螺丝是否松动；
（2）打压检查燃油预热器是否裂漏；
（3）打压检查机油热交换器。

（三）处理方法

（1）如发现喷油器压块螺丝松动，将喷油器水腔套拆下，更换水腔套密封胶圈。
（2）如打压检查发现燃油预热器裂漏，则更换。
（3）如打压检查机油热交换器裂开，则更换。

三、HXN5 型机车发生机油稀释的处理方法

（一）故障现象

机油黏度低于 12.50 Pa・s。

（二）故障判断方法

（1）喷油器掉块，燃油从气缸壁流入油底壳。
（2）喷油泵密封胶圈破损，燃油流入油底壳。

（三）处理方法

（1）逐缸拆解喷油器检查，如发现掉块者更换。
（2）逐缸拆解喷油泵，更换破损密封胶圈。

四、HXN5 型机车油、水温高判断及处理方法

（一）故障现象

（1）机车运行中，8 挡位油温>91°C 时，柴油机功率自动下降，冷却模式保持在“模式 1”。
（2）故障代码提示：
01 – 0146 由于滑油温度高，使柴油机功率受限制；
01 – 0159 柴油机功率降低值超过 20%。
如出现以上两种现象，按以下方法处理。

（二）应急故障处理（适用于机车在线故障）

机车在线发生故障现象 1 时，对冷却水系统进行排气，在二级菜单下，机车惰转时对冷却风扇反转，反转结束后，维持运行，如处理无效，请求救援。

（三）故障判断方法（适用于 HXN5 型机车季修、半年修、年修、碎修和临修）

（1）柴油机惰转时，检查机油油位和冷却水位，并打开膨胀水箱排气阀，确认冷却水系

统是否有气，否则排净，如图 5-3-17 所示。

图 5-3-17　排气阀

（2）显示器登录三级界面，按下“开关”按钮，进入下级界面，如图 5-3-18 所示。

图 5-3-18　“开关”按钮

（3）机车在惰转的情况下（非自负荷），按下“开关”界面上的“风扇换向”按钮，如图 5-3-19 所示。

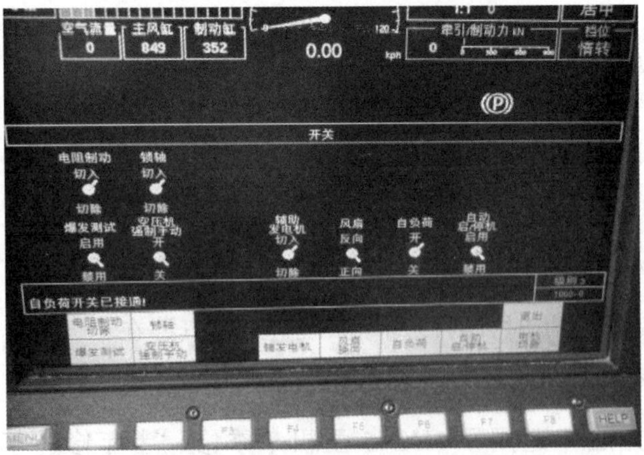

图 5-3-19　“风扇换向”按钮

（4）屏幕提示“让冷却风扇反向转动大约 5 秒？”，此时按下“是”按钮，风扇状态按钮转为“反向”，如图 5-3-20 和图 5-3-21 所示。

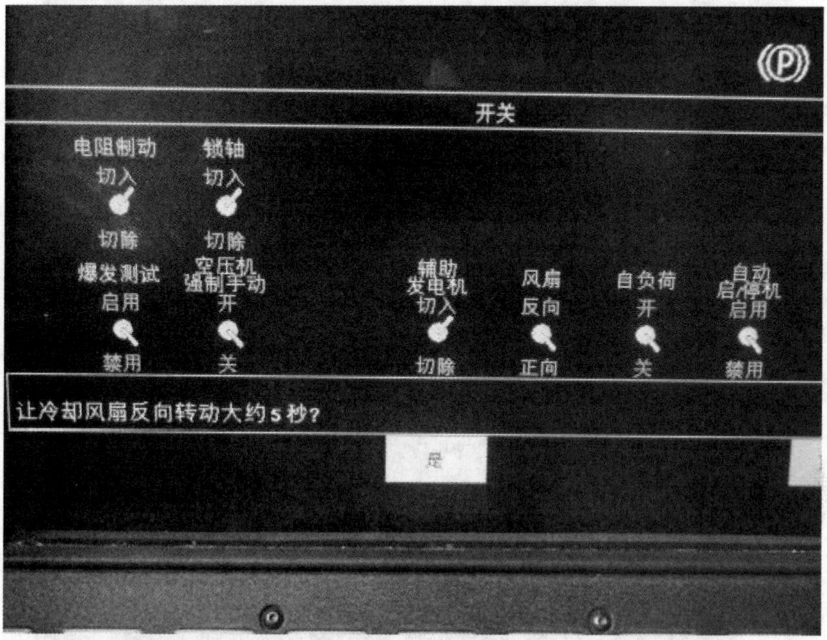

图 5-3-20　“是”按钮

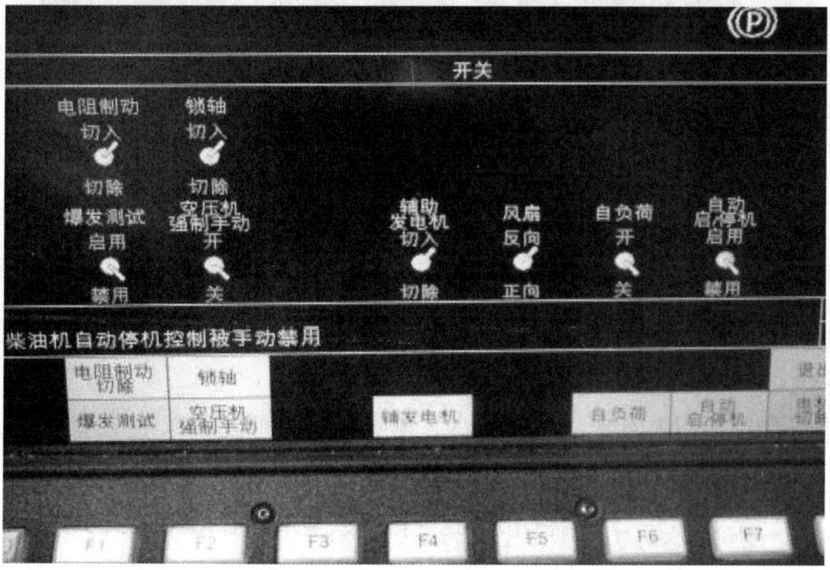

图 5-3-21　“反向”按钮

（5）进入“柴油机冷却监控器”界面，观察两个冷却风扇工作状态，两个冷却风扇关闭后，机车进行自负荷，如图 5-3-22 所示。

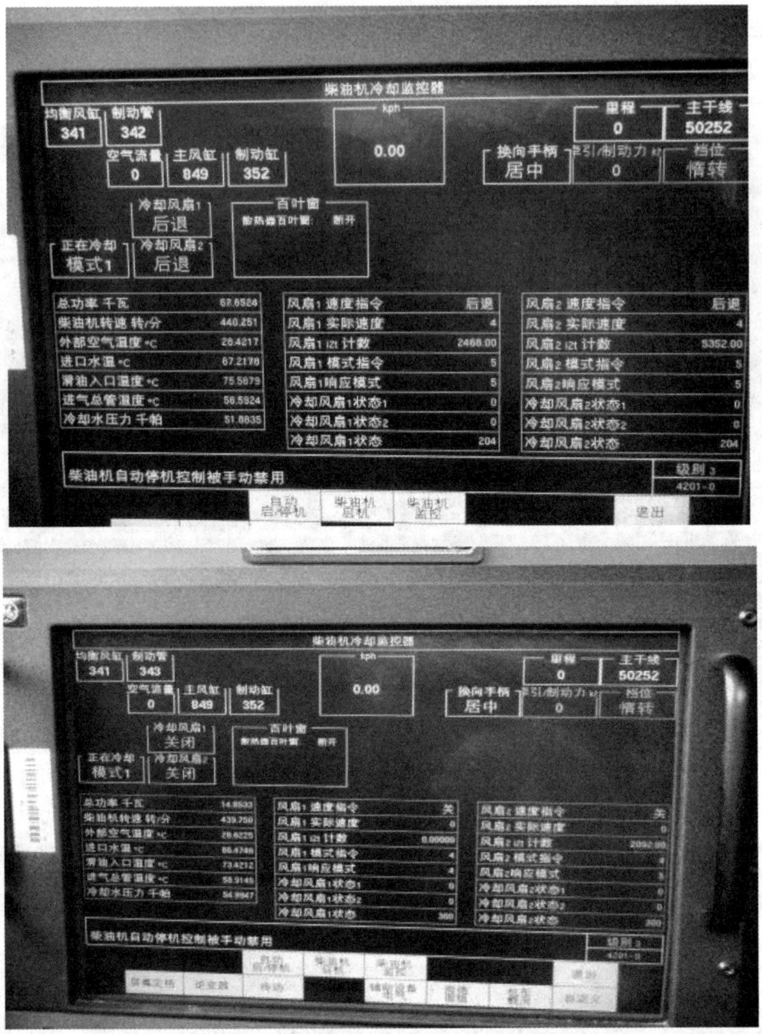

图 5-3-22　冷却风扇状态

（6）在“柴油机冷却监控器”界面上观察“进口水温”和“滑油入口温度”变化，“滑油入口温度”>89 °C 时，柴油机冷却模式由“模式 1”将自动转为“模式 2”，“进口水温”和“滑油入口温度”下降到正常温度。

（7）上述检查处理均无效果，解体油水管路及散热单节，查找堵塞处所。

任务 5–3–5　柴油机其他类型常见故障及处理

一、HXN5 型机车柴油机转数不升故障处理方法

（一）故障现象

机车显示器屏幕下部信息栏提示“柴油机转数故障”。

（二）故障判断方法

检查开关及操纵台设置是否正确，如果正确，进行查找：

（1）显示器登录二级界面，按顺序按显示器按钮→更多菜单→机车监控器→柴油机功能→柴油机监控→检查柴油机水压、机油、水温度是否正常。

（2）显示器登录二级界面，按顺序按显示器按钮→更多菜单→机车监控器→详细→向下翻页，检查 CDC12、CDC13 或 CDC22、CDC23 接触器是否吸合（0 表示断开，1 表示吸合）。风泵高速打风限制柴油机转速为 580 r/min。

（3）换端操纵，检查司机控制器是否故障。

（4）显示器登录二级界面，按顺序按显示器按钮→更多菜单→机车监控器→详细→向下翻页，检查风泵排气温度是否过低，风泵正在运转预热。

（三）处理方法

（1）根据检查结果，更换相应的电器部件，自负荷试验司机控制器手柄 8 挡位试验，柴油机转速为 1 050 r/min，功率正常。

（2）以上没有故障，根据故障记录进行分析查找。

二、HXN5 型机车功率不足故障处理方法

（一）故障现象

机车运行中显示器屏幕下部信息栏提示“牵引受限”。

（二）故障判断方法

（1）显示器登录二级界面，按顺序按显示器按钮→开关→闭合自负荷开关。

（2）自负荷试验，司机控制器手柄 8 挡位：

① 显示器登录二级界面，按顺序按显示器按钮→更多菜单→机车监控器→柴油机功能→柴油机监控→检查柴油机水压、油、水温度、进气压力是否正常。

② 显示器登录二级界面，按顺序按显示器按钮→开关→电机切除→检查牵引电机是否切除。

（三）处理方法

（1）根据检查结果，更换相应的电器部件，自负荷试验司机控制器手柄 8 挡位试验，功率正常。

（2）以上没有故障，根据故障记录进行分析查找。

三、HXN5 型机车曲轴箱压力高故障处理方法

（一）故障现象

（1）机车运行中显示器屏幕下部信息栏提示“停机、请勿尝试启机”。

（2）故障代码分析时，频繁出现以下提示：

01-0066 柴油机不运转。

01-6063 曲轴箱空气压力太高不能重启柴油机。

（二）故障判断方法

1. 电器部

（1）显示器登录二级界面，按顺序按显示器按钮→开关→闭合自负荷开关→司机控制器手柄提 8 挡，显示器登录二级界面，按顺序按显示器按钮→更多菜单→机车监控器→柴油机功能→柴油机监控→查看曲轴箱压力。

（2）标准：曲轴箱压力保护值大于 498 Pa，0.5 s 停机，解锁柴油机，重新启机自负荷试验，1 ~ 8 挡试验查看曲轴箱空气压力应小于 498 Pa。

（3）检查曲轴箱压力传感器及连接器→校验传感器线路及插头→测量机油压力传感器线路阻值（大于 2 Ω进行更换线路）→检查 ECU 及插头状态。

2. 柴油机部

（1）检查柴油机摇臂箱盖有无破损泄漏，油底壳注油孔盖是否脱落，曲轴箱孔盖有无泄漏，柴油机呼吸管有无破损，引射管及接头有无脱落；打开增压器压气机进气蜗壳检查增压器转子有无扫膛、油封有无漏油现象；打开曲轴箱孔盖，检查有无碾瓦、各动力组有无破损现象。

（2）更换油气分离器后进行试验。

（3）化验机油指标是否符合要求，有无乳化和稀释现象。

（4）测量柴油机惰转状态的爆发压力，爆发压力偏低，并且喷油器、喷油泵、配气机构（包括凸轮轴）状态良好，气门间隙符合要求时，为该缸活塞环磨损。

（三）处理方法

1. 电器部

（1）根据检查结果，更换故障的曲轴箱压力传感器或连接器、处理或更换传感器线路及插头。

（2）更换 ECU 或插头，更换 ECU 要进行“重载”。

（3）解锁柴油机，显示器登录二级界面，按顺序按显示器按钮→开关→闭合自负荷开关→司机控制器手柄提 8 挡，显示器登录二级界面，按顺序按显示器按钮→更多菜单→机车监控器→柴油机功能→柴油机监控→查看曲轴箱压力→查看曲轴箱压力保护值应小于 498 Pa，没有曲轴箱空气压力高停机现象。

2. 柴油机部

根据检查结果，更换不良部件。

四、HXN5 型机车气缸盖垫处漏水、漏机油及燃油的处理方法

（一）故障现象

气缸盖垫片处漏水、漏油。

（二）故障判断方法

（1）气缸盖与加强套间密封垫处漏水或燃油时，应为喷油器或套管铜垫烧损，造成高温燃气上窜，将喷油器及套筒密封圈损坏，冷却水自喷油器回油管进入燃油箱，自喷油器端部经燃烧室进入油底壳，同时，当气缸盖垫燃油回油孔胶圈损坏，冷却水、燃油通过气缸盖垫处泄漏。

（2）气缸盖处漏机油或燃油时，应为气缸盖垫机油进油管胶圈或挺杆腔胶圈破损，造成机油外漏。

（三）处理方法

将气缸盖分解，更换气缸盖与加强套件密封垫片。

五、HXN5 机车柴油机敲缸的处理方法

（一）故障现象

柴油机发出异常音响。

（二）故障判断方法

通过拆下喷油泵电磁阀接线的甩缸方法，确认某缸发生敲缸故障。喷油器压块螺丝松动或折损时，一般伴随发生气缸盖垫处漏油现象，波纹管裂时，通过外观检查即可发现。示功堵松动，将会有燃气喷出。气门或配气机构发生故障时，一般同时会发生摇臂箱盖破损漏油现象。

（三）处理方法

根据检查结果，更换相应部件。

六、HXN5 型机车柴油机碾瓦故障处理方法

（一）故障现象

（1）机车运行中显示器屏幕下部信息栏提示“停机、请勿尝试启机”。

（2）故障代码分析时，频繁出现以下提示：

01-0066 柴油机不运转。

01-6063 曲轴箱空气压力太高，不能重启柴油机。

01-6062 润滑油压力<启动压力（启动压力是柴油机转速的）。

01-6034 润滑油压力<开启压力（开启压力是柴油机转速的）。

01-8111 柴油机润滑油压力低于下限。

（二）故障判断处理方法

（1）打开柴油机曲轴箱检查孔盖。

（2）盘车检查各缸气缸套及活塞裙部是否有拉伤现象。

（3）用螺丝刀撬动连杆大端，检查连杆瓦是否有碾片。

（4）检查各主轴瓦侧隙是否有碾瓦痕迹。

（三）处理方法

（1）根据检查结果，必须分析出碾瓦原因（见图 5-3-23）。针对故障原因，由技术人员制定具体修程。

（2）如在现场未查出故障原因，需返厂解体柴油机，进一步查找故障原因，防止扩大故障损失。

图 5-3-23　柴油机碾瓦故障

【任务检查】

表 5-3-3　GEVO16 型柴油机常见故障判断及处理方法认知——任务检查单

任务编号	5-3	任务名称	柴油机运转时的故障判断及处理知识认知	
序号	检查内容		是	否
1	能分析 GEVO16 型柴油机冷却水系统常见故障的原因，判断故障位置及处理方法			
2	能分析 GEVO16 型柴油机进、排气系统常见故障的原因，判断故障位置及处理方法			
3	能分析 GEVO16 型柴油机燃油系统常见故障的原因，判断故障位置及处理方法			
4	能分析 GEVO16 型柴油机机油系统常见故障的原因，判断故障位置及处理方法			
5	能分析 GEVO16 型柴油柴油机其他类型常见故障的原因，判断故障位置及处理方法			

【任务训练】

一、填空题

1. HXN5 型机车出现油水温度超高时，应首先检查（　　）是否处于开放状态。
2. HXN5 型机车运行中进气压力低时，显示器屏幕下部信息栏提示（　　）、（　　）。
3. GEVO16 型柴油机转速为 440 r/min 时，机油压力应大于（　　）。
4. HXN5 型机车出现燃油压力低时，应检查调压阀，观察其压力能否调整至（　　）。
5. HXN5 型机车司控器手柄在 8 挡位时，功率应为（　　）。

二、选择题

1. HXN5 型机车冷却单节漏水时，（　　）下方警告孔漏水。

A. 散热器　　B. 中冷器　　C. 冷却水泵

2. HXN5 型机车的滤清系统共有（　　）个袋式滤清器。

A. 2　　B. 4　　C. 6　　D. 8

3. 冬季时，HXN5 型机车油箱温度低于（　　）°C 时，则视为油箱温度低。

A. 5　　B. 10　　C. 20　　D. 30

4. 对 HXN5 型机车机油进行检查时，其黏度低于（　　），则视为稀释。

A. 10　　B. 10.5　　C. 11.5　　D. 12.5

5. HXN5 型机车出现油、水温度超高状况后，柴油机将减少（　　）的总功率。

A. 10%　　B. 20%　　C. 30%　　D. 40%

三、判断题

1. HXN5 型内燃机车的两个冷却风扇的转向相反，以保证空气的流通。（　　）
2. 当增压器进气叶轮侧出现扫膛时，可能会造成曲轴箱压力升高。（　　）
3. 当 HXN5 型机车出现燃油压力低的故障时，柴油机无法加载。（　　）

4. 出现机油与冷却水互窜故障时，有可能是机油热交换器故障造成的。(　　)

5. HXN5 型机车出现功率不足现象时，应检查压力、温度等相关技术参数。(　　)

四、简答题

1. 分析 HXN5 型机车冷却水压低的原因。

2. 简述 HXN5 型机车增压器转速传感器的更换方法。

3. 简述 HXN5 型机车燃油压力低的故障处理方法。

4. 简述 HXN5 型机车曲轴箱压力超高故障的原因。

5. 分析造成 HXN5 型机车功率不足的原因。

参考文献

[1] 戚墅堰机车车辆厂. DF_8、DF_{11}型内燃机车 16V280 柴油机[M]. 北京：中国铁道出版社，1996.

[2] 李晓村.内燃机车柴油机[M]. 北京：中国铁道出版社，2008.

[3]《铁路机车乘务员专业培训教材》编委会. HXN_5型内燃机车乘务员[M]. 北京：中国铁道出版社，2016.